中国式现代化发展史大事记丛书　主编◎姜辉

改革开放史简明大事记

当代中国研究所 编著
宋月红 主编

当代中国出版社
Contemporary China Publishing House

图书在版编目(CIP)数据

改革开放史简明大事记 / 当代中国研究所编著；宋月红主编．-- 北京：当代中国出版社，2023.2

（中国式现代化发展史大事记丛书 / 姜辉主编）

ISBN 978-7-5154-1117-0

Ⅰ．①改… Ⅱ．①当… ②宋… Ⅲ．①改革开放—历史—中国 Ⅳ．① D616

中国版本图书馆 CIP 数据核字（2021）第 084461 号

出 版 人　冀祥德
责任编辑　宋卫云
责任校对　康　莹
印刷监制　刘艳平
封面设计　胡椒设计
出版发行　当代中国出版社
地　　址　北京市地安门西大街旌勇里 8 号
网　　址　http://www.ddzg.net
邮政编码　100009
编 辑 部　（010）66572264
市 场 部　（010）66572281　66572157
印　　刷　北京中科印刷有限公司
开　　本　710 毫米 × 1000 毫米　1/16
印　　张　28.5 印张　2 插页　419 千字
版　　次　2023 年 2 月第 1 版
印　　次　2023 年 2 月第 1 次印刷
定　　价　100.00 元

《改革开放史简明大事记》编写组

主　　编　宋月红

副 主 编　李　扬　武　力　王晓慧　吴　茜

撰 写 人（以姓氏笔画为序）

曲冠青　朱丽晶　李　扬　杨力源　吴　茜

宋月红　陈学强　武　力　陶　砥

目　录

1978年

2月24日—3月8日 全国政协五届一次会议在京举行。会议通过《中国人民政治协商会议章程》，选举邓小平为全国政协主席。

2月26日—3月5日 第五届全国人民代表大会第一次会议在京举行。会议通过《中华人民共和国宪法》和关于政府工作报告的决议，审议批准了《1976—1985年发展国民经济十年规划纲要（草案）》，通过中华人民共和国国歌歌词。大会选举叶剑英为全国人大常委会委员长，决定华国锋为国务院总理。

3月18—31日 全国科学大会在京举行。邓小平出席开幕式，在讲话中强调科学技术是生产力，指出为社会主义服务的脑力劳动者是劳动人民的一部分。会议制定了《1978—1985年全国科学技术发展规划纲要（草案）》。

5月10日 中共中央党校内部刊物《理论动态》刊登《实践是检验真理的唯一标准》一文，从理论上根本否定了“两个凡是”。11日，《光明日报》发表此文。12日，《人民日报》和《解放军报》同时转载此文。在邓小平等老一辈革命家的支持下，一场关于真理标准问题的大讨论迅速在全党全社会展开。这场深刻而广泛的思想解放运动，成为正本清源、拨乱反正和改革开放的思想先导。

6月2日 邓小平在全军政治工作会议上发表讲话，批评“两个凡是”观点，强调马列主义、毛泽东思想的基本原则任何时候都不能违背，但一定要实事求是，从实际出发，理论和实践相结合。

6月24日 《解放军报》发表特约评论员文章《马克思主义的一个最基本的原则》。

7月6日—9月9日 国务院召开务虚会议，研究加快四个现代化建设问题。会议提出了经济体制改革问题。

8月12日 《中日和平友好条约》在北京签订。

9月 邓小平视察本溪、大庆、哈尔滨、长春、沈阳、唐山、天津等地，发表了一系列重要谈话，后被称为“北方谈话”。

10月10日 邓小平在会见联邦德国客人时，明确使用了“开放”一词，指出我们引进先进技术，是为了发展生产力，提高人民生活水平，有利于我们的社会主义国家和社会主义制度。

10月11—21日 中国工会第九次全国代表大会在京举行。

10月22—29日 国务院副总理邓小平访问日本。这是新中国国家领导人首次访问日本。邓小平代表中国政府出席《中日和平友好条约》互换批准书的仪式，向日本各界人士介绍了中国的内外政策，还详细考察了日本的现代化企业、高科技设施等。

10月31日—12月10日 全国知青工作会议在京举行。会议通过《国务院关于知识青年上山下乡若干问题的试行规定》。

10月 邓小平在一份简报上批示“合资经营可以办”。

11月10日—12月15日 中共中央工作会议在京举行。会议讨论从1979年起把全党工作着重点转移到社会主义现代化建设上来等问题。陈云提出解决历史遗留问题的意见，得到与会者响应。11月25日，中共中央政治局作出为“天安门事件”和一些重大冤假错案平反的决定。12月13日，邓小平发表《解放思想，实事求是，团结一致向前看》讲话，实际上成为随后召开的党的十一届三中全会的主题报告，是开辟新时期新道路的宣言书。

11月25日 三北（西北、华北、东北）防护林体系工程建设启动。

12月16日 中美公布关于建立外交关系的联合公报，宣布自1979年1月1日起互相承认并建立外交关系。同日，美国宣布于1979年1月1日断绝同台湾当局的所谓“外交关系”。

12月18—22日 中共十一届三中全会在京举行。全会批判了“两个凡是”的错误方针，充分肯定必须完整地、准确地掌握毛泽东思想的科学体系，高度评价关于实践是检验真理的唯一标准问题的讨论；果断地停止使用“以阶级斗争为纲”的口号，作出把党和国家工作中心转移到经济建设上来、实行改革开放的历史性决策；决定健全党的民主集中制，加强党的领导机构，成立中央纪律检查委员会，选举陈云为中央纪委第一书记。全会标志着中国共产党重新确立了马克思主义的思想路线、政治路线和组织路线，实现了新中国成立以来党的历史上具有深远意义的伟大转折，开启了改革开放和社会主义现代化的伟大征程。

12 月 23 日 上海宝山钢铁总厂举行动工典礼。

12 月 24 日 中共中央为彭德怀、陶铸举行追悼大会。

12 月 28 日 国务院发布《中华人民共和国发明奖励条例》。

12 月 29 日 中共中央批转最高人民法院党组《关于抓紧复查纠正冤、假、错案，认真落实党的政策的请示报告》。

1979年

1月1日 全国人大常委会发表《告台湾同胞书》，郑重宣示争取祖国和平统一的大政方针。同日，国防部长徐向前发表声明，即日起停止炮击金门等岛屿。两岸关系由此揭开新篇章。

1月1日、8日、14日、20日、21日 《人民日报》先后报道四川省广汉县、贵州省开阳县、云南省元谋县、安徽省和广东省普遍实行农业生产责任制的情况。

1月1日 中国同美国正式建立外交关系。

1月4—22日 中共中央纪律检查委员会第一次全体会议在京举行。会议讨论并拟定了《关于党内政治生活的若干准则（草稿）》，通过了《中共中央纪律检查委员会关于工作任务、职权范围、机构设置的规定》。此后，全国地方各级纪律检查机构陆续恢复重建。

1月7—11日 中共中央召开各省、市、自治区党委宣传部长会议，讨论全党工作重点转移后宣传工作的根本任务。

1月8日 中国同吉布提建交。

1月11日 中共中央将经过十一届三中全会原则通过的《中共中央关于加快农业发展若干问题的决定（草案）》和《农村人民公社工作条例（试行草案）》印发各省、市、自治区讨论和试行。

1月17日 邓小平接见工商界领导人，听取他们对搞好经济建设的意见建议。

1月18日—4月3日 党的理论工作务虚会在京举行。3月30日，邓小平在会上作了《坚持四项基本原则》的讲话，强调必须在思想政治上坚持社会主义道路，坚持无产阶级专政（后表述为人民民主专政），坚持共产党的领导，坚持马列主义、毛泽东思想。这四项基本原则是实现四个现代化的根本前提。

1 月 28 日—2 月 5 日　邓小平应邀对美国进行正式访问。这是新中国领导人第一次访问美国。

1 月 31 日　中共中央、国务院决定在广东蛇口建立全国第一个对外开放工业区——蛇口工业区。

2 月 6—8 日　邓小平访问日本。

2 月 8 日　中国同葡萄牙建交。

2 月 12 日　中共四川省委制定《关于扩大企业权利、加快生产建设步伐的试点意见》。

2 月 17 日　国务院发出《关于停办“五七”干校有关问题的通知》。

2 月 17—23 日　五届全国人大常委会第六次会议在京举行。会议通过修改后的《中华人民共和国逮捕拘留条例》；决定每年的 3 月 12 日为我国的植树节；决定设立全国人大常委会法制委员会；批准设立国家农业委员会、林业部、农业机械部，批准农林部改名为农业部，将水利电力部分为电力工业部和水利部。

2 月 23 日　国务院发出《关于恢复中国农业银行的通知》。

3 月 1 日　国务院决定从 3 月份起，陆续提高粮、棉、油、猪等 18 种主要农副产品的收购价格。

3 月 5 日　上海人民广播电台率先恢复电台系统的广告业务。

3 月 8 日　陈云撰写了《计划与市场问题》的讲话提纲，指出计划工作的规则是有计划按比例，整个社会主义时期必须有两种经济，即计划经济部分和市场调节部分。

3 月 12—24 日　国家农委邀请广东、湖南、四川、江苏、安徽、河北、吉林七省农村工作部门和安徽全椒、广东博罗、四川广汉三县的负责人召开座谈会，讨论建立健全农业生产责任制问题。

3 月 14 日　李先念、陈云就财经工作联名致信中共中央。

3 月 21 日　邓小平在会见英中文化协会执行委员会代表团时指出，我们定的目标是在 20 世纪末实现四个现代化。我们的概念与西方不同，我姑且用个新说法，叫作中国式的四个现代化。

同日 陈云在中共中央政治局会议上发表讲话，实事求是地指出中国的基本情况和现代化建设任务。讲话包括四点：一是我们搞四个现代化，建设社会主义强国，是在什么情况下进行的；二是按比例发展是最快的速度；三是要有两三年调整时间，最好三年；四是到2000年，钢的产量达到8000万吨就不错了。

3月21—23日 中共中央政治局召开会议，讨论1979年计划和国民经济调整问题。

3月24日 国务院、中央军委批转总后勤部《关于军队退还占用地方房屋和处理产权纠纷问题的意见》。

3月29日 邓小平在北京会见香港总督麦理浩时提出，1997年中国收回香港后，香港还可以搞资本主义。

4月1—3日 五届全国人大常委会第七次会议在京举行。会议通过关于不延长中苏友好同盟互助条约的决议。

4月5—28日 中共中央召开工作会议，主要讨论经济问题。李先念作了《关于国民经济调整问题》的讲话。会议决定对国民经济实行调整、改革、整顿、提高的方针。

4月13—20日 国家经委召集首都钢铁公司、天津自行车厂、上海柴油机厂等八家企业和有关部门负责人在北京召开座谈会，讨论企业管理体制改革问题，决定在这八个企业进行扩大经营管理自主权的改革试点。

4月30日 国务院发出《关于准许退职回城青年回原单位复工的通知》。

4月 中央工作会议正式提出“调整、改革、整顿、提高”的方针。

5月3日 中共中央决定撤销1966年《部队文艺工作座谈会纪要》。

6月1日 宁波港重新对外开放。

6月6日、9日 广东、福建分别向中央上报《关于发挥广东优越条件，扩大对外贸易，加快经济发展的报告》和《关于利用侨资、外资，发展对外贸易，加速福建社会主义建设的请求报告》。

6月7—12日 五届全国人大常委会第八次会议在京举行。

6月15日 中共安徽省委第一书记万里在安徽省凤阳县农村调查时，肯定了当地实行的“包干到户”生产责任制。

6月15日—7月2日 全国政协五届二次会议在京举行。邓小平作了《新时期统一战线和人民政协的任务》的讲话，明确指出新时期统一战线和人民政协的任务，就是要调动一切积极因素，努力化消极因素为积极因素，团结一切可以团结的力量，同心同德，群策群力，维护和发展安定团结的政治局面，为把我国建设成为现代化的社会主义强国而奋斗。

6月18日—7月1日 第五届全国人民代表大会第二次会议在京举行。会议通过全国工作重点转移和对国民经济实行调整、改革、整顿、提高“八字方针”的重要决策；通过《关于修正〈中华人民共和国宪法〉若干规定的决议》；通过《中华人民共和国地方各级人民代表大会和地方各级人民政府组织法》《中华人民共和国全国人民代表大会和地方各级人民代表大会选举法》《中华人民共和国人民法院组织法》《中华人民共和国人民检察院组织法》《中华人民共和国刑法》《中华人民共和国刑事诉讼法》《中华人民共和国中外合资经营企业法》七部重要法律。

6月22日 中国同爱尔兰建交。

7月1日 五届全国人大常委会第九次会议在京举行。会议决定设立国务院财政经济委员会。

7月3日 国务院颁布《关于发展社队企业若干问题的规定（试行草案）》，阐明了发展社队企业的重大意义和方针政策。

7月13日 中共中央发出《关于对被定为右倾机会主义分子的平反、改正问题的通知》。

同日 国务院发出《关于按照五个改革管理体制文件组织试点的通知》，扩大国营企业生产经营活动的自主权。这五个文件是《关于扩大国营工业企业经营管理自主权的若干规定》《关于国营企业实行利润留成的规定》《关于提高国营工业企业固定资产折旧率和改进折旧费使用办法的暂行规定》《关于开征国营工业企业固定资产税的暂行规定》《关于国营工业企业实行流动资金全额信贷的暂行规定》。

7 月 15 日　中共中央、国务院批转广东省委和福建省委关于对外经济活动实行特殊政策和灵活措施的两个报告，同意先在深圳、珠海两市试办出口特区，给予更多的主动权，抓住当前有利国际形势，先走一步，把经济尽快搞上去。

7 月 29 日　邓小平接见海军党委常委扩大会议与会者，作了《思想路线政治路线的实现要靠组织路线来保证》的讲话。

7 月 30 日　五届全国人大常委会第十次会议在京举行。会议决定设立外国投资管理委员会、进出口管理委员会。

8 月 15 日—9 月 3 日　全国统一战线工作会议在京举行。

8 月 17 日　中共中央发出《关于清理历史遗留问题中涉及到有关中央文件的处理办法的通知》。

9 月 5 日—10 月 7 日　全国组织工作座谈会在京举行。

9 月 11—13 日　五届全国人大常委会第十一次会议在京举行。会议原则通过《中华人民共和国环境保护法（试行）》；通过关于省、自治区、直辖市可以在 1979 年设立人民代表大会常务委员会和将革命委员会改为人民政府的决议；通过关于设立第八机械工业部、司法部、地质部的决定。

9 月 15—30 日　第四届全国运动会在北京举行。

9 月 19 日　全国新长征突击手命名表彰大会在人民大会堂隆重举行。

9 月 21 日　全国妇联在京举行表彰三八红旗手（集体）大会。

9 月 24 日　中共中央、国务院批转《全国物价工资会议纪要》，决定从 11 月 1 日起，对部分农副产品提价，同时对职工实行物价补贴，并给 40% 的职工增加工资。

9 月 25—28 日　中共十一届四中全会在京举行。全会通过叶剑英代表中共中央、全国人大常委会和国务院在庆祝中华人民共和国成立 30 周年大会上的讲话和《中共中央关于加快农业发展若干问题的决定》。指出，只有加快发展农业生产，逐步实现农业现代化，才能使占我国人口 80% 的农民富裕起来。要从财政、物资和技术上给西北、西南一些地区以及其他一些革命老根据地、偏远山区、少数民族地区和边境地区以重点扶持，帮助它们发展生产，摆脱贫困。

9 月 28 日 由全国各地区和工业、交通、基建各行业评选出来的 118 个全国先进企业的代表和 222 名全国劳动模范，在人民大会堂接受国家给予的崇高奖励。

9 月 29 日 中共中央、全国人大常委会、国务院举行庆祝中华人民共和国成立 30 周年大会。叶剑英发表讲话，初步总结新中国成立 30 年来的经验教训，明确提出要从中国的实际出发，走出一条适合中国情况和特点的实现现代化的道路，要发展社会主义民主和法制，建设社会主义物质文明和精神文明。

10 月 4 日 中国国际信托投资公司组建。

10 月 8 日 中共中央决定成立中央科学研究协调委员会，负责协调国防科委、国防工办、国家科委三个系统的科研工作。

同日 中共中央批转中央组织部、统战部《关于在国务院各部委和在地方各级人民政府中安排党外人士担任领导职务的请示报告》。

10 月 12 日 中共中央、国务院批转国家民族事务委员会《关于做好杂居、散居少数民族工作的报告》。

10 月 14 日 中共中央批转中央统战部《关于地方民族主义分子摘帽子问题的请示》。

10 月 15 日—11 月 6 日 国务院总理华国锋访问法国、联邦德国、英国、意大利。

10 月 19 日 邓小平在对各民主党派和全国工商联代表讲话时指出，统一战线已经发展成为全体社会主义劳动者、拥护社会主义的爱国者和拥护祖国统一的爱国者的最广泛的联盟。

10 月 30 日—11 月 16 日 中国文艺工作者第四次全国代表大会在京举行。邓小平代表中共中央和国务院致祝词，指出要在建设高度物质文明的同时，建设高度的社会主义精神文明。

11 月 1 日 中共中央发出《关于对去台人员在大陆亲属政策的通知》。

11 月 2 日 邓小平在中央党政军机关副部长以上干部会上作《高级干部

要带头发扬党的优良传统》的报告。

11月12日 中共中央批转中央统战部等部门提出的《关于把原工商业者中的劳动者区别出来问题的请示报告》。

11月13日 中共中央、国务院发出《关于高级干部生活待遇的若干规定》。

11月19—27日 全国保险工作会议在京举行，对1980年恢复国内保险业务作出具体部署。

11月23—29日 五届全国人大常委会第十二次会议在京举行。会议通过关于建国以来制定的法律、法令效力问题的决议；通过决议批准国务院关于劳动教养的补充规定。

11月26日 邓小平在会见外宾时指出，社会主义也可以搞市场经济。

12月6日 邓小平在会见日本首相大平正芳时提出“小康”的概念。邓小平指出，我们的四个现代化的概念，不是像你们那样的现代化的概念，而是“小康之家”。到20世纪末，中国的四个现代化即使达到了某种目标，我们的国民生产总值人均水平也还是很低的。要达到第三世界中比较富裕一点的国家的水平，比如国民生产总值人均1000美元，也还得付出很大的努力。中国到那时也还是一个小康的状态。

12月17日 中共中央批转中央统战部等部门《关于对原工商业者的若干具体政策的规定》。

12月25日—1980年1月17日 全国党校工作会议举行。会议交流了党校复校两年多来的办学经验，讨论了党校工作中需要解决好的任务。

12月31日 中共中央转发最高人民法院党组《关于善始善终地完成复查纠正冤假错案工作几个问题的请示报告》。

1980 年

1 月 1 日 邓小平在全国政协举行的新年茶话会上指出：80 年代是十分重要的年代，我们一定要在这十年中取得显著的成就，以保证在 20 世纪末实现四个现代化。

1 月 2 日 中国同厄瓜多尔建交。

1 月 7—25 日 中共中央纪律检查委员会第二次全体会议在京举行。

1 月 11 日—2 月 2 日 国家农委在北京召开全国农村人民公社经营管理会议。

1 月 14 日 国务院批转国家科委《关于我国建立专利制度的请示报告》。

1 月 16 日 邓小平在中共中央召集的干部会议上作《目前的形势和任务》的讲话，提出：80 年代我们要做的主要是三件事。第一件事，是在国际事务中反对霸权主义，维护世界和平。第二件事，是台湾归回祖国，实现祖国统一。第三件事，要加紧经济建设，就是加紧四个现代化建设三大任务。

1 月 24 日 中共中央发出《关于成立中央政法委员会的通知》。

同日 中共中央、国务院发出《关于节约非生产性开支、反对浪费的通知》。

1 月 29 日 中共中央决定成立中央党史委员会。

1 月 30 日 中国外交部发表题为《中国对西沙群岛和南沙群岛的主权无可争辩》的文件。

2 月 1 日 国务院发出《关于实行“划分收支、分级包干”财政管理体制的通知》。

2 月 5—12 日 五届全国人大常委会第十三次会议在京举行。会议通过关于县级直接选举工作问题的决定、关于刑事诉讼法实施问题的决定，通过《中华人民共和国学位条例》，决定设立国务院机械工业委员会。

2月7日　中国同哥伦比亚建交。

2月9日　国务院发出《关于改革海关管理体制的决定》，提出改革现行海关管理体制，成立中华人民共和国海关总署，作为国务院直属机构，统一管理全国海关机构和人员编制及其业务。

2月10日　中共中央召集在北京的党政军领导干部会议。李先念在会上作《关于当前经济问题》的报告。

2月13—24日　中国体育代表团参加在美国普莱西德湖举行的第13届冬季奥运会。这是中国首次参加冬季奥运会。

2月23—29日　中共十一届五中全会在京举行。全会通过《关于党内政治生活的若干准则》；讨论了《中国共产党章程》修改草案；通过《关于召开党的第十二次全国代表大会的决议》；增选胡耀邦等为中央政治局常委；决定恢复设立中央书记处，并选举胡耀邦为中央委员会总书记；通过《关于为刘少奇平反的决议》。全会还决定向全国人民代表大会建议修改宪法第四十五条，取消公民“有运用‘大鸣、大放、大辩论、大字报’的权利”的规定。

3月5日　中共中央、国务院发出《关于大力开展植树造林的指示》。

3月12日　邓小平在中央军委常委扩大会议上作题为《精简军队，提高战斗力》的讲话。

3月14—15日　胡耀邦在北京主持召开西藏工作座谈会，座谈讨论西藏地区的工作，进一步明确西藏面临的任务及需要解决的方针政策等问题，并形成《西藏工作座谈会纪要》。

3月17日　中共中央政治局常委会决定撤销国务院财政经济委员会，成立中央财政经济领导小组。

3月19日　邓小平就起草《关于建国以来党的若干历史问题的决议》提出三条明确要求。第一，确立毛泽东的历史地位，坚持和发展毛泽东思想。这是最核心的一条。第二，对新中国成立30年来历史上的大事，要进行实事求是的分析，包括一些负责同志的功过是非，要做出公正的评价。第三，对过去的事情做个基本的总结。其中最重要、最根本、最关键的，还是第一条。

3月24—30日　国务院副总理谷牧受中共中央、国务院委托在广州召开广东、福建两省会议，正式将“出口特区”定名为“经济特区”。

4 月 8 日　中共中央、国务院发出《关于加强物价管理，坚决制止乱涨价和变相涨价的通知》。

4 月 8—16 日　五届全国人大常委会第十四次会议在京举行。从这次会议开始，全国人大常委会邀请各省、自治区、直辖市人大常委会负责人列席会议。

4 月 17 日　中国恢复在国际货币基金组织的合法席位。

4 月 18 日　中国同津巴布韦建交。

4 月 23 日　中共中央政治局通过中共中央《关于丧失工作能力的老同志不当十二大代表和中央委员候选人的决定》。

5 月 8 日　国务院决定成立国务院体制改革办公室，负责制定改革的总体规划，协调各方面的改革。国务院体制改革办公室成立后，先后拟订了《关于经济体制改革的初步意见》《关于调整时期经济体制改革的意见》《经济体制改革的总体规划》等文件。

5 月 15 日　中国恢复在世界银行的合法席位。

5 月 16 日　中共中央转发《广东、福建两省会议纪要》，决定在广东省的深圳市、珠海市、汕头市和福建省的厦门市，各划出一定范围的区域试办经济特区。

5 月 17 日　中共中央在人民大会堂为刘少奇举行追悼大会。

同日　国务院发出《关于加强历史文物保护工作的通知》。

5 月 18 日　我国成功向太平洋预定海域发射首枚运载火箭，标志着我国成为世界上第三个拥有远程运载火箭的国家。

5 月 31 日　邓小平发表《关于农村政策问题》的讲话，对包产到户予以肯定。

5 月下旬　在中共四川省委支持下，中共广汉县委在向阳公社进行人民公社体制改革试点，撤销向阳人民公社，恢复建立向阳乡党委、向阳乡人民政府。

6 月 25 日　中国同基里巴斯建交。

7月1日　国务院发布《关于推动经济联合的暂行规定》。

同日　重庆长江大桥通车。

7月2日　国务院批转财政部《关于财政监察工作的几项规定》。

7月16日　国务院批转宗教事务局、国家建委等单位《关于落实宗教团体房产政策等问题的报告》。

7月24日　中共中央书记处邀请科学家给中央书记处和国务院领导同志讲课。钱三强教授讲第一课《科学技术发展的简况》。

7月26日　国务院发布《中外合资经营企业劳动管理规定》《中外合资经营企业登记管理办法》《关于中外合营企业建设用地的暂行规定》。

7月30日　中共中央发出《关于坚持"少宣传个人"的几个问题的指示》。

8月2—7日　中共中央在京召开全国劳动就业工作会议。会议指出，在解决劳动就业问题上，实行在国家统筹规划和指导下，劳动部门介绍就业、自愿组织起来就业和自谋职业相结合的方针，鼓励和扶持个体经济适当发展。

8月16日　中共中央作出《关于禁止在对外活动中送礼、受礼的决定》。

8月18—23日　中共中央政治局扩大会议在京举行。邓小平在会上作了《党和国家领导制度的改革》的讲话。他指出，领导制度、组织制度问题更带有根本性、全局性、稳定性和长期性，对现行制度存在的各种弊端必须进行改革。改革党和国家的领导制度，不是要削弱党的领导，涣散党的纪律，而正是为了坚持和加强党的领导，坚持和加强党的纪律。

8月21日、23日　邓小平接受意大利记者奥·法拉奇采访，就对毛泽东和毛泽东思想的评价问题指出：我们将肯定毛主席的功绩是第一位的，他的错误是第二位的。没有毛主席，至少我们中国人民还要在黑暗中摸索更长的时间。我们还要继续坚持毛泽东思想。毛泽东思想是毛主席一生中正确的部分。毛泽东思想不仅过去引导我们取得革命的胜利，现在和将来还应该是中国党和国家的宝贵财富。

8月21—26日　五届全国人大常委会第十五次会议在京举行。会议通过《中华人民共和国律师暂行条例》，批准《广东省经济特区条例》，决定设立国家能源委员会。

8 月 28 日—9 月 12 日 全国政协五届三次会议在京举行。会议决定对《中国人民政治协商会议章程》进行修改。

8 月 30 日—9 月 10 日 第五届全国人民代表大会第三次会议在京举行。会议通过关于修改《中华人民共和国宪法》第四十五条的决议，关于修改宪法和成立宪法修改委员会的决议；通过《中华人民共和国国籍法》《中华人民共和国婚姻法》《中华人民共和国中外合资经营企业所得税法》《中华人民共和国个人所得税法》；同意中共中央提出的对国务院部分组成人员进行调整的建议。

9 月 2 日 国务院批转国家经委《关于扩大企业自主权试点工作情况和今后意见的报告》，要求从 1981 年起把扩大企业自主权的工作在国营工业企业中全面推开。

9 月 8 日 全国第一家个体劳动者协会在黑龙江省哈尔滨市南岗区成立。

9 月 14—22 日 中共中央召开省、市、自治区党委第一书记座谈会，讨论加强和完善农业生产责任制的问题。9 月 27 日，中共中央印发了这次会议纪要《关于进一步加强和完善农业生产责任制的几个问题》。

9 月 19 日 中共中央批转中央宣传部《关于三中全会以来的宣传工作向中央的汇报提纲》。

9 月 25 日 中共中央发出《关于控制我国人口增长问题致全体共产党员、共青团员的公开信》，提倡独生子女政策。1982 年 9 月，党的十二大把实行计划生育确立为我国的一项基本国策。

9 月 26 日 中共中央发出《关于审判林彪、江青反革命集团案的通知》。

9 月 26—29 日 五届全国人大常委会第十六次会议在京举行。会议决定成立最高人民检察院特别检察厅和最高人民法院特别法庭，检察、审判林彪、江青反革命集团案主犯；通过国务院关于老干部离职休养的暂行规定；批准了我国政府签署的《联合国消除对妇女一切形式歧视公约》。

9 月 27 日 中共中央印发《关于进一步加强和完善农业生产责任制的几个问题》的通知。通知指出，我们今后的任务，仍然是坚定地沿着党的三中全会确定的路线、方针、政策继续前进，研究新的情况，解决新的问题，争取农业生产的全面高涨和农民生活的逐步富裕，实现农业现代化。

10月17日 国务院作出《关于开展和保护社会主义竞争的暂行规定》。

10月29日—11月7日 全国会计工作会议在北京举行，研究“文化大革命”后百废待兴的会计工作，使会计工作更好地为四化建设服务。

11月7日 我国首次研制成功数字模拟混合计算机系统。

11月8日 中共中央发出《关于认真做好对外援助工作的几点意见》。

11月14—29日 中共中央纪律检查委员会召开第三次贯彻《关于党内政治生活的若干准则》座谈会。陈云在座谈会期间指出，执政党的党风问题是有关党的生死存亡的问题，党风问题必须抓紧搞，永远搞。

11月18日 国务院批转国家计委等部门《关于实行基本建设拨款改贷款的报告》。

11月23日 中共中央批发中共山西省委《关于农业学大寨运动中经验教训的检查报告》。

12月3日 中共中央、国务院作出《关于普及小学教育若干问题的决定》，要求在80年代全国基本普及小学教育，有条件的地区普及中学教育。

12月7日 国务院发出《关于严格控制物价、整顿议价的通知》。

12月16—25日 中共中央在北京召开工作会议。会议主要讨论经济形势和经济调整问题。邓小平作题为《贯彻调整方针，保证安定团结》的讲话，第一次把十一届三中全会以来一系列新的经济政策概括为对内搞活、对外开放的经济政策。

12月24日 胡耀邦主持召开广东、福建实行特殊政策、灵活措施座谈会。

1981年

1月4日 邓小平会见美国客人，阐述了发展中美关系的原则立场。

1月6日 中共中央批转中央统战部、中央组织部《关于在国家机关安排党外人士担任领导职务的情况和今后意见的报告》。

1月7日 国务院发出《关于加强市场管理打击投机倒把和走私活动的指示》。

1月13日 国务院批转教育部《关于高等教育自学考试试行办法的报告》。

1月29日 中共中央作出《关于当前报刊新闻广播宣传方针的决定》。

2月5日 中共中央书记处在中南海召开首都中小学、幼儿园教师春节座谈会。

2月20日 中共中央、国务院作出《关于加强职工教育工作的决定》。

同日 中共中央、国务院发出《关于处理非法刊物非法组织和有关问题的指示》。

2月24日 国务院作出《关于在国民经济调整时期加强环境保护工作的决定》。

2月24日—3月4日 中共中央纪律检查委员会第三次会议在京举行。

2月25日 全国总工会、共青团中央等九单位联合倡议开展以讲文明、讲礼貌、讲卫生、讲秩序、讲道德和心灵美、语言美、行为美、环境美为主要内容的“五讲四美”文明礼貌活动。中宣部、教育部等发出通知支持这一活动。

2月25日—3月6日 五届全国人大常委会第十七次会议在京举行。会议决定撤销国务院财政经济委员会，决定设立国务院对外文化联络委员会、国家计划生育委员会。

3月3日 国务院作出《关于加强基本建设计划管理、控制基本建设规模的若干规定》。

3月27日 邓小平就反对错误思想倾向问题发表谈话，强调要加强坚持四项基本原则的宣传教育，要批判“左”的错误思想，也要批判右的错误思想；要坚持实事求是，理论和实际相结合，一切从实际出发。

3月30日 中共中央、国务院转发国家农委《关于积极发展农村多种经营的报告》。

4月17日 国务院发出《关于制止农村建房侵占耕地的紧急通知》。

4月20日 《解放军报》发表特约评论员文章《四项基本原则不容违反——评电影文学剧本〈苦恋〉》。

5月4日 国务院作出《关于社队企业贯彻国民经济调整方针的若干规定》。

5月8日 陈云撰写了《提拔培养中青年干部是当务之急》一文，分析了目前干部年龄偏大的状况，强调要从现在起，就成千上万地提拔培养中青年干部，让他们在各级领导岗位上锻炼，应该重新作出大量吸收德才兼备的知识分子入党的决定，要发挥好老干部的传帮带作用。

5月11—20日 中国科学院第四次学部委员大会在京举行。

5月15日 中共中央政治局一致决定接受宋庆龄同志为中国共产党正式党员。

5月16日 五届全国人大常委会第十八次会议在京举行。会议决定授予宋庆龄同志中华人民共和国名誉主席荣誉称号。

5月20日 国务院批准实施《中华人民共和国学位条例暂行实施办法》。

5月23日 庆祝西藏和平解放30周年大会在拉萨举行。

同日 首届中国电影“金鸡奖”和第四届电影“百花奖”在杭州颁奖。

5月24日—6月6日 国务院召开全国日用机电产品工作会议，提出要大力发展自行车、缝纫机、钟表、电视机、收音机、录音机、洗衣机、照相机、电风扇、电度表十种产品的生产，逐步提高人民物质文化生活水平。

5月29日 中华人民共和国名誉主席宋庆龄在北京逝世。6月3日，首都隆重举行宋庆龄追悼大会，邓小平在会上致悼词。

6 月 5—10 日 五届全国人大常委会第十九次会议在京举行。会议通过中国人民解放军选举全国人民代表大会和地方各级人民代表大会代表的办法，通过《中华人民共和国惩治军人违反职责罪暂行条例》，通过全国人大常委会关于加强法律解释工作的决议。

6 月 6 日 国家科委和国家农委在北京联合举行授奖大会。授予籼型杂交水稻科研协作小组袁隆平等人我国第一个发明特等奖，授予棉花良种“鲁棉 1 号”发明一等奖。

6 月 27—29 日 中共十一届六中全会在京举行。全会一致通过《关于建国以来党的若干历史问题的决议》，对新中国成立 32 年来党的重大历史事件特别是“文化大革命”作出正确总结，实事求是地评价毛泽东的历史地位，科学论述毛泽东思想作为党的指导思想的伟大意义。《决议》的通过，标志着党在指导思想上拨乱反正任务的完成。全会选举胡耀邦为中央委员会主席，邓小平为中央军委主席。

7 月 1 日 庆祝中国共产党成立 60 周年大会隆重举行。胡耀邦在大会上发表讲话指出，60 年的经验，集中到一点，就是要有一条马克思主义的革命路线，要有一个能够确立和坚持这条路线的无产阶级政党。

7 月 2—4 日 中共中央在京召开省、市、自治区党委书记座谈会。邓小平在会上指出，选拔培养中青年干部这个问题，是个战略问题，是决定我们命运的问题。

7 月 6—15 日 国务院在北京召开东南沿海三省第二次打击走私工作会议。

7 月 7 日 国务院发布《关于城镇非农业个体经济若干政策性规定》。

7 月 13 日 中共中央、国务院转发《国营工业企业职工代表大会暂行条例》。

7 月 17 日 邓小平同中共中央宣传部门负责同志就思想战线上的问题进行重要谈话，对如何做好思想战线工作提出指导性意见。

7 月 21—30 日 全国财政监察工作会议在京举行。

7月31日 国务院批准国家体改办《关于湖北省沙市经济体制改革综合试点报告》。沙市是全国第一个经济体制改革综合试点城市。

8月1—11日 全国学校思想政治教育工作会议在京举行。会议强调，要以中共中央《关于建国以来党的若干历史问题的决议》为教材，加强对学生的思想政治教育。

8月3—8日 中共中央宣传部在京召开全国思想战线座谈会。

8月15日 中共中央发出《关于关心人民群众文化生活的指示》。指出，进行社会主义建设的根本目的，除了满足人民群众对于物质生活的需要，还要满足人民群众对于文化生活的需要。

8月26日 邓小平会见台湾、香港知名人士傅朝枢，进一步阐述了中央政府对台湾的政策。

8月27日—9月25日 全军高级干部集训，重点研究战争初期方面军防御战役的组织与实施。其间，北京军区组织了方面军防御战役演习。邓小平在演习结束后举行的阅兵式上讲话指出，必须把我军建设成为一支强大的现代化、正规化的革命军队。

9月3—10日 五届全国人大常委会第二十次会议在京举行。会议决定将第八机械工业部和第七机械工业部合并。

9月5日 国务院批转财政部《关于改革工商税制的设想》。

9月17日 中共中央发出《关于整理我国古籍的指示》。

9月20日 我国成功地发射了一组空间物理探测卫星，这是我国首次用一枚运载火箭发射三颗卫星。

9月25日 纪念鲁迅诞辰100周年大会在人民大会堂举行。

9月30日 全国人大常委会委员长叶剑英发表谈话，进一步阐述关于台湾回归祖国、实现祖国和平统一的九条方针政策。

10月4—21日 中央召开农村工作会议，讨论起草放宽农业政策的文件。

10月7日 国务院批转国家建委《关于开展国土整治工作的报告》。

10月9日 纪念辛亥革命70周年大会在京举行。

10月10日 国务院作出《关于加强旅游工作的决定》。《决定》指出，中国式的旅游道路，要充分发挥我国的古老文化、山水名胜和多民族这些特点，积极发展，量力而行，稳步前进。

10月17日 中共中央、国务院作出《关于广开门路，搞活经济，解决城镇就业问题的若干决定》。指出，在社会主义公有制经济占优势的根本前提下，实行多种经济形式和多种经营方式长期并存，是一项战略决策，绝不是一种权宜之计。必须着重开辟在集体经济和个体经济中的就业渠道，逐步形成一套有利于发展国民经济和改善人民生活的劳动就业制度。

10月29日 国务院转发国家经委、国务院体制改革办公室《关于实行工业生产经济责任制若干问题的意见》。

11月3日 中共中央办公厅、国务院办公厅转发全国外事工作会议通过的《关于加强地方外事工作集中统一领导问题的若干规定》。

11月7—16日 中国女排在日本大阪举行的第三届世界杯女子排球赛上七战七捷，首次获得世界冠军。到1986年，中国女排在世界杯、世界锦标赛和奥运会上五次蝉联世界冠军。

11月20—26日 五届全国人大常委会第二十一次会议在京举行。会议通过关于加入《消除一切形式种族歧视国际公约》的决定，通过关于批准《中华人民共和国美利坚合众国领事条约》的决定，通过关于授权广东省、福建省人大及其常委会制定所属经济特区的各项单行经济法规的决议。

11月28日—12月14日 全国政协五届四次会议在京举行。

11月30日—12月13日 第五届全国人民代表大会第四次会议在京举行。会议通过《中华人民共和国经济合同法》《中华人民共和国外国企业所得税法》，通过关于开展全民义务植树运动的决议。

12月3日 中共中央、国务院、中央军委作出《关于恢复新疆生产建设兵团的决定》。

12月5—21日 全国农村工作会议在京举行。

12月15—23日 中共中央召开省、市、自治区党委第一书记座谈会。22日，陈云着重讲了经济建设的几个重要方针。

12 月 18 日　中共中央转发国家经委党组《关于工业学大庆的问题报告》。

12 月 21 日—1982 年 1 月 6 日　全国统战工作会议在京举行。

12 月 22—29 日　全国台湾同胞第一次代表会议在京举行。会议宣告中华全国台湾同胞联谊会成立。

1982年

1月1日 中共中央批转《全国农村工作会议纪要》，肯定包产到户等各种生产责任制都是社会主义集体经济的生产责任制。这是中共中央就农业农村工作发出的第一个“一号文件”。

1月2日 中共中央、国务院作出《关于国营工业企业进行全面整顿的决定》。

同日 中共中央、国务院颁布《国营工厂厂长工作暂行条例》。

1月8日 国务院发出《关于坚决稳定市场物价的通知》。

1月11日 邓小平会见美国华人协会主席李耀滋，首次提出“一个国家，两种制度”概念。

同日 中共中央发出《紧急通知》，传达中共中央政治局常委关于对一些干部走私贩私、贪污受贿、把大量国家财产窃为己有等严重违法犯罪行为采取紧急措施的指示。

1月11日、13日 中共中央政治局召开会议，讨论中央机构精简问题。邓小平在会上作了《精简机构是一场革命》的重要讲话，提出干部队伍革命化、年轻化、知识化、专业化的“四化”方针。

1月13日 中共中央发出《关于加强政法工作的指示》。

1月14日 胡耀邦在中央书记处会议上就对外经济关系问题发表意见。

1月15日 中共中央、国务院批转《沿海九省市、自治区对外经济贸易工作座谈会纪要》。

1月30日 中共中央发出《关于检查一次知识分子工作的通知》。

2月9日 中共中央、国务院发出《关于进一步做好计划生育工作的指示》。

2月11日 国务院批转中国人民银行《关于国内保险业务恢复情况和今

后发展意见的报告》。

2月12日　中共中央转发《全国统战工作会议纪要》。

2月15日　我国首批24个历史文化名城正式公布。

2月20日　中共中央作出《关于建立老干部退休制度的决定》。

2月22—27日　第三次全国信访工作会议在京举行。

2月22日—3月8日　五届全国人大常委会第二十二次会议在京举行。会议通过《关于国务院机构改革问题的决议》，原则批准国务院机构改革初步方案；通过关于严惩严重破坏经济的罪犯的决定，决定补充和修改《中华人民共和国刑法》的一些有关条款；通过《中华人民共和国民事诉讼法（试行）》；通过关于批准《禁止或限制使用某些可被认为具有过分伤害力或滥杀滥伤作用的常规武器公约》的决定。

2月27日　中共中央、国务院作出《关于严禁进口、复制、销售、播放反动黄色下流录音、录像制品的规定》。

3月16日　国务院发布《关于全国性专业公司管理体制的暂行规定》《合理化建议和技术改进奖励条例》。

3月26日　中国同瓦努阿图建交。

3月31日　中共中央印发《关于我国社会主义时期宗教问题的基本观点和基本政策》，明确阐述了尊重和保护宗教信仰自由，争取、团结和教育宗教界人士，落实党的各项宗教政策等问题。

4月8日　国务院决定成立中国农村发展研究中心。

4月10日　国务院发布《企业职工奖惩条例》。

4月12日　中共中央、国务院发出《关于〈宪法修改草案〉中规定农村人民公社政社分开问题的通知》。

4月13日　中共中央、国务院作出《关于打击经济领域中严重犯罪活动的决定》。

4月17日　国务院批转国家建委、国家城市建设总局《关于城市出售住宅试点工作座谈会情况的报告》。

4月22日—5月4日　五届全国人大常委会第二十三次会议在京举行。

会议决定公布《中华人民共和国宪法修改草案》，交付全国各族人民讨论。会议通过关于国务院部委机构改革实施方案的决议、关于批准《国家建设征用土地条例》的决议。

4 月 28 日　国务院发出《关于制止企业职工从事不正当经济活动牟取额外收入问题的通知》。

5 月 26 日　国家计委、国家统计局发出《关于沿海和内地划分问题的通知》。

6 月 3 日　中共中央发出《中国共产党工业企业基层组织工作暂行条例》和《中国共产党财贸企业基层组织工作暂行条例》。

6 月 19 日　中共中央批转公安部党组《关于人民武装警察管理体制问题的请示报告》。

6 月 23 日—7 月 4 日　中央军委座谈会在京举行。7 月 4 日，邓小平就部队体制改革作重要讲话。

7 月 1 日　第三次人口普查开始。

7 月 10—24 日　全国政法工作会议在京举行。这是新中国成立以来规模最大的一次政法会议。

7 月 24 日　全国人大常委会副委员长廖承志致函蒋经国，希望他以国家民族利益为最高准则，依时顺势，与中国共产党谈判，共商祖国统一大业。

7 月 30 日　邓小平在中共中央政治局扩大会议上讲话指出，设顾问委员会是废除领导职务终身制的过渡办法。

8 月 6 日　中共十一届七中全会在京举行。全会决定，1982 年 9 月 1 日召开中共十二大。

同日　国务院发布《物价管理暂行条例》。

8 月 9 日　国务院发布《工商企业登记管理条例》。

8 月 10—19 日　第一届全国大学生运动会在京举行。

8 月 17 日　中美两国政府就分步骤直到最终彻底解决美国向台湾出售武器问题发表《中华人民共和国和美利坚合众国联合公报》（通称“八一七”公报）。

8月19—23日 五届全国人大常委会第二十四次会议在京举行。会议通过《中华人民共和国海洋环境保护法》《中华人民共和国商标法》；通过关于我国加入《关于难民地位的公约》和《关于难民地位的议定书》的决定；通过关于国务院直属机构改革实施方案的决议、关于将新华社作为国务院的组成部门的决议和关于设立国防科学技术工业委员会的决议。

9月1—11日 中国共产党第十二次全国代表大会在京举行。邓小平致开幕词，提出把马克思主义的普遍真理同中国的具体实际结合起来，走自己的道路，建设有中国特色的社会主义。大会通过《全面开创社会主义现代化建设的新局面》的报告；通过新的《中国共产党章程》；决定设立中央顾问委员会。

9月2—9日 第一次全国经济法制工作经验交流会在京举行。

9月12—13日 中共十二届一中全会在京举行。全会选举胡耀邦为中央委员会总书记，决定邓小平为中央军事委员会主席，批准邓小平为中央顾问委员会主任，批准陈云为中央纪律检查委员会第一书记。

9月13日 中共中央顾问委员会召开第一次全体会议，选举邓小平为主任。

同日 十二届中央纪律检查委员会召开第一次全体会议，选举陈云为第一书记。

9月15日 中央军委批准下发《军队体制改革精简整编方案》。

9月16日 国务院批转国家物价局等部门《关于逐步放开小商品价格实行市场调节的报告》。

9月22—26日 英国首相撒切尔夫人访问中国。24日，邓小平会见撒切尔夫人，阐述中国政府对香港问题的基本立场。他指出，主权问题不是一个可以讨论的问题，1997年中国将收回香港，不仅是新界，而且包括香港岛和九龙。

10月3日 中共中央、国务院作出《关于中央党政机关干部教育工作的决定》，要求中央党政机关的干部教育经常化、正规化、制度化。

10月12日 我国首次以潜艇从水下向预定海上目标区成功发射运载

火箭。

10 月 20 日 中共中央、国务院发出《关于制止乱砍滥伐森林的紧急指示》。

10 月 23—25 日 全国科学技术奖励大会在京举行。大会给 428 项发明和 124 项自然科学成果的获奖者代表颁发了证书和奖章，获奖项目基本包括了中国最近 10 多年来的重要发明和 20 多年来的主要自然科学研究成果。

10 月 27 日—11 月 5 日 全国农村思想政治工作会议在京举行。会议研究了在农村加强社会主义精神文明建设的问题。

11 月 12—19 日 五届全国人大常委会第二十五次会议在京举行。会议通过《中华人民共和国文物保护法》和《中华人民共和国食品卫生法（试行）》。

11 月 19 日—12 月 3 日 第九届亚洲运动会在印度新德里举行。中国体育代表团首次获得金牌总数第一。

11 月 22 日 中共中央转发《全国哲学社会科学规划座谈会纪要》。

11 月 24 日—12 月 11 日 全国政协五届五次会议在京举行。会议通过题为《团结起来，为贯彻实施宪法和全面完成第六个五年计划而奋斗》的决议，通过《中国人民政治协商会议章程》和大会对政协新章程的决议。

11 月 26 日—12 月 10 日 第五届全国人民代表大会第五次会议在京举行。会议通过《中华人民共和国宪法》，规定加强人民代表大会制度，扩大人大常委会的职权；恢复设立国家主席；国家设立中央军事委员会，实行主席负责制；国务院实行总理负责制；国家在必要时设立特别行政区；改变农村人民公社“政社合一”的体制，设立乡政权；在宪法序言中明确人民政协的性质、作用。会议批准《中华人民共和国国民经济和社会发展第六个五年计划》，通过《中华人民共和国全国人民代表大会组织法》《中华人民共和国国务院组织法》，通过关于修改《地方各级人民代表大会和地方各级人民政府组织法》的若干规定的决议、关于修改《全国人民代表大会和地方各级人民代表大会选举法》的若干规定的决议、关于本届全国人大常委会职权的决议和关于恢复《义勇军进行曲》为中华人民共和国国歌的决议。

12 月 2 日 国务院作出《关于调整国家机关、科学文教卫生等部门部分工作人员工资的决定》。

12 月 3 日 中共中央、国务院批转《当前试办经济特区工作中若干问题的纪要》。

12 月 4 日 国务院发出《关于改进“划分收支、分级包干”财政管理体制的通知》。

12 月 15 日 首届茅盾文学奖授奖仪式在京举行。

12 月 20—30 日 中国共产主义青年团第十一次全国代表大会在京举行。会议通过《中国共产主义青年团章程》。

12 月 30 日 中共中央发出《关于清理领导班子中“三种人”问题的通知》。

1983年

1月1日 中国同安提瓜和巴布达建交。

1月2日 中共中央印发《当前农村政策的若干问题》。指出要稳定和完善农业生产责任制，同时适应商品生产的需要，发展多种多样的合作经济，适当发展个体商业，允许农民长途贩运。

1月7—22日 首次全国职工思想政治工作会议在京举行。

1月12日 中国同安哥拉建交。

1月18日 中共中央组织部作出《关于机构改革中各级干部必须遵守的几项规定》。

1月20日 中共中央发出《关于加强农村思想政治工作的通知》。

1月26日—2月2日 首次全国农村科技工作会议在京举行。

1月28日—2月7日 十二届中央纪律检查委员会第二次全体会议在京举行。

2月3日 国务院批转国家计委《关于对商品粮基地建设进行改革试点的报告》。

2月5日 国务院发布《城乡集市贸易管理办法》。

2月9日、3月5日、3月12日 国务委员谷牧召集国务院有关部门负责人对海南岛的开发建设问题进行讨论研究。4月1日，中共中央、国务院批转《关于加快海南岛开发建设问题讨论纪要》。

2月12日 第一届中央电视台春节联欢晚会直播。

2月14日 中共中央发出《关于加强党员教育工作的通知》。

2月15日 中共中央、国务院发出《关于地市州党政机关机构改革若干问题的通知》。

2月22日—3月2日 全国党校工作会议在京举行。会议研究了党校的改革问题，使党校尽快由短期轮训干部为主转向正规化培训干部为主，为培养革命化、年轻化、知识化、专业化的党政干部作出新贡献。

2月28日—3月5日 五届全国人大常委会第二十六次会议在京举行。会议通过第六届全国人民代表大会少数民族代表名额分配方案、台湾省出席第六届全国人民代表大会协商选举方案、关于县级以下人民代表大会代表直接选举的若干规定、关于由对外经济贸易部行使原外国投资管理委员会的批准权的决定、关于加入禁止并惩治种族隔离罪行国际公约的决定和关于批准防止及惩治灭绝种族罪公约的决定。

3月1日 外交部新闻司举行首次新闻发布会。

3月2日 中国同科特迪瓦建交。

3月4日 中共中央决定重新发表毛泽东等老一辈无产阶级革命家关于向雷锋同志学习的题词手迹。同日，全国青少年学雷锋先进集体和先进个人代表座谈会在京举行。

3月5日 中共中央、国务院发出《关于发展城乡零售商业、服务业的指示》。

同日 首都各界举行纪念向雷锋同志学习20周年大会。

3月7日 共青团中央作出关于授予张海迪“优秀共青团员”称号和向张海迪学习的决定。

3月13日 纪念马克思逝世100周年大会在京举行。胡耀邦在会上作了题为《马克思主义伟大真理的光芒照耀我们前进》的报告。

3月16日 国务院批转国家经委、对外经贸部《关于进一步办好中外合资经营企业的报告》。

3月17—29日 全国利改税工作会议在京举行。

3月21日—4月1日 全国工业交通会议在京召开。

3月27日 中共中央印发彭真《在中央政法委员会扩大会议上的讲话要点》。

4月1日 国务院颁布《国营工业企业暂行条例》。

4月5日 中国人民武装警察部队总部在北京成立。

4 月 13 日 国务院发布《关于城镇劳动者合作经营的若干规定》和《〈关于城镇非农业个体经济若干政策性规定〉的补充规定》。

4 月 14 日 国务院发布《关于城镇集体所有制经济若干政策问题的暂行规定》。

4 月 21 日 中共中央纪律检查委员会发出《关于坚决制止乘机构改革之机大搞不正之风的通知》。

4 月 24 日 国务院批转财政部制定的《关于国营企业利改税试行办法》。

4 月 28 日 国务院批转教育部、国家计委《关于加速发展高等教育的报告》。

4 月 30 日 中国同莱索托建交。

5 月 3 日 中共中央印发《关于实现党校教育正规化的决定》。

5 月 5—9 日 五届全国人大常委会第二十七次会议在京举行。会议通过关于召开第六届全国人民代表大会第一次会议的决定；通过关于加入《南极条约》的决定。

5 月 6 日 中共中央、国务院发出《关于加强和改革农村学校教育若干问题的通知》。

5 月 9 日 教育部、劳动人事部、财政部、国家计委联合发出《关于改革城市中等教育结构、发展职业技术教育的意见》。

5 月 27 日 国务院学位委员会和北京市人民政府联合召开博士和硕士学位授予大会。

6 月 4—22 日 全国政协六届一次会议在京举行。会议选举邓颖超为全国政协主席。

6 月 6—21 日 第六届全国人民代表大会第一次会议在京举行。会议选举李先念为中华人民共和国主席，选举彭真为第六届全国人民代表大会常务委员会委员长，决定赵紫阳为国务院总理，选举邓小平为中华人民共和国中央军事委员会主席。会议还批准成立国家安全机关。

6 月 18 日 中共中央办公厅、国务院办公厅转发全国企业整顿领导小组《关于用改革的精神搞好企业全面整顿的意见》和中组部、国家经委《关于坚持标准，加快企业领导班子整顿步伐的意见》。

6月23—24日 六届全国人大常委会第一次会议在京举行。

6月26日 邓小平会见美国教授杨力宇时，进一步阐明了实现大陆和台湾和平统一的方针政策。

7月1日 《邓小平文选（1975—1982）》在全国发行。

同日 中共中央批转《国营企业职工思想政治工作纲要（试行）》。

7月2日 中共中央宣传部、中共中央书记处研究室发出《关于加强爱国主义宣传教育的意见》。

7月3日 国务院、中央纪委发出《关于坚决制止乱涨生产资料价格和向建设单位乱摊派费用的紧急通知》。

7月6—20日 全国组织工作座谈会在京举行。

7月8日 邓小平在同中央几位负责同志谈话时指出，要利用外国智力，扩大对外开放。

7月12日 国务院作出《关于抓紧研制重大技术装备的决定》。

7月16—20日 全国组织工作座谈会在京召开。

7月25—26日 六届全国人大常委会举行委员座谈会，座谈严惩严重破坏经济的犯罪问题。

7月26日 国务院发出《关于制止乱涨生产资料价格的若干规定》。

8月22日 国务院发布《中华人民共和国经济合同仲裁条例》。

8月23—29日 首次全国发展集体和个体经济安置城镇青年就业先进表彰大会在京举行。

8月24日 中共中央、国务院作出《关于引进国外智力以利四化建设的决定》。

8月25日 中共中央发出《关于严厉打击刑事犯罪活动的决定》。

8月25日—9月2日 六届全国人大常委会第二次会议在京举行。会议通过关于严惩严重危害社会治安的犯罪分子的决定，通过关于修改《中华人民共和国法院组织法》《中华人民共和国人民检察院组织法》和《中华人民共和国中外合资经营企业所得税法》的决定，通过《中华人民共和国海上交通安全法》。

8 月 26 日　全国政协第六届委员会举行主席会议。会议决定，政协全国委员会设立学习委员会、文史资料研究委员会和提案工作委员会，并设立祖国统一、经济建设、农业、科学技术、文化、教育、医药卫生、体育、外事、法制、妇女、民族、宗教、华侨、国际问题研究 15 个工作组。

9 月 3 日　中共中央、国务院发出《关于加强利用外资工作的指示》。

9 月 5—9 日　中共中央纪委召开全国打击经济领域严重犯罪活动工作会议。

9 月 11 日　新中国成立以来最大的城市供水工程——引滦入津工程正式通水。

9 月 17 日　国务院作出《关于中国人民银行专门行使中央银行职能的决定》。

9 月 18 日—10 月 1 日　第五届全国运动会在上海举行。

9 月 20 日　国务院发布《建筑税收暂行办法》和《中华人民共和国中外合资经营企业法实施条例》。

10 月 1 日　邓小平为景山学校题词："教育要面向现代化，面向世界，面向未来"。

10 月 11—12 日　中共十二届二中全会在京举行。全会通过《中共中央关于整党的决定》，决定用三年时间分期分批对党的作风和党的组织进行一次全面整顿。

10 月 12 日　中共中央、国务院发出《关于实行政社分开建立乡政府的通知》。建立乡、镇政府和各种合作经济形式的工作在全国展开，人民公社体制废除。

10 月 15—16 日　中共中央顾问委员会第二次全体会议在京举行。

10 月 17—25 日　十二届中央纪律检查委员会第三次全体会议举行。

10 月 18—29 日　中国工会第十次全国代表大会在京举行。

10 月 21 日　中共中央整党工作指导委员会召开首次会议。

11 月 1 日　中国与欧洲共同体正式宣布全面建交。

11月19日 国务院发出《关于制止买卖、租赁土地的通知》。

11月25日 中日两国政府一致同意把中日关系三原则扩大为四原则。这四项原则是：和平友好，平等互利，相互信赖，长期稳定。

11月25日—12月8日 六届全国人大常委会第三次会议在京举行。会议通过《中华人民共和国统计法》，通过关于外交工作报告和谴责美国国会制造“两个中国”严重事件的决议，通过关于我国加入1967年《关于各国探索和利用包括月球和其他天体在内外层空间活动的原则条约》的决定，通过关于我国加入“各国议会联盟”的决定。

11月28日—12月15日 中共中央召开农村工作会议。

12月1日 中共中央、国务院发出《关于县级党政机关机构改革的通知》。

12月3日 国务院决定成立三线建设调整改造规划办公室。

12月6日 中国第一台每秒钟运算一亿次以上的“银河–I”巨型计算机由国防科技大学在长沙研制成功。它填补了国内巨型计算机的空白，标志着中国进入了世界研制巨型计算机的行列。

12月13—22日 全国科技工作会议在京举行。会议研究了如何继续贯彻“经济建设必须依靠科学技术，科学技术必须面向经济建设”这一现代化建设的战略方针。

12月17日 国务院发布《城市私有房屋管理条例》。

12月31日 中共中央发出《关于在清除精神污染中正确对待宗教问题的指示》。

12月31日—1984年1月7日 第二次全国环境保护会议在京举行。会议明确提出环境保护是我国的一项基本国策。

1984 年

1 月 1 日　中共中央发出《关于 1984 年农村工作的通知》，明确土地承包期 15 年，鼓励农民向各种企业投资入股，联合兴办各种企业，允许农村雇工经营。

同日　中国工商银行成立。

1 月 5 日　国务院发布《城市规划条例》。

1 月 21 日　国务院发出《关于进一步加强口岸工作领导的通知》。

1 月 22 日—2 月 17 日　邓小平视察深圳、珠海、厦门三个经济特区和上海，充分肯定试办经济特区和对外开放的决策。

1 月 23 日　国务院发布《工矿产品购销合同条例》和《农副产品购销合同条例》。

1 月 27 日　中央军委发布命令，颁发《中国人民解放军纪律条令》。

1 月 28 日　国务院发布《中华人民共和国进出口商品检验条例》。

2 月 10—23 日　国务院召开全国经济工作会议，决定本年全部经济工作以提高经济效益为中心。

2 月 24 日　邓小平同几位中央负责同志谈话，提出要办好经济特区，增加对外开放城市。

2 月 25 日　国务院发布《关于合作商业组织和个人贩运农副产品若干问题的规定》和《关于组织和发展农副产品就地加工若干问题的规定》。

2 月 27 日　国务院作出《关于农村个体工商业的若干规定》。

2 月 27 日—3 月 28 日　中共中央书记处在北京召开西藏工作座谈会。4 月 1 日，中共中央印发《西藏工作座谈会纪要》。

2 月 29 日—3 月 12 日　六届全国人大常委会第四次会议在京举行。会议通过《中华人民共和国专利法》。

3月1日 中共中央、国务院发布《关于深入扎实开展绿化祖国运动的指示》。

同日 中共中央、国务院转发农牧渔业部和部党组《关于开创社队企业新局面的报告》，同意将社队企业改称乡镇企业，提出发展乡镇企业若干政策。

3月5日 国务院发布《国营企业成本管理条例》。

3月5—23日 李先念访问巴基斯坦、约旦、土耳其和尼泊尔。

3月15日 中国残疾人福利基金会在北京成立。

3月23—26日 日本首相中曾根康弘访问中国。两国政府首脑一致同意设立中日友好21世纪委员会。

3月26日—4月6日 沿海部分城市座谈会在京举行。

3月28日—4月8日 第一次全国经济审判工作会议在京举行。

3月29日 首届戏剧“梅花奖”评选揭晓。

4月6日 国务院发布《中华人民共和国居民身份证试行条例》。

4月7日 国务院发布《工业产品生产许可证试行条例》。

4月8日 “长征三号”运载火箭成功发射中国第一颗通信卫星“东方红二号”。我国成为世界上第五个掌握卫星通信能力的国家。

4月13日 中共中央批转国家计划生育委员会党组《关于计划生育工作情况的汇报》。

4月16日 国务院发出《关于国营企业发放奖金有关问题的通知》。

4月16—25日 城市经济体制改革座谈会在常州召开。会议提出加快城市经济体制改革试点的步伐；简政放权，搞活企业；开放市场，搞活流通；探索城市新的计划管理体制，完善市领导县的新体制，增加一批改革试点城市等措施和建议。

4月26日 中共中央发出《关于任免国家机关领导人员必须严格依照法律程序办理的通知》。

4月26日—5月1日 美国总统里根对中国进行国事访问。

5月1日 我国第一条高原铁路——西（宁）格（尔木）铁路举行通车

典礼。

5 月 4 日　中共中央、国务院转发《沿海部分城市座谈会纪要》，决定进一步开放天津、上海、大连、秦皇岛、烟台、青岛、连云港、南通、宁波、温州、福州、广州、湛江和北海 14 个沿海港口城市，并提出逐步兴办经济技术开发区。

5 月 5—11 日　六届全国人大常委会第五次会议在京举行。会议通过《中华人民共和国水污染防治法》，批准《中华人民共和国消防条例》。

5 月 8 日　国务院作出《关于环境保护工作的决定》，决定成立国务院环境保护委员会。

5 月 10 日　国务院印发《关于进一步扩大国营工业企业自主权的暂行规定》。在生产经营计划、产品销售、价格、物资选购、资金使用、资产处理、机构设置、人事劳动管理、工资资金、联合经营十个方面扩大企业自主权。

5 月 12—26 日　全国政协六届二次会议在京举行。

5 月 15—31 日　第六届全国人民代表大会第二次会议在京举行。会议通过《中华人民共和国民族区域自治法》和《中华人民共和国兵役法》，决定设立海南行政区，并设立海南行政区人民代表大会和人民政府，海南行政区人民政府归广东省人民政府领导。

5 月 16 日　国务院批转农牧渔业部、国家计委等部门《关于进一步开展土地资源调查工作的报告》。第一次全国土地调查启动。

6 月 11 日　国务院、中央军委批转国务院科技领导小组办公室等部门《关于稳定和加强国防科技工业三线艰苦地区科技队伍的若干政策问题的报告》。

6 月 22 日—7 月 7 日　全国第二步利改税工作会议举行。利改税第二步改革的基本内容是：由“税利并存”逐步过渡到完全的“以税代利”，税后利润归企业自己安排使用。

6 月 28 日　国务院发布《国营企业奖金税暂行规定》。

6 月 30 日　邓小平会见日本客人，就什么是有中国特色社会主义问题，作出精辟阐述。邓小平指出，如果走资本主义道路，可以使中国百分之几的人富裕起来，但是绝对解决不了百分之九十几的人生活富裕的问题。而坚持社会主义，实行按劳分配的原则，就可以使全国人民普遍过上小康生活。这就是我们为什么要坚持社会主义的道理。不坚持社会主义，中国的小康社会形成不了。

7 月 4—7 日 六届全国人大常委会第六次会议在京举行。

7 月 5 日 中共中央书记处、国务院指示在农村放宽政策。

7 月 14 日 国务院批转商业部《关于当前城市商业体制改革若干问题的报告》。

7 月 17 日 中共中央办公厅、国务院办公厅发出《关于党政机关在职干部不要与群众合办企业的通知》。

7 月 17—21 日 全国科技干部管理工作改革座谈会在京举行。

7 月 19 日 国务院批转国家体改委、商业部、农牧渔业部《关于进一步做好农村商品流通工作的报告》。

7 月 25 日 北京天桥百货股份有限公司成立。这是全国第一家正式注册的股份制商业企业。

7 月 28 日—8 月 12 日 中国体育代表团参加在美国洛杉矶举行的第 23 届夏季奥运会。射击运动员许海峰夺得本届奥运会第一枚金牌，实现中国奥运金牌“零”的突破。

7 月 31 日 邓小平会见英国外交大臣时指出，我们非常关注香港的过渡时期。

8 月 1—8 日 全国“双拥”先进代表大会在京举行。这是我国首次由政府和军队联合召开的“双拥”先进代表大会。

8 月 6 日 国务院批转中国农业银行《关于改革信用合作社管理体制的报告》。

9 月 3—10 日 第一次全国性的中青年经济科学工作者讨论会在浙江省德清县莫干山上举行。

9 月 4 日 中共中央宣传部、教育部联合颁发《关于加强和改进高等院校马列主义理论教育的若干规定》。

9 月 5 日 我国正式成为国际刑警组织成员国。

9 月 11—20 日 六届全国人大常委会第七次会议在京举行。会议通过《中华人民共和国森林法》和《中华人民共和国药品管理法》，通过关于授权国务院改革工商税制发布有关税收条例草案的决定。

9 月 12 日 中共中央批转中央组织部《关于各省、自治区、直辖市调整县级领导班子的情况报告》。

同日 国务院发布《中华人民共和国科学技术进步奖励条例》。

9 月 15 日 国务院批转对外经济贸易部《关于外贸体制改革意见的报告》。

9 月 18 日 国务院作出《关于改革建筑业和基本建设管理体制若干问题的暂行规定》。

9 月 29 日 中共中央、国务院发出《关于帮助贫困地区尽快改变面貌的通知》。《通知》指出，对贫困地区要有必要的财政扶持，但必须善于使用，纠正单纯救济观点；要进一步放宽政策，减轻负担、给予优惠，搞活商品流通、加速商品周转，增加智力投资。

10 月 1 日 庆祝中华人民共和国成立 35 周年阅兵仪式和群众游行在京举行。邓小平检阅受阅部队并发表讲话。

10 月 2 日 邓小平接见外籍华人科学家时，再次就台湾问题、香港问题阐明了“一国两制”构想。

10 月 4 日 国务院批转国家计委《关于改进计划体制的若干暂行规定》。

10 月 5 日 中共中央发出《关于进一步发展体育运动的通知》。

10 月 6 日 邓小平会见参加中外经济合作问题讨论会的全体中外代表。

10 月 8 日 中国第一支南极考察队在京成立。13 日，南大洋考察队在京成立。15 日，邓小平为即将启程的中国南极考察队题词“为人类和平利用南极作出贡献”。11 月 20 日，中国首次赴南大洋、南极洲考察船队从上海启航。27 日至 31 日，中国首批南极考察队员登上南极洲乔治岛。

10 月 13 日 国务院发出《关于农民进入集镇落户问题的通知》。

10月13—20日 中共十二届三中全会在京举行。全会通过《中共中央关于经济体制改革的决定》，规定以城市为重点的经济体制改革的任务、性质和各项方针政策；提出社会主义经济是公有制基础上的有计划的商品经济。

10月22—23日 中共中央顾问委员会第三次全体会议在京举行。

10月25—29日 中共中央纪律检查委员会第四次全体会议举行。

11月1日 邓小平在中央军委座谈会上强调，军队工作要服从整个国家建设大局。

同日 中国同阿联酋建交。

11月6—14日 六届全国人大常委会第八次会议在京举行。会议通过国务院提请审议《中华人民共和国政府和大不列颠及北爱尔兰联合王国政府关于香港问题的联合声明》的议案的决议，通过关于在沿海港口城市设立海事法院的决定，通过关于我国加入《保护工业产权巴黎公约》的决定。

11月12—19日 中共中央组织部召开在知识分子中发展党员工作座谈会。

11月13日 国务院发出《关于严格控制财政支出和大力组织货币回笼的紧急通知》。

11月15日 国务院发布《关于经济特区和沿海十四个港口城市减征、免征企业所得税和工商统一税的暂行规定》，对在深圳、珠海、厦门、汕头4个经济特区和大连、秦皇岛、天津、烟台等沿海14个港口城市投资兴办中外合资经营企业、中外合作经营企业、客商独立经营企业的，给予减征、免征企业所得税和工商统一税的优惠。

11月17日 中共中央、国务院发出《关于严格控制成立全国性组织的通知》。

11月18日 上海飞乐音响公司成立并向社会发行股票。这是新中国第一家经中国人民银行上海市分行批准，向社会公开发行股票的股份制企业。

12月3日 中共中央、国务院作出《关于严禁党政机关和党政干部经商、办企业的决定》。

12月5日 中共中央纪律检查委员会发出《关于坚决纠正新形势下出现

的不正之风的通知》。

12 月 6—22 日　全国农村工作会议在京举行。

12 月 8 日　国务院发出《关于国营企业厂长（经理）实行任期制度的通知》。

12 月 19 日　中英两国政府在北京正式签署《中华人民共和国政府和大不列颠及北爱尔兰联合王国政府关于香港问题的联合声明》，确认中国政府于 1997 年 7 月 1 日对香港恢复行使主权。

12 月 29 日　中共中央批转中组部、中宣部《关于加强干部培训工作的报告》。

1985年

1月1日 中共中央、国务院印发《关于进一步活跃农村经济的十项政策》，决定改革农产品统购派购制度，从1985年起实行合同定购和市场收购。

1月5日 国务院发出《关于国营企业工资改革问题的通知》，要求推行国营企业工资改革，克服企业工资分配中的平均主义、吃“大锅饭”的弊病。

1月10—21日 六届全国人大常委会第九次会议在京举行。会议通过《中华人民共和国会计法》；通过关于授权国务院在经济体制改革和对外开放方面可以制定暂行规定或者条例的决定；同意国务院关于设立教师节的议案，决定每年的9月10日为教师节。

1月24日 国家物价局、国家物资局发出《关于放开工业生产资料超产自销产品价格的通知》。

1月25—31日 国务院在北京召开长江、珠江三角洲和闽南厦（门）漳（州）泉（州）三角地区座谈会。

1月31日 国务院批转国家旅游局《关于当前旅游体制改革几个问题的报告》。

1月31日—2月8日 全国党校工作会议在京举行。

2月2日 商业部发出通知，改变过去长期实行的棉花统购为按合同定购。

2月5—14日 全国经济工作会议在天津举行。会议提出，本年度要紧紧围绕增强企业活力，特别是增强国营大中型企业活力这个中心环节，搞好城市改革和其他各项工作，进一步提高经济效益。要加快采取推行厂长负责制，发展多种形式的经济联合体，实行工资总额随同经济效益浮动等政策措施，促进企业由单纯生产型向经营开拓型转变。

2月7日 国务院发出《关于严格控制社会集团购买力的紧急通知》。

2 月 8 日 国务院批转《关于上海经济发展战略的汇报提纲》。

2 月 18 日 中共中央、国务院批转《长江、珠江三角洲和闽南厦漳泉三角地区座谈会纪要》，决定在长江三角洲、珠江三角洲和厦漳泉三角地区开辟沿海经济开放区。

2 月 20 日 中国首个南极考察站——长城站建成。

2 月 26 日 中共中央办公厅转发中央组织部《关于大量吸收优秀知识分子入党的报告》。

同日 国务院发布《中华人民共和国进出口关税条例》和《中华人民共和国海关进出口税则》。

2 月 28 日—3 月 6 日 中共中央整党指导委员会在京召开第二期整党工作会议。

3 月 2—7 日 全国科学技术工作会议在京举行。会议讨论了科技体制改革问题。邓小平在闭幕会上发表重要讲话指出：经济体制，科技体制，这两方面的改革都是为了解放生产力。新的经济体制，应该是有利于技术进步的体制，应该是有利于经济发展的体制。双管齐下，长期存在的科技与经济脱节的问题，有可能得到比较好的解决。他强调，一个公有制占主体，一个共同富裕，这是我们所必须坚持的社会主义的根本原则。

3 月 4 日 邓小平在会见外宾时指出，现在世界上真正的大问题，带全球性的大问题，一个是和平问题，一个是发展问题。和平问题是东西问题，发展问题是南北问题。概括起来，就是东西南北四个字。南北问题是核心问题。

3 月 6—13 日 全国城市经济体制改革试点工作座谈会在武汉举行。

3 月 11 日 中共中央、国务院发出《关于放宽政策、加速发展水产业的指示》。

3 月 13 日 中共中央作出《关于科学技术体制改革的决定》，提出经济建设必须依靠科学技术、科学技术工作必须面向经济建设的战略方针。

3 月 15—21 日 六届全国人大常委会第十次会议在京举行。会议通过《中华人民共和国涉外经济合同法》。

3月21日 国务院下发《关于实行“划分税种、核定收支、分级包干”财政管理体制的规定》。

3月25日—4月8日 全国政协六届三次会议在京举行。

3月27日—4月10日 第六届全国人民代表大会第三次会议在京举行。会议批准了中英两国政府关于香港问题的联合声明，决定成立香港特别行政区基本法起草委员会；授权国务院在经济体制改革和对外开放方面可以制订暂行的规定或条例；通过《中华人民共和国继承法》。

3月28日 邓小平在会见外宾时指出，改革是中国的第二次革命。

4月1日 我国开始实行出口退税制度。

4月2日 国务院发布《关于华侨投资优惠的暂行规定》《中华人民共和国经济特区外资银行、中外合资银行管理条例》。

4月4日 国务院批转中国人民银行《关于控制一九八五年贷款规模的若干规定》。

4月10日 中共中央整党工作指导委员会发出《关于第二期整党工作的基本要求的通知》。

4月11日 国务院发布《中华人民共和国集体企业所得税暂行条例》。

4月15日 邓小平会见外宾时指出，贫穷不是社会主义，社会主义要消灭贫穷。不发展生产力，不提高人民的生活水平，不能说是符合社会主义要求的。

4月23日 中共中央办公厅、国务院办公厅转发文化部《关于艺术表演团体的改革意见》。

4月25日 国务院批转卫生部《关于卫生工作改革若干政策问题的报告》。

4月26日 国务院发布《国营企业固定资产折旧试行条例》。

同日 国务院批转民政部等部门《关于扶持农村贫困户发展生产治穷致富的请示》。

5月15日 中国国际友谊促进会在北京成立。

5月15—20日 中共中央、国务院在京召开全国教育工作会议。会议讨论了《中共中央关于教育体制改革的决定（草案）》，研究了实行教育体制改革的步骤和措施。

5 月 23 日　中共中央、国务院发出《关于禁止领导干部的子女、配偶经商的决定》。

5 月 23 日—6 月 6 日　中央军委扩大会议在京举行。邓小平在会上对国际形势作出新论断，并宣布中国人民解放军减少员额 100 万。会议作出军队建设指导思想实行战略性转变的重大决策。

5 月 27 日　中英关于香港问题的联合声明宣告生效，香港即日起进入过渡时期。

同日　中共中央作出《关于教育体制改革的决定》。明确教育体制改革的根本目的和主要措施，提出有步骤地实行九年制义务教育，大力发展职业技术教育，改革高等学校招生计划和毕业生分配制度，扩大高等学校办学自主权。

5 月　中共中央、国务院批准实施旨在依靠科学技术促进农村经济发展的“星火计划”。

6 月 1 日　国务院批转国家物价局《关于价格改革出台情况及稳定物价措施的报告》。

6 月 4 日　中共中央、国务院发出《关于国家机关和事业单位工作人员工资制度改革问题的通知》。

同日　邓小平在中央军委扩大会议上阐释了国际形势的变化和中国外交战略的转变。

6 月 4—6 日　维护世界和平座谈会在北京举行。

6 月 8—18 日　六届全国人大常委会第十一次会议在京举行。会议通过《中华人民共和国草原法》、关于设立国家教育委员会和撤销教育部的决定、关于批准《国际电信公约》的决定。

6 月 9—15 日　首次全国法制宣传教育工作会议举行，会议通过《关于向全体公民基本普及法律常识的五年规划》。

6 月 11—16 日　黄埔军校同学会第一次会员代表大会在北京举行。

6月22—29日 中共中央纪律检查委员会在北京召开全国端正党风工作经验交流会。

6月29日 国务院决定成立经济技术社会发展研究中心。

同日 国务院批复福建省人民政府《关于报审厦门经济特区实施方案的报告》。

7月3日 国务院发布《国营企业工资调节税暂行规定》。

7月5日 国务院批转国家科委、原教育部和中国科学院《关于试办博士后科研流动站的报告》。

7月6日 林业部公布《关于森林和野生动物类型自然保护区管理办法》。

7月9日 中共中央办公厅、国务院办公厅发出《关于党政机关干部不兼任经济实体职务的补充通知》。

同日 中国同玻利维亚建交。

7月11日 中共中央、国务院、中央军委批准转发《军队体制改革、精简整编方案》。

7月11—31日 李先念对加拿大和美国进行国事访问。这是中华人民共和国主席首次对这两个国家进行访问。

7月27日 国务院发布施行《中华人民共和国国家金库条例》。

同日 中共中央、国务院发出《关于尊重、爱护军队，积极支持军队改革和建设的通知》。

8月20日 国务院发出《关于进一步清理和整顿公司的通知》。

8月25日 国家工商局公布施行《公司登记管理暂行规定》。

8月26日—9月6日 六届全国人大常委会第十二次会议在京举行。会议通过《中华人民共和国计量法》和《中华人民共和国居民身份证条例》，通过关于我国加入《防止倾倒废物及其他物质污染海洋的公约》的决定。

8月31日 庆祝西藏自治区成立20周年干部大会在拉萨举行。

9月1日 中国人民银行首次公布我国国际收支统计情况。

9月2—7日 由国家经济体制改革委员会、中国社会科学院和世界银行联合举办的宏观经济管理国际研讨会在“巴山”号轮船上举行。

9 月 3 日　纪念抗日战争和世界反法西斯战争胜利 40 周年大会在京举行。

9 月 10 日　中共中央宣传部等单位在人民大会堂隆重集会，庆祝新中国第一个教师节。

9 月 10—12 日　中共中央邀请各民主党派、全国工商联负责人，无党派人士和其他知名人士举行座谈会，通报即将召开的中共全国代表会议及十二届四中、五中全会的主要议题，征求他们的意见。

9 月 16 日　中共十二届四中全会在京举行。全会确定关于进一步实现中央领导机构成员新老交替的原则，决定 1985 年 9 月 18 日召开中国共产党全国代表会议。

9 月 18 日　国务院发布《关于口岸开放的若干规定》，对口岸开放和管理作出明确规定，从国家政策层面引导、扩大口岸开放。

9 月 18—23 日　中国共产党全国代表会议在京举行。会议对中央委员会、中央顾问委员会和中央纪律检查委员会的成员进行了调整。会议通过《中共中央关于制定国民经济和社会发展第七个五年计划的建议》。

9 月 24 日　中共十二届五中全会在京举行。全会对中央政治局和中央书记处的成员进行了局部的调整，进一步实现了中央领导机构成员的新老交替。

同日　国务院发布《工资基金暂行管理办法》。

9 月 25 日　中共中央办公厅、国务院办公厅转发国家体改委《关于成立全国性组织的若干规定》。

9 月 30 日　庆祝新疆维吾尔自治区成立 30 周年干部大会在乌鲁木齐举行。

10 月 1 日　中国同格林纳达建交。

10 月 23 日　邓小平会见外宾时指出，社会主义和市场经济之间不存在根本矛盾。

10 月 25 日　纪念台湾光复 40 周年大会在京举行。

10 月 31 日 中共中央、国务院发出《关于制止向农民乱派款、乱收费的通知》。

11 月 5 日 国务院发出《关于切实抓紧抓好粮食工作的通知》。

11 月 8—22 日 六届全国人大常委会第十三次会议在京举行。会议通过《中华人民共和国外国人入出境管理法》和《中华人民共和国公民出入境管理法》，通过关于在公民中基本普及法律常识的决议，通过关于批准《保护世界文化和自然遗产公约》的决定。

11 月 24 日 中共中央整党工作指导委员会发出《关于在农村部署整党工作的通知》。

11 月 26 日 中共中央办公厅、国务院办公厅发出《关于解决当前机关作风中几个严重问题的通知》。

11 月 28 日 我国第一家合资银行——厦门国际银行开业。

12 月 5—21 日 中央农村工作会议在京举行。会议总结了指导农业生产根本方针，指出振兴农村经济的必由之路。

12 月 16 日 国务院决定将原中国文字改革委员会改名为国家语言文字工作委员会。

12 月 25 日—1986 年 1 月 5 日 全国经济特区工作会议在深圳举行。会议提出，经济特区在“七五”计划期间要朝着建立外向型经济的目标奋力前进，确实成为“技术的窗口、管理的窗口、知识的窗口、对外政策的窗口”，进一步发挥向国内外两个扇面辐射的枢纽作用；更好地为全国社会主义现代化建设服务，增强出口创汇能力，深入进行经济体制改革，在运用经济办法和现代化信息手段管理经济方面，总结出具有中国特色的经验。

1986年

1月1日 中共中央、国务院发出《关于1986年农村工作的部署》，提出从“七五”计划开始，增加对农业投资、水利投资，要切实帮助贫困地区逐步改变面貌。

1月4—8日 全国职称改革工作会议在京举行。会议决定从1986年起改革职称评定制度，逐步实现专业技术职务聘任制。

1月6日 国务院成立住房制度改革领导小组。

1月6—9日 中共中央书记处召开中央机关干部大会。

1月7日 国务院发布《中华人民共和国银行管理暂行条例》和《中华人民共和国城乡个体工商业户所得税暂行规定》。

1月10—20日 六届全国人大常委会第十四次会议在京举行。会议通过《中华人民共和国渔业法》，通过关于批准长江南京港对外国籍船舶开放的决定、关于将广播电视部改为广播电影电视部的决定。

1月11—20日 全国经济工作会议在京举行。会议总结了四年来对企业进行全面整顿的经验，确定了“七五”期间进一步加强企业管理，推进管理现代化的奋斗目标，即以提高经济效益为中心，把提高产品质量、降低物质消耗作为主攻方向，增强企业自我改造、自我发展的能力。

1月12日—2月3日 全国计划工作会议在京举行。会议认为，当前经济生活中不稳定的因素仍然存在，社会总需求仍然超过社会总供给。1986年的任务主要是在1985年改革的基础上，“巩固、消化、补充、改善”，着重抓好改善宏观控制，对已经出台的价格改革、工资改革做一些消化、补充工作，进一步把大中型骨干企业和出口企业搞活，大力促进跨地区、跨部门的横向经济联合。

1月15日 国务院发布《关于中外合资经营企业外汇收支平衡问题的

规定》。

1月17日 邓小平在中共中央政治局常委会议上强调要抓精神文明建设，抓党风、社会风气好转，必须狠狠地抓，一天不放松地抓，从具体事件抓起。搞四个现代化一定要有两手，一手抓建设，一手抓法制。

1月23日 中共中央办公厅、国务院办公厅发出《关于制止滥派团组和人员出国的通知》和《关于简化各级领导干部外出活动接待工作的若干规定》。

1月24日 中共中央、国务院转发中央职称改革领导小组《关于改革职称评定、实行专业技术职务聘任制度的报告》。

1月28日 中共中央发出《关于严格按照党的原则选拔任用干部的通知》。

2月1日 中共中央办公厅、国务院办公厅发出《关于坚决制止干部用公款旅游的通知》。

2月4日 中共中央、国务院发出《关于进一步制止党政机关和党政干部经商、办企业的规定》。

2月14日 国务院批准成立国家自然科学基金。

2月17日 亚洲开发银行理事会通过决议，接纳中国成为亚行成员国。

2月20日 全国落实侨务政策工作会议在宁波举行。

3月5日 邓小平对王大珩、王淦昌、杨嘉墀、陈芳允四位科学家提出的关于跟踪研究外国高技术发展的建议作出批示。

3月10—16日 国务院召开第一次全国城市经济体制改革工作会议。会议要求1986年的城市经济体制改革要贯彻巩固、消化、补充、改善的方针，搞活和开拓市场，加强和完善市场管理，加强和改善宏观控制，把发展横向经济联合作为一项重要工作。

3月11—19日 六届全国人大常委会第十五次会议在京举行。会议通过《中华人民共和国矿产资源法》。

3月23日 国务院发布《关于进一步推动横向经济联合若干问题的规定》。

3月23日—4月11日 全国政协六届四次会议在京举行。

3 月 25 日—4 月 12 日 第六届全国人民代表大会第四次会议在京举行。会议通过《关于第七个五年计划的报告》，原则批准《中华人民共和国国民经济和社会发展第七个五年计划（1986—1990）》，通过《中华人民共和国民法通则》《中华人民共和国义务教育法》《中华人民共和国外资企业法》。

3 月 31 日 国务院批转国家计委等五部门《关于铁道部实行经济承包责任制的方案》。

4 月 5 日 国务院发布《工业产品质量责任条例》。

4 月 12 日 中共中央办公厅、国务院办公厅发出关于在全国范围内实行夏时制的通知。1992 年，夏时制暂停实行。

4 月 19 日 原国务院办公厅法制局和国务院经济法规研究中心合并成立国务院法制局。

同日 国务院发布《关于扩大科学技术研究机构自主权的暂行规定》。

4 月 21 日 国务院发布《中华人民共和国税收征收管理暂行条例》。

4 月 23 日 国务院发出《关于坚决制止向企业乱摊派的通知》。

4 月 30 日—5 月 7 日 全国劳动人事厅局长会议在京举行。

5 月 3—4 日 中国国际商会、中国国际贸易促进委员会第一届会员代表大会在京举行。

5 月 4 日 中共中央、国务院发出《关于改进和加强出国留学人员工作若干问题的通知》。

5 月 5 日 新华社报道:《马克思恩格斯全集》中文版 50 卷已由人民出版社全部出齐。

5 月 14 日 国务院贫困地区经济开发领导小组第一次全体会议在京举行。会议提出，争取在“七五”期间解决大多数贫困地区人民的温饱问题，彻底改变单纯救济的扶贫办法，实行新的经济开发方式。

5 月 15 日 全国科学技术奖励大会在人民大会堂隆重举行。

5 月 26—29 日 北方十二市两地在天津举行市长联席会，确定建立环渤海经济区。

5 月 30 日 国务院批转国家体改委、商业部等单位《关于 1986 年商业体制改革几个问题的报告》。

5月31日 国家经委、国家教委和中国科学院发出《关于推进大中型企业与中国科学院、高等院校合作的通知》。

6月3日 中共中央办公厅、国务院办公厅转发全国总工会、国家物价局《关于进一步加强职工物价监督工作的报告》。

6月5日 国务院办公厅发出《关于严禁在社会经济活动中牟取非法利益的通知》。

6月10日 邓小平听取中央负责人汇报经济情况，并就农业问题、外汇问题和政治体制改革问题发表意见。

6月16—25日 六届全国人大常委会第十六次会议在京举行。会议通过《中华人民共和国土地管理法》。

6月18日 中共中央办公厅、国务院办公厅发出《关于进一步加强中小学危房修缮和改造的通知》。

6月24日 国务院转发国家语言文字工作委员会《关于废止〈第二次汉字简化方案（草案）〉和纠正社会用字混乱现象的请示》。

6月26日 国务院贫困地区经济开发领导小组举行第二次会议，宣布国务院决定新增10亿元专项贴息贷款，用于扶持贫困地区。

7月1—5日 欧洲共同体委员会主席雅克·德洛尔对中国进行正式访问。

7月3日 国务院发布《中华人民共和国注册会计师条例》。

同日 中国人民解放军总政治部主任余秋里在全军端正党风整党情况汇报会上讲话时明确提出“八个不准”。

同日 中国对外文化交流协会正式成立。

7月4日 国务院发布《关于加强工业企业管理若干问题的决定》。

7月8日 国务院批转国家教委、财政部《关于改革现行普通高等学校人民助学金制度的报告》，将人民助学金改为奖学金和学生贷款制度。

同日 中国国内卫星通信网正式建成。

7月9日 国务院发布《关于促进科技人员合理流动的通知》国务院下发

《关于控制固定资产投资规模的若干规定》。

7 月 10 日 中共中央发出《关于全党必须坚决维护社会主义法制的通知》。

7 月 11 日 中国政府向世界关税及贸易总协定总干事提交关于恢复中国在关贸总协定缔约国地位的申请。

7 月 12 日 国务院发布《国营企业实行劳动合同制暂行规定》《国营企业招用工人暂行规定》《国营企业辞退违纪职工暂行规定》《国营企业职工待业保险暂行规定》等文件。这是新中国成立以来劳动制度的一次重大改革。

7 月 16 日 中共中央批转中央统战部《关于新时期党对民主党派工作的方针任务的报告》。

8 月 10 日 预备役部队正式列入人民解放军建制序列。

8 月 27 日—9 月 5 日 六届全国人大常委会第十七次会议在京举行。会议通过《中华人民共和国治安管理处罚条例》《中华人民共和国外交特权与豁免条例》，通过关于县、乡两级人民代表大会代表选举时间的决定。

9 月 2 日 邓小平接受美国记者华莱士采访，谈了中苏关系、中美关系、中国统一和国内情况等问题。

9 月 3 日、13 日、29 日及 11 月 9 日 邓小平先后四次谈到政治体制改革问题。

9 月 15 日 中共中央、国务院颁发《全民所有制工业企业厂长工作条例》《中国共产党全民所有制工业企业基层组织工作条例》和《全民所有制工业企业职工代表大会条例》。

同日 国务院发布《中华人民共和国房产税暂行条例》《中华人民共和国车船使用税暂行条例》。

9 月 25 日 国务院发布《中华人民共和国个人收入调节税暂行条例》。

9 月 26 日 中共中央、国务院发出《关于加强农村基层政权建设工作的通知》。

9 月 28 日 中共十二届六中全会在京举行。全会通过《中共中央关于社会主义精神文明建设指导方针的决议》，阐明社会主义精神文明建设的战略地位、根本任务和基本指导方针。邓小平作了坚持四项基本原则、反对资产阶级自由化的重要讲话。

9 月 30 日 我国当时最长的公路桥——郑州黄河公路大桥建成通车。

10 月 11 日 国务院发布《关于鼓励外商投资的规定》。

10 月 21—24 日 五城市住房制度改革试点工作会议在烟台举行。11 月 29 日，国务院办公厅转发《关于烟台、唐山、蚌埠、常州、江门五城市住房制度改革试点工作会议纪要》。

10 月 27 日 全国哲学社会科学规划领导小组第三次会议通过《国家社会科学基金暂行条例》。

11 月 8—12 日 中央农村工作会议在京举行。

11 月 15 日—12 月 2 日 六届全国人大常委会第十八次会议在京举行。会议通过《中华人民共和国企业破产法（试行）》《中华人民共和国国境卫生检疫法》《中华人民共和国邮政法》；通过关于修改《中华人民共和国全国人民代表大会和地方各级人民代表大会选举法》的决定和关于修改《中华人民共和国地方各级人民代表大会和地方各级人民政府组织法》的决定；决定设立中华人民共和国监察部、国家机械工业委员会，撤销机械工业部、兵器工业部。

11 月 16—22 日 全国计划会议在京举行。

11 月 18 日 中共中央、国务院转发《高技术研究发展计划纲要》，实施“863”计划。

11 月 27 日—12 月 4 日 第十六次全国统战工作会议在京举行。

12 月 3—5 日 全国个体劳动者第一次代表大会暨全国先进个体劳动者表彰大会在京举行，中国个体劳动者协会宣告成立。

12 月 5 日 国务院作出《关于深化企业改革增强企业活力的若干规定》。

12 月 11 日 中国外交部发言人发表谈话指出，印度议会非法通过法案，将印度在非法占领的中国领土上建立的“阿鲁纳恰尔”中央直辖区升格为“邦”，这一做法严重侵犯了中国的领土主权，中国决不承认所谓“阿鲁纳恰尔邦”。

12 月 11—25 日 中央军委扩大会议在京举行。会议讨论了《中央军委关于新时期军队政治工作的决定》。

12 月 30 日 邓小平在同几位中央负责同志谈话时指出，要旗帜鲜明地坚持四项基本原则，反对资产阶级自由化。

1987年

1月1日 《人民日报》发表1987年元旦献词《坚持四项基本原则是搞好改革、开放的根本保证》。

1月6日 中共中央发出《关于向全体党员和干部、群众传达〈邓小平同志关于当前学生闹事问题的讲话要点〉的通知》。

同日 《人民日报》发表《旗帜鲜明地反对资产阶级自由化》社论。

1月10—15日 中共中央政治局常委会议召集党中央一级的党的生活会议。胡耀邦在会上作检讨，向中央政治局提出辞去中央总书记职务的请求。

1月12—22日 六届全国人大常委会第十九次会议在京举行。会议通过《中华人民共和国海关法》，通过关于加强法制教育维护安定团结的决定，通过关于批准《万国邮政联盟组织法第三附加议定书》的决定。

1月13日 中共中央纪律检查委员会发出《关于共产党员必须严格遵守党章》的通知。

1月14日 国务院发出《关于加强物价管理保持市场物价基本稳定的通知》。

1月16日 中共中央政治局扩大会议在京举行。会议决定接受胡耀邦辞去中共中央总书记职务的请求，推选赵紫阳代理中共中央总书记，继续保留胡耀邦中央政治局委员、中央政治局常委职务。

1月20日 国务院颁布《关于进一步推进科技体制改革的若干规定》和《关于推进科研设计单位进入大中型工业企业的规定》。

1月22日 中共中央发出《把农村改革引向深入》的通知。

1月22—25日 全国经济工作会议在京举行。会议提出1987年全国经济工作的中心任务是：深化企业改革，努力增产节约，增收节支，全面提高经济效益，确保国民经济持续、稳定、协调地向前发展。当前，特别要注意把过度膨胀的预算外投资规模和过高的非生产性开支压下来，进一步缓解社会总需求超过社会总供给的矛盾，为深化改革创造一个比较平稳的经济环境。

1 月 27 日 中央军委作出《关于新时期军队政治工作的决定》。

1 月 28 日 中共中央发出《关于当前反对资产阶级自由化若干问题的通知》。

2 月 6 日 邓小平同几位中央领导人谈话指出，计划和市场都是发展生产力的方法。

2 月 6—10 日 全国经济特区工作会议在深圳举行。会议认为，改革是特区向前发展的内在动力，要求特区以发展外向型经济为中心，以搞活企业、完善特区市场体系、改进行政经济管理为重点，锐意改革，精心探索，努力走在全国的前头。

2 月 15 日 中共中央批转中央军委《关于新时期军队政治工作的决定》。

2 月 26 日—3 月 4 日 中共中央纪律检查委员会召开全国纪检工作会议。

3 月 3 日 邓小平在会见美国国务卿舒尔茨时指出，中国只能走社会主义道路。

3 月 10—19 日 六届全国人大常委会第二十次会议在京举行。

3 月 20 日 邓小平《建设有中国特色的社会主义》增订本出版发行。

3 月 24 日—4 月 8 日 全国政协六届五次会议在京举行。

3 月 25 日—4 月 11 日 第六届全国人民代表大会第四次会议在京举行。会议通过关于授权全国人大常委会审议批准中葡两国政府关于澳门问题联合声明的决定。

3 月 27 日 国务院发布《企业债券管理暂行条例》。

3 月 28 日 国务院发出《关于加强股票、债券管理的通知》。

3 月 29 日 中共中央发出《关于坚决妥善地做好报纸刊物整顿工作的通知》。

4 月 1 日 国务院发布《中华人民共和国耕地占用税暂行条例》。

4 月 13 日 中共中央、国务院发出《关于制止机构、编制和干部队伍膨胀的通知》。

同日 中葡两国政府在北京正式签署《中华人民共和国政府和葡萄牙共和国政府关于澳门问题的联合声明》，确认中国政府于1999年12月20日对澳门恢复行使主权。

4月17日 中共中央、国务院批转中央统战部、国家民委《关于民族工作几个重要问题的报告》，阐述新时期民族工作总的指导思想和根本任务。

同日 国务院发布《关于扩大征集国家能源交通重点建设基金的规定》《矿产资源勘查登记管理暂行办法》《全民所有制矿山企业采矿登记管理暂行办法》《矿产资源监督管理暂行办法》。

4月27日 国家教委发布《普通高等学校招生暂行条例》。

4月30日 邓小平在会见外宾时阐述了我国发展分三步走的战略目标。

5月8日 国务院发布《加强生产资料价格管理制止乱涨价、乱收费的若干规定》。

5月16—20日 中共中央组织部、劳动人事部在京召开全国控制编制调整干部结构工作会议。

5月22日 国务院环境保护委员会发布《中国自然环境保护纲要》。

5月26—30日 中共中央整党工作指导委员会在京召开全国整党工作总结会议。

5月29日 中共中央作出《关于改进和加强高等学校思想政治工作的决定》。

6月8日 中共中央书记处农村政策研究室提出《关于稳定和完善土地承包制的意见》。

6月10日 国务院批转国家体改委、商业部、财政部《关于深化国营商业体制改革的意见》和《关于深化供销合作社体制改革的意见》。

6月11—23日 六届全国人大常委会第二十一次会议在京举行。会议通过《中华人民共和国技术合同法》，批准《中华人民共和国政府和葡萄牙共和国政府关于澳门问题的联合声明》。

6月16日 国务院发布《关于违反财政法规处罚的暂行规定》。

6月23日 国务院批转《国家教育委员会关于改革和发展成人教育的

决定》。

6 月 25 日　国务院发出《关于坚决落实粮食合同定购“三挂钩”政策的紧急通知》。

6 月 29 日　邓小平会见美国前总统卡特，谈了政治体制改革等问题。

6 月 30 日　中共中央纪律检查委员会作出《关于坚决查处共产党员索贿问题的决定》。

7 月 7 日　首都各界集会纪念“七七”卢沟桥事变 50 周年。

7 月 9—17 日　全国财政工作会议在京举行。

7 月 29 日　中共中央纪律检查委员会发出《关于对党员干部加强党内纪委监督的若干规定（试行）》。

7 月 31 日　中共中央、国务院、中央军委隆重庆祝中国人民解放军建军 60 周年。

同日　国务院发布《国营企业劳动争议处理暂行规定》。

同日　庆祝内蒙古自治区成立 40 周年干部大会在呼和浩特举行。

8 月 5 日　国务院发布《城乡个体工商户管理暂行条例》。

8 月 8 日　国务院发布《关于对来华工作的外籍人员工资、薪金所得减征个人所得税的暂行规定》。

8 月 19 日　国务院发出《关于整顿市场秩序加强物价管理的通知》。

8 月 22 日　国务院发布《中华人民共和国航道管理条例》。

8 月 25—29 日　国家经委、中组部、全国总工会在京联合召开全面推行厂长负责制工作会议。

8 月 29 日—9 月 5 日　六届全国人大常委会第二十二次会议在京举行。会议通过《中华人民共和国大气污染防治法》《中华人民共和国档案法》，通过关于第七届全国人民代表大会少数民族代表名额分配方案的决定、关于台湾省出席第七届全国人民代表大会代表协商选举方案的决定、关于国务院提请审议设立海南省的议案的决定、关于批准《第 159 号残疾人职业康复和就业公约》的决定等。

8 月 31 日　国家经委、国家体改委发出《关于深化企业改革完善承包经营责任制的意见》。

9月11日 国务院发布《中华人民共和国价格管理条例》。

9月12日 国务院修订发布《中华人民共和国进出口关税条例》。

9月14—18日 第三世界科学院第二次大会在北京举行。

9月15—27日 台湾《自立晚报》记者来大陆进行旅游、采访。这是1949年以来台湾记者首次到大陆采访。

9月17日 国务院发布《投机倒把行政处罚暂行条例》。

9月22—29日 全国计划会议和全国经济体制改革工作会议在京举行。

9月26日 中共中央、国务院发出《关于建立海南省及其筹建工作的通知》，把海南从广东省划出，成立海南省。

10月1日 少数分裂主义分子为配合达赖集团在国外分裂祖国的活动，在拉萨制造骚乱。中共中央和西藏自治区党委坚定、稳妥地处理了骚乱事件，拉萨很快平静下来。

10月13日 国务院发布《中华人民共和国公路管理条例》。

10月16日 国务院办公厅公布有关接待探亲台胞的办法。11月2日，第一批探亲台胞经香港来到大陆。

10月20日 中共十二届七中全会在京举行。全会决定，1987年10月25日召开中共十三大。全会讨论并通过中央委员会向十三大的报告和《中国共产党章程部分条文修正案》；讨论并原则同意《政治体制改革总体设想》，并决定将其主要内容写入十三大报告。全会确认1987年1月16日中共中央政治局扩大会议关于接受胡耀邦辞去中央委员会总书记职务的决定。

10月25日—11月1日 中国共产党第十三次全国代表大会在京举行。大会通过《沿着有中国特色的社会主义道路前进》的报告，阐述社会主义初级阶段理论，提出党在社会主义初级阶段的基本路线，制定到21世纪中叶分三步走实现现代化的发展战略。大会还通过了《中国共产党章程部分条文修正案》，称之为十三大党章，这是中共党史上第一次采用部分条文修正案形式修改的党章。

10月30日 国务院发布《关于加强贫困地区经济开发工作的通知》，对海南建省后的一些重大问题以及成立海南建省筹备组等作出明确规定。

11 月 2 日 中共十三届一中全会在京举行。全会选举赵紫阳为中央委员会总书记，决定邓小平为中央军委主席，批准陈云为中央顾问委员会主任，批准乔石为中央纪委书记。

11 月 12—24 日 六届全国人大常委会第二十三次会议在京举行。会议通过《中华人民共和国村民委员会组织法（试行）》《中华人民共和国全国人民代表大会常务委员会议事规则》；决定由李鹏任国务院代总理。

11 月 14 日 十三届中央政治局召开第一次全体会议。

11 月 20 日—12 月 5 日 第六届全国运动会在广东省举行。

12 月 1 日 深圳经济特区启动全国首次国有土地使用权拍卖。

12 月 11 日 国务院发出《关于做好当前粮食工作的通知》。

12 月 16 日 十三届中央政治局召开第二次全会，原则批准中央直属机构改革方案。

12 月 18 日 我国首家外贸金融机构——中国对外经济贸易信托投资公司在北京成立。

12 月 30 日 国务院召开全体会议，讨论国务院机构改革问题和 1988 年的工作。

1988年

1月1日　北京天安门城楼首次向中外游人开放。

1月11—21日　六届全国人大常委会第二十四次会议在京举行。会议通过《中华人民共和国水法》。

1月13日　中国国民党主席蒋经国在台北病逝。14日，中共中央致电国民党中央吊唁蒋经国病逝。

1月14日　《艾滋病监测管理的若干规定》发布施行。这是我国第一个预防一种传染病的行政法规。

1月15日　中国和葡萄牙两国政府在北京互换《关于澳门问题的联合声明的批准书》，宣布联合声明即日起生效。澳门进入过渡期。

1月15—18日　第一次全国住房制度改革工作会议在京举行。住房改革第一次正式列入中央和地方改革计划，在全国分期分批展开。具体办法是实现住房商品化。基本构思是提高房租，增加工资，鼓励职工买房。

1月18日　国务院办公厅转发国家科委《关于科技人员业余兼职若干问题的意见》。

1月18—26日　全国农业工作会议在京举行。

1月27—31日　全国高等教育工作会议在京举行。会上论述了把竞争机制引入高校、逐步实行校长负责制等问题。

2月3日　中国同乌拉圭建交。

2月5日　国务院发布《扫除文盲工作条例》。

2月6日　中共中央政治局召开会议，讨论经济形势和当前经济工作。

2月13日　中共中央批转中央组织部、中央直属机关委员会、中央国家机关委员会《关于加强和改进中央党政机关党的工作的意见》。

2月13—28日　第十五届冬季奥运会在加拿大卡尔加里举行。中国选手李琰在短道速滑表演项目中获得女子 1000 米金牌。

2 月 24 日 国务院发出《关于严格控制社会集团购买力压缩开支的紧急通知》。

2 月 25 日 国务院印发《关于在全国城镇分期分批推行住房制度改革实施方案》。

2 月 27 日 国务院批转国家体改委《1988 年深化经济体制改革的总体方案》。

同日 国务院发布《全民所有制工业企业承包经营责任制暂行条例》。

3 月 4—8 日 国务院在京召开沿海地区对外开放工作会议。会议重点讨论了如何进一步开放沿海地区问题，建议国务院适当扩大沿海经济开发区范围。

3 月 5—12 日 六届全国人大常委会第二十五次会议在京举行。会议通过《中华人民共和国宪法修正案（草案）》。

3 月 8—10 日 国务院召开全国科技工作会议。会议提出扩大科研机构自主权，促使科研机构自主面向经济开发实体，国家在科研机构推行承包责任制。

3 月 10 日 我国大陆第一例试管婴儿诞生。

3 月 15—19 日 中共十三届二中全会在京举行。

3 月 18 日 国务院发出《关于扩大沿海经济开放区范围的通知》，决定新划入沿海开放区 140 个市、县。

3 月 21 日 中央军委召开座谈会，讨论《关于加快和深化军队改革的工作纲要》，纲要于 6 月 17 日正式颁发。

3 月 24 日—4 月 10 日 全国政协七届一次会议在京举行。会议选举李先念为全国政协主席。

3 月 25 日—4 月 13 日 第七届全国人民代表大会第一次会议在京举行。会议通过《中华人民共和国全民所有制工业企业法》《中华人民共和国中外合作经营企业法》和《中华人民共和国宪法》修正案；决定设立海南省，建立海南经济特区；成立中华人民共和国澳门特别行政区基本法起草委员会；通过国务院机构改革方案，第一次对各部门进行“定职能、定机构、定编制”的“三定”工作；选举杨尚昆为中华人民共和国主席、万里为全国人大常委会委员长、邓小平为中华人民共和国中央军委主席，决定李鹏为国务院总理。

4月1日 经国务院批准，有关部门即日起调高粮、油、糖等农产品的收购价格。

4月2日 首届全国优秀企业家评选揭晓。

4月5日 国务院发出《关于试行主要副食品零售价格变动给职工适当补贴的通知》。

4月13日 七届全国人大常委会第一次会议在京举行。

4月14日 新一届国务院召开首次常务会议，讨论国务院成员分工和工作规则。

同日 国务院批转《关于海南岛进一步对外开放加快经济开发建设的座谈会纪要》。

4月15日、27日 十三届中央政治局先后举行第七次和第八次全体会议，讨论物价、教育和党风、政纪等问题。

4月25—29日 第一次全国民族团结进步表彰大会在京举行。

4月26日 中共海南省委员会、海南省人民政府正式挂牌。

4月27日 中央军委颁发《中国人民解放军文职干部暂行条例》。

4月28日 中共中央发出关于贯彻执行《中华人民共和国全民所有制工业企业法》的通知。

5月3日 国务院作出《关于科技体制改革若干问题的决定》。

5月4日 国务院印发《关于深化物资体制改革的方案》。

同日 国务院发布《关于鼓励投资开发海南岛的规定》。

5月4—8日 中国共产主义青年团第十二次全国代表大会在京举行。

5月10日 我国第一个高新技术产业开发试验区——北京市新技术产业开发试验区成立。

5月16日、19日 中共中央政治局常委会讨论工资物价问题，提出制定五年物价工资改革方案。

5 月 19 日 邓小平在会见外宾时指出，理顺物价，改革才能加快步伐。

5 月 21 日 中共中央组织部、人事部印发《关于全民所有制工业企业引入竞争机制改革人事制度的若干意见》。

5 月 28 日 陈云同李鹏谈话，明确反对拟议中的价格、工资改革办法。

5 月 30 日—6 月 1 日 十三届中央政治局召开第九次全体会议。会议认为，目前我国的改革进入了关键阶段，必须坚决而又稳妥地将改革中不可回避的问题解决好。

6 月 1 日 中共中央发出《关于党和国家机关必须保持廉洁的通知》。

6 月 3 日 国务院发布《中华人民共和国企业法人登记管理条例》。

6 月 6 日 中共中央组织部发布《关于试行地方党政领导干部年度工作考核制度的通知》。

6 月 9 日 国务院发出《关于授权省、自治区、直辖市、经济特区和计划单列市人民政府审批外交企业的通知》。

同日 《人民日报》发表评论员文章《改革有险阻　苦战能过关》。

6 月 15 日 新的国家计划委员会成立，其职能主要是进行宏观调控。

6 月 16 日 国务院下发《关于清理楼堂馆所建设项目的通知》。

6 月 22 日 邓小平在会见外宾时指出，形势迫使我们进一步改革开放。

6 月 25 日 国务院颁布《中华人民共和国私营企业暂行条例》《中华人民共和国私营企业所得税暂行条例》《国务院关于征收私营企业投资者个人收入调节税的规定》。

6 月 25 日—7 月 1 日 七届全国人大常委会第二次会议在京举行。会议通过《中国人民解放军军官军衔条例》，批准中央军事委员会《关于授予军队离休干部中国人民解放军功勋荣誉章的规定》，批准关于确认 1955 年至 1956 年期间授予的军官军衔的决定。

6 月 25 日—7 月 1 日 全国组织工作会议在京举行。

7 月 1 日 中国共产党中央委员会机关刊物《求是》杂志创刊。

7 月 3 日 国务院发布《关于鼓励台湾同胞投资的规定》。

7 月 7 日 国家计委批复同意农业部提出的《关于发展副食品生产保障

城市供应（简称菜篮子工程）的建议》。

7月9日 中国同卡塔尔建交。

7月16日 国务院印发《关于投资管理体制的近期改革方案》。

7月21日 中共中央办公厅、国务院办公厅发出《关于解决公司政企不分问题的通知》。

7月24日 国务院作出《关于加强交通运输安全工作的决定》。

7月28日 国务院作出《关于地方实行财政包干办法的决定》。

7月29日 中共中央纪律检查委员会发布《党员领导干部犯严重官僚主义失职错误党纪处分的暂行规定》。

同日 沿黄河经济协作带在青岛宣布成立。

8月5—8日 全国第一次“火炬计划”工作会议在京举行。会议宣布，本月正式开始实施旨在发展高新技术产业的“火炬计划”。

8月5—9日 国务院常务会议讨论并原则同意《关于价格、工资改革的初步设想和配套措施》。

8月11日 国务院批转中国人民银行《关于控制货币、稳定金融几项措施的报告》。

8月15—17日 十三届中央政治局第十次全体会议在北戴河召开。会议讨论并原则通过《关于价格、工资改革的初步方案》。8月19日，中央人民广播电台广播该新闻，当天全国各地出现抢购和挤兑。

8月29日—9月5日 七届全国人大常委会第三次会议在京举行。会议通过《中华人民共和国保守国家秘密法》《中国人民解放军现役军官服役条例》。

8月30日 国务院召开第二十次常务会议，一致通过关于做好当前物价工作和稳定市场的六条重要规定。

9月5日 邓小平在会见外宾时指出，马克思说过，科学技术是生产力，事实证明这话讲得很对。依我看，科学技术是第一生产力。

9月7日 “长征四号”火箭成功地将中国第一颗试验气象卫星——“风云一号”送入太阳同步轨道。中国成为世界上第三个能够独立发射太阳同步轨道卫星的国家。

9 月 8 日 国务院发布《现金管理暂行条例》。

9 月 12 日 邓小平在听取关于价格和工资改革初步方案汇报时强调，中央要有权威。邓小平在谈话中还提出了“两个大局”思想，即沿海地区要加快对外开放，较快地先发展起来，从而带动内地更好地发展，这是一个事关大局的问题。内地要顾全这个大局。反过来，发展到一定的时候，沿海要拿出更多力量来帮助内地发展，这也是个大局。那时沿海也要服从这个大局。

9 月 13 日 国务院环境保护委员会发布《关于 32 个重点城市防治烟尘污染的决定》和《关于城市环境综合整治定量考核的决定》。

9 月 14—27 日 我国自行研制的导弹核潜艇在东海海域成功进行水下发射运载火箭试验。

9 月 15—21 日 中共中央政治局在北京召开中央工作会议，决定明后两年把改革和建设的重点放在治理经济环境、整顿经济秩序上来。

9 月 17 日—10 月 2 日 中国体育代表团参加在韩国汉城举行的第 24 届夏季奥运会。

9 月 22 日 国务院发出《关于清理固定资产投资在建项目、压缩投资规模、调整投资结构的通知》。

同日 中国和平统一促进会在北京成立。

9 月 23 日 国务院、中央军委颁布《中国人民解放军现役士兵服役条例》。

同日 宁夏回族自治区成立 30 周年庆祝大会在银川举行。

9 月 26—30 日 中共十三届三中全会在京举行。全会批准中共中央政治局提出的治理经济环境、整顿经济秩序、全面深化改革的指导方针和政策、措施。

9 月 27 日 国务院发布《中华人民共和国城镇土地使用税暂行条例》。

10 月 3 日 中共中央、国务院作出《关于清理整顿公司的决定》。

同日 中共中央办公厅、国务院办公厅作出《关于县以上党和国家机关退（离）休干部经商办企业问题的若干规定》。

10月6日 国务院作出《关于从严控制社会集团购买力的决定》。

10月16日 我国首座高能加速器——北京正负电子对撞机对撞成功。24日，邓小平视察指出，中国必须发展自己的高科技，在世界高科技领域占有一席之地。

10月22—28日 中国工会第十一次全国代表大会在京举行。

10月24日 国务院作出《关于加强物价管理严格控制物价上涨的决定》。

10月31日—11月8日 七届全国人大常委会第四次会议在京举行。会议通过《中华人民共和国野生动物保护法》，通过关于惩治捕杀国家重点保护的珍贵、濒危野生动物犯罪的补充规定，通过关于加强民主法制维护安定团结保障改革和建设顺利进行的决定。

11月2日 邓小平为广西壮族自治区成立30周年题词："加速现代化建设，促进各民族共同繁荣"。

11月2—7日 全国农村工作会议在京举行。

11月8日 国务院发布《土地复垦规定》。

11月18—23日 全国特殊教育工作会议在京举行。这是新中国首次专门研究和部署残疾人教育发展问题的全国性会议。

11月20日 中国同巴勒斯坦建交。

11月25日 中共中央、国务院作出《关于夺取明年农业丰收的决定》。

11月28日—12月5日 国务院在北京同时召开全国计划会议和全国经济体制改革工作会议。讨论安排1989年国民经济和社会发展计划，讨论部署1989年经济体制改革工作。李鹏在闭幕会上提出，要把深化改革、坚持开放同治理经济环境、整顿经济秩序密切结合起来。

11月29日—12月4日 全国人事工作会议在京举行。

11月30日 国务院发布《中华人民共和国审计条例》。

12月1日 国务院发布《国家行政机关及其工作人员在国内公务活动中不得赠送和接受礼品的规定》。

12月5日 国家税务局发布《关于清理各类公司减免所得税的若干

规定》。

12 月 8—25 日　全国财政工作会议在京举行。

12 月 15 日　中共中央批转中组部《关于建立民主评议党员制度的意见》。

12 月 17 日　国务院、中央军委发布《中国人民武装警察部队实行警官警衔制度的具体办法》。

12 月 19—23 日　印度总理拉吉夫·甘地对中国进行正式访问。这是 34 年来印度总理首次访问中国。

12 月 20—24 日　全国监察工作会议在京举行。会议总结了检察机关恢复重建十年来的成就和经验，分析了检察工作面临的新形势新问题，研究了检察体制的改革与建设问题，确定了在新的历史发展时期检察机关工作任务。

12 月 23—29 日　七届全国人大常委会第五次会议在京举行。会议通过《中华人民共和国标准化法》及关于修改《中华人民共和国土地管理法》的决定。

12 月 24 日　十三届中央政治局第十四次全体会议在京举行，会议讨论了国际形势和中国的对外工作。

12 月 25 日　中共中央发出《关于改革和加强中小学德育工作的通知》。

12 月 27 日　国务院发布《关于整顿税收秩序加强税收管理的决定》。

1989年

1月27日 十三届中央政治局举行第十五次全体会议，讨论在改革开放的新形势下加强政法工作，稳定社会治安问题。

同日 全国政协第七届常委会通过《政协全国委员会关于政治协商、民主监督的暂行规定》。

1月28日 十世班禅额尔德尼·确吉坚赞圆寂。

2月5日 中共中央办公厅、国务院办公厅发出《关于清理党和国家机关干部在公司（企业）兼职有关问题的通知》。

2月15—21日 七届全国人大常委会第六次会议在京举行。会议通过《中华人民共和国进出口商品检验法》《中华人民共和国传染病防治法》，决定公布《中华人民共和国香港特别行政区基本法（草案）》。

2月17日 中共中央作出《关于进一步繁荣文艺的若干意见》。

2月25—26日 美国总统乔治·布什对中国进行工作访问。26日，邓小平会见布什。

2月26日 中国第二个南极科考站——中山站建成。中国南极站邮政局同时成立。邓小平题写了“中国南极站”站标。

3月4日 邓小平在同中央负责人谈话时指出，我们搞四化，搞改革开放，关键是稳定。压倒一切的是需要稳定。中国不能乱，这个道理要反复讲，放开讲。要放出一个信号，中国不允许乱。

3月5日 少数分裂主义分子在拉萨制造严重骚乱事件。3月7日，国务院发布命令，决定自1989年3月8日零时起，在拉萨市实行戒严。

3月9—11日 七届全国人大常委会第七次会议在京举行。

3月13日 中国贫困地区发展基金会成立。

3月19—27日 全国政协七届二次会议在京举行。

3 月 20 日—4 月 4 日 第七届全国人民代表大会第二次会议在京举行。会议通过关于国务院提请审议授权深圳市制定深圳经济特区法规和规章的议案的决定，通过《中华人民共和国行政诉讼法》《中华人民共和国全国人民代表大会议事规则》。

4 月 15 日 胡耀邦在北京逝世。

4 月 15—24 日 极少数别有用心的人借悼念胡耀邦逝世之机，制造谣言，蛊惑人心，利用大小字报污蔑、谩骂、攻击党和国家领导人，鼓动反对共产党的领导和社会主义制度。北京和其他一些城市发生了较大规模的学潮和动乱。

4 月 18 日 中国同巴林建交。

4 月 24 日 中共北京市委、市人民政府向中共中央提出对当前学潮和动乱明确表明态度等建议。晚上，李鹏主持召开中共中央政治局常委会议，认为一场有计划、有组织的反党、反社会主义的政治动乱已经摆在面前，会议决定成立中央制止动乱小组，由《人民日报》发表社论向全党和全国人民指出这场斗争的性质。

4 月 25 日 邓小平发表重要谈话，对于中共中央政治局常委的决定表示完全赞同和支持，指出这不是一般的学潮，而是一场否定共产党的领导、否定社会主义制度的政治动乱。

4 月 26 日 《人民日报》发表题为《必须旗帜鲜明地反对动乱》的社论。

同日 北京市委在人民大会堂召开有近万人参加的基层党员干部大会，号召坚决、迅速地制止动乱，维护安定团结的政治局面。

4 月 28 日—5 月 1 日 第三次全国环境保护会议在京举行。

5 月 3 日 纪念五四运动 70 周年大会在京举行。大会宣布了团中央、全国青联关于表彰全国各行业杰出青年的决定。

5 月 13—19 日 极少数动乱的组织者和策划者发动学生到天安门广场进行“绝食”请愿，给政府施加压力。极少数人变本加厉地提出各种攻击共产党和社会主义的政治口号。

5 月 15—18 日 苏联最高苏维埃主席团主席、苏共中央总书记戈尔巴乔夫对中国进行正式访问。16日，邓小平会见戈尔巴乔夫，两位领导人宣布，中苏两国关系实现正常化。18日，《中苏联合公报》发表。

5月19日晚 根据中共中央政治局常务委员会的决定，中共中央、国务院召开中央和北京市党政军干部大会。

5月20日 李鹏签署国务院令，自1989年5月20日10时起在北京市部分地区实行戒严。

5月31日 邓小平和两位中央负责同志谈话指出，要组成一个实行改革的有希望的领导集体。

6月3日 极少数人制造的动乱，已发展成为一场反革命暴乱。4日晨，戒严部队进驻天安门广场，暴乱平息。

6月5日 中共中央、国务院发出《告全体共产党员和全国人民书》。

6月7日 中共中央纪律检查委员会发出《关于严明党的纪律维护党的团结统一的通知》。

6月9日 邓小平接见首都戒严部队军以上干部，指出，党的十一届三中全会以来制定的路线、方针、政策，包括改革开放，都是对的，要坚定不移地干下去。

6月16日 邓小平同几位中央负责同志谈话，指出，我们中国共产党现在要建立起第三代的领导集体。第三代领导集体的当务之急是聚精会神地做几件使人民满意、高兴的事情。经济不能滑坡，要更大胆地改革开放，抓紧惩治腐败。

6月23—24日 中共十三届四中全会在京举行。全会分析了近两个月来全国的政治形势，高度评价以邓小平同志为代表的老一辈无产阶级革命家在这场斗争中发挥的重大作用。全会通过《关于赵紫阳同志在反党反社会主义的动乱中所犯错误的报告》，撤销赵紫阳党内一切职务，选举江泽民为中央委员会总书记。全会强调，要继续坚决执行党的十一届三中全会以来的路线、方针和政策，继续坚决执行党的十三大确定的“一个中心、两个基本点”的基本路线。

6月28日 中共中央在中南海怀仁堂召开党外人士座谈会。

6 月 29 日—7 月 6 日 七届全国人大常委会第八次会议在京举行。会议通过关于撤销赵紫阳的中华人民共和国中央军事委员会副主席职务的决定，通过关于制止动乱和平息反革命暴乱的决议。

7 月 1 日 中共中央组织部举行纪念“七一”大力加强党的建设座谈会。

7 月 6 日 江泽民在会见外宾时指出，西方国家有些人千方百计想改变我国的社会主义制度和共产党的领导是办不到的，中国人民是不会屈服于任何外来压力的。中国的大政方针不会改变。

7 月 10 日 中共中央、国务院转发国家教委《关于当前高等学校工作中几个问题的意见》。

7 月 17 日 外交部发言人发表谈话指出，中国政府平息在北京发生的旨在颠覆中华人民共和国的反革命暴乱，完全是中国的内政。七国首脑会议粗暴干涉中国内政，向中国施加压力，违反了最起码的国际关系准则，中国政府绝对不能接受。

7 月 17—21 日 全国宣传部长会议在京举行。

7 月 19 日 全国人大外事委员会发表《关于美国国会通过制裁中国的修正案的声明》。

7 月 22 日 全国政协外事委员会发表《关于美国国会通过制裁中国的修正案的声明》。

7 月 27—28 日 中共中央政治局召开会议，通过《关于近期做几件群众关心的事的决定》和《关于加强宣传、思想工作的通知》。

8 月 15 日 最高人民法院、最高人民检察院发布《关于贪污、受贿、投机倒把等犯罪分子必须在期限内自首坦白的通告》。

8 月 17 日 中共中央、国务院作出《关于进一步清理整顿公司的决定》。

8 月 18—22 日 全国组织部长会议在京举行。

8 月 20 日 《人民日报》报道，由中共中央文献编辑委员会编辑的《邓小平文选（1938—1965）》已经由人民出版社出版。文选集中了“文化大革命”之前 28 年邓小平的重要文章、讲话 39 篇。

8 月 24 日 中共中央、国务院召开全国清理整顿书报刊和音像市场电话会议。

8月28日 中共中央政治局召开会议，通过《关于加强党的建设的通知》。

8月29日—9月4日 七届全国人大常委会第九次会议在京举行。会议通过关于县、乡两级人民代表大会代表选举时间的决定，通过关于批准《中华人民共和国政府和蒙古人民共和国政府关于中蒙边界制度和处理边境问题的条约》的决定、关于批准《联合国禁止非法贩运麻醉药品和精神药物公约》的决定。

9月4日 邓小平同中央几位负责同志谈话指出，改革开放政策稳定，中国大有希望。他针对国际局势的剧变提出冷静观察、稳住阵脚、沉着应付的对外工作指导方针。

同日 邓小平给中共中央政治局写信，正式请求辞去他所担任的中共中央军事委员会主席的职务。

9月7日 中共中央转发中央组织部《关于在部分单位进行党员重新登记工作的意见》。

9月11日 中国同密克罗尼西亚建交。

9月16日 邓小平在会见美籍华人李政道时指出，我们有信心把中国的事情做得更好。

9月28日—10月2日 全国劳动模范和先进工作者表彰大会在京举行。

9月29日 首都各界群众在人民大会堂隆重集会，庆祝中华人民共和国成立40周年。江泽民在大会上讲话指出，1988年，我国国民生产总值已经上升到世界的第8位；全国人民的温饱问题基本解决，一部分居民生活开始向小康迈进。

10月1日 首都各界100多万人参加在天安门广场举行的国庆40周年联欢晚会。

10月25—31日 七届全国人大常委会第十次会议在京举行。会议通过《中华人民共和国集会游行示威法》。

10月26日 邓小平在会见外宾时指出，中国搞社会主义，是谁也动摇不了的。我们搞的是有中国特色的社会主义，是不断发展社会生产力的社会主义，是主张和平的社会主义。只有不断发展社会生产力，国家才能一步步富强起来，人民生活才能一步步改善。

10 月 30 日 共青团中央和中国青少年发展基金会宣布，建立我国第一个救助贫困地区失学少年基金，实施“希望工程”。

10 月 31 日 邓小平在会见美国前总统尼克松时指出，结束严峻的中美关系，要由美国采取主动。

10 月 中共中央政治局常委会议专题研究西藏工作，形成了关于西藏工作的十条意见。

11 月 6—9 日 中共十三届五中全会在京举行。全会通过《中共中央关于进一步治理整顿和深化改革的决定》，同意邓小平辞去中共中央军事委员会主席职务，决定江泽民为中共中央军委主席。

11 月 10—12 日 中央军委扩大会议在京举行。12 日，邓小平在会见参加军委扩大会议的全体同志时说，确定以江泽民同志为核心的党中央，是我们全党做出的正确的选择。江泽民同志是合格的军委主席，因为他是合格的党的总书记。

11 月 13 日 国务院召开电话会议，部署在全国范围内开展扫除卖淫嫖娼等六种社会丑恶现象的统一行动。

11 月 19 日 外交部就美国国会“制裁”中国一事，表示极大愤慨并向美国政府提出强烈抗议。

11 月 25 日 中共中央政治局常委李瑞环在中宣部举办的全国省、市、自治区党报总编辑新闻工作研讨班上作《坚持正面宣传为主的方针》的讲话。

11 月 27 日 国务院作出《关于依靠科技进步振兴农业加强农业科技成果推广工作的决定》。

11 月 28 日 江泽民在全国省、市、自治区党报总编辑新闻工作研讨班上作《关于党的新闻工作的几个问题》的讲话。

12 月 9—10 日 美国总统特使斯考克罗夫特访问中国。

12 月 11—17 日 全军政治工作会议在京举行。会议讨论形成了《关于新形势下加强和改进军队政治工作的若干问题》。

12 月 19 日 全国科学技术奖励大会在人民大会堂举行。

12 月 20—26 日 七届全国人大常委会第十一次会议在京举行。会议通过《中华人民共和国城市居民委员会组织法》《中华人民共和国环境保护法》《中华人民共和国城市规划法》。

12 月 21 日 中共中央发出《关于加强和改善党对工会、共青团、妇联工作领导的通知》。

12 月 28 日 中共中央纪律检查委员会公布《关于共产党员违反社会主义道德党纪处分的基本规定（试行）》。

12 月 30 日 中共中央制定《关于坚持和完善中国共产党领导的多党合作和政治协商制度的意见》，指出“长期共存、互相监督、肝胆相照、荣辱与共”是中国共产党同各民主党派合作的基本方针，明确中国共产党领导的多党合作和政治协商制度是我国一项基本政治制度。

1990 年

1 月 3 日　国务院批转国家土地管理局《关于加强农村宅基地管理工作的请示》。

1 月 4—8 日　国务院在京召开全国经济体制改革工作会议，讨论以企业改革为重点的 1990 年改革工作的任务。会议提出要完善发展承包经营责任制、继续实行和完善厂长责任制等主要措施。

1 月 6—10 日　首次全国国有资产管理工作会议在京举行。会议提出要有计划地开展清产核资工作，计划用三四年时间把家底摸清。

1 月 10 日　李鹏签署国务院令，宣布从翌日起，解除在北京市部分地区的戒严。

1 月 14 日　中共中央、国务院发布《关于组织党政机关干部下基层的通知》。

2 月 5—8 日　国务院在深圳召开经济特区工作会议。李鹏在会上指出，经济特区的发展方向是进一步发展外向型经济。在治理整顿时期，全国经济发展速度要适当放慢一些，但经济特区可以而且应该比全国平均发展速度高一点。

2 月 16 日　中共中央转发人民解放军总政治部《关于新形势下加强和改进军队政治工作的若干问题》。

2 月 16—19 日　全国组织部长会议在京举行。18 日，江泽民与出席会议的组织部长座谈。

2 月 19—23 日　七届全国人大常委会第十二次会议在京举行。会议通过《中华人民共和国军事设施保护法》。

2 月 23 日　国务院批转贫困地区经济开发领导小组《关于九十年代进一步加强扶贫开发工作的请示》。指出从 1991 年开始，全国贫困地区要在解决大多数群众温饱问题的基础上，转入以脱贫致富为主要目标的经济开发新阶段。到 20 世纪末全国实现小康目标时，贫困地区要稳定地解决温饱问题，初步改变贫穷落后面貌。

2 月 28 日—3 月 6 日 全国政法工作会议在京举行。会议提出，动员全党和社会力量竭尽全力维护社会稳定是今年和今后一个时期政法工作的基本指导方针。

3 月 2—6 日 全国科技工作会议在京举行。科技兴农是这次会议的重要议题。

3 月 3 日 邓小平同江泽民等谈话，就国际形势和国内经济等问题发表重要意见。邓小平指出，中国社会主义农业的改革和发展，从长远的观点看，要有两个飞跃。第一个飞跃，是废除人民公社，实行家庭联产承包为主的责任制。这是一个很大的前进，要长期坚持不变。第二个飞跃，是适应科学种田和生产社会化的需要，发展适度规模经营，发展集体经济。这是又一个很大的前进，当然这是很长的过程。

3 月 3—5 日 中共中央宣传部、人民解放军总政治部、共青团中央举行全国学雷锋先进代表座谈会。

3 月 9—12 日 中共十三届六中全会在京举行。全会通过《中共中央关于加强党同人民群众联系的决定》。

3 月 12—15 日 七届全国人大常委会第十三次会议在京举行。

3 月 18—29 日 全国政协七届三次会议在京举行。

3 月 20 日—4 月 4 日 第七届全国人民代表大会第三次会议在京举行。会议通过《中华人民共和国香港特别行政区基本法》及其三个附件和香港特别行政区区旗、区徽图案；通过《关于设立香港特别行政区的决定》《关于香港特别行政区基本法的决定》《关于香港特别行政区第一届政府和立法会产生办法的决定》《关于批准香港特别行政区基本法起草委员会关于设立全国人大常委会香港特别行政区基本法委员会的建议的决定》，以及《关于修改〈中华人民共和国中外合资经营企业法〉的决定》。会议接受邓小平辞去中华人民共和国中央军事委员会主席职务的请求，选举江泽民为中华人民共和国中央军事委员会主席。

3 月 22 日　中国同纳米比亚建交。

3 月 26 日　国务院发出《关于在全国范围内开展清理“三角债”工作的通知》。

4 月 2 日　中共中央发出《关于维护社会稳定加强政法工作的通知》，并宣布中央决定恢复中央政法委员会。

4 月 6 日　中央军委颁布《中国人民解放军军事训练条例》。

4 月 7 日　我国在西昌卫星发射中心用“长征三号”火箭发射了由美国制造的“亚洲一号”商用卫星。这是我国首次为国外用户发射卫星。

4 月 12 日　中共中央政治局会议原则通过国务院提交的浦东开发开放方案。上海浦东新区成为首个国家级新区。

4 月 18 日　李鹏在上海宣布：中共中央、国务院同意上海市加快浦东地区的开发，在浦东实行经济技术开发区和某些经济特区的政策。

4 月 23—26 日　李鹏访问苏联。这是中苏两国关系正常化后中国政府首脑首次访苏。

4 月 30 日　李鹏签署国务院令，决定从翌日起，解除在西藏自治区拉萨市的戒严。

同日　上海市政府宣布开发浦东的十项优惠政策和措施。

4 月　中国政府首次向联合国停战监督组织派遣五名军事观察员，开启中国参加联合国维和行动的序幕。

5 月 3 日　江泽民在首都青年纪念五四报告会上发表《爱国主义和我国知识分子的使命》的讲话。

5 月 7 日　长江中上游防护林体系建设工程全面展开。

5 月 19 日　国务院发布《中华人民共和国城镇国有土地使用权出让和转让暂行条例》。

5 月 23 日　国务院批转国家体改委《在治理整顿中深化企业改革强化企业管理的意见》。

5 月 25 日　中共中央印发《关于县以上党和国家机关党员领导干部民主

生活会的若干规定》。

5月28日 国务院批转《1990年经济特区工作会议纪要》。

6月2日 我国首次发布环境保护公报——《1989年中国环境状况公报》。

6月3日 国务院发布《中华人民共和国乡村集体所有制企业条例》。

6月9—15日 全国省、自治区、直辖市党校校长会议在京举行。12日，江泽民发表《关于加强党校建设的几个问题》的重要讲话。

6月11—15日 全国统战工作会议在京举行。江泽民在开幕式上作《努力发展最广泛的爱国统一战线》的讲话。

6月19日 中共中央政策研究室在京召开农村工作座谈会。江泽民在会上指出，要把农业放在经济工作的首位，深化农村改革要继续稳定和完善以家庭承包为主的联产承包责任制。

6月20—28日 七届全国人大常委会第十四次会议在京举行。会议通过《中华人民共和国国旗法》，通过关于惩治侮辱中华人民共和国国旗国徽罪的决定。

6月22日 国务院公布《中华人民共和国防治陆源污染物污染损害海洋环境管理条例》。

6月25日 国务院公布《中华人民共和国防治海岸工程建设项目污染损害海洋环境管理条例》。

7月1日 第四次人口普查开始。

7月2日 国务院发布《关于加强国有资产管理工作的通知》。

7月4—9日 国务院在京召开全国大中城市副食品工作会议。

7月7日 中共中央作出《关于实行党和国家机关领导干部交流制度的决定》。

7月12—28日 中共中央纪律检查委员会先后分片召开中央和国家机关、中南、西南、西北地区和华北、东北、华东地区纪检工作座谈会。

7月13日 国务院转发清理“三角债”领导小组制定的《关于在全国范围内清理企业拖欠货款的实施方案》。

7月14日 中共中央发出《关于加强统一战线工作的通知》。

同日 国务院办公厅转发建设部《关于进一步清理整顿房地产开发公司的意见》。

7 月 21 日 中国同沙特阿拉伯建交。

7 月 24 日 国务院发布《关于加强粮食购销工作的决定》。

7 月 27 日 国务院批转商业部等八部门《关于试办郑州粮食批发市场的报告》。10 月 12 日，郑州粮食批发市场开业。

8 月 1 日 中共中央组织部印发《中国共产党发展党员工作细则（试行）》。

8 月 5—10 日 全国村级组织建设工作座谈会在山东省莱西县举行。

8 月 19 日 国务院发布《关于鼓励华侨和香港澳门同胞投资的规定》

8 月 24 日 国务院发布《关于进一步做好城市副食品工作的通知》。

8 月 28 日—9 月 7 日 七届全国人大常委会第十五次会议在京举行。会议通过《中华人民共和国著作权法》《中华人民共和国归侨侨眷权益保护法》。

9 月 1 日 国务院批复《1989—2000 年全国造林绿化规划纲要》。

同日 中国大陆兴建最早的高速公路——沈大高速公路（沈阳至大连）正式通车。

9 月 5 日 中共中央发出《关于加强党校工作的通知》。

9 月 10 日 国务院有关部门和上海市政府在上海宣布了开发开放浦东新区的九项具体政策规定，标志着浦东开发进入了实质性启动阶段。

9 月 16 日 中共中央、国务院发布《关于坚决制止乱收费、乱罚款和各种摊派的决定》。

同日 国务院发布《关于建立国家专项粮食储备制度的决定》。

9 月 21 日 国家专项粮食储备工作会议在武汉举行。会议指出，建立国家专项粮食储备制度，是稳定、协调地发展农业生产的一项具有深远意义的重大战略措施。

9 月 22 日—10 月 7 日 第 11 届亚洲运动会在京举行。这是我国举办的第一次综合性国际体育大赛。

10 月 3 日 中国同新加坡建交。

10月25—30日 七届全国人大常委会第十六次会议在京举行。会议通过《中华人民共和国领事特权与豁免条例》。

11月1—3日 国家科委在京召开国家软科学研究工作指导委员会成立大会。

11月2日 台湾成立财团法人海峡交流基金会（简称“海基会”），授权其与大陆方面联系、商谈，董事长为辜振甫。

11月4日 中共中央批转中央纪委《关于加强党风和廉政建设的意见》，强调要从党和国家生死存亡、改革开放兴衰成败的高度认识党风和廉政建设的重要性和紧迫性，把这项工作持之以恒地抓下去 。

11月7—11日 中宣部、国务院办公厅在湖北沙市召开全国精神文明建设活动工作会议。会议重点研究如何加强社会主义思想道德建设问题。

11月10日 国务院发出《关于打破地区间市场封锁进一步搞活商品流通的通知》。

11月10—15日 国务院召开全国粮食工作会议，决定从1990年秋粮收购开始，将合同定购改为国家定购，交售国家定购粮作为农民应尽义务，必须保证完成。会议强调要积极稳妥地推进粮食流通体制的改革。

11月19—23日 全国会计工作会议暨全国会计工作先进集体和先进个人表彰大会在京举行。

11月26日 上海证券交易所正式成立。这是新中国成立以来在中国大陆成立的第一家证券交易所。

同日 深圳举行庆祝经济特区建立十周年招待会。

11月30日—12月1日 外交部长钱其琛参加联合国安理会部长级会议，并应邀访问美国。

12月1日 中共中央、国务院发出《关于1991年农业和农村工作的通知》。

同日 江泽民在全军军事工作会议上向部队提出“政治合格，军事过硬、作风优良、纪律严明、保障有力”的总要求。

12月5—9日 国务院召开全国宗教工作会议。7日，江泽民同与会部分代表座谈。

12 月 6—12 日 中共中央在北京召开全国对台工作会议。

12 月 9 日 国务院发布《中华人民共和国行政监察条例》。

12 月 19 日 上海证券交易所正式开业。

12 月 20—28 日 七届全国人大常委会第十七次会议在京举行。会议通过《中华人民共和国残疾人保障法》《中华人民共和国缔结条约程序法》，通过关于禁毒的决定，通过关于惩治走私、制作、贩卖、传播淫秽物品的犯罪分子的决定。

12 月 23 日 人民出版社出齐 60 卷中文第二版《列宁全集》。

12 月 24 日 邓小平同中央负责同志谈话时指出，要善于利用时机解决发展问题。邓小平指出，共同致富，我们从改革一开始就讲，将来总有一天要成为中心课题。社会主义不是少数人富起来、大多数人穷，不是那个样子。社会主义最大的优越性就是共同富裕，这是体现社会主义本质的一个东西。

12 月 25—30 日 中共十三届七中全会在京举行。全会通过《中共中央关于制定国民经济和社会发展十年规划和“八五”计划的建议》，提出了今后十年我国国民经济和社会发展的基本任务和方针政策，并将建设有中国特色社会主义的基本理论和基本实践概括为十二条原则。

1991年

1月4日 国务院颁布《中华人民共和国土地管理法实施条例》。

1月8日 首次全国海洋工作会议在京举行，会议通过《九十年代我国海洋政策和工作纲要》。

1月12日 国务院发出《关于调整粮食购销政策有关问题的通知》。

1月15—21日 全国社会治安综合治理工作会议在烟台举行。

1月17日 国务院批转卫生部等部门《关于改革和加强农村医疗卫生工作的请示》。

1月18—23日 全国农业工作会议在京举行。会议提出以家庭联产承包为主的责任制是党在农村的基本政策，应在稳定的前提下逐步完善。

1月25日 江泽民在中央军委扩大会议上提出，要建设一支政治合格、军事过硬、作风优良、纪律严明、保障有力、战斗力很强的人民军队。

1月28日—2月18日 邓小平视察上海并发表重要讲话。他指出，开发浦东不只是浦东的问题，是关系上海发展的问题，是利用上海这个基地发展长江三角洲和长江流域的问题。计划经济和市场经济都是手段，市场也可以为社会主义服务。希望上海人民思想更解放一点，胆子更大一点，步子更快一点。

2月2—6日 全国统一战线工作会议在京举行。

2月15日 《解放日报》发表署名皇甫平的文章《做改革开放的“带头羊”》，4月份，又相继发表《改革开放要有新思路》《扩大开放的意识要更强些》《改革开放需要大批德才兼备的干部》等文章。

2月25日—3月1日 国务院召开全国经济体制改革工作会议。会议讨论了《经济体制改革“八五”纲要和十年规划》以及1991年经济体制改革的要点，提出90年代经济体制改革的总目标是初步建立起社会主义有计划商品经济的新体制和计划经济与市场调节相结合的运行机制。

2 月 25 日—3 月 2 日　七届全国人大常委会第十八次会议在京举行。会议通过关于加强社会治安综合治理的决定、关于深入开展法制宣传教育的决议、关于批准加入《关于国外送达民事或商事司法文书和司法外文书公约》的决定。

3 月 1 日　中宣部、文化部、广播电影电视部印发《关于当前繁荣文艺创作的意见》。

3 月 3 日　全国扶贫开发工作会议在京举行。会议提出，“八五”期间扶贫开发工作的目标是在“七五”期间工作的基础上实现两个稳定：一是加强农田基本建设，提高粮食产量，使贫困地区的多数农户有稳定解决温饱问题的基础；二是发展多种经营，进行资源开发，建设区域性支柱产业，使贫困户有稳定的经济收入来源，为争取到 20 世纪末贫困地区多数农户过上比较宽裕的生活创造条件。

3 月 6 日　国务院发出《关于批准国家高新技术产业开发区和有关政策规定的通知》，决定继 1988 年批准北京市新技术产业开发试验区之后，在各地已建立的高新技术产业开发区中，再选定武汉东湖新技术开发区等 26 个开发区作为国家高新技术产业开发区。

3 月 9 日　江泽民致信国家教委，强调要对小、中、大学生进行近现代史和国情教育。

3 月 19—20 日　七届全国人大常委会第十九次会议在京举行。

3 月 23 日　江泽民在参加七届全国人大四次会议、全国政协七届四次会议党员负责同志会议上指出，人民通过选举、投票行使权利和人民内部各方面在选举和投票之前进行充分协商，尽可能就共同性问题取得一致意见，是我国社会主义民主的两种重要形式。

3 月 23 日—4 月 4 日　全国政协七届四次会议在京举行。

3 月 25 日—4 月 9 日　第七届全国人民代表大会第四次会议在京举行。会议批准《国民经济和社会发展十年规划和第八个五年计划纲要》，通过《中华人民共和国民事诉讼法》《中华人民共和国外商投资企业所得税法》。

4月4日 国务院发布《关于调整粮油统销价格的决定》。

4月7日 中共中央、国务院召开计划生育工作座谈会。

4月11日 中国人民银行批准成立深圳证券交易所。

4月15—19日 全国纪律检查工作会议在济南举行。

4月22—25日 全国“863”计划工作会议在京举行。

4月23—28日 中共中央组织部、中共中央宣传部、中共中央政策研究室举办首次全国党建理念研讨会。

5月1日 国务院发布《关于禁止发放使用各种代币购物券的通知》。

同日 我国第一座跨海公路大桥——厦门大桥试通车。

5月12日 中共中央、国务院作出《关于加强计划生育工作严格控制人口增长的决定》。

5月15—19日 应苏联总统、苏共中央总书记戈尔巴乔夫的邀请，中共中央总书记、中央军委主席江泽民对苏联进行正式访问。江泽民这次访苏，是对戈尔巴乔夫1989年5月访华的回访，也是中苏两国自1989年恢复正常关系以来，中共中央总书记、中央军委主席对苏联的首次正式访问。16日，双方就中苏边界东段划界问题签署了协定。19日，《中苏联合公报》在莫斯科发表。

5月16日 国务院发出《关于进一步增强国营大中型企业活力的通知》。

5月22日 庆祝西藏和平解放40周年大会在拉萨举行。

5月23—27日 中国科学技术协会第四次全国代表大会在北京举行。江泽民在会上发表讲话。

6月7日 国务院发出《关于继续积极稳妥地进行城镇住房制度改革的通知》。

6月10日 国务院批转文化部《关于文化事业若干经济政策意见的报告》。

6月20日 上海南浦大桥贯通。

6月21—29日 七届全国人大常委会第二十次会议在京举行。会议通过《中华人民共和国烟草专卖法》《中华人民共和国水土保持法》，通过关于修改

《中华人民共和国文物保护法》第三十条和第三十一条的决定，通过《关于惩治盗掘古文化遗址古墓葬犯罪的补充规定》，通过关于批准制止危及海上航行安全非法行为公约及制止危及大陆架固定平台安全非法行为议定书的决定。

6 月 24—26 日 第一次全国禁毒工作会议在京举行。

6 月 26 日 国务院发布《关于企业职工养老保险制度改革的决定》。

6 月 30 日 国务院发布《中华人民共和国外商投资企业和外国企业所得税法实施细则》。

7 月 1 日 中共中央在人民大会堂举行大会，隆重庆祝中国共产党成立 70 周年。江泽民发表讲话，阐述建设有中国特色社会主义的政治、经济、文化的基本特征和主要内容。

同日 《毛泽东选集》第一至四卷第二版由人民出版社出版。选集编入了毛泽东在新民主主义革命时期的主要著作。

7 月 3 日 深圳证券交易所正式开业。

8 月 20 日 邓小平对江泽民、杨尚昆、李鹏等人发表重要谈话，提出总结经验、使用人才的建议。

8 月 27 日—9 月 4 日 七届全国人大常委会第二十一次会议在京举行。会议通过《中华人民共和国未成年人保护法》，通过关于严禁卖淫嫖娼的决定，通过关于严惩拐卖、绑架妇女、儿童的犯罪分子的决定。

8 月 28 日 中国证券业协会成立。

8 月 31 日—9 月 4 日 国务院召开全国清理“三角债”工作会议。会议提出，把清理“三角债”作为搞活国营大中型企业、提高经济效益的突破口，立足于治本清源，从解决“三角债”的源头入手，努力做到防止新的投资缺口，防止新的亏损，防止新的产品积压，从而防止新的拖欠。

9 月 6 日 中共中央作出《关于抓紧培养教育青年干部的决定》。

9 月 9 日 国务院发布《中华人民共和国城镇集体所有制企业条例》。

9 月 11 日 中国同爱沙尼亚建交。

9 月 12 日 中国同拉脱维亚建交。

9 月 14 日 中国同立陶宛建交。

9月23—27日 中共中央在京举行工作会议。会议认为，国民经济治理整顿的主要任务已经基本完成。

9月30日 中国同文莱建交。

10月8—11日 首次全国科技宣传工作会议在京举行。

10月9日 纪念辛亥革命80周年大会在京举行。

10月17日 国务院发布《关于大力发展职业技术教育的决定》。

同日 国务院住房制度改革领导小组提出《关于全面推进城镇住房制度改革的意见》。

10月23日 国务院知识产权领导小组成立。

10月25—30日 七届全国人大常委会第二十二次会议在京举行。会议通过《中华人民共和国进出境动植物检疫法》，通过关于批准对外国籍船舶开放的决定和关于批准《万国邮政联盟组织法第四附加议定书》的决定。

11月1日 国务院新闻办公室发表《中国的人权状况》白皮书。

11月5—10日 越共中央总书记杜梅和部长会议主席武文杰率领越南高级代表团对我国进行正式访问。两国领导人一致认为：中越关系已经实现正常化。江泽民指出，随着两国关系的正常化，两党也将在独立自主、完全平等、互相尊重、互不干涉内部事务四项原则的基础上进行正常往来。

11月19日 国务院发布《关于进一步治理淮河和太湖的决定》。

11月23日 国务院办公厅转发国务院住房制度改革领导小组《关于全面推进城镇住房制度改革的意见》。

11月25—29日 中共十三届八中全会在京举行。全会通过《中共中央关于进一步加强农业和农村工作的决定》。该决定指出，要把以家庭联产承包为主的责任制、统分结合的双层经营体制作为我国乡村集体经济组织的一项基本制度长期稳定下来，并不断充实完善。

12月11—16日 李鹏访问印度。这是31年来中国总理对印度的首次访问。

12月15日 我国第一座自行设计建造的核电站——秦山核电站并网发电。秦山核电站1982年选定站址，1984年开工。

12 月 16 日　海峡两岸关系协会在北京成立。这是一个以促进海峡两岸交往，实现祖国统一为宗旨的民间组织。汪道涵当选会长，荣毅仁任名誉会长。

12 月 17 日　国务院发布《中国公民往来台湾地区管理办法》。

12 月 20 日　劳动部、国务院生产办公室发布《对关停企业被精简职工实行待业保险的通知》。

12 月 23 日　国务院第十二次全体会议指出，治理整顿的任务已经基本完成，1992 年全国经济工作的任务是进一步深化改革、扩大开放。

12 月 23—29 日　七届全国人大常委会第二十三次会议在京举行。会议通过《中华人民共和国收养法》，通过关于批准儿童权利公约的决定、关于批准《中华人民共和国和老挝人民民主共和国边界条约》的决定、关于加入不扩散核武器条约的决定。

12 月 25 日　中国外交部发言人发表谈话指出，鉴于原苏联各加盟共和国已宣布成为独立国家，中国政府本着不干涉别国内政的原则，尊重各国人民自己的选择。

12 月 26 日　苏联正式解体，分裂为 15 个国家。

12 月 27 日　外交部长钱其琛致电俄罗斯联邦、乌克兰、白俄罗斯、哈萨克斯坦、乌兹别克斯坦、塔吉克斯坦、吉尔吉斯斯坦、土库曼斯坦、格鲁吉亚、亚美尼亚、阿塞拜疆、摩尔多瓦外长，宣布中国政府承认这些国家独立，并准备分别与其谈判有关建交事宜。

1992年

1月2日　中国同乌兹别克斯坦建交。

1月3日　中国同哈萨克斯坦建交。

1月4日　中国同塔吉克斯坦建交，同乌克兰建交。

1月5日　中国同吉尔吉斯斯坦建交。

1月6日　中国同土库曼斯坦建交。

1月6—10日　国务院召开全国经济体制改革工作会议。李鹏在会上指出，治理整顿的任务基本完成。通过治理整顿，为改革创造了一个比较宽松的环境，并且使改革有所前进。在这种形势下，要加快改革的步伐，适当加大改革的分量。改革的方向，是建立起社会主义有计划的商品经济新体制和计划经济与市场调节相结合的运行机制。

1月8—15日　首届中国外商投资企业出口商品交易会在厦门举行。

1月14—18日　中共中央、国务院在京召开中央民族工作会议。江泽民在会上讲话指出，要巩固和发展平等、团结、互助的社会主义民族关系，坚持和完善民族区域自治制度，坚决维护祖国统一。

1月18日—2月21日　邓小平视察武昌、深圳、珠海、上海等地并发表重要谈话，明确回答长期困扰和束缚人们思想的许多重大认识问题。他指出，坚持党的十一届三中全会以来的路线、方针、政策，关键是坚持"一个中心、两个基本点"，基本路线要管一百年；判断姓"社"姓"资"的标准，应该主要看是否有利于发展社会主义社会的生产力，是否有利于增强社会主义国家的综合国力，是否有利于提高人民的生活水平；要抓住时机，发展自己，发展才是硬道理。他特别强调，计划多一点还是市场多一点，不是社会主义与资本主义的本质区别。社会主义的本质，是解放生产力，发展生产力，消灭剥削，消除两极分化，最终达到共同富裕。这次谈话是把改革开放和现代化建设推进到新阶段的又一个解放思想、实事求是的宣言书。

1 月 20 日　中国同白俄罗斯建交。

1 月 24 日　中国同以色列建交。

1 月 25 日　劳动部、国务院生产办公室、国家体改委、人事部、全国总工会联合发出《关于深化企业劳动人事、工资分配、社会保险制度改革的意见》。

1 月 26 日—2 月 6 日　李鹏应邀对意大利、瑞士、葡萄牙和西班牙进行正式访问，并于 30 日出席在瑞士达沃斯召开的世界经济论坛年会开幕式，于 31 日出席在纽约联合国总部举行的联合国安理会首脑会议。

1 月 30 日　中国同摩尔多瓦建交。

2 月 20—25 日　七届全国人大常委会第二十四次会议在京举行。会议通过《中华人民共和国领海及毗连区法》，通过关于批准《中华人民共和国和苏维埃社会主义共和国联盟关于中苏国界东段的协定》的决定。

2 月 28 日　中共中央发出关于学习邓小平南方谈话的通知。

3 月 6 日　国务院办公厅、中共中央宣传部印发《提高粮食统销价格的宣传提纲》，从 4 月 1 日起适当提高粮食定购价格，同时提高统销价格，实现购销同价。

3 月 8 日　国务院颁布《国家中长期科学技术发展纲领》，提出动员和吸引大部分科技力量投身于国民经济建设主战场。

3 月 9 日　国务院批准黑龙江省的黑河、绥芬河和吉林省的珲春、内蒙古的满洲里四城市为中国首批沿边对外开放城市。

3 月 9—10 日　中共中央政治局召开全体会议，讨论中国改革和发展的若干重大问题。会议完全赞同邓小平的南方谈话，认为谈话不仅对当前的改革和建设，对开好十四大，具有十分重要的指导作用，而且对整个社会主义现代化建设事业具有重大而深远的意义。

3 月 14—16 日　七届全国人大常委会第二十五次会议在京举行。会议通过关于公布澳门基本法（草案）的决议。

3 月 18—28 日　全国政协七届五次会议在京举行。

3月20日—4月3日 第七届全国人民代表大会第五次会议在京举行。会议通过关于兴建长江三峡工程的决议，通过《中华人民共和国全国人民代表大会和地方各级人民代表大会代表法》《中华人民共和国工会法》《中华人民共和国妇女权益保障法》。

3月29日 中共中央、国务院召开计划生育工作座谈会。

4月2日 中国同阿塞拜疆建交。

4月4日 援助西藏发展基金会在京成立。

4月6日 中国同亚美尼亚建交。

4月6—10日 江泽民应邀对日本进行友好访问。

4月15日 共青团中央、中国青少年发展基金会公布自1990年9月以来邓小平、江泽民、李鹏为“希望工程”的题名和题词，并宣布从即日起在全国实施“希望工程——百万爱心行动”计划。

4月28日 国务院批转国家体改委、国务院生产办《关于股份制企业试点工作座谈会情况的报告》。

4月 中国政府首次向联合国柬埔寨临时权力机构派出维和工程兵大队，开创我军成建制参加联合国维和行动的先河。

5月12日 中国同斯洛文尼亚建交。

5月13日 中国同克罗地亚建交。

5月16日 中共中央政治局会议通过《中共中央关于加快改革，扩大开放，力争经济更好更快地上一个新台阶的意见》。

5月20日 中共中央宣传部颁发首届“五个一工程”组织工作奖和入选作品奖。

5月22日 邓小平视察首都钢铁公司。

6月3—14日 联合国环境与发展大会在里约热内卢举行。11日，李鹏代表中国政府签署《气候变化框架公约》和《保护生物多样性公约》。12日，李鹏在大会首脑会议上发表讲话，阐述中国在环境与发展问题上的立场。

6月9日 中国同格鲁吉亚建交。

同日 江泽民在中央党校省部级干部进修班上作《深刻领会和全面落实

邓小平同志的重要谈话精神，把经济建设和改革开放搞得更快更好》的讲话，主张我国经济体制改革的目标使用“社会主义市场经济体制”这一提法。

6 月 12 日　邓小平同江泽民谈话，赞成使用“社会主义市场经济体制”这个提法。

6 月 16 日　中共中央、国务院作出《关于加快发展第三产业的决定》。指出，加快发展第三产业的目标是，争取用十年左右或更长一些时间，逐步建立起适合我国国情的社会主义统一市场体系、城乡社会化综合服务体系和社会保障体系。

6 月 23 日—7 月 1 日　七届全国人大常委会第二十六次会议在京举行。会议通过《中华人民共和国人民警察警衔条例》，通过关于授权深圳市制定法规、规章的决定，通过关于县、乡两级人大代表选举时间的决定，通过关于解决国家和他国国民之间投资争端公约，决定我国加入《伯尔尼保护文学和艺术作品公约》和《世界版权公约》。

6 月 24—27 日　国务院在北京召开长江三角洲及长江沿江地区经济规划座谈会。

7 月 22 日　中共中央政治局会议通过《中共中央关于加强政法工作，更好地为改革开放和经济建设服务的意见》。

7 月 23 日　国务院发布《全民所有制工业企业转换经营机制条例》。

7 月 23—29 日　全国财政工作会议在京举行。

7 月 25 日—8 月 9 日　中国体育代表团参加在西班牙巴塞罗那举行的第 25 届夏季奥运会。

8 月 3—7 日　全国转换企业经营机制工作会议在京举行。

8 月 11—14 日　首次全国成人高等教育工作会议在京举行。

8 月 14 日　中国自行研制的“长征二号 E”捆绑式运载火箭成功把美国研制的澳大利亚“澳赛特 B1”通信卫星送入预定轨道。这是中国航天技术走向世界的一次跨越。

8 月 24 日　中国同韩国建交。

8 月 28 日—9 月 4 日　七届全国人大常委会第二十七次会议在京举行。

会议通过《中华人民共和国税收征收管理法》，通过关于惩治偷税、抗税犯罪的补充规定，通过关于修改《中华人民共和国专利法》的决定，通过关于美国政府向台湾出售 F-16 战斗机的严正声明。

8 月 30 日　国务院发出《关于实施新国民经济核算体系方案的通知》。

9 月 3 日　中共中央政治局会议通过《中共中央关于加强和改进宣传思想工作，更好地为经济建设和改革开放服务的意见》和《中共中央关于加强党的建设，提高党在改革和建设中的战斗力的意见》。

9 月 5 日　中共中央、国务院发出《关于加强对固定资产投资和信贷规模进行宏观调控的通知》。

9 月 22 日　国务院新闻办公室发表《西藏的主权归属与人权状况》白皮书。

9 月 27—30 日　韩国总统卢泰愚访问中国。这是第一位访问中国的韩国总统。

9 月 28 日　中共中央、国务院发出《关于认真贯彻执行〈全民所有制工业企业转换经营机制条例〉的通知》。

10 月 5—9 日　中共十三届九中全会在京举行。全会决定，1992 年 10 月 12 日召开中共十四大。全会同意中央政治局关于对赵紫阳同志在 1989 年政治动乱中所犯错误继续审查情况的汇报，同意维持十三届四中全会对赵紫阳同志所犯错误的结论并结束审查。

10 月 12—18 日　中共十四大在京举行。江泽民作《加快改革开放和现代化建设步伐，夺取有中国特色社会主义事业的更大胜利》的报告，总结中共十一届三中全会以来 14 年的实践经验，决定抓住机遇，加快发展；确定我国经济体制改革的目标是建立社会主义市场经济体制；提出用邓小平同志建设有中国特色社会主义的理论武装全党。大会通过《中国共产党章程（修正案）》，将邓小平同志建设有中国特色社会主义的理论和党在社会主义初级阶段的基本路线写入党章。

10 月 19 日　中共十四届一中全会在京举行。全会选举江泽民为中央委员会总书记，决定江泽民为中央军委主席，批准尉健行为中央纪委书记。

同日 十四届中央纪委一次全会在京举行。

10 月 30 日—11 月 7 日 七届全国人大常委会第二十八次会议在京举行。会议通过《中华人民共和国海商法》《中华人民共和国矿山安全法》，决定我国加入《保护录音制品制作者防止未经许可复制其录音制品公约》《联合国气候变化框架公约》《生物多样性公约》。

11 月 19 日 国防科技大学研制的每秒运算 10 亿次的“银河-Ⅱ”巨型计算机在长沙通过国家鉴定。

11 月 海峡两岸关系协会与台湾海峡交流基金会，就解决两岸事务性商谈中如何表述坚持一个中国原则的问题，达成各自以口头方式表述“海峡两岸均坚持一个中国原则”的共识，后被称为“九二共识”。

12 月 1 日 东起连云港、西至鹿特丹的新亚欧大陆桥开通运营。

12 月 14—18 日 全国计划会议在京举行。这次会议改变了过去偏重于定指标、分投资、分物资的做法，重点放在正确分析当前经济形势与明年发展趋势和国内外市场环境，合理确定宏观经济目标、发展重点和重大建设项目，以及相应的方针政策和改革措施，引导资源合理配置和市场健康运行。

12 月 17—19 日 俄罗斯联邦总统叶利钦对中国进行正式访问。这是苏联解体后、俄罗斯独立以来中俄两国首次高级会晤。18 日，两国发表《关于中华人民共和国和俄罗斯联邦相互关系基础的联合声明》，宣布互视为友好国家。

12 月 21 日 中国西煤东运的动脉——大同—秦皇岛铁路全线开通。

12 月 22—28 日 七届全国人大常委会第二十九次会议在京举行。会议通过《中华人民共和国测绘法》，通过关于惩治劫持航空器犯罪分子的决定，决定批准反对劫持人质国际公约。

12 月 23 日 国务院召开全国清理“三角债”工作总结表彰会。

12 月 24—25 日 江泽民在武汉主持召开六省农业和农村工作座谈会。

12 月 29 日 国务院召开全国农业工作电视会议。

1993年

1月5—10日 全国经济体制改革工作会议在京举行。会议提出当年的改革工作，一定要紧紧围绕建立社会主义市场经济体制的改革目标，进一步解决经济发展和经济体制中的深层次问题，既在体制转换的一些重要领域取得实质性进展，又能促进国民经济更好更快地发展。

1月11—13日 全国省市区纪委书记、监察厅（局）长会议在京举行。中共中央纪律检查委员会、国家监察部从本年起开始合署办公，实行一套工作机构，履行党的纪律检查和行政监督两项职能的体制。

1月11—16日 全国宣传部长座谈会在京举行。会议的主题是：贯彻党的十四大精神，用邓小平建设有中国特色社会主义理论指导宣传思想工作，以经济建设为中心，更好地为改革开放和现代化建设服务，推动宣传思想工作迈出新步伐，登上新台阶，作出新贡献。

1月13—19日 中央军委扩大会议召开，制定了新时期积极防御的军事战略方针，要求把军事斗争准备的基点放在打赢现代技术特别是高技术条件下的局部战争上。

1月22日 邓小平同上海各界人士共迎新春佳节。他充分肯定了上海的工作，同时指出：走一步，回头看一下是必要的。要注意稳妥，避免损失，特别要避免大的损失。回头总结经验，改正缺点就是了。他还说，实践证明，以江泽民同志为核心的党中央领导集体工作做得是好的，是可以信任的。

2月8日 广州铁路局改制的广州铁路（集团）公司成立。这是我国铁路运输机制改革后的第一个企业集团。

2月13日 中共中央、国务院印发《中国教育改革和发展纲要》，提出到20世纪末，我国要实现基本普及九年义务教育、基本扫除青壮年文盲的“两基”目标。

2 月 14 日　国务院作出《关于加快发展中西部地区乡镇企业的决定》。

2 月 15 日　国务院发出《关于加快粮食流通体制改革的通知》。当年，中国取消粮票，实行了 40 年的粮食统购统销制度宣告结束。

2 月 15—22 日　七届全国人大常委会第三十次会议在京举行。会议通过《中华人民共和国国家安全法》《中华人民共和国产品质量法》，通过关于修改《中华人民共和国商标法》的决定，通过关于惩治假冒注册商标犯罪的补充规定。

3 月 1—4 日　全民教育国家级大会在北京举行，在河南郑州闭幕。

3 月 5—7 日　中共十四届二中全会在京举行。全会通过《关于调整“八五”计划若干指标的建议》和《关于党政机构改革的方案》。

3 月 8 日　国务院批转国家体改委《关于 1993 年经济体制改革要点》。

3 月 9—10 日　七届全国人大常委会第三十一次会议在京举行。

3 月 14—27 日　全国政协八届一次会议在京举行。会议选举李瑞环为全国政协主席。

3 月 15—31 日　第八届全国人民代表大会第一次会议在京举行。会议通过《中华人民共和国宪法修正案》，肯定中国正处于社会主义初级阶段，国家实行社会主义市场经济，明确中国共产党领导的多党合作和政治协商制度将长期存在和发展；通过《中华人民共和国澳门特别行政区基本法》《全国人民代表大会关于〈中华人民共和国澳门特别行政区基本法〉的决定》《全国人民代表大会关于设立中华人民共和国澳门特别行政区的决定》；批准国务院机构改革方案的决定，首次明确提出机构改革的重点是转变政府职能。会议选举江泽民为中华人民共和国主席、中华人民共和国中央军事委员会主席，乔石为全国人大常委会委员长，决定李鹏为国务院总理。

3 月 19 日　全国沿海开放城市改革开放成就展览会在北京开幕。

3 月 21 日　中共中央、国务院召开计划生育工作座谈会。

4 月 1 日　中共中央召开经济情况通报会，江泽民对当前经济工作发表重要意见。

同日　八届全国人大常委会第一次会议在京举行。

4月11日 国务院发出《关于坚决制止乱集资和加强债券发行管理的通知》。

4月13日 海南省举行庆祝建省办特区五周年大会，江泽民出席并发表重要讲话指出，经济特区要加快建立社会主义市场经济体制和运行机制。继续借鉴外国发展市场经济的好经验和国际通行做法，结合我国的国情和特区的实际，有所创造，有所发展，以显示出中国经济特区的特色、优势和风格。今后特区的发展要依靠健全的市场机制和良好的企业素质，来参与国际经济的竞争与合作。在这方面特区的改革起点应该更高一些，步子应该更大一些，并为全国的改革和建设创造出更多的好经验。

4月19日 国务院作出有关机构改革的决定，决定国务院的直属机构由19个调整为13个，办事机构由9个调整为5个，国务院不再设置部委归口管理的国家局。国务院直属事业单位也同时做了调整。

4月27日 国务院、中央军委颁布新修订的《中国人民解放军现役士兵服役条例》。

4月27—29日 海峡两岸关系协会会长汪道涵和台湾海峡交流基金会董事长辜振甫在新加坡举行会谈。双方签署了《汪辜会谈共同协议》等有关两岸关系的四份协议。这是两岸受权民间机构领导人的第一次会谈。

5月3—10日 中国共产主义青年团第十三次全国代表大会在京举行。

5月9—11日 江泽民在上海主持召开华东六省一市经济工作座谈会。

5月12—14日 全国科技工作会议在京举行。

5月24日 中国同厄立特里亚建交。

6月13—14日 江泽民在西安主持召开西北五省区经济工作座谈会，研究进一步深化改革、扩大开放，促进西北经济发展的问题。

6月20日 国务院召开全国减轻农民负担工作电话会议，宣布第一批取消中央国家机关各有关部门涉及农民负担的37个集资、基金、收费项目，同时宣布要纠正的强制性、摊派性和“搭车”收费的有关政策和要求。

6月21—24日 国务院在京召开全国“菜篮子工程”工作会议。

6月22日—7月2日 八届全国人大常委会第二次会议在京举行。会议通过《中华人民共和国科技进步法》《中华人民共和国农业技术推广法》《中华人民共和国农业法》，通过全国人大常委会关于惩治生产、销售伪、劣商品犯罪的决定，通过关于设立全国人大常委会香港特别行政区筹备委员会预备工作委员会的决定及预备工委组成人员名单。会议根据李鹏总理提出的议案，决定任命朱镕基副总理兼任中国人民银行行长。

6 月 24 日 中共中央、国务院下发《关于当前经济情况和加强宏观调控的意见》。

7 月 5—7 日 全国金融工作会议在京举行。朱镕基在会上强调，要坚决贯彻落实党中央、国务院关于当前经济工作的一系列重要决策，推进金融改革，整顿金融秩序，强化宏观调控。

7 月 15 日 国家教委印发《关于重点建设一批高等学校和重点学科点的若干意见》，提出面向 21 世纪重点建设 100 所左右的高等学校和一批重点学科点的计划，简称“211 工程”。

7 月 16 日 中国第一家地方性国有资产监督管理委员会——上海市国有资产监督管理委员会成立。

7 月 16—17 日 香港特别行政区筹备委员会预备工作委员会第一次全体会议在京举行。

7 月 20—23 日 全国财政工作会议和全国税务工作会议同时在京举行。朱镕基在会上指出，财税工作的当务之急是整顿财税秩序，加快财税改革，用改革的办法进行整顿，在整顿的基础上加快改革。

7 月 21—23 日 全国机构改革工作会议在京举行。会议主要议题是贯彻落实中央《关于党政机构改革的方案》和《关于党政机构改革方案的实施意见》，具体部署各级机构改革的步骤和要求，研究机构改革中的一些政策性问题。

7 月 23 日 国务院、中央军委转发民政部、劳动部、总参谋部《关于退伍义务兵安置工作随用工单位改革实行劳动合同制的意见》。

8 月 2 日 国务院发布施行《企业债券管理条例》。

8 月 9—13 日 全国组织工作座谈会在京举行。

8月12日 《中国大百科全书》除索引卷外，全部出齐。全书编撰历时15年，共74卷，覆盖66个学科，收入77859个条目，约12568万字。

8月14日 国务院发布《国家公务员暂行条例》。

8月15—24日，9月4—15日 第七届全国运动会在北京市举办，四川省、秦皇岛市协办。四川赛区的比赛在8月15日至24日举行，北京赛区的比赛在9月4日至15日举行。

8月20日 国务院常务会议审议通过《九十年代农业发展纲要（草案）》。

同日 江泽民主持军委常务会议，决定军以下作战部队一律不得从事经营性生产。

8月20—25日 十四届中央纪委二次全会在京举行。江泽民在会上指出，惩治腐败，要作为一个系统工程来抓，标本兼治，综合治理，持之以恒。

8月22—28日 江泽民考察东北部分大中型国有企业，考察期间在大连主持召开华北、东北八省（区、市）经济工作座谈会。

8月25日—9月2日 八届全国人大常委会第二次会议在京举行。会议通过《中华人民共和国反不正当竞争法》，通过全国人大常委会关于修改《中华人民共和国经济合同法》的决定，通过关于加强对法律实施情况检查监督的若干规定。

8月31日 中央军委发布《军事规章、军事行政规章备案规定》。

同日 国务院台湾事务办公室和国务院新闻办公室发表《台湾问题与中国的统一》白皮书。白皮书第一次系统地论述了台湾问题的由来及现状，阐明了中国政府关于台湾问题的原则立场和基本方针。

9月1—6日 中国妇女第七次全国代表大会在京举行。大会审议通过《中华全国妇女联合会章程（修正案）》。

9月10—14日 中共中央、国务院在京召开全国推行国家公务员制度和工资制度改革会议，决定争取用三年或更多一点时间，在全国基本建立起公务员制度。

9月18—21日 全国乡镇企业工作会议在京举行。

9月25日 我国第一条利用世界银行贷款建设的跨省高速公路——京津

塘高速公路全线通车。

9 月 26 日 江泽民在接见广州军区机关师以上干部时指出，我们军队的军魂就是党的绝对领导。

9 月 27—29 日 江泽民在广州主持召开中南、西南十省区经济工作座谈会。他指出：抓住机遇，加快发展，集中力量把经济建设搞上去，是我们坚定不移的方针。凡是有条件能快的就快一些发展，暂时不能快的，也应积极创造条件逐步加快发展。各地都要从实际出发，既要有紧迫感，不丧失发展的时机；又要尊重客观规律，量力而行，注意稳妥，避免损失，特别是大的损失。

10 月 2 日 中共中央办公厅、国务院办公厅发出《关于严禁用公费变相出国（境）旅游的通知》。

10 月 4 日 中共中央举办的省部级主要领导干部学习邓小平建设有中国特色社会主义理论第一期研讨班在中央党校开班。

10 月 5 日 中共中央、国务院作出《关于反腐败斗争近期抓好几项工作的决定》。

10 月 8 日 中纪委、中组部、监察部颁布《关于党政机关县（处）级以上领导干部廉洁自律“五条规定”的实施意见》。

10 月 12 日 中国同北马其顿建交。

10 月 13—17 日 中华全国工商业联合会第七届会员代表大会在京举行。大会通过《中华全国工商业联合会章程》。

10 月 15 日 我国当时最长的，同时也是世界上最长的光缆干线——京汉广光缆干线正式开通。

10 月 18—21 日 中共中央在北京召开农村工作会议。会议的中心议题是：研究在建立社会主义市场经济体制的进程中，如何全面加强农业的基础地位，促进我国农业和农村经济上一个新台阶的战略思想和具体措施。

10 月 22—31 日 八届全国人大常委会第四次会议在京举行。会议通过《中华人民共和国消费者权益保护法》《中华人民共和国注册会计师法》《中华人民共和国红十字会法》《中华人民共和国教师法》，通过全国人大常委会关于修改《中华人民共和国个人所得税法》的决定。

10 月 24—30 日 中国工会第十二次全国代表大会在京举行。

10 月 中国自行研制的“曙光一号”超级计算机通过国家的技术鉴定。

11 月 2 日 《邓小平文选》第三卷出版，收录了邓小平从 1982 年中共十二大到 1992 年春视察南方期间的主要著作共 119 篇。

11 月 3—7 日 全国统战工作会议在京举行。江泽民讲话强调，要继续巩固和发展社会主义的民族关系，坚持和完善民族区域自治制度，加快民族地区的经济发展和社会进步；要全面、正确地贯彻执行党的宗教政策，依法加强对宗教事务的管理，积极引导宗教与社会主义社会相适应。

11 月 4 日 国务院印发《九十年代中国农业发展纲要》。

11 月 5 日 中共中央、国务院印发《关于当前农业和农村经济发展的若干政策措施》，指出以家庭联产承包为主的责任制和统分结合的双层经营体制，是我国农村经济的一项基本制度，要长期稳定，并不断完善；原定的耕地承包期到期之后，再延长 30 年不变。

11 月 11—14 日 中共十四届三中全会在京举行。全会通过《中共中央关于建立社会主义市场经济体制若干问题的决定》，勾画了社会主义市场经济体制的基本框架。指出，社会主义市场经济体制是同社会主义基本制度结合在一起的，建立社会主义市场经济体制，就是要使市场在国家宏观调控下对资源配置起基础性作用。要进一步转换国有企业经营机制，建立适应市场经济要求，产权清晰、权责明确、政企分开、管理科学的现代企业制度。

11 月 16 日 首届中国艺术博览会在广州隆重开幕。

11 月 20 日 江泽民出席在美国西雅图举行的亚太经合组织第一次领导人非正式会议。这是自 1989 年 11 月亚太经济合作组织成立以来举行的最高级别的会议。会议的前一天，江泽民和美国总统克林顿在西雅图举行正式会晤，这是两国最高领导人自 1989 年 2 月以来的首次正式会晤。克林顿承诺奉行一个中国的政策，恪守中美三个联合公报中的各项原则。

11 月 21—29 日 江泽民访问古巴、巴西和葡萄牙。

12 月 1—4 日 全国经济工作会议在京举行。会议提出 1994 年的经济工作，要加快建立社会主义市场经济体制的改革步伐，进一步扩大对外开放，加强和改善宏观调控，大力调整经济结构，提高经济效益，保持国民经济持续、快速、健康发展。

12 月 13 日 国务院公布《中华人民共和国增值税暂行条例》《中华人民共和国消费税暂行条例》《中华人民共和国营业税暂行条例》《中华人民共和国企业所得税暂行条例》《中华人民共和国土地增值税暂行条例》。

12 月 15 日 国务院作出《关于实行分税制财政管理体制的决定》，确定从 1994 年 1 月 1 日起改革地方财政包干体制，对各省、自治区、直辖市以及计划单列市实行分税制财政管理体制。

12 月 20—29 日 八届全国人大常委会第五次会议在京举行。会议通过《中华人民共和国公司法》，通过关于修改《中华人民共和国会计法》的决定、关于《中华人民共和国外商投资企业和外国企业适用增值税、消费税、营业税等税收暂行条例》的决定。

12 月 25 日 国务院作出《关于金融体制改革的决定》，提出建立在国务院领导下，独立执行货币政策的中央银行宏观调控体系；建立政策性金融与商业性金融相分离，以国有商业银行为主体，多种金融机构并存的金融组织体系；建立统一开放、有序竞争、严格管理的金融市场体系。

同日 国务院批转国家税务总局《工商税制改革实施方案》，确定从 1994 年 1 月 1 日起实施新中国成立以来规模最大、范围最广泛、内容最深刻的一次税制改革。

12 月 26 日 毛泽东同志诞辰 100 周年纪念大会在京举行。江泽民发表讲话，高度评价毛泽东同志一生的丰功伟绩，强调毛泽东思想永远是中国共产党人的理论宝库和中华民族的精神支柱。他系统阐述了毛泽东思想和邓小平建设有中国特色社会主义理论，指出，以毛泽东同志为主要代表的中国共产党人，根据马克思列宁主义的基本原理，对中国长期革命和建设实践中的一系列经验进行理论概括，形成了适合中国情况的科学指导思想，这就是毛泽东思想；邓小平同志把马克思主义基本原理同中国实际和时代特征结合起来，继承和发展毛泽东思想，以开辟社会主义建设新道路的巨大政治勇气和开拓马克思主义新境界的巨大理论勇气，集中全党全国人民的智慧，创造性地提出了建设有中国特色社会主义的理论。

12 月 28 日　中国人民银行发布关于进一步改革外汇管理体制的公告。

1994年

1月5—8日 全国农业工作会议在京举行。会议提出1994年的目标是稳定农民收入和农产品有效供给。

1月11日 国务院作出《关于进一步深化对外贸易体制改革的决定》，提出我国外贸体制改革的目标是：统一政策、放开经营、平等竞争、自负盈亏、工贸结合、推行代理制，建立适应国际经济通行规则的运行机制。

1月12—15日 全国金融工作会议在京举行。

1月14日 财政部代表中国政府正式向美国证券交易委员会注册登记发行10亿美元全球债券。这是我国政府发行的第一笔全球债券，也是我国政府第一次进入美国资本市场。

1月17日 新中国成立以来首次规模最大、规格最高的国家图书奖评选揭晓。评奖大会于30日在人民大会堂举行。

1月24—29日 全国宣传思想工作会议在京举行。江泽民在会上指出，宣传思想工作要以科学的理论武装人，以正确的舆论引导人，以高尚的精神塑造人，以优秀的作品鼓舞人，不断培养和造就一代又一代有理想、有道德、有文化、有纪律的社会主义新人，在建设有中国特色社会主义的伟大事业中发挥有力的思想保证和舆论支持作用。

1月26—27日 国务院召开全国粮棉油及“菜篮子”工作会议。

1月28日 中共中央纪律检查委员会常务委员会通过《中国共产党纪律检查机关案件检查工作条例》。

1月30日 国务院发布《关于对农业特产收入征收农业税的规定》。

2月1日 中国引进外国资金、先进设备和技术建设的第一座大型核电站——广东大亚湾核电站一号机组正式投入商业运行。

2月2—4日 全国环境保护工作会议在京举行，会议提出今后五年

（1994—1998 年）全国环境保护工作纲要。

2 月 3 日　国务院发布《关于职工工作时间的规定》。修改职工工作时间为每周 44 小时，自 1995 年 5 月 1 日起调整为每周工作 40 小时。

2 月 25 日—3 月 1 日　十四届中央纪委三次全会在京举行。28 日，江泽民在会上讲话指出，开展反腐败斗争，说到底是要在新形势下巩固和加强党同人民群众的联系，巩固我们党的执政地位，使我们党更好地担负起领导改革开放和社会主义现代化建设的历史重任。党同人民群众的关系如何，是关系到党的事业兴衰成败和党的生死存亡的一个根本政治问题。这个道理要反复讲，警钟长鸣，务必引起全党同志的高度重视。

2 月 28 日　国家计划委员会发布《关于商品和服务实行明码标价的规定》。

2 月 28 日—3 月 3 日　全国扶贫开发工作会议在京举行，部署实施“国家八七扶贫攻坚计划”，力争在 20 世纪最后七年内，基本解决目前全国 8000 万贫困人口的温饱问题。

3 月 2—5 日　八届全国人大常委会第六次会议在京举行。会议通过《全国人大常委会关于严惩组织、运送他人偷越国（边）境犯罪的补充规定》《中华人民共和国台湾同胞投资保护法》，通过关于我国加入《统一船舶碰撞某些法律规定的国际公约》的决定、关于我国加入《1974 年海上旅客及其行李运输雅典公约》和《1974 年海上旅客及其行李运输雅典公约的议案书》的决定。

3 月 4—7 日　全国党校工作会议在京举行。

3 月 8—19 日　全国政协八届二次会议在京举行。会议通过《中国人民政治协商会议章程（修正案）》，把政治协商、民主监督、参政议政并列为人民政协的主要职能。

3 月 10—22 日　第八届全国人民代表大会第二次会议在京举行。会议通过《中华人民共和国预算法》，通过关于授权厦门市人民代表大会及其常务委员会和厦门市人民政府分别制定法规和规章在厦门经济特区实施的决定，决定将全国人大环境保护委员会改为全国人大环境与资源保护委员会。

3 月 17 日　国家开发银行成立。

3 月 22 日　全国计划生育工作座谈会在京举行。

3 月 23 日 中共中央召开农村工作会议。会议宣布粮食生产实行省长负责制，“菜篮子”工程实行市长负责制。

3 月 25 日 国务院常务会议审议通过《九十年代国家产业政策纲要》。会议还讨论通过了《中国二十一世纪议程——中国二十一世纪人口、环境与发展白皮书》，确定实施可持续发展战略。

4 月 10 日 中共中央、国务院发出《关于 1994 年农业和农村工作的意见》。

4 月 11—15 日 国务院召开对台经济工作会议。江泽民在会上强调要不断加强两岸经济交流合作，推动两岸关系发展和国家统一。

4 月 12 日 国务院发布《九十年代国家产业政策纲要》。

4 月 15 日 中国代表在关贸总协定乌拉圭回合协议最后文件和关于建立世界贸易组织协议上签字。

4 月 18—29 日 李鹏访问乌兹别克斯坦、土库曼斯坦、吉尔吉斯斯坦、哈萨克斯坦和蒙古国。19 日，李鹏在塔什干发表重要演讲，提出中国发展同中亚国家关系的四项基本政策。26 日，李鹏在阿拉木图提出中国同中亚国家进一步发展经贸关系的六点主张。同日，《中国和哈萨克斯坦边界协定》在阿拉木图签署。29 日，中蒙签署友好合作条约。

4 月 23 日 中共中央组织部颁布《关于加强股份制企业中党的工作的几点意见》。

5 月 2 日 中国银行正式参与港币发行。

5 月 5—12 日 八届全国人大常委会第七次会议在京举行。会议通过《中华人民共和国对外贸易法》《中华人民共和国国家赔偿法》，以及全国人大常委会关于修改《中华人民共和国治安管理处罚条例》的决定、关于修改《中国人民解放军现役军官服役条例》的决定、关于修改《中国人民解放军军官军衔条例》的决定。

5 月 6 日 中央发出《关于新形势下加强党校工作的意见》。

5 月 13 日 中共中央政治局常委胡锦涛代表中共中央参加河南省委主持的纪念焦裕禄逝世 30 周年集会。

6月2日 国务院新闻办公室发布《中国妇女的状况》白皮书。

6月3—8日 中国科学院第七次院士大会和中国工程院成立大会在京举行。

6月8日 国务院批转国家体改委《1994年经济体制改革实施要点》。

6月13日 《国家公务员录用暂行规定》正式颁布实施。

6月14—17日 中共中央、国务院在北京召开全国教育工作会议，进一步落实教育优先发展的战略，动员全党全社会认真实施《中国教育改革和发展纲要》。7月3日，国务院发布关于《中国教育改革和发展纲要》的实施意见。

6月15—21日 江泽民在广东考察时指出，总结特区建设的经验，集中到一点，就是要始终不渝地坚持以邓小平同志建设有中国特色社会主义理论和党的基本路线为指导，解放思想，实事求是，胆子要大，步子要稳，理论与实际相结合，借鉴与独创相统一，努力形成和发展经济特区的中国特色、中国风格、中国气派。要坚定不移地把经济特区办得更好，希望经济特区增创新优势，更上一层楼。

6月16日 国务院新闻办公室发表《中国知识产权保护状况》白皮书，阐明中国政府在加强知识产权保护方面的基本立场和态度。

6月23日 中共中央办公厅、国务院办公厅转发农业部等部门《关于1993年农民负担检查情况的报告》。

6月28日—7月5日 八届全国人大常委会第八次会议在京举行。会议通过《中华人民共和国劳动法》《中华人民共和国城市房地产管理法》《全国人大常委会关于惩治侵犯著作权的犯罪的决定》。

6月29日 中国同安道尔建交。

7月1日 中国进出口银行成立。

7月4日 国务院常务会议通过《基本农田保护条例》。

7月5日 国务院发布《关于进一步加强知识产权保护工作的决定》。

7月12日 国务院台湾事务办公室发言人就台湾当局公布《台海两岸关系说明书》发表谈话指出：说明书表示坚持统一目标，“坚决主张‘一个中国’，反对‘两个中国’与‘一中一台’”，是值得肯定的；但歪曲台湾问题的由来，是不符合历史事实的。说明书鼓吹“两岸分裂分治”“两个对等政治实体”“两个国际法人”“分裂国家共同参与国际社会有利于统一”等谬论，实质是制造“两个中国”“一中一台”，危害中国主权和领土完整，危害和平统一大业，这是我们坚决反对的。

7 月 18 日 国务院印发《关于深化城镇住房制度改革的决定》，住房供应管理逐步由单位化向社会化、专业化改变。

7 月 20—23 日 中共中央、国务院召开第三次西藏工作座谈会。会议作出中央政府关心西藏、全国各地支援西藏的重大决策。此后，中央不断采取有力措施加大对西藏现代化发展的支持力度。

7 月 24 日 国务院发布《国有企业财产监督管理条例》。

8 月 23 日 中共中央印发《爱国主义教育实施纲要》，提出要把爱国主义教育作为提高全民族整体素质和加强社会主义精神文明建设的基础工程。

8 月 24—31 日 八届全国人大常委会第九次会议在京举行。会议通过《中华人民共和国仲裁法》《中华人民共和国审计法》；决定由香港特别行政区筹备委员会根据《全国人民代表大会关于香港特别行政区第一届政府和立法会产生办法的决定》，负责筹备成立香港特别行政区的有关事宜，规定香港特别行政区第一届立法会的具体产生办法，组建香港特别行政区第一届立法会。

8 月 30 日 中国外交部长唐家璇同朝鲜政府特使会谈时表示，中国政府决定调回朝鲜军事停战委员会中的中国人民志愿军代表团。

8 月 31 日 中共中央发布《关于进一步加强和改进学校德育工作的若干意见》。

9 月 2—12 日 江泽民应邀访问俄罗斯、乌克兰和法国。访俄期间，中俄两国领导人签署了指导两国关系全面发展的联合声明，指出两国已具有新型的建设性伙伴关系。访乌期间，中乌双方发表了关于两国关系原则的联合声明，宣布双方彼此视为友好国家。访法期间，江泽民阐述了我国对发展同西欧国家关系的四项原则。

9 月 10 日 西安—兰州—乌鲁木齐光缆干线正式开通。

9 月 12 日 黄河小浪底水利枢纽主体工程全面开工。

9月15日 首都各界代表在人民大会堂集会，纪念全国人民代表大会成立40周年。

9月16日 兰新铁路复线提前全线铺通。

9月21日 全国政协召开纪念人民政协成立45周年座谈会。

同日 以培训高、中级国家公务员为主要任务的国家行政学院在北京正式成立。

9月25—28日 中共十四届四中全会在京举行。会议通过《中共中央关于加强党的建设几个重大问题的决定》，把党的建设提到新的伟大工程的高度。

9月29日 十四届中央纪委四次全会在京举行。

9月29—30日 第二次全国民族团结进步表彰大会在京举行。

10月5—8日 孔子诞辰2545周年纪念会与国际儒学研讨会暨国际儒学联合会成立大会在京举行。

10月10日 中共中央组织部发出《关于坚决防止和纠正选拔任用干部工作中不正之风的通知》。

10月20—23日 国务院在京召开全国社会发展工作会议。这是新中国成立以来国务院召开的第一次全国性的社会发展工作会议。

10月21—27日 八届全国人大常委会第十次会议在京举行。会议通过《中华人民共和国母婴保健法》《中华人民共和国广告法》，通过全国人大常委会关于批准《作业场所安全使用化学品公约》的决定。

10月25日 国务院发出《关于在若干城市试行国有企业破产有关问题的通知》。

10月26—29日 全国农村基层组织建设工作会议在京举行。

10月31日—11月4日 李鹏访问韩国。这是中韩建交以来中国总理首次对韩国进行正式访问。

11月2日 1989年出版的《邓小平文选（1938—1965）》和《邓小平文选（1975—1982）》，修订改称《邓小平文选》第一卷、第二卷，由人民出版社出版。

11 月 2—4 日 国务院在京召开全国建立现代企业制度试点工作会议，确定开展以“产权清晰、权责明确、政企分开、管理科学”为特征的现代企业制度试点工作。

11 月 2—6 日 全国国有资产管理暨全国清产核资工作会议在京举行。

11 月 5 日 中共中央发出《关于加强农村基层组织建设的通知》。

11 月 7 日 中共中央办公厅、国务院办公厅颁布《关于加强和改进书报刊影视音像市场管理的通知》。

11 月 8—22 日 江泽民应邀对新加坡、马来西亚、印度尼西亚进行国事访问，对越南进行正式友好访问。14 日，江泽民与美国总统克林顿在印度尼西亚雅加达正式会晤，提出在中美三个联合公报的基础上建立新型中美关系的五项原则。15 日，江泽民出席在印度尼西亚茂物举行的亚太经合组织第二次领导人非正式会议。

11 月 9 日 国务院发出《关于严格控制消费基金过快增长和加强现金管理的通知》。10 日，李鹏主持召开全国电视电话会议进行部署。

11 月 18 日 中国农业发展银行成立。

11 月 22 日 中国人民银行发布《关于外汇兑换券停止流通和限期兑换的公告》，宣布从 1995 年 1 月 1 日起，外汇兑换券停止在市场上流通。

11 月 28 日—12 月 1 日 中央经济工作会议在京举行。江泽民在会上作了题为《认清形势，统一思想，做好明年经济工作》的重要讲话。

11 月 30 日—12 月 3 日 全国组织工作会议在京举行。江泽民在会上强调，要抓紧建设好县以上各级领导班子，抓紧培养选拔优秀年轻干部，努力造就大批能够跨世纪担当重任的领导人才。

12 月 5 日 中共中央、国务院发布《关于加强科学技术普及工作的若干意见》。

12 月 9 日 中共中央在中南海举办第一次法律知识讲座。内容是国际商贸法律制度及关贸总协定。

12 月 14 日 世界上最大的水利枢纽工程——长江三峡工程正式开工。

12 月 14—17 日 中共中央宣传部、中共中央党校、中共中央文献研究室、中国社会科学院、国家教委、解放军总政治部联合召开学习《邓小平文选》和建设有中国特色社会主义理论研讨会。

12 月 18 日 江泽民在中央军委扩大会议上指出，必须高度重视军队的思想政治建设，必须把它摆在全军各项建设的首位。

12 月 21—29 日 八届全国人大常委会第十一次会议在京举行。会议通过《中华人民共和国监狱法》。

1995 年

1 月 7 日 中共中央印发《中国共产党党员权利保障条例（试行）》。

1 月 10 日 林业部发出《关于实行使用林地许可证制度的通知》，决定从 1995 年起在全国实行使用林地许可证制度。

1 月 11—14 日 八届全国政协常委会第九次会议在京举行。会议通过《政协全国委员会关于政治协商、民主监督、参政议政的规定》。

1 月 14 日 国务院批转《中国计划生育工作纲要（1995—2000 年）》。

1 月 16 日 中国同摩纳哥建交。

1 月 16—21 日 全国宣传部长会议在京举行。19 日，江泽民与出席会议的同志座谈。

1 月 18 日 国务院召开首次全国农业普查联席会议。

1 月 20—23 日 十四届中央纪委五次全会在京举行。

1 月 27 日 朱镕基在达沃斯世界经济论坛第 25 届年会上作关于中国改革和发展的演讲。

1 月 30 日 江泽民发表《为促进祖国统一大业的完成而继续奋斗》的讲话，提出现阶段发展两岸关系、推进祖国和平统一进程的八项主张。

2 月 9 日 中共中央印发《党政领导干部选拔任用工作暂行条例》。

2 月 16 日 国务院住房制度改革领导小组召开部署国家安居工程工作电话会议，启动实施国家安居工程。

2 月 21—28 日 八届全国人大常委会第十二次会议在京举行。会议通过全国人大常委会关于修改《全国人民代表大会和地方各级人民代表大会选举法》和《地方各级人民代表大会和地方各级政府组织法》的决定，通过《中华人民共和国法官法》《中华人民共和国检察官法》《中华人民共和国人民警察法》，通过全国人大常委会关于惩治违反公司法的犯罪的决定，通过关于修改《中华人民共和国税收征收管理法》的决定。

2月24—28日 中共中央和国务院在京召开农村工作会议。会议认为，发展社会主义市场经济必须加强农业，大力保护和扶持农业，确保主要农产品有效供给，确保农民收入稳定增加，确保农村社会稳定。重视和优先发展农业，是经济工作必须坚持的一个重要指导方针。决不放松粮食生产，积极发展多种经营，是党的农村经济工作的一个长期的基本方针，必须全面理解和贯彻。

2月26日 中美两国在北京就知识产权问题达成协议。

2月27日 中共中央、国务院发出《关于深化供销合作社改革的决定》。

3月1日 国务院发出《关于深化企业职工养老保险制度改革的通知》。

3月3—14日 全国政协八届三次会议在京举行。

3月5—18日 第八届全国人民代表大会第三次会议在京举行。会议通过《中华人民共和国教育法》《中华人民共和国中国人民银行法》。

3月11日 李鹏在丹麦哥本哈根举行的联合国社会发展问题世界首脑会议上发表讲话，阐述中国对当前国际问题以及社会发展问题的看法并提出五项主张。

3月18日 中共中央、国务院召开计划生育工作座谈会。

3月25日 国务院决定修改职工工作时间。自5月1日起，职工实行每周五天工作制。

4月3日 中国同波斯尼亚和黑塞哥维那建交。

4月7日 《人民日报》发表长篇通讯《领导干部的楷模——孔繁森》，并发表社论《向孔繁森同志学习》。

4月10日 陈云同志因病在北京逝世，享年90岁。陈云同志是伟大的无产阶级革命家、政治家，杰出的马克思主义者，中国社会主义经济建设的开创者和奠基人之一，党和国家久经考验的卓越领导人。

4月22—24日 全国乡镇企业东西合作工作会议在京举行。

4月27日 中共北京市委召开区县局领导干部会议。胡锦涛受中央委托在会上宣布：中共中央任命尉健行为中共北京市委委员、常委、书记，批准陈希同引咎辞去北京市委书记、常委、委员的职务。7月，中共中央决定，由中央纪律检查委员会对陈希同的问题进行审查。

4月29日 全国劳动模范和全国先进工作者表彰大会在京举行。

4月30日 中共中央办公厅、国务院办公厅印发《关于对党和国家机关工作人员在国内交往中收受的礼品实行登记制度的规定》和《关于党政机关县（处）级以上领导干部收入申报的规定》。

5月2—6日 日本首相村山富市访华，承认日本曾经对中国的侵略，表示愿意深刻反省那段历史。

5月5—10日 八届全国人大常委会第十三次会议在京举行。会议通过《中华人民共和国商业银行法》《中国人民解放军预备役军官法》《中华人民共和国票据法》。

5月6日 中共中央、国务院作出《关于加速科学技术进步的决定》，确定实施科教兴国战略。

同日 中国北极科学考察队到达北极点，把五星红旗插在北极点上。

5月7—9日 江泽民访问俄罗斯，并参加在莫斯科举行的纪念反法西斯战争胜利50周年庆典活动。两国领导人重申将为发展两国间长期的睦邻友好、互利合作的新型关系继续共同努力。

5月10日 中共中央印发《邓小平同志建设有中国特色社会主义理论学习纲要》。

5月11—23日、6月16—27日 江泽民先后考察江苏、浙江、上海以及辽宁、黑龙江、吉林等省市，就如何进一步推进国有企业特别是国有大中型企业的改革和发展问题进行调查研究。5月22日、6月26日，江泽民分别在上海、长春主持召开企业座谈会，要求坚定信心，明确任务，积极推进国有企业改革。

5月23日 外交部就美国政府不顾中方的坚决反对和多次严正交涉，宣布允许李登辉进行所谓“私人访问”一事发表声明指出：这是美国政府完全违反中美三个联合公报的根本原则，损害中国主权和破坏中国和平统一大业，明目张胆地制造“两个中国”“一中一台”的极为严重的行为。中国政府和人民对此表示极大愤慨，并向美国政府提出强烈抗议。全国人民代表大会外事委员会和全国政协外事委员会也分别于当日和翌日就美国政府允许李登辉访美一事发表声明，对美国政府的举动表示极大的愤慨。

5 月 26—30 日 全国科学技术大会在京举行。江泽民在会上指出，创新是一个民族进步的灵魂，是一个国家兴旺发达的不竭动力。我们必须在学习、引进国外先进技术的同时，坚持不懈地着力提高国家的自主研究开发能力。

6 月 6—9 日 全国扶贫开发工作会议在京召开。会议提出今后要以每年解决 1000 万以上贫困人口温饱问题的速度，推进扶贫开发工作。

6 月 13 日 《陈云文选》第一至三卷、《陈云》画册出版发行暨纪念陈云同志诞辰 90 周年座谈会在人民大会堂举行。

6 月 22 日 在香港特别行政区筹备委员会预备工作委员会第五次全体会议上，国务院副总理、预委会主任钱其琛代表国务院宣布中央人民政府确定的处理“九七”后香港涉台问题的七条基本原则和政策。

6 月 23—30 日 八届全国人大常委会第十四次会议在京举行。会议通过《中华人民共和国担保法》《中华人民共和国保险法》，通过关于惩治破坏金融秩序犯罪的决定。

6 月 30 日 中共中央组织部在京举行表彰大会，表彰百名优秀县（市）委书记。江泽民在大会上发表讲话，要求县以上领导干部在坚持正确的政治方向、增强全局观念、加强理论学习、全心全意为人民服务等方面有一个大的进步。

6 月 中国第一家地方性股份制银行——深圳城市合作银行正式开业。

7 月 5 日 国务院发布《中华人民共和国知识产权海关保护条例》。

7 月 5—15 日 江泽民对芬兰、匈牙利和德国进行国事访问。

7 月 7 日 北京各界代表 2000 多人在卢沟桥集会，纪念中国人民抗日战争胜利 50 周年，并为抗战纪念群雕奠基。

7 月 11 日 世界贸易组织总理事会会议决定接纳中国为该组织的观察员。

7 月 12—14 日 全国推行公务员辞职辞退制度工作会议在青岛举行。

7 月 13 日 我国自行研究、设计、建设的秦山核电站 30 万千瓦工程正式通过国家验收。

7 月 18 日 人事部颁布《国家公务员辞职辞退暂行规定》。

7 月 19 日 国务院批转国家体改委《1995 年经济体制改革实施要点》。

同日 国务院办公厅转发国家教委《关于深化高等教育体制改革的若干意见》。

7 月 20 日 大连港大窑湾港区新建铁路——金窑铁路正式通车。这是我国北方第一条跨海铁路。

7 月 21—26 日 人民解放军在东海海域成功进行导弹发射训练。

7 月 24—27 日 《人民日报》评论员和新华社评论员连续撰文评李登辉在美国康奈尔大学的演讲，抨击李登辉的“台独”言行。

7 月 27 日 国务院印发《中国妇女发展纲要（1995—2000 年）》。

8 月 11 日 第一家得到中国人民银行颁布许可证的中外合资投资银行——中国国际金融有限公司正式开业。

8 月 15 日 江泽民参观中国人民抗日战争纪念馆和卢沟桥，强调要充分发挥抗日战争纪念馆和卢沟桥抗战遗址的作用，把它们作为爱国主义教育基地，特别是对青少年进行经常性的历史教育。

8 月 15—25 日 人民解放军在东海海域及海域上空进行导弹、火炮实弹射击演习。

8 月 23 日 国务院新闻办公室发表《中国的计划生育》白皮书。

8 月 23—29 日 八届全国人大常委会第十五次会议在京举行。会议通过关于修改《中华人民共和国大气污染防治法》的决定，通过《中华人民共和国体育法》。

8 月 24 日 我国的第一部农业发展年度报告《农业白皮书》正式出版。

8 月 27 日 经国务院批复同意，按现代企业制度原则组建的首家国有独资公司——神华集团公司成立。

8 月 30 日 国家体改委、林业部公布《林业经济体制改革总体纲要》。

9 月 1 日 西藏各族各界 3 万多人在拉萨隆重集会，庆祝西藏自治区成立 30 周年。

9月3日 首都各界举行纪念抗日战争暨世界反法西斯战争胜利50周年大会。江泽民在大会上讲话指出，中国抗日战争是世界反法西斯战争的重要组成部分，中国是世界反法西斯战争的东方主战场。

9月4—15日 联合国第四次世界妇女大会在京举行。大会通过《北京宣言》和《行动纲领》。

9月25—28日 中共十四届五中全会在京举行。全会通过《中共中央关于制定国民经济和社会发展“九五”计划和2010年远景目标的建议》。提出，实行经济体制从传统的计划经济体制向社会主义市场经济体制转变、经济增长方式从粗放型向集约型转变这两个具有全局意义的根本性转变。28日，江泽民在闭幕会上系统阐述了正确处理改革、发展、稳定关系等社会主义现代化建设中的12个重大关系。

10月1日 来自天山南北的各族各界2万多群众在乌鲁木齐隆重集会，庆祝新疆维吾尔自治区成立40周年。

10月6—10日 最高人民检察院和监察部在北京联合举办第七届国际反贪污大会。

10月11日 江泽民在北京会见美国《新闻周刊》高级代表团等客人时指出，要克服两国关系中的困难，理所当然需要美方采取措施，消除李登辉访美所造成的严重后果。在谈到台湾问题时，江泽民说：我们还是主张“和平统一、一国两制”。我们反对的就是“两个中国”、“一中一台”和“台湾独立”。我们不承诺放弃使用武力。

10月16日 中国银行正式参与发行澳门元钞票，从而确定了中国银行作为政府代理发钞银行的法律地位。

10月18—22日 中共中央宣传部和国务院办公厅在江苏省张家港市召开全国精神文明建设经验交流会。

10月20日 中共中央办公厅、国务院办公厅转发中宣部、农业部《关于深入开展农村社会主义精神文明建设活动的若干意见》。

10月21—25日 江泽民赴纽约出席联合国成立50周年特别纪念会议。24日，江泽民在会上发表题为《让我们共同缔造一个更美好的世界》的讲话。

这是中国国家元首首次参加联合国大会并发表讲话。同日，江泽民在纽约与美国总统克林顿会晤，克林顿强调同中国进行“建设性接触”的重要性，重申一个中国的政策。

10 月 23—30 日 八届全国人大常委会第十六次会议在京举行。会议通过《中华人民共和国民用航空法》《中华人民共和国固体废物污染环境防治法》和《中华人民共和国食品卫生法》，通过全国人大常委会关于惩治虚开、伪造和非法出售增值税专用发票犯罪的决定。

10 月 24 日 首都各界在人民大会堂集会，纪念台湾光复 50 周年。

10 月 27 日 中共中央宣传部、中共中央马克思恩格斯列宁斯大林著作编译局、国家新闻出版署在北京联合召开新编马列著作出版座谈会。

10 月 30 日—11 月 2 日 第四次全国信访工作会议在京举行。

11 月 6—8 日 江泽民在北京市考察工作时指出，在对干部进行教育时，要强调讲学习、讲政治、讲正气。

11 月 10 日 最高人民检察院反贪污贿赂总局正式成立。

11 月 12 日 中共中央办公厅、国务院办公厅转发中共中央宣传部、国家经贸委《关于加强和改进企业思想政治工作的若干意见》。

11 月 13—17 日 江泽民应邀对韩国进行国事访问。这是中韩建交以来，中国国家元首首次出访韩国。

11 月 16 日 京九铁路提前全线铺通，这是当时中国规模最大、投资最多、一次建成里程最长的铁路干线。

11 月 17—24 日 首届中国京剧艺术节在天津举行，此后每三年举办一次。

11 月 19 日 江泽民出席在日本大阪举行的亚太经合组织第三次领导人非正式会议，提出开展经济合作的五项主张，并宣布中国将从 1996 年起大幅度降低进口关税税率总水平，降幅将不低于 30%。

11 月 29 日 第十世班禅转世灵童经金瓶掣签认定，国务院特准坚赞诺布继任第十一世班禅额尔德尼。

12 月 5 日 江泽民会见香港知名人士，强调“一国两制”是完成祖国统一大业的基本方针，而绝不是权宜之计。

12 月 5—7 日 中央经济工作会议在京举行。会议提出 1996 年经济工作要贯彻“抓住机遇，深化改革，扩大开放，促进发展，保持稳定”的基本方针，正确处理改革、发展、稳定的关系，积极推进经济体制和经济增长方式的转变，认真实施科教兴国战略，继续加强农业基础地位，搞好国有企业改革和发展，加强和改善宏观调控，进一步降低物价上涨幅度，努力提高对外开放水平，促进国民经济持续、快速、健康发展和社会全面进步，为全面实现“九五”计划各项任务奠定良好的基础。

12 月 7—8 日 香港特别行政区筹委会预备工作委员会第六次全体会议在京举行。这是预委会结束工作前的最后一次全体会议。预委会成立两年半来，共召开 6 次全体会议、89 次小组会议，圆满完成预定的各项任务。

12 月 17 日 江泽民在中央军委扩大会议上指出：在坚持党对军队的绝对领导问题上必须旗帜鲜明、态度坚定。

12 月 18—21 日 全国政法工作会议在京举行。研究部署 1996 年的工作，规划“九五”期间和未来 15 年的政法工作。20 日，江泽民、李鹏在人民大会堂与出席会议的部分代表座谈。

12 月 20—28 日 八届全国人大常委会第十七次会议在京举行。会议通过《中华人民共和国电力法》。

1996 年

1 月 2 日 江泽民视察解放军报社指出，办好《解放军报》，首要的一条，就是必须坚持鲜明的党性原则。

1 月 5—8 日 中央农村工作会议在京举行。

1 月 24—27 日 十四届中央纪委六次全会在京举行。

1 月 26 日 全国人民代表大会香港特别行政区筹备委员会在北京宣告成立。

1 月 28 日 国务院、中央军事委员会发布公告：中国人民解放军驻香港特别行政区部队组建完成。

2 月 8 日 中共中央举办领导同志法制讲座。江泽民在参加讲座时作了《坚持实行依法治国，保证国家长治久安》的重要讲话，首次对实行依法治国的重大意义、基本要求进行了全面阐述。

2 月 16 日 国务院住房改革领导小组召开会议，决定全面建立住房公积金制度。

2 月 28 日—3 月 1 日 八届全国人大常委会第十八次会议在京举行。会议通过《中华人民共和国戒严法》，通过关于批准《核安全公约》的决定。

3 月 1—2 日 李鹏参加在泰国曼谷举行的首届亚欧会议，就建立面向 21 世纪亚欧新型伙伴关系等问题阐述中国立场。

3 月 3 日 江泽民在参加八届全国人大四次会议、全国政协八届四次会议的党员负责同志会议上讲话指出：集中力量把经济搞上去，实现中国的现代化，本身就是最大的政治。

3 月 3—13 日 全国政协八届四次会议在京举行。

3 月 5—17 日 第八届全国人民代表大会第四次会议在京举行。会议批准《中华人民共和国国民经济和社会发展“九五”计划和 2010 年远景目标纲要》《中华人民共和国行政处罚法》，通过全国人民代表大会关于授权汕头市和珠海市人民代表大会及其常务委员会、人民政府分别制定法规和规章在各自的经济特区实施的决定、关于修改《中华人民共和国刑事诉讼法》的决定。

3月7日 国务院批转国家经贸委《关于1996年国有企业改革工作的实施意见》。

3月8—25日 为显示中国人民完全有决心、有办法、有能力维护祖国统一，震慑“台独”势力，中国人民解放军向东海、南海进行发射导弹训练，并在东海、南海进行海空实弹演习，在台湾海峡进行陆海空军联合演习。

3月18日 国家科技领导小组成立暨第一次会议在中南海举行。

3月19日 中共中央政治局常委会召开会议专题研究新疆稳定工作。1997年，中央开始从内地省市、国家机关和国有重要企业派出一批骨干力量到新疆工作。此后，对口支援新疆的力度不断加大。

3月21日 纪念贺龙同志诞辰100周年座谈会在京举行。

4月1—3日 国务院经济特区工作会议在广东珠海举行。李鹏代表中共中央、国务院在会上充分肯定了经济特区取得的巨大成就，重申了中央对发展经济特区的决心不变、对经济特区的基本政策不变、经济特区在全国改革开放和现代化建设中的历史地位和作用不变的“三不变”方针，并就今后搞好经济特区建设提出了明确要求。

4月2—5日 “863”计划十周年工作会议在京举行。

4月5日 中共中央印发《中国共产党地方委员会工作条例（试行）》。

4月8—11日 国务院办公厅在镇江召开全国职工医疗保障制度改革扩大试点工作会议，决定试点工作将由镇江、九江扩大到全国。

4月24—26日 俄罗斯总统叶利钦对中国进行国事访问。两国领导人达成中俄“世代睦邻友好、相互尊重信任、平等互利合作、共同发展繁荣”的共识。25日，中俄签署《联合声明》，宣布建立和发展平等信任、面向21世纪的战略协作伙伴关系。

4月26日 国家主席江泽民和俄罗斯总统、哈萨克斯坦总统、吉尔吉斯斯坦总统、塔吉克斯坦总统在上海共同签署《中华人民共和国和哈萨克斯坦共和国、吉尔吉斯共和国、俄罗斯联邦、塔吉克斯坦共和国关于在边境地区加强军事领域信任的协定》。

同日 国务院批转《中国残疾人事业“九五”计划纲要》。

4 月 27 日—5 月 4 日 江泽民在上海考察，发表《坚定信心，加强领导，狠抓落实，加快国有企业改革和发展步伐》的重要讲话。

4 月 中共中央指示，在全国迅速组织开展严厉打击严重刑事犯罪活动。12 日，公安部召开工作会议作出具体部署。

5 月 7—15 日 八届全国人大常委会第十九次会议在京举行。会议通过关于修改《中华人民共和国统计法》和《中华人民共和国水污染防治法》的决定，通过《中华人民共和国律师法》《中华人民共和国促进科技成果转化法》《中华人民共和国职业教育法》，通过全国人大常委会关于《中华人民共和国国籍法》在香港特别行政区实施的几个问题的解释、关于继续开展法制宣传教育的决议和关于批准加入《联合国海洋法公约》的决定。

5 月 8—22 日 江泽民对肯尼亚、埃塞俄比亚、埃及、马里、纳米比亚和津巴布韦六国进行国事访问，应非洲统一组织的邀请发表了题为《为中非友好创立新的历史丰碑》的演讲，提出中非建立面向 21 世纪长期稳定、全面合作国家关系的五点主张。

6 月 1—5 日 江泽民在河南考察农业和农村工作。

6 月 21 日 纪念中国共产党成立 75 周年座谈会在京举行。

6 月 23 日—7 月 6 日 江泽民访问西班牙、挪威、罗马尼亚、乌兹别克斯坦、吉尔吉斯斯坦和哈萨克斯坦，在哈萨克斯坦议会发表题为《共创中国和中亚友好合作的美好未来》的演讲。

6 月 26 日 国务院在京召开金融系统“反腐败、防抢劫、防诈骗、防盗窃、保护金融资产安全”会议。

6 月 28 日—7 月 5 日 八届全国人大常委会第二十次会议在京举行。会议通过《中华人民共和国拍卖法》《中华人民共和国枪支管理法》，通过全国人大常委会关于修改《中华人民共和国档案法》的决定。

7 月 13—14 日 全国农村金融体制改革工作会议在京举行。会议决定，中国农业银行不再领导管理农村信用社，农村信用社的业务管理改由县联社负责，对农村信用社的金融监管由中国人民银行直接承担。

7月15—17日 第四次全国环境保护会议在京举行。

7月18日 外交部发言人指出：钓鱼岛是中国领土，中国政府对日本一些右翼分子在钓鱼岛群岛的某一岛上建立灯塔的事件表示“严重关切”。7月24日，外交部发言人在答记者问时说：钓鱼岛及其附近岛屿自古以来就是中国固有领土，中国主张通过友好协商解决中日两国在钓鱼岛归属上存在的争议。

7月19日—8月4日 中国体育代表团参加在美国亚特兰大举行的第26届夏季奥运会。

8月3日 国务院作出《关于环境保护若干问题的决定》，明确重点治理淮河、海河、辽河和太湖、巢湖、滇池的水污染。

8月9—10日 香港特别行政区筹备委员会第四次全体会议在京举行。会议审议通过《中华人民共和国香港特别行政区第一届政府推选委员会具体产生办法》，通过关于实施《中华人民共和国香港特别行政区基本法》第二十四条第二款的意见，通过关于香港特别行政区区旗、区徽使用暂行办法的建议等文件。推选委员会的具体产生办法获得通过，标志着以组建推选委员会为龙头的香港特别行政区的全面组建工作已拉开序幕。

8月20日 交通部颁布《台湾海峡两岸间航运管理办法》，同时宣布福建省厦门、福州两港区为两岸间船舶直航试点口岸。

8月23—29日 八届全国人大常委会第二十一次会议在京举行。会议通过《中华人民共和国老年人权益保障法》《中华人民共和国煤炭法》，通过关于修改《中华人民共和国矿产资源法》的决定，通过全国人大常委会关于批准《中华人民共和国和哈萨克斯坦共和国、吉尔吉斯共和国、俄罗斯联邦、塔吉克斯坦共和国关于在边境地区加强军事领域信任的协定》的决定。

9月1日 京九铁路全线开通运营。

9月4—6日 全国政协主办的“展望21世纪论坛”首次会议在京举行。

9 月 10—12 日 全国棉花工作会议在京举行。

9 月 15 日 国务院作出《关于“九五”期间深化科技体制改革的决定》。

9 月 16—20 日 各国议会联盟第 96 届大会在京举行。

9 月 23—25 日 中央扶贫工作会议在京举行。江泽民在会上指出：到 20 世纪末基本解决我国农村贫困人口的温饱问题，是中共中央、国务院既定的战略目标。

9 月 25—27 日 国家“星火”计划工作会议在京举行。会议决定启动《星火计划“九五”发展纲要》。

9 月 26 日 江泽民视察人民日报社并发表重要讲话。

10 月 4—5 日 香港特别行政区筹备委员会第五次全体会议在京举行。会议通过《中华人民共和国香港特别行政区第一任行政长官人选的产生办法》《中华人民共和国香港特别行政区临时立法会的产生办法》等文件。

10 月 7—10 日 中共十四届六中全会在京举行。全会通过《中共中央关于加强社会主义精神文明建设若干重要问题的决议》。指出，社会主义社会是全面发展、全面进步的社会，社会主义现代化事业是物质文明和精神文明协调发展的事业。

10 月 11 日 十四届中央纪委七次全会在京举行。

10 月 22 日 中共中央、中央军委在人民大会堂隆重举行纪念红军长征胜利 60 周年大会，江泽民发表重要讲话。他指出，伟大的长征给党和人民留下了伟大的长征精神。要把长征精神一代一代地传下去，激励和鼓舞全国人民在建设有中国特色社会主义的新长征道路上不断夺取新的胜利。

10 月 23 日 中共中央、国务院作出《关于尽快解决农村贫困人口温饱问题的决定》。

10 月 23—29 日 八届全国人大常委会第二十二次会议在京举行。会议通过《中华人民共和国乡镇企业法》《中华人民共和国环境噪声污染防治法》《中华人民共和国人民防空法》《中国人民解放军选举全国人大和县级以上地方各级人大代表的办法》。

11 月 1—2 日 香港特别行政区筹备委员会第六次全体会议在京举行。

会议通过《中华人民共和国香港特别行政区第一届政府推选委员会委员守则》，推选产生了400名香港特别行政区推选委员。

11月6—17日 李鹏访问智利、巴西、委内瑞拉和意大利并出席在罗马举行的世界粮食首脑会议。

11月21—24日 中央经济工作会议在京举行。会议认为，经过近三年的努力，以治理通货膨胀为首要任务的宏观调控基本上达到预期目的。1997年的经济工作，要切实推进两个根本性转变，继续实行适度从紧的财政货币政策，降低物价上涨幅度，加强农业基础地位，加快改革特别是国有企业改革步伐，加大结构调整力度，培育新的经济增长点，积极开拓市场，提高对外开放水平，促进国民经济持续、快速、健康发展和社会全面进步。

11月25日 江泽民出席在菲律宾苏比克举行的亚太经合组织第四次领导人非正式会议。

11月26日—12月5日 江泽民对菲律宾、印度、巴基斯坦和尼泊尔进行国事访问。12月2日，江泽民在巴基斯坦首都伊斯兰堡作题为《世代睦邻友好，共创美好未来》的演讲，提出中国与南亚各国共同构筑面向21世纪睦邻友好关系的五点主张。

12月1日 我国开始接受国际货币基金组织协定第八条款，实行人民币经常项目下的可兑换。标志着中国外汇管理体制改革取得重大进展。

12月9—12日 中共中央、国务院召开第一次全国卫生工作会议。会议讨论了《中共中央、国务院关于卫生改革与发展的决定》。

12月11日 香港特别行政区第一届政府推选委员会第三次全体会议在香港召开，董建华当选为香港特别行政区第一任行政长官人选。12月16日，国务院全体会议作出决定，任命董建华为香港特别行政区第一任行政长官，于1997年7月1日就职。

12月16—20日 中国文学艺术界联合会第六次全国代表大会和中国作家协会第五次全国代表大会在北京同时举行。

12月21日 香港特别行政区第一届政府推选委员会第四次全体会议在深圳召开。会议选举产生香港特别行政区临时立法会的60名议员。

12 月 24—30 日 八届全国人大常委会第二十三次会议在京举行。会议通过《中华人民共和国香港特别行政区驻军法》，决定批准《联合国关于在发生严重干旱和 / 或荒漠化的国家特别是非洲防治荒漠化的公约》《中华人民共和国和吉尔吉斯共和国关于中吉国界的协定》《关于禁止发展、生产、储存和使用化学武器及销毁此种武器的公约》。

12 月 30 日 中共中央、国务院作出《关于切实做好减轻农民负担工作的决定》。

12 月 31 日 冶金部长刘淇宣布，1996 年我国钢产量突破 1 亿吨，产量居世界第一位。

12 月 中宣部、国家科委、农业部等部委联合发出《关于开展文化科技卫生“三下乡”活动的通知》。

1997 年

1 月 2 日 国务院发布《出版管理条例》。

1 月 10—13 日 中央农村工作会议在京举行。

1 月 15 日 中共中央、国务院作出《关于卫生改革与发展的决定》，提新时期卫生工作方针。

1 月 17 日 江泽民同中共十五大报告起草小组成员谈话，着重讲了有关经济体制改革的十个问题。

1 月 23 日 国家统计局发表《宏观调控成效显著，优化结构势在必行——1996 年经济形势及 1997 年展望》的文章，指出当前国民经济运行良好，“软着陆”基本成功。

1 月 23—25 日 全国住房制度改革工作会议在成都举行，研究深化房改和培育住房消费的有关政策措施。

1 月 27—29 日 十四届中央纪委八次全会在京举行。

1 月 31 日—2 月 1 日 香港特别行政区筹备委员会第八次全体会议在京举行。会议通过《关于香港特别行政区第一任行政长官、临时立法会在 1997 年 6 月 30 日前开展工作的决定》和《关于设立香港特别行政区临时性区域组织的决定》及附件，通过了将提交全国人大常委会审议的《关于处理香港原有法律问题的建议》及三个附件。

2 月 19 日 邓小平同志在北京病逝，享年 93 岁。邓小平同志是我党我军我国各族人民公认的享有崇高威望的卓越领导人，伟大的马克思主义者，伟大的无产阶级革命家、政治家、军事家、外交家，久经考验的共产主义战士，我国社会主义改革开放和现代化建设的总设计师，建设有中国特色社会主义理论的创立者。2 月 25 日，中共中央、全国人大常委会、国务院、全国政协、中央军委在人民大会堂举行追悼大会。遵照邓小平同志及其亲属的意愿，邓小平同志的骨灰于 3 月 2 日撒入大海。

2 月 19—23 日 八届全国人大常委会第二十四次会议在京举行。会议通过《中华人民共和国合伙企业法》，通过全国人大常委会关于根据香港特别行政区基本法第 160 条处理香港原有法律的决定。

2 月 27 日 中共中央发布《中国共产党纪律处分条例（试行）》。

2 月 27 日—3 月 12 日 全国政协八届五次会议在京举行。

3 月 1—14 日 第八届全国人民代表大会第五次会议在京举行。会议通过新修订的《中华人民共和国刑法》，通过《中华人民共和国国防法》《关于批准设立重庆直辖市的决定》。

3 月 8 日 中央计划生育和环境保护工作座谈会在京举行。

3 月 10 日—4 月 18 日 联合国人权委员会第五十三届会议在日内瓦举行。中国第七次挫败某些西方国家在人权问题上搞反华提案的图谋。

3 月 16—19 日 全国普通高校招生工作会议在太原举行。会议提出，要坚持改革方向，巩固改革成果，圆满、全面地完成所有普通高校招生并轨改革。

3 月 17 日 国务院批准《中国公民自费出国旅游管理暂行办法》。

3 月 18 日 南昆铁路（南宁至昆明）全线铺通。12 月 2 日，南昆铁路全线开通运营。

3 月 28 日 中共中央印发《中国共产党党员领导干部廉洁从政若干准则（试行）》。

3 月 31 日 国务院新闻办公室发表《1996 年中国人权事业的进展》白皮书。

4 月 1 日 全国铁路第一次大面积提速开始。提速后列车最高时速 140 公里。到 2007 年，全国铁路连续进行了六次大提速。

4 月 11—13 日 国家体改委在杭州主持召开了现代企业制度试点暨原有股份公司规范工作会议。会议总结交流了各地建立现代企业制度试点和股份制改革的经验，提出要加大现代企业制度试点力度，推进国有企业股份制改造，扎扎实实地搞好国有企业改革，搞活整个国有经济。

4月15日 中共中央、国务院印发《关于进一步加强土地管理切实保护耕地的通知》，正式建立土地用途管理制度。

4月22—26日 江泽民应邀对俄罗斯进行国事访问。23日，江泽民和俄罗斯总统叶利钦签署《中华人民共和国和俄罗斯联邦关于世界多极化和建立国际新秩序的联合声明》。访问期间，中国、俄罗斯、哈萨克斯坦、吉尔吉斯斯坦、塔吉克斯坦五国元首共同签订了《关于在边境地区相互裁减军事力量的协定》。

4月28日 纪念叶剑英同志诞辰100周年座谈会在京举行。

5月6—9日 八届全国人大常委会第二十五次会议在京举行。会议通过《中华人民共和国行政监察法》，通过关于批准《就业公约》《国际电信联盟组织法》《国际电信联盟公约》《万国邮政联盟组织法第五附加议定书》的决定，通过全国人大常委会关于我国加入《维也纳条约法公约》的决定。

5月15—18日 法国总统希拉克对中国进行国事访问。中法双方签署了《联合声明》，宣布两国应承前启后建立长期的全面伙伴关系，推动世界多极化进程。

5月23日 中国同巴哈马建交。

同日 国务院批转国家经贸委《关于1997年国有企业改革与发展工作的意见》。

5月25日 中共中央、国务院印发《关于党政机关厉行节约制止奢侈浪费行为的若干规定》。

5月26日 中央精神文明建设指导委员会在北京成立。

5月29日 江泽民在中共中央党校省部级干部进修班毕业典礼上讲话指出，在社会主义改革开放和现代化建设的新时期，一定要高举邓小平建设有中国特色社会主义理论的伟大旗帜。

6月4日 国家科技领导小组第三次会议决定制定和实施《国家重点基础研究发展规划》。随后，科技部组织实施国家重点基础研究发展计划（又称“973计划”），加强国家战略目标导向的基础研究工作。

6月5日 中国人民银行发出《关于禁止银行资金违规流入股票市场的

通知》。

6 月 18 日 重庆直辖市正式挂牌。

6 月 19 日 由国防科技大学研制的每秒运算 130 亿次的“银河 – Ⅲ”巨型计算机通过国家鉴定。

6 月 27 日—7 月 3 日 八届全国人大常委会第二十六次会议在京举行。会议通过《中华人民共和国公路法》《中华人民共和国动物防疫法》。

6 月 30 日 江泽民发布《中国人民解放军驻香港部队进驻香港特别行政区命令》，中国人民解放军驻香港部队进驻香港特别行政区，于 1997 年 7 月 1 日零时开始履行防务职责。

6 月 30 日午夜—7 月 1 日凌晨 中英两国政府香港政权交接仪式在香港举行，宣告中国政府对香港恢复行使主权，中华人民共和国香港特别行政区成立。交接仪式后，举行了中华人民共和国香港特别行政区成立暨特区政府宣誓就职仪式。

7 月 16 日 国务院作出《关于建立统一的企业职工基本养老保险制度的决定》，确定全国城镇职工养老金制度从过去的现收现付的企业养老制，向社会统筹与个人账户相结合的基本养老保险转变。

7 月 18 日 庆祝内蒙古自治区成立 50 周年大会隆重举行。

7 月 25 日 中国同库克群岛建交。

7 月 26 日 江泽民在河北省唐山市考察工作时指出，要加紧研究国有企业如何有重点、有组织地“走出去”，做好利用国际市场和国外资源这篇大文章。

7 月 29 日 我国第一个国家级农业示范区——杨凌农业高新技术产业示范区在陕西成立。

7 月 29—30 日 国务院召开全国统一企业职工基本养老保险制度工作会议。

7 月 31 日 中共中央、国务院、中央军委在北京举行庆祝中国人民解放军建军 70 周年大会。

7 月 在国际游资攻击及资本恐慌性出逃等因素影响下，亚洲金融危机爆发。

8月3日　国务院发布施行《国务院行政机构设置和编制管理条例》。

8月5日　江泽民在《关于陕北地区治理水土流失，建设生态农业的调查报告》上作出批示，提出要齐心协力大抓植树造林，绿化荒漠，建设生态农业，再造一个山川秀美的西北地区。

8月9日　国家“九五”重点工程——兰（州）西（宁）拉（萨）通信光缆全线铺设完工。

8月25—29日　八届全国人大常委会第二十七次会议在京举行。会议通过《中华人民共和国防洪法》《全国人民代表大会常务委员会关于批准〈中华人民共和国和哈萨克斯坦共和国、吉尔吉斯共和国、俄罗斯联邦、塔吉克斯坦共和国关于在边境地区相互裁减军事力量的协定〉的决定》。

8月26日　江泽民在《国家科技领导小组第三次会议纪要》上批示：基础研究很重要，要继续加强基础科学研究。要面向21世纪，选准对我国经济和社会发展具有战略意义的一些高新技术项目，集中必要的人力、财力、物力，建立重点基地，组织精干队伍，加强统一领导，齐心协力攻关。

8月29日　中共中央决定开除原中央政治局委员、北京市委书记陈希同党籍，对其涉嫌犯罪问题移送司法机关依法处理。

9月2日　国务院发出《关于在全国建立城市居民最低生活保障制度的通知》。

9月6—9日　中共十四届七中全会在京举行。全会决定，1997年9月12日召开中共十五大。全会通过中央委员会向党的第十五次全国代表大会的报告和《中国共产党章程修正案》，通过中央纪律检查委员会关于陈希同问题的审查报告。

9月6—9日　十四届中央纪委九次全会在京举行。

9月12—18日　中国共产党第十五次全国代表大会在京举行。江泽民作《高举邓小平理论伟大旗帜，把建设有中国特色社会主义事业全面推向二十一世纪》的报告，着重阐述了邓小平理论的历史地位和指导意义；提出党在社会主义初级阶段的基本纲领；明确公有制为主体、多种所有制经济共同发展是我国社会主义初级阶段的一项基本经济制度；强调依法治国，建设社会主义法治国家；明确我国改革开放和现代化建设跨世纪发展的宏伟目标；宣布：在 20 世纪 80 年代裁减军队员额 100 万的基础上，在此后三年内再裁减军队员额 50 万。大会通过《中国共产党章程修正案》，把邓小平理论同马克思列宁主义、毛泽东思想一道确立为党的指导思想并载入党章。

9 月 19 日　中共十五届一中全会在京举行。全会选举江泽民为中央委员会总书记，决定江泽民为中央军事委员会主席，批准尉健行为中央纪委书记。

同日　十五届中央纪委一次全会在京举行。

9 月　中共十五大和十五届一中全会提出，用三年左右的时间，使大多数国有大中型亏损企业摆脱困境，力争到 20 世纪末大多数国有大中型骨干企业初步建立现代企业制度。

10 月 12—24 日　第八届全国运动会在上海举行。

10 月 26 日—11 月 2 日　应美国总统克林顿邀请，江泽民对美国进行国事访问。访问期间，江泽民与克林顿以及其他美国领导人进行会谈，并发表《中美联合声明》，宣布中美两国将加强合作，致力于建立面向 21 世纪的建设性战略伙伴关系。双方同意在中美三个联合公报的原则基础上处理两国关系，决定建立两国元首定期会晤制度。

10 月 27 日—11 月 1 日　八届全国人大常委会第二十八次会议在京举行。会议通过《中华人民共和国节约能源法》《中华人民共和国建筑法》。

10 月 28 日　黄河小浪底水利枢纽工程成功实现大河截流。

11 月 8 日　长江三峡水利枢纽工程成功实现大江截流。

11 月 9—11 日　俄罗斯总统叶利钦对中国进行国事访问。访问期间，江泽民和叶利钦正式宣布中俄东段国界勘界工作已全部完成。两国共同签署了《中俄联合声明》。两国还签订了关于铺设天然气输气管道、开发凝析气田项目基础原则的谅解备忘录，关于经济、科技合作基本方向的谅解备忘录等文件。

11 月 17—19 日　中共中央、国务院在京召开全国金融工作会议。这是一次具有全局意义的会议。会议的目的，是正确估量当前经济、金融形势，充分认识进一步深化金融改革和整顿金融秩序、防范和化解金融风险的重要性和迫切性，明确做好这项工作的总体要求、指导原则、主要任务和重要措施。会议提出，要力争用三年左右时间大体建立与社会主义市场经济发展相适应的金融机构体系、金融市场体系和金融调控监管体系，显著提高金融业的经营和管理水平，基本实现全国金融秩序明显好转。

11月19日 国务院发布施行《中华人民共和国合伙企业登记管理办法》。

11月25日 江泽民出席在加拿大温哥华举行的亚太经合组织第五次领导人非正式会议。

12月6日 中共中央、国务院发出《关于深化金融改革，整顿金融秩序，防范金融风险的通知》。

12月9—11日 中央经济工作会议在京举行。会议提出，1998年的经济工作，要继续推进经济体制和经济增长方式的根本转变，进一步加强农业基础地位，加快国有企业改革步伐，加大经济结构调整力度，加强和改善宏观调控，提高对外开放水平，安排好群众生活，实现国民经济持续快速健康发展和社会全面进步。

12月15—16日 东盟与中日韩首脑非正式会晤和中国—东盟首脑非正式会晤先后在马来西亚首都吉隆坡举行。15日，江泽民在吉隆坡出席由东亚12个国家领导人参加的东盟与中国、日本、韩国首脑非正式会晤。16日，江泽民出席中国—东盟首脑非正式会晤，同东盟9国领导人和代表就确立中国与东盟面向21世纪的睦邻互信伙伴关系达成共识，共同发表了《中华人民共和国与东盟国家首脑会晤联合声明》。

12月21—24日 全国组织工作会议在京举行。

12月22—24日 全国经济体制改革工作会议在厦门举行。会议提出，1998年的经济体制改革工作要贯彻稳中求进的方针，把握全局，重点突破，以加速实现资源配置市场化、福利分配货币化、公共服务社会化、经济运行法制化。

12月23—25日 全国政法工作会议在京举行。江泽民在会上指出，党的十五大明确把依法治国确定为党领导人民治理国家的基本方略，并把依法治国、建设社会主义法治国家作为政治体制改革的一项重要内容，这是一个重大决策。

12 月 24 日　江泽民会见全国外资工作会议代表，强调“引进来”和“走出去”，是我们对外开放基本国策两个紧密联系、相互促进的方面，缺一不可。这是一个大战略。

12 月 24—29 日　八届全国人大常委会第二十九次会议在京举行。会议通过《中华人民共和国价格法》《中华人民共和国献血法》《中华人民共和国防御与减轻地震灾害法》。

12 月 25 日　中国人民银行决定从 1998 年 1 月 1 日起，取消对国有商业银行贷款限额控制，实行资产负债比例管理和风险管理。

12 月　中央军委召开扩大会议，提出“打得赢”“不变质”两个历史性课题。会议制定国防和军队现代化建设“三步走”的发展战略。

1998 年

1 月 1 日　中国同南非建交。

1 月 7—9 日　中央农村工作会议在京举行。

1 月 12—15 日　全国宣传部长会议在京举行。

1 月 14 日　全国银行、保险、证券系统行长（经理）会议在京举行。

1 月 15—17 日　全国精神文明建设工作会议在京举行。

1 月 20 日　中共中央、国务院转发国家计委《关于应对东南亚金融危机、保持国民经济持续健康发展的意见》。意见提出，务必使全国经济增长速度保持在 8%，进出口总额继续增长，人民币汇率基本稳定。当前要立足于扩大国内需求，发挥国内市场的巨大潜力。

1 月 20—22 日　十五届中央纪委二次全会在京举行。

1 月　全国林业计划会议宣布，从 1998 年起，国家将实施以调减木材产量、保护资源、分流人员、提高效益为主要内容的国有林区天然林保护工程。

2 月 5 日　国务院召开第六次反腐败工作会议，对政府机关反腐败工作作出安排。

2 月 19 日　邓小平同志逝世一周年纪念日，全国各大报刊登载了江泽民的文章《深入学习邓小平理论》。

2 月 23 日　纪念周恩来同志诞辰 100 周年大会在人民大会堂举行。

2 月 25—26 日　中共十五届二中全会在京举行。全会通过《国务院机构改革方案》，建议将这个方案提交九届全国人大一次会议审议。

2 月 27—28 日　八届全国人大常委会第三十次会议在京举行。会议通过全国人大常委会关于批准国务院提出的由财政部发行特别国债补充国有独资商业银行资本金的决议，通过关于批准《中华人民共和国和哈萨克斯坦共和国关于中哈国界的补充协定》的决定。

3 月 3—14 日 全国政协九届一次会议在京举行。会议选举李瑞环为全国政协主席。

3 月 5—19 日 第九届全国人民代表大会第一次会议在京举行。会议选举江泽民为中华人民共和国主席、中华人民共和国中央军委主席，李鹏为全国人大常委会委员长，决定朱镕基为国务院总理。会议批准国务院机构改革方案，决定调整和减少专业经济部门，加强宏观调控和执法监管部门。

3 月 21 日 九届全国人大常委会第一次会议在京举行。

同日 中国人民银行决定：自当日起对存款准备金制度实行改革，并降低中央银行对金融机构的存贷款利率。

3 月 24 日 朱镕基主持召开新一届国务院第一次全体会议。会议讨论通过《国务院机构设置和调整国务院议事协调机构方案》和修订后的《国务院工作条例》。

3 月 30 日 中共中央印发《中国共产党党和国家机关基层组织工作条例》。

4 月 2 日 中欧领导人举行首次会晤并签署联合声明，决定建立面向 21 世纪的长期稳定的建设性伙伴关系。

4 月 3 日 中央军委作出决定，组建中国人民解放军总装备部。

4 月 16 日 国家发展计划委员会、国家统计局首次向社会发布第一季度全国 35 个大中城市房地产价格指数。这是我国首次编制并向社会发布房地产价格指数。

4 月 18 日 中共中央办公厅、国务院办公厅发出《关于在农村普遍实行村务公开和民主管理制度的通知》。

4 月 26—29 日 九届全国人大常委会第二次会议在京举行。会议通过《全国人民代表大会常务委员会关于修改〈中华人民共和国森林法〉的决定》《中华人民共和国消防法》《全国人民代表大会澳门特别行政区筹备委员会组成人员名单》。

4 月 27—29 日 全国粮食流通体制改革工作会议在京举行。

4 月 28 日 国务院派出的第一批国有重点大型企业稽察特派员及其助理

培训班在中南海举行开班仪式，94 个国有重点大型企业的总会计师培训班同时开班。

5 月 4 日 江泽民在庆祝北京大学建校 100 周年大会上宣布实施建设世界一流大学的“985 工程”。

5 月 5 日 澳门特别行政区筹备委员会在北京宣告成立。

5 月 8 日 由中共中央宣传部、中央党校共同主办的纪念真理标准讨论 20 周年座谈会在京举行。

5 月 10 日 国务院发出《关于进一步深化粮食流通体制改革的决定》，提出实行按保护价敞开收购农民余粮、粮食收储企业实行顺价销售、粮食收购资金封闭运行的三项政策。

5 月 11—13 日 中共中央对台工作会议在京举行。

5 月 12 日 江泽民在中共中央举办的第七次法制讲座上的讲话中指出，防范和化解金融风险，规范和维护金融秩序，需要综合运用经济手段、法律手段、行政手段。要认真研究亚洲金融危机的症结，引以为鉴，搞好金融监管和金融体制改革，特别是要加强金融法制建设。

5 月 14—16 日 中共中央、国务院在北京召开国有企业下岗职工基本生活保障和再就业工作会议。

5 月 25 日 香港特区第一届立法会选举产生，60 位议员在两年任期内行使基本法赋予的职权。

6 月 1 日 海峡两岸关系协会致函台湾海峡交流基金会，重申欢迎海基会董事长辜振甫来访。

6 月 1—5 日 中国科学院第九次院士大会、中国工程院第四次院士大会在京举行。

6 月 3 日 国务院召开全国粮食购销工作电视电话会议。

6 月 6 日 国务院发布《粮食收购条例》。

6 月 8—10 日 中国共产党和日本共产党有关方面负责人就实现两党关系正常化进行商谈。双方一致同意两党实现关系正常化。

6 月 9 日 中共中央、国务院发出《关于切实做好国有企业下岗职工基本生活保障和再就业工作的通知》，提出 1998 年要使已下岗职工和当年新增下岗职工的 50%以上实现再就业，提出实行在国家政策指导下，劳动者自主择业、市场调节就业和政府促进就业的方针，争取用五年左右时间，初步建立适应社会主义市场经济体制要求的社会保障体系和就业机制。

同日 国家科技教育领导小组在中南海召开第一次会议。

6 月 15 日 《人民日报》举行创刊 50 周年纪念大会。

6 月 15—17 日 全国城镇住房制度改革与住宅建设工作会议在京举行。会议提出，今年下半年起，全国城镇停止住房实物分配，实行住房分配货币化。

6 月 16 日 经中共中央批准，中共中央金融工作委员会正式成立。

6 月中旬—9 月上旬 我国南方特别是长江流域及北方的嫩江、松花江流域出现历史上罕见的特大洪灾。在中共中央、国务院和中央军委领导下，全党全军全国人民团结奋战，取得了抗洪抢险斗争的全面胜利，铸就了万众一心、众志成城，不怕困难、顽强拼搏，坚韧不拔、敢于胜利的伟大抗洪精神。

6 月 19—25 日 中国共产主义青年团第十四次全国代表大会在京举行。会议通过关于《中国共产主义青年团章程（修正案）》的决议，选举周强为共青团中央委员会书记。

6 月 22—26 日 九届全国人大常委会第三次会议在京举行。会议通过《中华人民共和国执业医师法》《中华人民共和国专属经济区和大陆架法》。

6 月 24 日 中共中央发出《关于在全党深入学习邓小平理论的通知》。

6 月 25 日—7 月 3 日 美国总统克林顿对中国进行国事访问。江泽民与克林顿举行了会谈，就中美关系和重大国际与地区问题深入地交换了意见，为双方加深了解、增进友谊、扩大共识、发展合作，为建立面向 21 世纪中美建设性战略伙伴关系迈出了坚实的一步。30 日，克林顿参加与上海市民的座谈时公开重申，美国不支持“台湾独立”，不支持“一中一台”“两个中国”，不支持台湾加入任何必须由主权国家才能参加的国际组织。

6 月 30 日 国家防汛抗旱总指挥部发出《关于长江、淮河防汛抗洪工作的紧急通知》，要求各级领导立即上岗到位，切实负起防汛指挥的重任，迎战洪峰，战胜洪水。

7月3日 国务院发出《关于进一步深化城镇住房制度改革加快住房建设的通知》，提出从1998年下半年开始，全国城镇停止住房实物分配，逐步实行住房分配货币化。

7月3—4日 江泽民在阿拉木图出席中国、哈萨克斯坦、吉尔吉斯斯坦、俄罗斯联邦、塔吉克斯坦五国首脑会晤，并对哈萨克斯坦进行了工作访问。

7月4—9日 国务院总理朱镕基、副总理温家宝先后视察江西、湖北、湖南三省的防汛抗洪工作。

7月9日 经中共中央批准，中央大型企业工作委员会成立，并召开由在京大型企业领导人参加的工委工作会议。

7月10日 国家经贸委发出《关于禁止出售国有小企业成风有关问题的通知》。

7月13—15日 中共中央、国务院在京召开全国打击走私工作会议。朱镕基在会上指出，为适应反走私斗争新形势的需要，中共中央、国务院决定对现行缉私体制进行重大改革。

7月17—19日 学习邓小平理论工作会议在京举行。

7月20日 国务院发布施行《城市房地产开发经营管理条例》。

7月21—22日 人民解放军四总部在北京联合召开会议。江泽民在会上宣布，中央决定，军队和武警部队对所属单位办的各种经营性公司要认真进行清理，今后一律不再从事经商活动。地方各政法部门对所属单位办的各种经营性公司也要认真进行清理，今后也一律不再从事经商活动。

7月22日 国务院批转公安部《关于解决当前户口管理工作中几个突出问题的意见》。

7月28日 中共中央纪委、中央政法委召开贯彻中央关于军队、武警部队、政法机关不再从事经商活动决定电视电话会议。

8月2日 国家防汛抗旱总指挥部发出《关于及时转移危险地带人员加强大堤防守的紧急通知》。

8 月 4 日　温家宝主持召开国家防总第三次全体会议，部署防汛抗洪工作。

8 月 6 日　中共中央、国务院、中央军委致电慰问全国抗洪救灾军民。中共湖北省委宣布全省进入紧急防汛期。

8 月 7 日　中共中央政治局常委会召开扩大会议，作出关于长江抗洪抢险工作的决定。

8 月 9 日　朱镕基再次赴湖北长江抗洪第一线，察看长江大堤。随后赴九江市抢险现场，察看 8 月 7 日长江南岸防洪墙决口处的抢险堵口工作。8 月 12 日下午，九江长江大堤决口处实现堵口合龙。

8 月 13 日　江泽民赴湖北长江抗洪抢险第一线，看望、慰问、鼓励广大军民，指导抗洪抢险斗争。8 月 14 日，江泽民在武汉就长江抗洪抢险的决战阶段作总动员。8 月 16 日，江泽民向参加抗洪的人民解放军发布命令：沿线部队全部上堤，军民团结，死守决战，夺取全胜。要求地方各级党政干部率领群众，与部队官兵共同严防死守，确保长江干堤安全。

8 月 14—17 日　李鹏赴黑龙江抗洪抢险第一线，察看嫩江、松花江汛情。

8 月 24—29 日　九届全国人大常委会第四次会议在京举行。会议通过《中华人民共和国高等教育法》《中华人民共和国土地管理法》《全国人民代表大会常务委员会关于批准国务院增发今年国债和调整中央财政预算方案的决议》。26 日，温家宝代表国务院向全国人大常委会报告全国抗洪抢险的情况。据统计，全国参加抗洪的干部群众有 800 多万人，人民解放军和武警部队先后调动 66 个师、旅和武警总队共 27.4 万兵力，截至 8 月 23 日已投入兵力 433.22 万人次，组织民兵预备役部队 500 多万人，动用车辆 3.68 万台次、舟艇 3.75 万艘次、飞机和直升机 1289 架次。抗洪抢险已经取得重大胜利，但防汛防洪形势依然严峻，必须再接再厉，夺取抗洪抢险斗争的全面胜利。会议通过决议，批准财政部向国有商业银行增发 1000 亿元国债，用于加大基础设施建设的投入，并批准本年度列入中央预算支出 500 亿元，将中央财政赤字由年初预算的 460 亿元扩大到 960 亿元。

8 月 28 日 江泽民在第九次驻外使节会议上讲话指出，经济全球化是世界经济发展的客观趋势，对我国的发展有利也有弊。不能看到有风险、有不利因素，就因噎废食，不敢参与进去，同时又要对风险保持清醒认识，坚持独立自主，加强防范工作，增强抵御和化解能力。

9 月 1 日 中共中央办公厅、国务院办公厅发出《关于增收节支制止浪费支援抗洪救灾工作的通知》。

9 月 3—6 日 江泽民考察湖南、江西、黑龙江的抗洪救灾和恢复生产、重建家园工作。

9 月 4 日 江泽民在九江市发表重要讲话，宣布抗洪抢险斗争已取得决定性的伟大胜利。

9 月 5 日 江泽民赴黑龙江省考察嫩江、松花江流域的抗洪救灾工作，强调要把受灾群众的生活安置好。

9 月 25 日 江泽民在安徽合肥考察时就我国农业和农村工作发表重要讲话，要求认真总结农村改革 20 年的宝贵经验；各级党委和政府要牢固树立以农业为基础的思想，把农村工作摆在重要地位；按照发展社会主义市场经济的方向，继续推进农村改革；要尊重实践、尊重群众，提高领导农村工作的水平，按照党的十五大的战略部署，努力开创我国农业和农村工作新局面。

9 月 28 日 中共中央、国务院在人民大会堂隆重举行全国抗洪抢险总结表彰大会。江泽民在会上阐述了抗洪精神。

10 月 1 日 全国铁路第二次大面积提速开始。

10 月 4—7 日 江泽民到江苏、上海、浙江考察农业和农村工作。

10 月 5 日 中国政府签署《公民权利和政治权利国际公约》。

10 月 6—7 日 中共中央、国务院、中央军委在京召开军队武警部队政法机关不再从事经商活动工作会议。

10 月 6—10 日 英国首相布莱尔访华，两国发表联合声明，正式宣布建立全面伙伴关系。

10 月 8 日 中央军委在京隆重举行全军抗洪抢险庆功表彰大会。

10 月 9 日 中国电视事业暨中央电视台诞生 40 周年大会在京举行。

10 月 12—14 日　中共十五届三中全会在京举行。会议通过《中共中央关于农业和农村工作若干重大问题的决定》，提出到 2010 年建设有中国特色社会主义新农村的奋斗目标。

10 月 14—19 日　台湾海峡交流基金会董事长辜振甫夫妇率领台湾海基会参访团在祖国大陆参观访问。15 日，海峡两岸关系协会会长汪道涵会见辜振甫，双方达成四点共识。

10 月 19—24 日　中华全国总工会第十三次全国代表大会在京举行。会议通过《关于〈中国工会章程〉(修正案)》的决议。尉健行再次当选中华全国总工会主席。

10 月 22 日　江泽民致信中共中央党史研究室：希望各级党委重视党史工作，充分发挥党史资政育人的作用。从事党史工作的同志，要看到自己肩上的责任，拿出更多的成果，来纪念十一届三中全会 20 周年，迎接新中国成立 50 周年和新世纪的到来。

10 月 23 日　纪念彭德怀同志诞辰 100 周年座谈会在京举行。

10 月 25 日　宁夏回族自治区成立 40 周年庆祝大会在银川举行。

10 月 27 日—11 月 4 日　九届全国人大常委会第五次会议在京举行。会议通过《中华人民共和国村民委员会组织法》《全国人民代表大会常务委员会关于修改〈中华人民共和国收养法〉的决定》《全国人民代表大会常务委员会关于增加〈中华人民共和国香港特别行政区基本法〉附件三所列全国性法律的决定》。

11 月 2 日　中国同汤加建交。

11 月 8 日　中共中央办公厅、国务院办公厅发出《关于中央党政机关与所办经济实体和管理的直属企业脱钩有关问题的通知》，要求中央党政机关必须在 1998 年底以前与所办经济实体和管理的直属企业完全脱钩，不再直接管理企业。

11 月 14 日　国务院下发《关于成立中国保险监督管理委员会的通知》。11 月 18 日，中国保险监督管理委员会成立。

11 月 15 日　中共中央、国务院决定对中国人民银行管理体制实行改革，撤销省级分行，跨省区设置九家分行。

11月15—18日 江泽民在马来西亚吉隆坡参加亚太经合组织第六次领导人非正式会议，就促进国际金融稳定发展和推动建立国际金融新秩序提出三点建议。

11月20日 纪念刘少奇同志诞辰100周年大会在京举行。

11月21日 中共中央印发《关于在县级以上党政领导班子、领导干部中深入开展以“讲学习、讲政治、讲正气”为主要内容的党性党风教育的意见》。“三讲”教育由此开始，到2000年底基本结束，共有70万县（处）级以上领导干部参加“三讲”教育活动。

同日 中共中央、国务院印发《关于实行党风廉政建设责任制的规定》。

11月22—25日 江泽民应邀访问俄罗斯。访俄期间，双方发表《世纪之交的中俄关系的联合声明》和《关于中俄边界问题的联合声明》。

11月25—30日 江泽民应邀对日本进行国事访问。这是中国国家元首首次访问日本。访日期间，双方发表《中日关于建立致力于和平与发展的友好合作伙伴关系的联合宣言》，宣布中日两国将建立“致力于和平与发展的友好合作关系”。日方首次承认对中国的侵略并表示深刻反省和道歉，与中方共同确认，正确认识和对待历史是发展中日关系的重要基础。

11月26—27日 全国城镇职工医疗保险制度改革工作会议在京举行。会议指出，这项改革必须着眼于制度创新和机制转换，促进医疗保险服务和管理的社会化、制度化。

11月28日 国务院发出《关于深化棉花流通体制改革的决定》。

11月29日 国务院发布施行《建设项目环境保护管理条例》。

12月5日 中共中央召开电视电话会议，对在县级以上党政领导班子、领导干部中深入开展以“讲学习、讲政治、讲正气”为主要内容的党性党风教育，进行动员部署。

12月7—9日 中央经济工作会议在京举行。江泽民在会上提出，扩大国内需求，把经济发展建立在主要依靠国内市场的基础上。

12月11日 广西壮族自治区成立40周年庆祝大会在南宁举行。

12 月 14 日 国务院作出《关于建立城镇职工基本医疗保险制度的决定》。

12 月 18 日 纪念党的十一届三中全会召开 20 周年大会在京举行。江泽民在讲话中高度评价十一届三中全会的伟大历史意义，全面阐述 20 年来建设中国特色社会主义事业取得的巨大成就和主要经验。

12 月 23—29 日 九届全国人大常委会第六次会议在京举行。会议通过《中华人民共和国证券法》《全国人民代表大会常务委员会关于修改〈中华人民共和国兵役法〉的决定》《全国人民代表大会常务委员会关于惩治骗购外汇、逃汇和非法买卖外汇犯罪的决定》《全国人民代表大会常务委员会关于〈中华人民共和国国籍法〉在澳门特别行政区实施的几个问题的解释》《全国人民代表大会常务委员会关于新疆维吾尔自治区生产建设兵团设置人民法院和人民检察院的决定》《全国人民代表大会常务委员会关于设立全国人民代表大会常务委员会预算工作委员会的决定》。

12 月 27 日 国务院颁布修订后的《中华人民共和国土地管理法实施条例》和修订后的《基本农田保护条例》。

12 月 28—30 日 中央农村工作会议在京举行。

1999年

1月5日 中共中央、国务院下发《关于地方政府机构改革的意见》。

1月5—11日 中共中央在中央党校举办省部级主要领导干部金融研究班，这是中共中央第一次举办省部级主要领导干部专题研讨班。

1月13日 国务院批转教育部《面向21世纪教育振兴行动计划》。

1月13—15日 十五届中央纪委三次全会在京举行。

1月15—16日 澳门特别行政区筹备委员会第五次全体会议在京举行。钱其琛出席会议并代表国务院宣布了中央政府关于处理“九九”后澳门涉台问题的基本原则和政策。会议通过了《中华人民共和国澳门特别行政区第一任行政长官人选的产生办法》等文件。

1月22日 中共中央提出《关于修改宪法部分内容的建议》，请全国人大常委会依法提出宪法修正案议案，提请九届全国人大二次会议审议。

同日 国务院发布《失业保险条例》，保障失业人员失业期间的基本生活，促进其再就业。

1月28日 首都各界集会纪念江泽民主席八项主张发表4周年和全国人大常委会《告台湾同胞书》发表20周年。

1月29日 纪念瞿秋白同志诞辰100周年座谈会在京举行。

1月29—30日 九届全国人大常委会第七次会议在京举行。会议决定，将全国人大常委会关于《中华人民共和国宪法修正案（草案）》提请九届全国人大二次会议审议。

2月11日 国家经贸委、财政部、中国人民银行就部分地区在出售国有小型企业时出现的错误倾向联合发出《关于出售国有小型企业中若干问题意见的通知》。

同日 北京图书馆更名为“国家图书馆”，对外称为“中国国家图书馆”。

2 月 13 日 中共中央印发《中国共产党农村基层组织工作条例》。

2 月 25—27 日 全国对外宣传工作会议在京举行。江泽民在会上指出，新形势下的对外宣传工作的地位和作用更加重要。应站在更高的起点上，审时度势，在国际上形成同我国地位和声望相称的宣传舆论力量。

2 月 27—28 日 九届全国人大常委会第八次会议在京举行。

3 月 3—11 日 全国政协九届二次会议在京举行。

3 月 5—15 日 第九届全国人民代表大会第二次会议在京举行。会议通过《中华人民共和国宪法修正案》《中华人民共和国合同法》《中华人民共和国澳门特别行政区第九届全国人民代表大会代表的产生办法》。

3 月 13 日 中共中央在北京召开人口、资源、环境工作座谈会。江泽民讲话指出，控制人口增长，保护自然资源，保持良好的生态环境，这是根据我国国情和长远发展的战略目标而确定的基本国策。

3 月 19—21 日 全国“三讲”教育工作会议在京举行。

3 月 20—30 日 江泽民访问意大利、瑞士、奥地利，并在日内瓦裁军谈判会议上发表了讲话。27 日，江泽民在巴塞尔发表讲话，就建立国际政治经济新秩序提出五点主张。

3 月 25 日 我国外交部就北约部队 24 日空袭南斯拉夫联盟共和国发表声明，强烈要求立即停止对南联盟的军事打击，呼吁国际社会和当事各方共同努力，尽快平息事态，化解危机，早日恢复巴尔干地区的和平。

4 月 3 日 国务院发布施行《住房公积金管理条例》。

4 月 6—20 日 朱镕基访问美国和加拿大。10 日，朱镕基和美国总统克林顿就中国加入世界贸易组织问题发表了联合声明。16 日，朱镕基与加拿大总理克雷蒂安发表了关于中国加入世界贸易组织问题的联合声明。

4 月 9—10 日 全国人大澳门特区筹委会第七次全体会议在京举行，会议通过《中华人民共和国澳门特别行政区第一届立法会具体产生办法》《关于设立推荐法官的独立委员会的决定》《关于澳门特别行政区公共机构的徽记、印章、旗帜问题的决定》，选举产生了 200 人组成的澳门特区第一届政府推选委员会。4 月 23 日，推委会选举产生了澳门特区第一任行政长官候选人何厚铧和区宗杰。

4月15日 中共中央作出《关于进一步加强政法干部队伍建设的决定》。

4月17—23日 江泽民在四川对国有企业改革与发展进行调研。22日，江泽民在成都主持召开四省市国有企业改革和发展座谈会。

4月26—29日 九届全国人大常委会第九次会议在京举行。会议通过《中华人民共和国行政复议法》《全国人民代表大会常务委员会关于批准〈中华人民共和国政府、朝鲜民主主义人民共和国政府和俄罗斯联邦政府关于确定图们江三国国界水域分界线的协定〉的决定》。

4月30日 中国'99昆明世界园艺博览会（第22次世界园艺博览会）举行开幕式。这是中国第一次主办世界规模的博览会。

5月1日 建设部出台《已购公房和经济适用房上市出售管理暂行办法》和《城镇廉租住房管理办法》。规定从即日起开放住房二级市场，这是我国住房制度改革的又一重要举措。

5月4日 纪念五四运动80周年大会在京举行。

5月8日 北京时间上午5时左右（贝尔格莱德时间7日午夜），以美国为首的北约组织用导弹袭击中国驻南斯拉夫大使馆，馆舍遭到严重破坏，新华社记者邵云环、《光明日报》记者许杏虎和妻子朱颖牺牲，20多人受伤。美国总统克林顿于9日致信江泽民主席，10日在白宫发表讲话，14日与江泽民主席通电话，三次向中国人民表示道歉，并保证查清原因公布真相，尽最大努力使两国关系恢复正常发展。7月31日，中美达成协议，美方向中方支付450万美元，作为北约轰炸中国驻南使馆事件中遇难人员家属和受伤人员的赔偿金。

5月13—14日 全国粮食流通体制改革工作会议在京举行。

5月15日 澳门特区第一届政府推选委员会委员在澳门召开第三次全体会议，选举何厚铧为澳门特区首任行政长官。20日，朱镕基签署国务院第264号令，任命何厚铧为中华人民共和国澳门特别行政区第一任行政长官，于1999年12月20日就职。

5月23日 国务院发布施行《国家科学技术奖励条例》。

5 月 26 日　中共一大会址纪念馆扩建工程竣工开放仪式在上海举行。江泽民为纪念馆题词：“没有共产党就没有新中国”。

5 月 30 日　江泽民在武汉主持召开六省区国有企业改革和发展座谈会。

6 月 7 日　广东湛江特大走私、受贿案被查处。

6 月 9 日　江泽民在中央扶贫开发工作会议上讲话指出，组织扶贫开发，解决几亿人的温饱问题，是一项伟大的社会工程。实现和保障广大人民群众的生存权和发展权，是我们维护人权最基础、最首要的工作。不首先解决温饱问题，其他一切权利都难以实现。

6 月 11 日　中共中央举办 1999 年第一次法制讲座，题目是《依法保障和促进农村的改革、发展与稳定》。

6 月 13 日　中共中央、国务院发出《关于深化教育改革全面推进素质教育的决定》，提出全面推进素质教育，培养适应 21 世纪现代化建设需要的社会主义新人。

6 月 15—18 日　全国教育工作会议在京举行。江泽民在会上指出，教育必须以提高国民素质为根本宗旨。

6 月 17 日　江泽民在西安主持召开西北地区国有企业改革和发展座谈会时讲话指出，实施西部大开发，是一项振兴中华的宏伟战略任务。没有西部地区的稳定就没有全国的稳定，没有西部地区的小康就没有全国的小康，没有西部地区的现代化就不能说实现了全国的现代化。要拿出过去开办经济特区那样的气魄来搞。

6 月 21 日　江泽民在郑州主持召开黄河治理开发工作座谈会。

6 月 22—28 日　九届全国人大常委会第十次会议在京举行。会议通过全国人大常委会关于《中华人民共和国香港特别行政区基本法》第二十二条第四款和第二十四条第二款第（三）项的解释，通过《中华人民共和国预防未成年人犯罪法》《中华人民共和国澳门特别行政区驻军法》《中华人民共和国公益事业捐赠法》。

6 月 25—26 日　江泽民在青岛主持召开华东七省市国企改革发展座谈会。

6月28日 纪念中国共产党成立78周年座谈会在京举行。

同日 中共中央、国务院作出《关于进一步加强扶贫开发工作的决定》。

6月28—29日 全国第二次“三讲”教育工作会议在京举行。

6月30日 国务院、中央军委颁布修订后的《中国人民解放军现役士兵服役条例》。

同日 《毛泽东文集》全部出齐。文集共8卷230万字，编入了1921年至1976年未收入《毛泽东选集》的重要著作803篇。

7月1日 中共中央、国务院决定，从本日起提高城镇中低收入居民收入，将国有企业下岗职工基本生活水平、失业保险金水平、城镇居民最低生活保障水平提高30%，增加机关事业单位在职职工工资和离退休人员离退休费，提高企业离退休人员养老金标准，一次性补发1999年6月底以前拖欠的企业离退休人员统筹项目内的养老金， 提高部分优抚对象抚恤标准。

7月5—6日 国务院召开全国依法行政工作会议，对政府系统依法行政提出了要求。

7月5—9日 全军政治工作会议在京召开。会议讨论形成《关于改革开放和发展社会主义市场经济条件下军队思想政治建设若干问题的决定》。8月24日，中共中央向全党全军转发了这一决定。

7月11日 针对李登辉分裂中国的“两国论”，中共中央台湾工作办公室、国务院台湾事务办公室发言人发表谈话，进行严正驳斥。

7月15日 中共中央、国务院在京召开省部长经济工作座谈会。

7月18日 应美国总统克林顿的要求，江泽民与他通了电话。克林顿说，美国政府在台湾问题上的政策没有改变，中方完全可以相信他就这一问题所发表的历次谈话，要求通话是为了重申美国对“一个中国”政策的坚定承诺。江泽民指出，最近，李登辉公然将两岸关系说成是“国与国的关系”，企图把台湾从中国分割出去。如果出现“台湾独立”和外国势力干涉中国统一的情况，我们决不会坐视不管。历史证明，台湾问题的处理，将直接影响中美关系的进程。希望美国恪守中美三个联合公报和总统先生去年访华时公开重申的不支持“台湾独立”，不支持“两个中国”“一中一台”，不支持台湾加入任何必须由主权国家才能参加的国际组织的政策。这对保持台湾海峡局势的稳定和中美关系的恢复与改善是至关重要的。

7 月 19 日　中共中央发出《关于共产党员不准修炼“法轮大法”》的通知。22 日，民政部作出《关于取缔法轮大法研究会的决定》。23 日，人事部、共青团中央分别发出通知，规定国家公务员、共青团员不准修炼“法轮大法”。国家有关部门紧急通知，在全国范围集中清理“法轮功”类出版物。29 日，公安部发出逮捕“法轮大法研究会”会长李洪志的通缉令。10 月 15 日，国务院办公厅转发《人事部、监察部关于对国家公务员修炼“法轮大法”等问题的若干处理意见》。

8 月 6 日　中国铝业集团公司、中国铜铅集团公司、中国稀有稀土金属集团公司成立。

8 月 10—15 日　江泽民在辽宁考察工作，重点就老工业基地的国有企业改革和发展进行调研。11—12 日，江泽民在大连主持召开东北和华北八省区市国有企业改革和发展座谈会。

8 月 20 日　中共中央、国务院作出《关于加强技术创新，发展高科技，实现产业化的决定》。

8 月 23—26 日　全国技术创新大会在京举行。江泽民在会上指出，必须把以科技创新为先导促进生产力发展的质的飞跃，摆在经济建设的首要地位。

8 月 23 日—9 月 15 日　第 22 届万国邮政联盟大会在京举行。来自 120 多个国家和 30 多个国际组织的 2200 多名代表参加了大会。

8 月 24 日　中共中央转发《关于改革开放和发展社会主义市场经济条件下军队思想政治建设若干问题的决定》。

8 月 24—30 日　九届全国人大常委会第十一次会议在京举行。会议通过《中华人民共和国个人独资企业法》《中华人民共和国招标投标法》，通过关于修改《中华人民共和国个人所得税法》的决定，通过关于批准增发国债和 1999 年中央财政预算调整方案的决议。

9 月 2—16 日　江泽民访问泰国、澳大利亚和新西兰，并于 13 日出席在新西兰奥克兰举行的亚太经合组织第七次领导人非正式会议。

9月6日 北京2008年奥运会申办委员会在北京成立，申奥工作全面展开。

9月18日 中共中央、国务院、中央军委作出《关于表彰为研制“两弹一星”作出突出贡献的科技专家并授予“两弹一星功勋奖章”的决定》。同日，在人民大会堂举行表彰大会，23位科技专家被授予或追授“两弹一星功勋奖章”。

9月19—22日 中共十五届四中全会在京举行。全会通过《中共中央关于国有企业改革和发展若干重大问题的决定》。

9月22日 人民政协庆祝成立50周年大会在京举行，江泽民发表重要讲话指出，人民政协50年不平凡的发展历程，可以归结为两大主题：团结和民主。这两大主题应该继续贯穿于人民政协的全部工作中。

9月27—29日 以“中国：未来50年”为主题的“’99《财富》全球论坛”在上海举行。江泽民参加开幕活动。

9月28日 国务院发布《城市居民最低生活保障条例》。

9月29日—10月3日 中央民族工作会议暨国务院第三次全国民族团结进步表彰大会在京举行。

10月1日 庆祝中华人民共和国成立50周年大会、阅兵仪式和群众游行举行。江泽民检阅受阅部队并发表讲话。晚上，首都各界各族群众在天安门广场举行国庆联欢晚会。

10月2日 江泽民等党和国家领导人与数十万首都群众一起参加游园活动。

10月8日 中央军委颁布《中国人民解放军联勤条例》。2000年1月1日，全军按区域保障与建制保障相结合、通用保障与专用保障相结合，以军区为基础的联勤新体制正式启动。

10月25—31日 九届全国人大常委会第十二次会议在京举行。会议通过《全国人民代表大会常务委员会关于取缔邪教组织、防范和惩治邪教活动的决定》《中华人民共和国气象法》，通过全国人民代表大会常务委员会关于修改《中华人民共和国公路法》和《中华人民共和国会计法》的决定、关于根据《中华人民共和国澳门特别行政区基本法》第一百四十五条处理澳门原有法律的决定。

10 月 28 日 《人民日报》发表特约评论员文章《“法轮功”就是邪教》。

10 月 30 日 最高人民法院、最高人民检察院作出《关于办理组织和利用邪教组织犯罪案件具体应用法律若干问题的解释》。

11 月 8 日 中共中央发出《关于加强和改进思想政治工作的若干意见》。

11 月 10 日 国务院、中央军委发布公告，中国人民解放军驻澳部队组建完成，将于 1999 年 12 月 20 日起正式担负澳门特别行政区防务。

11 月 12 日 江泽民在全军参谋长会议上强调，要把军事斗争准备的基点放在打赢可能发生的现代技术特别是高技术条件下的局部战争上，能不能打赢这样的战争，关系到国家安危和社会主义现代化建设事业的成败。

11 月 15 日 中美两国政府在北京签署关于中国加入世界贸易组织的双边协议，为中国“入世”迈出重要一步。

11 月 15—17 日 中央经济工作会议在京举行。会议提出，2000 年的经济工作，要突出抓好国有企业改革和发展、经济结构调整、科技进步和扩大内需。进一步稳定农业的基础地位，把国有企业改革作为中心环节，继续实行积极的财政政策，扩大对外开放，完善社会保障体系，正确处理改革、发展、稳定的关系，保证国民经济持续快速健康发展，促进社会全面进步，以优异成绩迎接新世纪。

11 月 20—21 日 “神舟一号”无人飞船成功发射，在完成一系列科学试验后顺利着陆。这是我国载人航天工程第一次飞行试验。

11 月 22 日—12 月 4 日 朱镕基对马来西亚、菲律宾、新加坡和越南进行正式访问，并出席在菲律宾马尼拉举行的东盟与中日韩、东盟与中国领导人非正式会晤。

12 月 17 日 纪念聂荣臻同志诞辰 100 周年座谈会在京举行。

12 月 17—25 日 九届全国人大常委会第十三次会议在京举行。会议通过修订后的《中华人民共和国海洋环境保护法》，通过《中华人民共和国刑法修正案》《中华人民共和国海事诉讼特别程序法》，通过全国人大常委会关于加强中央预算审查监督的决定，通过全国人大常委会关于修改《中华人民共和国公司法》的决定。

12 月 19 日午夜—20 日凌晨 中葡两国政府澳门政权交接仪式在澳门举行，宣告中国政府对澳门恢复行使主权，澳门特别行政区成立。交接仪式后，举行中华人民共和国澳门特别行政区成立暨特区政府宣誓就职仪式。中国人民解放军驻澳部队于 20 日零时开始履行澳门防务职责。

12 月 31 日深夜—2000 年 1 月 1 日凌晨 首都各界迎接新世纪和新千年庆祝活动在北京中华世纪坛举行。

2000年

1月1日 全军开始实行三军联勤体制。

1月5—6日 中央农村工作会议在京举行。会议提出，必须大力推进农业和农村经济结构战略性调整，全面提高农业和农村经济的素质和效益，增加农民收入。这是中国农业和农村经济发展新阶段的中心任务。

1月5—7日 全国第三次“三讲”教育工作会议在京举行。

1月12—14日 十五届中央纪委四次全会在京举行。

1月16日 中共中央、国务院通过《关于做好2000年农业和农村工作的意见》。

同日 国务院下发《关于成立国务院西部地区开发领导小组的决定》。

1月24日 由国务院西部地区开发领导小组组织召开的西部地区开发会议在京举行。

2月1日 江泽民发表《关于教育问题的谈话》，从国运兴衰、民族复兴的高度，对事关我国教育发展方向、教育方针和教育思想的一系列重大问题作了论述。

2月17日 国务院新闻办公室发表《中国人权发展50年》白皮书。

2月20日 江泽民出席广东茂名高州市领导干部“三讲”教育会议，提出了“五个始终”的要求。

2月21—25日 江泽民在广东围绕加强新时期党的建设和推进高新技术产业发展这两个题目进行调研。25日，江泽民在听取广东省委工作汇报时明确提出“三个代表”要求。他指出，我们党所以赢得人民的拥护，是因为我们党在革命、建设、改革的各个历史时期，总是代表着中国先进生产力的发展要求，代表着中国先进文化的前进方向，代表着中国最广大人民的根本利益，并通过制定正确的路线方针政策，为实现国家和人民的根本利益而不懈奋斗。

2月28日—3月1日 九届全国人大常委会第十四次会议在京举行。会议通过全国人大常委会关于加强经济工作监督的决定。

3月2日 中共中央、国务院发出《关于进行农村税费改革试点工作的通知》。农村税费改革是继实行家庭承包经营以来的又一重大改革。

同日 中共中央、国务院作出《加强人口与计划生育工作稳定低生育水平的决定》。

3月3—11日 全国政协九届三次会议在京举行。

3月5—15日 第九届全国人民代表大会第三次会议在京举行。会议通过《中华人民共和国立法法》。

3月12日 中央人口资源环境工作座谈会在京举行。

3月15日 国务院发布施行《国有重点金融机构监事会暂行条例》《国有企业监事会暂行条例》。

3月18日 台湾当局举行所谓"总统大选"，民进党候选人陈水扁当选。

同日 中共中央台湾工作办公室、国务院台湾事务办公室就台湾地区产生新的领导人发表声明说：世界上只有一个中国，台湾是中国领土不可分割的一部分。台湾地区领导人的选举及其结果改变不了台湾是中国领土一部分的事实。

4月19—27日 朱镕基在辽宁就国有企业改革和社会保障体系建设问题进行调研。

4月20日 中央纪律检查委员会召开新闻发布会，公布成克杰严重违纪违法案件的查处情况。中央纪委决定并经中共中央批准，给予成克杰开除党籍处分，鉴于成克杰涉嫌触犯刑律，建议移送司法机关依法处理。7月31日，北京市第一人民法院对成克杰案作出一审公开宣判，以受贿罪判处其死刑，剥夺政治权利终身，并处没收个人全部财产。

4月25—29日 九届全国人大常委会第十五次会议在京举行。会议通过修订后的《中华人民共和国大气污染防治法》，通过全国人大常委会关于刑法第九十三条第二款的解释及关于批准《中华人民共和国和越南社会主义共和国陆地边界条约》的决定。会议还通过关于撤销成克杰第九届全国人民代表大会常务委员会副委员长职务的公告。

4 月 27—28 日 全国培养选拔青年干部工作座谈会在京举行。

5 月 8—15 日 江泽民在江苏、浙江、上海考察工作，进一步阐述了“三个代表”的有关重要思想。

5 月 11 日 中国超级杂交水稻基因组计划正式启动。

5 月 12—14 日 朱镕基率领有关部门主要负责人在河北省、内蒙古自治区就加快防沙治沙、改善生态环境问题进行实地考察。

5 月 16—18 日 由国务院扶贫开发领导小组办公室、世界银行、联合国计划开发署、亚洲开发银行联合发起和举办的 21 世纪初中国扶贫战略国际研讨会在京举行。

5 月 19 日 中国与欧盟在北京就中国加入世界贸易组织达成双边协议。这标志着我国“入世”进入最后阶段。

6 月 5 日 中共中央作出《关于面向二十一世纪加强和改进党校工作的决定》。

6 月 7—9 日 全国党校工作会议在京举行。

6 月 13 日 中共中央、国务院印发《关于促进小城镇健康发展的若干意见》。

6 月 23 日 中共中央办公厅印发《深化干部人事制度改革纲要》。

6 月 27 日—7 月 13 日 朱镕基访问保加利亚、德国、卢森堡、荷兰、意大利、比利时和欧盟总部。

6 月 28—29 日 中央思想政治工作会议在京举行。

7 月 3—5 日 江泽民应邀对塔吉克斯坦进行国事访问，并参加第五次“上海五国”元首会晤。

7 月 3—8 日 九届全国人大常委会第十六次会议在京举行。会议通过全国人民代表大会常务委员会关于修改《中华人民共和国产品质量法》的决定、关于修改《中华人民共和国海关法》的决定，通过《中华人民共和国种子法》。

7 月 18 日 江泽民与来我国进行国事访问的俄罗斯总统普京举行正式会

谈，两国元首共同签署了《中华人民共和国和俄罗斯联邦北京宣言》和《中华人民共和国主席和俄罗斯联邦总统关于反导问题的声明》。

8月21—25日 九届全国人大常委会第十七次会议在京举行。会议通过关于修改《中华人民共和国专利法》的决定。

8月22—28日 江泽民在黑龙江、吉林两省考察工作，并在长春主持召开东北三省党的建设和“十五”期间经济社会发展座谈会。

8月30日 纪念张闻天同志诞辰100周年座谈会在京举行。

8月30日—9月1日 各国议会联盟千年议长大会（首次世界议长大会）在纽约联合国总部举行。全国人大常委会委员长李鹏应邀率全国人大代表团出席。这次大会是各国议会联盟成立100多年来规模最大、层次最高的一次议会界国际盛会，也是我国加入各国议会联盟16年来全国人大常委会委员长首次到国外参加议联举办的会议。

8月 经中共中央批准，国务院决定建立全国社会保障基金，并设立全国社会保障基金理事会。

9月6—8日 江泽民出席在美国纽约召开的联合国千年首脑会议，会议主题是“21世纪联合国的作用”。这是联合国历史上第一个集全球各国国家元首和政府首脑于一堂的盛会，有来自150多个国家的领导人参加。会议通过了《联合国千年宣言》。8日，江泽民在纽约中美友好团体举行的午餐会上发表《共同构筑面向新世纪的中美关系》的演讲。

9月15日—10月1日 中国体育代表团参加在澳大利亚悉尼举行的第27届夏季奥运会。

10月9—11日 中共十五届五中全会在京举行。全会通过《中共中央关于制定国民经济和社会发展第十个五年计划的建议》。指出，人民生活总体上达到了小康水平，从新世纪开始，将进入全面建设小康社会、加快推进社会主义现代化的新的发展阶段。

10月10—12日 “中非合作论坛——北京2000年部长级会议”在京举行，决定建立中非长期稳定、平等互利的新型战略伙伴关系。会议通过了《中非合作论坛北京宣言》和《中非经济和社会发展合作纲领》。

10 月 11 日　江泽民在中共十五届五中全会闭幕后的讲话中结合新疆的历史和现实，全面阐述打击民族分裂势力、宗教极端势力、恐怖势力，维护新疆稳定的各项工作。他强调，保持民族地区、边疆地区稳定和发展，是一个很大的政治、很重要的大局，对国家长治久安和社会政治稳定具有十分重要的意义。

10 月 13—16 日　总参谋部在四个地区进行了代号为“砺剑—2000”的科技练兵成果交流活动。

10 月 16 日　国务院新闻办公室发表《2000 年中国的国防》白皮书。

10 月 21 日　全国铁路第三次大面积提速开始。

10 月 23—31 日　九届全国人大常委会第十八次会议在京举行。会议通过《中华人民共和国国家通用语言文字法》，通过关于修改《中华人民共和国渔业法》的决定、关于修改《中华人民共和国归侨侨眷权益保护法》的决定、关于修改《中华人民共和国中外合作经营企业法》的决定、关于修改《中华人民共和国外资企业法》的决定。

10 月 25 日　首都各界纪念中国人民志愿军抗美援朝出国作战 50 周年大会在人民大会堂隆重举行。

10 月 26 日　国务院发出《关于实施西部大开发若干政策措施的通知》。

10 月 31 日　我国自行研制的第一颗导航定位卫星——北斗导航试验卫星发射成功。这是“北斗一号”导航定位系统的首颗卫星。

11 月 1 日　第五次全国人口普查开始。

11 月 8 日　中央纪委、监察部召开新闻发布会，通报厦门特大走私案首批有关涉案人员党纪政纪处理情况。

同日　贵州省洪家渡水电站、引子渡水电站、乌江渡水电站扩机工程同时开工建设，西电东送工程全面启动。

11 月 9 日　夏商周断代工程提出的新《夏商周年表》正式公布，把我国的历史纪年由西周晚期的共和元年，即公元前 841 年向前延伸了 1200 多年。

11 月 14 日　深圳经济特区建立 20 周年庆祝大会在深圳举行。江泽民出席大会并发表重要讲话。他指出：发展经济特区，是建设有中国特色社会主义事业的重要组成部分，将贯穿我国改革开放和现代化建设的全过程。经济特区要继续当好改革开放和现代化建设的排头兵，继续争当建设有中国特色社会主义的示范地区，继续充分发挥技术的窗口、管理的窗口、知识的窗口和对外政策的窗口的作用，努力形成和发展经济特区的中国特色、中国风格、中国气派。

11 月 16 日 江泽民出席在文莱斯里巴加湾市举行的亚太经合组织第八次领导人非正式会议。

11 月 28—30 日 中央经济工作会议在京举行。会议提出，2001 年的经济工作，要抓住机遇，加快发展。要坚持扩大国内需求的方针，依靠体制创新和科技创新，大力推进经济结构的战略性调整，强化农业的基础地位，巩固和扩大国有企业改革和脱困成果，做好加入世界贸易组织的各项准备工作，多渠道扩大就业，加快建立和完善社会保障体系。正确处理改革发展稳定的关系，促进国民经济持续快速健康发展和社会全面进步。

11 月 30 日 中共中央办公厅印发《关于在农村开展“三个代表”重要思想学习教育活动的意见》。

12 月 3—5 日 全国农村“三个代表”重要思想学习教育工作会议在成都举行。

12 月 4—6 日 全国统战工作会议在京举行。

12 月 11 日 国家经贸委主任盛华仁在全国经贸工作会议上宣布：国有企业改革与脱困三年目标已基本实现，今年以来，国有及国有控股工业实现利润大幅度提高，大多数国有大中型亏损企业摆脱了困境。

12 月 16—17 日 全国“三讲” 教育工作总结会议在京举行。

12 月 18 日 我国第一条国道主干线京沪高速公路全线贯通。

12 月 21 日 “北斗一号”第二颗卫星发射成功，建成“北斗一号”卫星导航试验系统，对中国境内提供卫星导航和定位服务。

12 月 22—28 日 九届全国人大常委会第十九次会议在京举行。会议通过《中华人民共和国引渡法》，通过关于修改《中国人民解放军现役军官服役条例》的决定，通过全国人大常委会关于维护互联网安全的决定、关于批准

《中华人民共和国政府和美利坚合众国政府关于刑事司法协助的协定》的决定等。

12 月 25—27 日 十五届中央纪委五次全会在京举行。

12 月 26—27 日 全国社会保障工作会议在京举行。

12 月 28—30 日 全国组织部长会议在京举行。会议对进入 21 世纪后一个时期党的建设和组织工作进行了研究和部署。

12 月 31 日 中共中央发出《关于加强统一战线工作的决定》。

同日 江泽民发表《共同创造美好的新世纪》新年贺词，指出：中国人民进入新世纪的主要任务，就是继续推进现代化建设，完成祖国统一，维护世界和平与促进共同发展。

2001年

1月3—5日 中央农村工作会议在京举行。

1月8—9日 国务院召开全国旅游发展工作会议。

1月10日 全国宣传部长会议在京举行，江泽民在会上强调要把依法治国和以德治国紧密结合起来。

1月10—16日 “神舟二号”无人飞船顺利完成飞行试验任务。这是我国载人航天工程第二次飞行试验。

1月15—17日 全国农业科学技术大会在京举行。

2月8日 中央纪委发出《关于省地两级党委、政府主要领导干部配偶、子女个人经商办企业的具体规定（试行）》。

2月9日 国务院作出《关于2000年度国家科学技术奖励的决定》，设立国家最高科学技术奖。2月19日，中共中央、国务院在京举行国家科学技术奖励大会，江泽民向吴文俊、袁隆平颁发2000年度国家最高科学技术奖。

2月12—14日 中央工作会议在京举行。会议分析了当前国内外形势，研究和部署了新世纪初全党的重要工作。

2月17—19日 全国农村税费改革试点工作会议在安徽举行。

2月26—28日 九届全国人大常委会第二十次会议在京举行。会议通过新修订的《中华人民共和国药品管理法》，通过关于修改《中华人民共和国民族区域自治法》的决定。

2月27日 中央纪委、监察部召开新闻发布会，通报厦门特大走私案第二批有关涉案人员党纪政纪处理情况。

同日 首个永久定址中国、涵盖整个亚洲、探讨经济和社会发展问题的非官方开放性论坛——博鳌亚洲论坛在海南博鳌举行。

3月3—12日 全国政协九届四次会议在京举行。

3 月 5—15 日 第九届全国人民代表大会第四次会议在京举行。会议批准《中华人民共和国国民经济和社会发展第十个五年计划纲要》，通过关于修改《中华人民共和国中外合资经营企业法》的决定。

3 月 11 日 中央人口资源环境工作座谈会在京举行。

3 月 23 日 江泽民在中南海会见美国《华盛顿邮报》执行总编史蒂夫·科尔一行，并回答有关中美关系、台湾问题、中国国内政治体制改革等方面的提问。

3 月 经过三年的努力，全国已通电行政村基本完成“村村通广播电视”的任务。

4 月 1 日 美国侦察机违反飞行规则在我国海南岛东南上空撞毁我军用飞机，导致我飞行员王伟牺牲，后又未经许可擅自闯入我国领空，降落在陵水机场。当日我外交部就此事向美方提出严正交涉和抗议，指出美方应对美军侦察机撞毁中方飞机这一严重事件承担全部责任。

4 月 2—3 日 全国社会治安工作会议在京举行。

4 月 5—17 日 江泽民应邀对智利、阿根廷、乌拉圭、古巴和委内瑞拉进行国事访问，并对巴西进行工作访问。6 日，江泽民在联合国拉丁美洲和加勒比经济委员会上发表题为《共同开创中拉友好合作的新世纪》的讲演，提出推动中拉在新世纪建立和发展长期稳定、平等互利的全面合作关系的四点建议。

4 月 11 日 国务院发出《关于进一步加快旅游业发展的通知》，提出进一步发挥旅游业作为国民经济新的增长点的作用。

4 月 18—23 日 胡锦涛率领中国共产党代表团出席越南共产党第九次全国代表大会。

4 月 21 日 国务院公布《关于特大安全事故行政责任追究的规定》和《关于禁止在市场经济活动中实行地区封锁的规定》。

同日 外交部发言人就美国允许李登辉访美一事向美方提出严正交涉。

4 月 24—28 日 九届全国人大常委会第二十一次会议在京举行。会议通过新修订的《中华人民共和国税收征收管理法》，通过《中华人民共和国信托法》《中华人民共和国国防教育法》，通过关于修改《中华人民共和国婚姻法》的决定，通过全国人大常委会关于进一步开展法制宣传教育的决议。

4月27日 国务院作出《关于整顿和规范市场经济秩序的决定》。

4月28日 国务院发布《农业科技发展纲要（2001—2010年）》。

5月1日 中纪委和中组部发出《关于坚决防止和查处干部选拔任用工作中的不正之风和违纪违法行为的通知》。

5月14—20日 首届“科技活动周”在京举行。经国务院批准，自2001年起，每年5月的第三周，在全国开展群众性的“科技活动周”活动。

5月22日 国务院颁布《中国妇女发展纲要（2001—2010年）》《中国儿童发展纲要（2001—2010年）》。

5月24—25日 中央扶贫开发工作会议在京举行。会议指出，中共中央、国务院确定的在20世纪末基本解决农村贫困人口温饱问题的战略目标已基本实现。会议明确了今后十年扶贫开发工作的大政方针和主要任务。

5月29日 国务院发布《关于基础教育改革与发展的决定》。

6月13日 国务院印发《中国农村扶贫开发纲要（2001—2010年）》。随后，国家在中西部21个省、自治区、直辖市的少数民族地区、革命老区、边疆地区和特困地区确定592个县，作为国家扶贫开发工作重点县。

6月15日 “上海合作组织”成员国元首会议在上海举行。中国、俄罗斯、哈萨克斯坦、吉尔吉斯斯坦、塔吉克斯坦、乌兹别克斯坦六国元首出席会议，回顾并高度评价了“上海五国”元首会晤机制五年来的丰硕成果。为将这一机制提升到更高水平，六国元首决定在其基础上建立涵盖多领域的区域性多边合作组织，并签署了《上海合作组织成立宣言》，正式建立上海合作组织，并将以互信、互利、平等、协商、尊重多样文明、谋求共同发展为基本内容的“上海精神”写入成立宣言。

6月25—27日 中共中央、国务院在北京召开第四次西藏工作座谈会，总结第三次西藏工作座谈会以来西藏工作的成绩和经验，分析新世纪初西藏工作面临的形势和任务，研究做好西藏工作的一些重大问题，促进西藏实现跨越式发展和长治久安。

6 月 26—30 日 九届全国人大常委会第二十二次会议在京举行。会议通过关于修改《中华人民共和国法官法》《中华人民共和国检察官法》的决定。

6 月 29 日 中共中央批准在毛主席纪念堂增设邓小平、陈云同志革命业绩纪念室，同时对毛泽东、周恩来、刘少奇、朱德同志革命业绩纪念室的陈列内容和形式进行调整与补充，使纪念堂成为缅怀以毛、周、刘、朱、邓、陈为代表的老一辈无产阶级革命家革命业绩的重要场所。

同日 青藏铁路开工典礼在青海格尔木和西藏拉萨同时举行。青藏铁路是世界上海拔最高、线路最长的高原铁路，其中西宁至格尔木段已于 1979 年铺通，1984 年投入运营，当天开工修建的是格尔木至拉萨段。

6 月 30 日 全国党史研究室主任会议暨全国党史系统先进单位、先进工作者表彰会和全国党史系统纪念建党 80 周年学术讨论会在京举行。

7 月 1 日 庆祝中国共产党成立 80 周年大会在京举行。江泽民发表讲话，总结党 80 年来的奋斗业绩和基本经验，阐述了“三个代表”重要思想。

7 月 11 日 中共中央在中南海怀仁堂举办法制讲座，内容是运用法律手段保障和促进信息网络健康发展。

7 月 13 日 在莫斯科召开的国际奥委会第 112 次全体会议上，北京获得 2008 年第 29 届夏季奥运会主办权。当晚，40 万北京群众自发到天安门广场欢庆申奥成功。

7 月 15—25 日 江泽民对俄罗斯、白俄罗斯、摩尔多瓦、乌克兰和马耳他进行国事访问。访俄期间，江泽民和俄罗斯总统普京在莫斯科签署了共 25 条、有效期为 20 年的《中华人民共和国和俄罗斯联邦睦邻友好合作条约》。

7 月 19 日 庆祝西藏和平解放 50 周年大会在拉萨举行。

7 月 20 日 中共中央党史研究室编著、中共党史出版社出版的《中国共产党简史》出版座谈会在京举行。

7 月 28—30 日 城镇职工基本医疗保险制度和医药卫生体制改革工作会议在青岛召开。

8 月 7 日 江泽民在北戴河同国防科技专家和社会科学专家座谈时讲话

指出，做好人才工作，首先要确立人才资源是第一资源的思想。

8月23日 纪念陈毅同志诞辰100周年座谈会在京举行。

8月27—31日 九届全国人大常委会第二十三次会议在京举行。会议通过《中华人民共和国防沙治沙法》《中华人民共和国刑法修正案（二）》，通过全国人大常委会关于刑法第二百二十八条、第三百四十二条、第四百一十条的解释，通过关于设立全民国防教育日的决定。

8月31日 江泽民与军队高级干部理论研讨班学员座谈。

9月2—15日 朱镕基应邀对爱尔兰、比利时、俄罗斯、哈萨克斯坦进行正式访问，并出席在布鲁塞尔举行的中欧领导人第四次会晤、在圣彼得堡举行的中俄总理第六次定期会晤和在阿拉木图举行的上海合作组织成员国总理首次会晤。

9月3—5日 江泽民对朝鲜进行友好访问。

9月8—9日 全国市县乡机构改革工作座谈会在京举行。

9月11日 江泽民致电美国总统布什，就纽约等地当日受到严重袭击向美国政府和人民深表慰问，对死难者家属表示哀悼。12日，江泽民在应约与布什通话时，强烈谴责这起骇人听闻的恐怖活动，并表示中方愿向美方提供一切必要的支援和协助。

9月18日 江泽民分别与俄罗斯总统、法国总统、英国首相通电话，就美国遭受恐怖袭击后的国际局势等问题交换看法。

9月20日 中共中央印发《公民道德建设实施纲要》，提出要把法制建设与道德建设、依法治国与以德治国紧密结合起来，逐步形成与发展社会主义市场经济相适应的社会主义道德体系。

9月24—26日 中共十五届六中全会在京举行。全会通过《中共中央关于加强和改进党的作风建设的决定》，提出作风建设“八个坚持、八个反对”的要求，即坚持解放思想、实事求是，反对因循守旧、不思进取；坚持理论联系实际，反对照抄照搬、本本主义；坚持密切联系群众，反对形式主义、官僚主义；坚持民主集中制原则，反对独断专行、软弱涣散；坚持党的纪律，反对自由主义；坚持清正廉洁，反对以权谋私；坚持艰苦奋斗，反对享乐主义；坚持任人唯贤，反对用人上的不正之风。

9 月 27 日 十五届中央纪委六次全会在京举行。

9 月 27—29 日 第五次全国信访工作会议在京举行。这是新中国成立以来规模最大、与会人数最多的一次信访工作会议。

10 月 8 日 江泽民在会见来华进行为期一天工作访问的日本首相小泉纯一郎时强调“以史为鉴，面向未来”。小泉参观了中国人民抗日战争纪念馆并献了花圈，他就日本侵略历史再次道歉。

10 月 9 日 纪念辛亥革命 90 周年大会在京举行。

10 月 18—20 日 亚太经合组织 2001 年工商领导人峰会在上海举行。

10 月 19 日 江泽民在上海与美国总统布什举行会谈。江泽民表示，中国高度重视同美国的关系，一向主张双方发展建设性合作关系。布什重申美国政府奉行一个中国的政策，遵守中美三个联合公报。

10 月 21 日 亚太经合组织第九次领导人非正式会议在上海举行。这是中国第一次举行这样高级别的大型国际会议。江泽民主持会议并发表《加强合作，共同迎接新世纪的新挑战》的讲话。会议通过了《领导人宣言》和作为附件的《上海共识》《数字 APEC 战略》，发表了《亚太经合组织领导人反恐声明》。

同日 全国铁路第四次大面积提速开始。

10 月 22—27 日 九届全国人大常委会第二十四次会议在京举行。会议通过关于修改《中华人民共和国著作权法》的决定、关于修改《中华人民共和国商标法》的决定、关于修改《中华人民共和国工会法》的决定，通过《中华人民共和国职业病防治法》《中华人民共和国海域使用管理法》。会议还通过关于批准中俄睦邻友好合作条约的决定，关于加入制止恐怖主义爆炸的国际公约的决定，关于批准打击恐怖主义、分裂主义和极端主义上海公约的决定，关于批准劳动行政管理公约的决定，关于批准建筑业安全卫生公约的决定。

10 月 25 日 中国人民解放军总政治部发出通知，颁发施行《军人道德规范》。

10月29日 江泽民会见王金平率领的台湾“中国统一联盟”访问团时指出，在新世纪，我们将继续坚持“和平统一、一国两制”的基本方针和1995年提出的发展两岸关系、推进祖国和平统一的八项主张。两岸关系改善与发展的根本障碍是台湾当局拒不接受一个中国原则。只要台湾当局明确接受一个中国原则，两岸关系就能得到稳定发展，两岸对话与谈判即可恢复。

11月4—14日 朱镕基出席在文莱举行的第五次东盟与中日韩（10+3）领导人会议和东盟与中国（10+1）领导人会议，以及中日韩三国领导人非正式会晤，并正式访问印度尼西亚。

11月7日 纪念徐向前同志诞辰100周年座谈会在京举行。

11月10日 在卡塔尔首都多哈举行的世界贸易组织第四届部长级会议以全体协商一致的方式，审议并通过中国加入世界贸易组织的决定。

11月11—25日 第九届全国运动会在广东省举行。

11月16日 国务院发布《行政法规制定程序条例》《规章制定程序条例》。

11月20日 历时20年的全国土地资源调查工作圆满结束。

11月26日 国务院公布《中华人民共和国保障措施条例》《中华人民共和国反倾销条例》《中华人民共和国反补贴条例》。

11月27—29日 中央经济工作会议在京举行。会议提出，2002年的经济工作，要正确把握复杂多变的国际政治经济形势，沉着应对，趋利避害，抵御和克服前进道路上的各种风险和困难，以保持经济和社会的稳定。坚持实施扩大国内需求的方针，继续深化改革，扩大开放，加快结构调整，整顿和规范市场经济秩序，提高经济增长质量和效益，促进国民经济持续快速健康发展和社会全面进步。

12月10日 国务院公布《中华人民共和国货物进出口管理条例》。

12月10—12日 全国宗教工作会议在京举行。江泽民在会上指出，要全面贯彻党的宗教信仰自由政策，依法管理宗教事务，积极引导宗教与社会主义社会相适应，坚持独立自主自办的原则，巩固和发展党同宗教界的爱国统一战线。

12 月 11 日　中国正式成为世界贸易组织成员。

12 月 12—15 日　江泽民应邀对缅甸进行国事访问。

12 月 17 日　中共中央召开座谈会，听取党外人士关于农业发展问题的意见和建议。

12 月 18 日　中国文联第七次全国代表大会、中国作协第六次全国代表大会在京举行。

12 月 24—29 日　九届全国人大常委会第二十五次会议在京举行。会议通过《中华人民共和国人口与计划生育法》《中华人民共和国刑法修正案（三）》，通过关于修改《中华人民共和国律师法》的决定。

12 月 30 日　中共中央下发《关于做好农户承包地使用权流转工作的通知》。

12 月 31 日　黄河小浪底水利枢纽工程全部竣工。

2002年

1月6—7日　中央农村工作会议在京举行。

1月8日　第五次全国环境保护会议在京举行。

1月10日　中共中央、国务院发布《关于做好2002年农业和农村工作的意见》。

同日　国务院西部开发办公室召开退耕还林工作电视电话会议，全面启动退耕还林工程。

1月14日　江泽民在中共十六大文件起草组会议上讲话指出，21世纪头20年是必须紧紧抓住并且可以大有作为的战略机遇期，是我们实现祖国富强、人民富裕和民族复兴的关键时期。

1月15日　中共中央台湾工作办公室、国务院台湾事务办公室新闻发言人就台湾当局“渐进式的台独”活动发表谈话指出，任何形式的“台独”，都是绝对不允许的。

1月23—25日　十五届中央纪委七次全会在京举行。

2月1日　国家科学技术奖励大会在京举行。江泽民向获得2001年度国家最高科学技术奖的王选、黄昆颁发奖励证书和奖金。

2月5—7日　第二次全国金融工作会议在京举行。会议以加强金融监管、深化金融改革、防范金融风险、整顿金融秩序、改善金融服务为主题，全面总结1997年全国金融工作会议以来的金融工作，对今后一个时期的工作作出部署。

2月8—24日　中国代表团参加了在美国盐湖城举行的第19届冬季奥运会，以2枚金牌、2枚银牌、4枚铜牌的成绩名列奖牌榜第13位，实现了冬奥会金牌零的突破。

2月11日　国务院公布《指导外商投资方向规定》。

2 月 21 日　人事部印发《国家公务员行为规范》。

2 月 21—22 日　美国总统布什对中国进行工作访问。访问期间，江泽民与布什举行了会谈，双方一致认为，在复杂多变的国际形势下，中美作为对世界有重要影响的国家，应当加强对话与合作，妥善处理分歧，共同推动中美建设性合作关系进一步向前发展。

2 月 21—25 日　中共中央在中央党校举办省部级主要领导干部“国际形势与世贸组织”专题研究班。

2 月 27—28 日　九届全国人大常委会第二十六次会议在京举行。

2 月 27 日—3 月 1 日　江泽民应邀访问越南。

3 月 3—13 日　全国政协九届五次会议在京举行。

3 月 5—15 日　第九届全国人民代表大会第五次会议在京举行。会议通过关于第十届全国人民代表大会代表名额和选举问题的决定，通过《中华人民共和国香港特别行政区选举第十届全国人民代表大会代表的办法》和《中华人民共和国澳门特别行政区选举第十届全国人民代表大会代表的办法》。

3 月 10 日　中央人口资源环境工作座谈会在京举行。

3 月 11 日　国务院新闻办公室发表《2001 年美国的人权纪录》。

3 月 21 日　江泽民在人民大会堂会见我国首批 41 名大法官、41 名大检察官。

3 月 24 日　国务院公布《关于修改〈住房公积金管理条例〉的决定》。

3 月 25 日—4 月 1 日　我国研制的“神舟三号”飞船在酒泉卫星发射中心升空并成功进入预定轨道。4 月 1 日，“神舟三号”飞船在完成空间科学和技术实验任务后，准确降落在预定地区。

3 月 26 日—4 月 2 日　江泽民在陕西考察工作，着重就党的建设和西部大开发进行调研。1 日，江泽民在西安主持召开六省区西部大开发工作座谈会，了解两年多来实施西部大开发的情况，并确定下一步工作的方向。

4 月 4 日　国务院公布《医疗事故处理条例》。

同日　中央军委发布《军事法规军事规章条例》。

4 月 8—22 日　江泽民访问德国、利比亚、尼日利亚、突尼斯和伊朗。

4月11日 国务院发布《关于进一步完善退耕还林政策措施的若干意见》。

4月12—13日 博鳌亚洲论坛首届年会在海南博鳌举行。朱镕基出席并发表致辞和主旨演讲。

4月16—19日 亚洲议会和平协会（AAPP）第三届年会在北京和重庆两地举行。李鹏当选亚洲议会和平协会新任主席。会议通过《亚洲议会和平协会重庆宣言》。

4月24—28日 九届全国人大常委会第二十七次会议在京举行。会议通过关于修改《中华人民共和国进出口商品检验法》的决定，通过关于刑法第二百九十四条第一款和第三百八十四条第一款的解释。

4月28日 江泽民到中国人民大学考察工作，强调要始终高度重视哲学社会科学。

5月4日 台湾金门地区持续干旱造成严重水荒，福州马尾经济技术开发区向马祖紧急试供水，解燃眉之急。

5月15日 纪念中国共产主义青年团成立80周年大会在京举行。

5月20日 中国同东帝汶建交。

5月22日 中国基督教第七次全国代表会议在京举行。会议通过中国基督教三自爱国运动委员会和中国基督教协会章程，通过《关于反对邪教、抵制异端邪说的决议》。

5月27日 国务院公布《中国公民出国旅游管理办法》。

5月28日—6月1日 中国科学院第十一次院士大会、中国工程院第六次院士大会在京举行。江泽民在会上发表讲话。

5月31日 江泽民出席中央党校省部级干部进修班毕业典礼，并发表讲话指出，开创建设有中国特色社会主义事业新局面，必须高举邓小平理论伟大旗帜，全面贯彻“三个代表”要求。

5月31日—6月30日 第17届世界杯足球赛由韩国、日本共同主办。中国国家男子足球队首次进入世界杯。

6月3—18日 江泽民出席亚洲相互协作与信任措施会议阿拉木图峰会，以及在俄罗斯圣彼得堡举行的上海合作组织成员国元首第二次会晤，并访问拉脱维亚、爱沙尼亚、冰岛、立陶宛。

6 月 24—29 日 九届全国人大常委会第二十八次会议在京举行。会议通过《中华人民共和国政府采购法》《中华人民共和国中小企业促进法》《中华人民共和国清洁生产促进法》《中华人民共和国安全生产法》《中华人民共和国科学技术普及法》。

7 月 1 日 庆祝香港回归 5 周年大会暨香港特别行政区第二届政府就职典礼在香港会议展览中心隆重举行。江泽民出席大会并发表讲话。

7 月 4 日 “西气东输”一线工程（新疆轮南至上海）开工典礼在人民大会堂举行。

7 月 9 日 中共中央印发修订后的《党政领导干部选拔任用工作条例》。

7 月 16 日 江泽民考察中国社会科学院，对加强哲学社会科学建设提出五点要求。

7 月 22 日 中共中央、国务院下发《关于进一步加强和改进新时期体育工作的意见》。

8 月 2 日 国务院公布《中华人民共和国著作权法实施条例》和《社会抚养费征收管理办法》。

8 月 3 日 国务院公布《中华人民共和国商标法实施条例》。

8 月 4 日 国务院公布《中华人民共和国药品管理法实施条例》。

8 月 5 日 中共中央台湾工作办公室、国务院台湾事务办公室发言人针对台湾地区领导人陈水扁“一边一国”言论，发表声明：严正警告台湾分裂势力，不要错判形势，立即悬崖勒马，停止一切分裂活动。

8 月 19 日 江泽民在中南海会见参加北京国际弦理论会议的斯蒂芬·霍金教授等国际知名科学家。

8 月 23—29 日 九届全国人大常委会第二十九次会议在京举行。会议通过《中华人民共和国农村土地承包法》，通过新修订的《中华人民共和国水法》和新修订的《中华人民共和国测绘法》，通过关于刑法第三百一十三条的解释。

8 月 24 日 国务院作出《关于大力推进职业教育改革与发展的决定》。

8月29日 厦门与金门间实现货物贸易的双向直接往来。

9月2日 胡锦涛在中央党校秋季开学典礼上作《以扎实的工作迎接十六大召开》的讲话。

9月3日 朱镕基出席在南非约翰内斯堡举行的可持续发展世界首脑会议，并发表讲话。

9月7日 国务院公布《中华人民共和国税收征收管理法实施细则》。

同日 江泽民签署命令，发布实施新的《中国人民解放军军事训练条例》。

9月8日 在中共十六大召开前夕，中共中央党史研究室编写的《中国共产党历史》第一卷出版发行。

9月10日 国家海洋局发布《全国海洋功能区划》。

9月12—13日 全国再就业工作会议在京举行。江泽民在会上讲话，提出就业是民生之本。扩大就业，促进再就业，关系改革发展稳定的大局，关系人民生活水平的提高，关系国家的长治久安，不仅是重大的经济问题，也是重大的政治问题。各级党委和政府一定要充分认识就业和再就业工作的极端重要性，把就业和再就业工作，始终作为关系改革发展稳定的大事，务必抓紧抓实抓好。

9月16—20日 首届国际水稻大会在北京中国国际科技会展中心举行，江泽民出席开幕式。

9月23日 人民海军首次环球航行访问舰艇编队回到祖国。舰艇编队于2002年5月15日从青岛军港起航，横跨印度洋、太平洋、大西洋，远涉亚洲、非洲、欧洲、南美洲和大洋洲，总航程33000多海里，创造了人民海军舰艇编队出访时间最长、航程最远、航经海域最广、访问国家最多等纪录。

9月30日 中共中央、国务院发出《关于进一步做好下岗失业人员再就业工作的通知》，确立了积极就业政策。

10月10—11日 中国与吉尔吉斯斯坦联合反恐演习在两国边境地区成功举行。

10月11日 纪念彭真同志诞辰100周年座谈会在京举行。

10 月 19 日 中共中央、国务院作出《关于进一步加强农村卫生工作的决定》。

10 月 22—25 日 江泽民对美国进行工作访问，其间，江泽民和美国总统布什就双方共同关心的重大问题深入地交换了看法。他们认为，中美两国拥有广泛而重要的共同利益，双方应扩大在经贸、文化、教育等领域的交流与合作，加强在重大国际和地区问题上的对话与协调，推动中美建设性合作关系不断向前发展。

10 月 25—28 日 九届全国人大常委会第三十次会议在京举行。会议通过新修订的《中华人民共和国文物保护法》，通过《中华人民共和国环境影响评价法》，通过修改《中华人民共和国保险法》的决定。

10 月 26—27 日 江泽民出席在墨西哥洛斯卡沃斯举行的亚太经合组织第十次领导人非正式会议。

11 月 1—4 日 朱镕基访问柬埔寨，并出席在金边举行的大湄公河次区域经济合作领导人会议、第六次东盟与中日韩（10+3）领导人会议和东盟与中国（10+1）领导人会议。

11 月 3—5 日 中共十五届七中全会在京举行。全会决定，2002 年 11 月 8 日召开中共十六大。

11 月 4 日 中国和东盟在柬埔寨签署《中国与东盟全面经济合作框架协议》，决定到 2010 年建成中国—东盟自由贸易区。

11 月 4—5 日 十五届中央纪委八次全会在京举行。

11 月 8—14 日 中国共产党第十六次全国代表大会在京举行。江泽民作《全面建设小康社会，开创中国特色社会主义事业新局面》的报告，提出全面建设小康社会的奋斗目标，阐述全面贯彻“三个代表”重要思想的根本要求。大会通过《中国共产党章程（修正案）》，把“三个代表”重要思想同马克思列宁主义、毛泽东思想、邓小平理论一道确立为党的指导思想并载入党章。

11 月 15 日 中共十六届一中全会在京举行。全会选举胡锦涛为中央委员会总书记，决定江泽民为中央军事委员会主席，批准吴官正为中央纪委书记。

同日 十六届中央纪委一次全会在京举行。

11月16日 胡锦涛主持召开十六届中央政治局第一次全体会议，对学习贯彻十六大精神进行研究部署。

11月21日 科技部、中国科学院、上海市人民政府联合宣布：中国科学家完成了所承担的国际水稻基因组计划第四号染色体精确测序任务，使中国国际水稻基因组计划测序工作的贡献率达10%，这是迄今为止中国独立完成的最大的基因组单条染色体精确测序。

11月26日 纪念罗荣桓同志诞辰100周年座谈会在京举行。

12月3日 在摩纳哥蒙特卡洛举行的国际展览局第132次成员国大会上，上海获得2010年世界博览会的举办权。这是国际展览局成立150多年来首次决定在发展中国家举办世界博览会。

12月5—6日 胡锦涛带领中共中央书记处成员到河北省平山县西柏坡学习考察，重温毛泽东关于“两个务必”的重要论述，号召全党同志特别是领导干部大力发扬艰苦奋斗的作风。

12月6日 国务院通过《退耕还林条例（草案）》，并于14日发布。

12月9—10日 中央经济工作会议在京举行。会议提出，2003年的经济工作，要积极应对国内外环境变化带来的困难和挑战，坚持扩大内需的方针，进一步深化改革，全面提高对外开放水平，加快经济结构的战略性调整，积极发展农业和农村经济，大力推进新型工业化，促进国民经济持续快速健康发展，实现速度和结构、质量、效益相统一。正确处理改革发展稳定的关系，切实做好就业和再就业工作，完善社会保障体系，提高城乡居民生活水平，保持社会稳定。

12月12日 中共中央政治局常委会召开会议，研究进一步解决好困难群众生产生活问题的工作。

12月16—18日 全国组织工作会议在京举行。

12月23—28日 九届全国人大常委会第三十一次会议在京举行。会议通过《中华人民共和国刑法修正案（四）》《中华人民共和国民办教育促进法》，通过新修订的《中华人民共和国农业法》和新修订的《中华人民共和国草原法》。

12 月 26 日 十六届中共中央政治局进行第一次集体学习，内容是《认真贯彻实施宪法和全面建设小康社会》。胡锦涛在主持学习时指出，中央政治局集体学习要作为一项制度长期坚持。

同日 中共中央政治局召开会议分析和研究 2006 年农业和农村工作。

12 月 27 日 南水北调工程开工典礼在人民大会堂和江苏省、山东省施工现场同时举行。

12 月 30 日—2003 年 1 月 5 日 中国第一艘可载人的处于无人状态的飞船“神舟四号”顺利发射并返回。

12 月 31 日 世界第一条商业化运营的高速磁浮交通系统——上海磁浮示范运营线举行通车典礼。

12 月 中央军委召开扩大会议，首次提出从战略高度推进“中国特色军事变革”的重大命题。

2003年

1月2日　国务院公布《排污费征收使用管理条例》。

1月5日　国务院办公厅发出《关于做好农民进城务工就业管理和服务工作的通知》。

1月7日　中国第一条跨海大通道——粤海铁路，穿越琼州海峡，正式开通。

1月7—8日　中央农村工作会议举行。胡锦涛在会上讲话指出，必须统筹城乡经济社会发展，把解决好农业、农村和农民问题作为全党工作的重中之重，放在更加突出的位置；要坚持“多予、少取、放活”的方针，发挥城市对农村的带动作用，实现城乡经济社会一体化发展。

1月10日　国务院、中央军委公布《通用航空飞行管制条例》。

1月16日　中共中央、国务院印发《关于做好农业和农村工作的意见》，指出要紧紧围绕全面建设小康社会的战略目标，积极推进农业增长方式的转变，提高农业科技和装备水平，加快建设现代农业；大力推进农业和农村经济结构战略性调整，全面繁荣农村经济，稳定增加农民收入，使广大农民过上比较殷实的生活；坚持党在农村的基本政策，深化农村改革，创新体制和机制，把农民的积极性保护好、调动好、发挥好；加快发展农村各项社会事业，推进农村基层民主政治建设，提高农村人口的思想道德、科学文化和健康素质，实现农村社会全面进步。

1月26日　台湾“中华航空公司”一包机在上海浦东机场降落，这是50多年来首架降落在祖国大陆的台湾民航客机。

2月9—19日　全国政协主席李瑞环访问坦桑尼亚、纳米比亚、赞比亚，并在回国途中经停塞舌尔。

2月17—19日　十六届中央纪委二次全会在京举行。

2 月 24—26 日　中共十六届二中全会在京举行。全会通过《关于深化行政管理体制和机构改革的意见》。

2 月 26 日—3 月 2 日　古巴国务委员会主席兼部长会议主席菲德尔·卡斯特罗访问中国。

2 月 27—28 日　九届全国人大常委会第三十二次会议在京举行。会议通过《中华人民共和国海关关衔条例》。

2 月 28 日　国家科学技术奖励大会在京举行。江泽民向获得 2002 年度国家最高科学技术奖的金怡濂颁发奖励证书和奖金。

3 月 3—14 日　全国政协十届一次会议在京举行。会议选举贾庆林为全国政协主席。

3 月 4 日　胡锦涛在参加全国政协十届一次会议少数民族界委员联组讨论时指出，各民族共同团结奋斗、共同繁荣发展是新世纪新阶段民族工作的主题。

3 月 5—18 日　第十届全国人民代表大会第一次会议在京举行。会议选举胡锦涛为中华人民共和国主席，江泽民为中华人民共和国中央军委主席，吴邦国为全国人大常委会委员长，决定温家宝为国务院总理。会议批准《国务院机构改革方案》。

3 月 8 日　胡锦涛在参加十届全国人大一次会议江苏代表团审议时指出，在促进中西部地区加快发展的同时，仍然要进一步推动东部发达地区加快发展。有条件的地方发展得更快一些，努力在全面建设小康社会的基础上率先基本实现现代化，为全国实现全面建设小康社会的宏伟目标、进而基本实现现代化探索和积累经验。

3 月 11 日　国务院公布《特种设备安全监察条例》。

3 月 19 日　十届全国人大常委会第一次会议在京举行。

3 月 27 日　国务院发布《关于全面推进农村税费改革试点工作的意见》。

3 月 28 日　中共中央政治局召开会议，讨论《关于进一步改进会议和领导同志活动新闻报道的意见》和《关于中央政治局同志出国访问的规定》。

春　我国遭遇一场过去从未出现过的非典型肺炎重大疫情。

4月1日 中国赴刚果（金）执行联合国维和任务的官兵踏上远赴非洲维和的征程。

4月3日 全国农村税费改革试点工作电视电话会议举行。

同日 中央军委发布《中国人民解放军安全工作条例》。

4月13日 国务院召开全国非典型肺炎防治工作会议。

4月14日 胡锦涛在广东省疾病防疫控制中心考察防治非典型肺炎，提出要坚持全面的发展观。

4月14—15日 全国整顿和规范市场经济秩序工作会议在京举行。

4月17日 中共中央政治局常委会召开会议，提出要本着沉着应对、措施果断，依靠科学、有效防治，加强合作、完善机制的总体要求，切实做好非典型肺炎防治工作。

4月23日 国务院召开常务会议，决定成立防治非典型肺炎指挥部。

4月23—25日 中朝美核问题北京会谈在京举行。

4月25日 根据中央军委命令，全军开始迅速抽调医护人员，支援组建北京市小汤山医院，参加非典型肺炎病人救治工作。

4月25—26日 十届全国人大常委会第二次会议在京举行。会议通过关于中国银行业监督管理委员会履行原由中国人民银行履行的监督管理职责的决定，通过关于批准中国和吉尔吉斯共和国睦邻友好合作条约，中国和哈萨克斯坦共和国睦邻友好合作条约，中国和哈萨克斯坦共和国关于打击恐怖主义、分裂主义和极端主义的合作协定的决定。

4月27日 国务院公布《工伤保险条例》。

5月9日 国务院公布施行《突发公共卫生事件应急条例》。

5月10日 国家体育总局公布施行《普通人群体育锻炼标准（试行）》。

5月18日 国务院公布《中华人民共和国文物保护法实施条例》。

5月23日 中国政府决定派出地震紧急救援队，赶赴阿尔及利亚地震灾区，协助开展搜索救援。这是中国国际救援队第一次参与国际地震灾害救援工作。

5月25日 第三颗“北斗一号”导航定位卫星成功发射，与前两颗“北斗一号”工作星组成了完整的卫星导航定位系统。我国成为世界上第三个拥有自主卫星导航系统的国家。

5 月 26 日　国务院新闻办公室发表《新疆的历史与发展》白皮书。

5 月 26 日—6 月 5 日　胡锦涛访问俄罗斯、哈萨克斯坦、蒙古国，并出席在莫斯科举行的上海合作组织成员国元首第三次会议、在圣彼得堡举行的建市 300 周年庆典和在法国埃维昂举行的南北领导人非正式对话会议。

6 月 1 日　胡锦涛出席在法国埃维昂举行的南北领导人非正式对话会议期间会见了美国总统布什。两国领导人表示，双方将致力于维护朝鲜半岛的和平稳定，支持半岛无核化，通过对话和平解决问题并就此保持沟通与合作。布什表示，美方愿加强两国在反恐、经济和贸易等领域的合作，继续致力于发展与中国的建设性合作关系。美国政府将继续坚持“一个中国”政策，遵守美中三个联合公报，反对“台独”，这一政策没有改变，将来也不会改变。

6 月 8 日　国务院公布《物业管理条例》。

6 月 15 日　中共中央发出《关于在全党兴起学习贯彻“三个代表”重要思想新高潮的通知》。

6 月 19 日　中共中央办公厅印发《党政领导干部选拔任用工作监督检查办法（试行）》。

6 月 20 日　国务院公布《城市生活无着的流浪乞讨人员救助管理办法》。

6 月 23 日　温家宝与来访的印度总理瓦杰帕伊举行会谈，双方签署《中华人民共和国与印度共和国关系原则和全面合作的宣言》。

同日　中央军委印发《2005 年前军队体制编制调整改革总体方案》，提出 2005 年前再裁减军队员额 20 万，军队总员额控制在 230 万以内。

6 月 23—28 日　十届全国人大常委会第三次会议在京举行。会议通过《中华人民共和国居民身份证法》《中华人民共和国港口法》《中华人民共和国放射性污染防治法》，通过关于批准《〈禁止或限制使用某些可被认为具有过分伤害力或滥杀滥伤作用的常规武器公约〉第一条修正案》的决定、关于批准《万国邮政联盟组织法第六附加议定书》的决定、关于加入《东南亚友好合作条约》及其两个修改议定书的决定。

6月24日 中国卫生部和世界卫生组织在北京联合举行新闻发布会，世界卫生组织官员宣布：从即日起解除对北京的旅行警告，并将北京从“近期有当地传播”的非典疫区名单中删除。

6月25日 中共中央、国务院作出《关于加快林业发展的决定》。

6月27—28日 全国文化体制改革试点工作会议在京举行。

6月28日 世界第一钢拱桥——上海卢浦大桥通车。

6月29日 中央政府与香港特别行政区政府签署《内地与香港关于建立更紧密经贸关系的安排》。

7月1—3日 “三个代表”重要思想理论研讨会在京举行。胡锦涛在会上指出，“三个代表”重要思想同马克思列宁主义、毛泽东思想和邓小平理论是一脉相承而又与时俱进的科学体系，是马克思主义在中国发展的最新成果。

7月21日 国务院公布《法律援助条例》。

7月22—26日 中国共产主义青年团第十五次全国代表大会在京举行。

7月23日 国务院发布《关于克服非典型肺炎疫情影响促进农民增加收入的意见》。

7月28日 胡锦涛在全国防治非典工作会议上讲话提出，全面总结防治非典工作，要更好地坚持全面发展、协调发展、可持续发展的发展观。

8月5日 国务院公布《乡村医生从业管理条例》。

8月8日 国务院公布《婚姻登记条例》。

8月12日 国务院发布《关于促进房地产市场持续健康发展的通知》。

8月13日 《大辞海》由上海辞书出版社开始出版。

8月15日 国务院公布施行《中央储备粮管理条例》。

8月15—16日 全国再就业工作座谈会在京举行。

8月22—27日 十届全国人大常委会第四次会议在京举行。会议通过《中华人民共和国行政许可法》，批准《中华人民共和国和吉尔吉斯共和国关于打击恐怖主义、分裂主义和极端主义的合作协定》《联合国打击跨国有组织犯罪公约》等。

8月27—29日 朝核问题北京六方会谈举行。

8 月 28 日—9 月 1 日　胡锦涛在江西考察工作时明确提出“科学发展观”，指出要牢固树立协调发展、全面发展、可持续发展的科学发展观。

8 月 30 日—9 月 10 日　吴邦国访问菲律宾、韩国和日本，并出席亚洲议会和平协会第四届年会。

9 月 1 日　江泽民在国防科技大学成立 50 周年庆祝大会上宣布：中共中央、中央军委决定，在“九五”期间裁减军队员额 50 万的基础上，2005 年前再裁减军队员额 20 万。

9 月 3 日　国务院公布《中华人民共和国认证认可条例》。

9 月 3—9 日　中共中央举办省部级主要领导干部学习贯彻“三个代表”重要思想专题研讨班。胡锦涛发表重要讲话强调，全面建设小康社会，是学习贯彻“三个代表”重要思想的最好实践，也是对学习贯彻“三个代表”重要思想成效的最好检验。

9 月 10 日　温家宝主持召开国务院常务会议，研究振兴东北老工业基地问题。

9 月 11 日　国务院、中央军委公布《民用运力国防动员条例》。

9 月 17 日　国务院作出《关于进一步加强农村教育工作的决定》。

9 月 19—20 日　全国农村教育工作会议在京举行。温家宝在会上指出：要在巩固基本普及九年义务教育和基本扫除青壮年文盲成果的基础上，努力实现全面普及九年义务教育。

9 月 22—26 日　中国工会第十四次全国代表大会在京举行。

10 月 5 日　中共中央、国务院印发《关于实施东北地区等老工业基地振兴战略的若干意见》。

10 月 7—8 日　温家宝出席了在印度尼西亚巴厘岛举行的第七次东盟与中日韩（10+3）领导人会议、东盟与中国（10+1）领导人会议及第五次中日韩领导人会晤。8 日，温家宝与东盟十国国家领导人共同出席中国加入《东南亚友好合作条约》签字仪式，签署了《中华人民共和国与东盟国家领导人联合宣言》，宣布建立“面向和平与繁荣的战略伙伴关系”。

10 月 11 日　中国与利比里亚恢复大使级外交关系。

10月11—14日 中共十六届三中全会在京举行。全会通过《中共中央关于完善社会主义市场经济体制若干问题的决定》，提出坚持以人为本，树立全面、协调、可持续的发展观，促进经济社会和人的全面发展；通过《中共中央关于修改宪法部分内容的建议》。

10月13日 国务院发布《关于改革现行出口退税机制的决定》。

同日 中国政府发表首份《中国对欧盟政策文件》，阐述中国对欧盟的政策目标和今后五年的合作措施。

10月15—16日 “神舟五号”载人飞船搭载航天员杨利伟圆满完成首次载人航天飞行。中国成为世界上第三个独立掌握载人航天技术的国家。

10月17日 中央政府与澳门特别行政区政府签署《内地与澳门关于建立更紧密经贸关系的安排》。

10月20—21日 胡锦涛出席在曼谷举行的亚太经合组织第十一次领导人非正式会议。

10月23—28日 十届全国人大常委会第五次会议在京举行。会议通过《中华人民共和国道路交通安全法》《中华人民共和国证券投资基金法》，通过全国人大常委会关于批准《国务院关于规范处理1995年以前中央财政向人民银行借款问题的报告》的决议。

10月29—31日 吴邦国率中国国家代表团访问朝鲜。30日，朝鲜领导人金正日会见了吴邦国，中朝双方支持通过对话和平解决核问题，原则同意继续六方会谈。

10月30日 第六次中国—欧盟领导人会晤在京举行。双方决定发展全面战略伙伴关系。

11月2日 温家宝出席博鳌亚洲论坛2003年年会。

11月3日 《中华人民共和国和巴勒斯坦伊斯兰共和国关于双边合作发展方向的联合宣言》在北京签署。

11月6日 龙滩水电站工程实现大江截流。龙滩水电工程是国家西部大开发的十大标志性工程和“西电东送”的战略项目之一。2007年5月27日，龙滩水电站一号机组提前试运行。

11 月 12—16 日 首届中国国际农产品交易会在京举行。

11 月 23 日 国务院公布《中华人民共和国进出口关税条例》。

11 月 24 日 国务院公布《建设工程安全生产管理条例》《地质灾害防治条例》。

11 月 27—29 日 中央经济工作会议在京举行。会议提出，2004 年的经济工作，要坚持以人为本，树立全面、协调、可持续的发展观，按照稳定政策、适度调整，深化改革、扩大开放，把握全局、解决矛盾，统筹兼顾、协调发展的思路，做好各项工作。坚持扩大内需的方针，继续实施积极的财政政策和稳健的货币政策，保护好、引导好、发挥好各方面加快发展的积极性，切实把工作重点转到调整经济结构、转变增长方式、提高增长质量和效益上来，实现国民经济持续快速协调健康发展和社会全面进步。

12 月 2 日 国务院公布《中华人民共和国知识产权海关保护条例》。

12 月 5 日 中共中央发布新修订的《中国人民解放军政治工作条例》。

12 月 5—7 日 全国宣传思想工作会议在京举行。胡锦涛发表重要讲话强调，坚持用“三个代表”重要思想统领宣传思想工作，为全面建设小康社会提供科学理论指导和强大舆论力量。

12 月 7—16 日 温家宝访问美国、加拿大、墨西哥、埃塞俄比亚，并出席中非合作论坛第二届部长级会议开幕式。

12 月 10 日 中国政府在联合国高级别政治会议上签署《联合国反腐败公约》。

12 月 12—17 日 胡锦涛到山东、河南就进一步解决好“三农”问题进行调研。

12 月 19—20 日 全国人才工作会议在京举行，全面部署实施人才强国战略。胡锦涛在会议上讲话指出，落实好人才强国战略，必须树立适应新形势新任务要求的科学人才观，使我国由人口大国转化为人才资源强国。

12 月 22—27 日 十届全国人大常委会第六次会议在京举行。会议通过《中华人民共和国银行业监督管理法》，通过新修订的《中华人民共和国中国人民银行法》和新修订的《中华人民共和国商业银行法》。

12月24—25日 中央农村工作会议在京举行。

12月26日 中共中央、国务院作出《关于进一步加强人才工作的决定》。

同日 纪念毛泽东同志诞辰110周年座谈会在京举行。胡锦涛在会上指出：中国革命、建设和改革的长期实践充分证明，独立自主，自力更生，坚定不移地走适合中国国情的发展道路，无论过去、现在和将来，都是我们的根本立足点。

12月31日 中共中央、国务院印发《关于促进农民增加收入若干政策的意见》。

同日 中共中央印发《中国共产党党内监督条例（试行）》和《中国共产党纪律处分条例》。

2004年

1月5日 中共中央印发《关于进一步繁荣发展哲学社会科学的意见》。《意见》提出要实施马克思主义理论研究和建设工程。

1月9日 国务院下发《关于进一步加强安全生产的决定》。

1月11—13日 十六届中央纪委三次全会在京举行。

1月13日 中央纪委和中央组织部联合下发《关于对党政领导干部在企业兼职进行清理的通知》。

1月19日 中共中央办公厅转发《中央宣传思想工作领导小组关于实施马克思主义理论研究和建设工程的意见》。

1月26日—2月4日 胡锦涛对法国、埃及、加蓬、阿尔及利亚进行国事访问。27日，胡锦涛在法国国民议会发表演讲，提出深入发展中法全面战略伙伴关系的三点建议。

1月31日 国务院印发《关于推进资本市场改革开放和稳定发展的若干意见》。

2月11日 温家宝主持国务院常务会议，研究部署当前防治禽流感工作，讨论并原则通过《关于改进和加强国内突发事件新闻发布工作的实施意见》。

2月16—21日 中共中央举办省部级主要领导干部树立和落实科学发展观专题研究班。

2月20日 国家科学技术奖励大会在京举行。胡锦涛向获得2003年度国家最高科学技术奖的刘东生、王永志颁发奖励证书和奖金。

2月24日 全国国有资产监督管理工作会议在京举行。

2月26日 中共中央、国务院发出《关于进一步加强和改进未成年人思想道德建设的若干意见》。

2月26—29日 十届全国人大常委会第七次会议在京举行。

3月3—12日 全国政协十届二次会议在京举行。会议审议通过《中国人民政治协商会议章程修正案》。

3月5日 国务院公布《中华人民共和国民办教育促进法实施条例》。

3月5—14日 第十届全国人民代表大会第二次会议在京举行。会议通过《中华人民共和国宪法修正案》，在宪法中确立了“三个代表”重要思想在国家政治和社会生活中的指导地位，把十六大确定的重大理论观点和重大方针政策写入了宪法。

3月8日 国务院公布《基金会管理条例》。

3月10日 胡锦涛在中央人口资源环境工作座谈会上讲话，全面阐述科学发展观的深刻内涵和基本要求。

3月11日 国务院发出《关于进一步推进西部大开发的若干意见》。

3月16日 国务院发出《关于切实加强艾滋病防治工作的通知》。

3月18日 胡锦涛主持召开中央政治局常委会议，研究部署进一步学习和贯彻实施《中华人民共和国宪法》。

3月20日 中共中央台湾工作办公室、国务院台湾事务办公室就台湾当局举行公民投票，以及因投票人数未达总投票权人数的一半而无效，发表声明指出：“任何把台湾从中国分割出去的企图都是注定要失败的。”

3月22日 国务院印发《全面推进依法行政实施纲要》，要求经过十年左右坚持不懈的努力，基本实现建设法治政府的目标。

3月23日 国务院召开全国农业和粮食工作会议，部署降低和免征农业税试点工作。

同日 国务院振兴东北地区等老工业基地领导小组召开第一次会议。

同日 中国同多米尼克建交。

3月29日 中共中央政治局召开会议，研究支持粮食主产区和种粮农民的政策措施及干部人事制度改革等问题。

同日 世界粮食奖基金会宣布，中国水稻研究专家袁隆平和塞拉利昂水稻专家蒙迪·琼斯博士共同被授予2004年度世界粮食奖。这是国际粮食领域最高的荣誉。

3 月 31 日 国务院公布《国务院关于修改〈中华人民共和国反倾销条例〉的决定》《国务院关于修改〈中华人民共和国反补贴条例〉的决定》《国务院关于修改〈中华人民共和国保障措施条例〉的决定》。

4 月 2—6 日 十届全国人大常委会第八次会议在京举行。会议通过新修订的《中华人民共和国对外贸易法》，通过关于《中华人民共和国香港特别行政区基本法》附件一第七条和附件二第三条的解释。

4 月 6 日 财政部、农业部、国家税务总局联合下发《关于 2004 年降低农业税税率和在部分粮食主产区进行免征农业税改革试点有关问题的通知》。

4 月 6—7 日 全国艾滋病防治工作会议在京举行。

4 月 7 日 中纪委监察部派驻机构统一管理工作会议在京举行。

4 月 8 日 中共中央办公厅印发《公开选拔党政领导干部工作暂行规定》、《党政机关竞争上岗工作暂行规定》、《党的地方委员会全体会议对下一级党委、政府领导班子正职拟任人选和推荐人选表决办法》、《党政领导干部辞职暂行规定》和《关于党政领导干部辞职从事经营活动有关问题的意见》等干部人事制度改革文件。

4 月 9 日 国务院公布《兽药管理条例》。

4 月 9—13 日 胡锦涛在陕西就推进西部大开发和进一步解决好“三农”问题进行调研。

4 月 18 日 全国铁路第五次大面积提速开始。

4 月 25—26 日 十届全国人大常委会第九次会议在京举行。会议通过全国人大常委会关于香港特别行政区 2007 年行政长官和 2008 年立法会产生办法有关问题的决定。

4 月 26 日 中共中央政治局召开会议，分析当前经济形势，研究进一步做好经济工作的政策措施。

4 月 27—28 日 中央实施马克思主义理论研究和建设工程工作会议在京召开，标志工程正式启动。胡锦涛在会见与会全体代表时指出，实施马克思主义理论研究和建设工程是关系党和国家事业发展的战略任务，是加强党的理论建设的重大举措。

4月30日　纪念任弼时同志诞辰100周年座谈会在京举行。

同日　国务院公布《中华人民共和国道路交通安全法实施条例》《中华人民共和国道路运输条例》。

4月30日—5月6日　胡锦涛在江苏就落实科学发展观、加强党的建设等进行调研。

5月2—12日　温家宝对德国、比利时、欧盟总部、意大利、英国和爱尔兰进行正式访问。3日，温家宝与德国总理施罗德举行会谈，中德两国发表联合声明，在中国与欧盟全面战略伙伴关系框架内建立具有全球责任的伙伴关系。10日，温家宝与英国首相布莱尔在伦敦举行会谈，中英两国发表联合声明，建立全面战略伙伴关系。

5月3日　共青团中央、全国青联、全国学联、全国少工委共同设立中国青少年科技创新奖励基金。

5月10—11日　中共中央在京召开全国加强和改进未成年人思想道德建设工作会议。这是新中国成立以来中共中央第一次召开这样的会议。

5月11日　最高人民检察院决定，2004年5月到2005年6月，检察机关在全国开展严肃查办国家机关工作人员利用职权侵犯人权犯罪专项活动。

5月14—16日　胡锦涛赴吉林，重点考察实施东北地区老工业基地振兴战略的情况。

5月23日　国务院印发《关于进一步深化粮食流通体制改革的意见》。《意见》指出，积极稳妥地放开粮食主产区的粮食收购市场和粮食收购价格；必要时可由国务院决定对短缺的重点粮食品种，在粮食主产区实行最低收购价格；建立对种粮农民直接补贴的机制。

5月26日　国务院公布《粮食流通管理条例》。

5月26—27日　由世界银行发起的首届全球扶贫大会在上海举行。温家宝发表《为减少全球贫困而携手行动》的讲话，提出减贫五大主张，即努力营造和平稳定的国际国内环境、建立公正合理的国际政治经济新秩序、发达国家有义务和责任更多地援助发展中国家、发展中国家要把发展的基点放在依靠自身努力上、国际组织应在全球减贫事业中发挥更大的作用。大会发布《中国政府缓解和消除贫困的政策声明》。

5 月 28 日 在瑞典哥德堡举行的核供应国集团年会上，经全会审议，一致同意接纳中国为核供应国集团成员。

5 月 30 日 国务院公布《危险废物经营许可证管理办法》。

6 月 2—6 日 中国科学院第十二次院士大会、中国工程院第七次院士大会举行。

6 月 3 日 福建、江西、湖南、广东、广西、海南、四川、贵州、云南九省区人民政府和香港、澳门特别行政区政府共同签署《泛珠三角区域合作框架协议》。

6 月 8—18 日 胡锦涛访问波兰、匈牙利、罗马尼亚、乌兹别克斯坦并出席了在塔什干举行的上海合作组织成员国第四次元首会晤。

6 月 17 日 国务院公布《地震监测管理条例》。

6 月 21—25 日 十届全国人大常委会第十次会议在京举行。会议通过《中华人民共和国农业机械化促进法》，批准《中国和越南关于两国在北部湾领海、专属经济区和大陆架的划界协定》《关于修改 2001 年 6 月 15 日在上海签署的〈打击恐怖主义、分裂主义和极端主义上海公约〉的议定书》《关于修改 2002 年 6 月 7 日在圣彼得堡签署的〈上海合作组织宪章〉的议定书》和《关于修改 2002 年 6 月 7 日在圣彼得堡签署的〈上海合作组织成员国关于地区反恐怖机构的协定〉的议定书》。

6 月 22 日 中共中央办公厅、国务院办公厅下发《关于健全和完善村务公开和民主管理制度的意见》。

6 月 23 日 国务院公布《中华人民共和国归侨侨眷权益保护法实施办法》。

6 月 27 日 国务院公布施行《国务院关于修改〈事业单位登记管理暂行条例〉的决定》。

6 月 27—29 日 第一届世界地质公园大会在北京举行。

6 月 28 日—7 月 7 日 联合国教科文组织第 28 届世界遗产委员会会议在江苏苏州举行，会议通过了“苏州决定”等 200 多项大会决定，并发表《世界遗产青少年教育苏州宣言》。

6月29日 胡锦涛主持召开中共中央政治局会议，研究进一步做好新形势下发展党员工作。

6月 中央军委扩大会议召开，提出把军事斗争准备的基点放在打赢信息化条件下的局部战争上。

7月16日 国务院发布《国务院关于投资体制改革的决定》。

7月25日 “探测二号”卫星成功发射升空并进入预定轨道，实现了我国科学家于1997年提出的“地球空间双星探测计划”。

7月26—29日 胡锦涛在上海就落实科学发展观、做好经济工作、加强党的建设等进行调研。

7月28日 我国首个北极科学考察站——黄河站，在挪威斯匹次卑尔根群岛的新奥尔松建成并投入使用。

8月13日 邓小平铜像揭幕仪式在四川省广安市举行。邓小平故居陈列馆正式开馆。

8月13—29日 中国体育代表团参加在希腊雅典举行的第28届夏季奥运会。

8月15日 公安部、外交部联合发布《外国人在中国永久居留审批管理办法》。

8月22日 纪念邓小平同志诞辰100周年大会在京举行。胡锦涛发表讲话，高度评价邓小平为民族独立、人民解放和国家富强、人民幸福建立的不朽功勋，强调邓小平理论和“三个代表”重要思想是指引我们胜利前进的伟大旗帜。

8月23—28日 十届全国人大常委会第十一次会议在京举行。会议通过新修订的《中华人民共和国传染病防治法》，通过《中华人民共和国电子签名法》，通过修改公路法、公司法、证券法、票据法、拍卖法、野生动物保护法、渔业法、种子法、学位条例、土地管理法等十部法律、条例的决定，通过关于完善人民陪审员制度的决定、关于加入联合国人员和有关人员安全公约的决定，批准中国和乌兹别克斯坦关于打击恐怖主义、分裂主义和极端主义的合作协定，批准保护非物质文化遗产公约。

8 月 26 日　中共中央、国务院发出《关于进一步加强和改进大学生思想政治教育的意见》。

9 月 1 日　国务院作出《关于进一步加强食品安全工作的决定》。

9 月 3 日　国务院公布《中华人民共和国进出口货物原产地条例》。

9 月 3—5 日　第三届亚洲政党国际会议在京举行。这是中国共产党首次主办国际性政党会议。会议通过了《北京宣言》。

9 月 5 日　国务院颁布施行《全国经济普查条例》。

9 月 13 日　国务院公布《收费公路管理条例》。

9 月 14 日　中国—阿拉伯国家合作论坛首届部长级会议在阿拉伯国家联盟总部开罗举行，双方签署了《中国—阿拉伯国家合作论坛宣言》和《中国—阿拉伯国家合作论坛行动计划》两个文件，标志着中阿合作论坛正式启动。

9 月 15 日　首都各界隆重集会，纪念全国人民代表大会成立 50 周年。

9 月 16—19 日　中共十六届四中全会在京举行。全会通过《关于加强党的执政能力建设的决定》，提出构建社会主义和谐社会的重大战略任务，把提高构建社会主义和谐社会的能力确定为加强党的执政能力建设的重要内容。全会同意江泽民辞去中央军委主席，决定胡锦涛为中央军委主席。

9 月 17 日　国务院公布《中华人民共和国行政监察法实施条例》。

同日　国务院、中华人民共和国中央军事委员会公布《国防专利条例》。

9 月 19 日　胡锦涛在中共十六届四中全会第三次全体会议上讲话指出，综观一些工业化国家发展历程，在工业化初始阶段，农业支持工业、为工业提供积累是带有普遍性的趋向；但在工业化达到相当程度以后，工业反哺农业、城市支持农村，实现工业与农业、城市与农村协调发展，也是带有普遍性的趋向。

9 月 20 日　十六届中央纪委四次全会在京举行。

9 月 22 日　中共中央印发《中国共产党党员权利保障条例》。

10 月 4 日　中共中央办公厅转发《中共中央组织部关于进一步加强和改进街道社区党的建设工作的意见》。

10月7日 国家主席胡锦涛应约同美国总统布什通电话。胡锦涛强调，中国政府在台湾问题上的立场十分明确。我们希望美方切实履行承诺，坚持“一个中国”政策和三个联合公报，反对“台独”，不向台湾出售先进武器，不向台湾当局发出任何错误信号。

10月14日 袁隆平在美国爱荷华州得梅因市获得世界粮食奖。

10月14—16日 俄罗斯联邦总统普京对中国进行国事访问。胡锦涛与普京签署《中俄联合声明》。14日，中国和俄罗斯签署《关于中俄国界东段的补充协定》，标志着中俄边界线走向已经全部确定。

10月15日 胡锦涛在京观摩全国公安民警大练兵汇报演练。

10月21日 胡锦涛主持召开政治局会议，讨论并决定从2005年1月起在全党开展以实践“三个代表”重要思想为主要内容的保持共产党员先进性教育活动。

同日 国务院下发《关于深化改革严格土地管理的决定》。

10月22—27日 十届全国人大常委会第十二次会议在京举行。会议通过关于修改《中华人民共和国全国人民代表大会和地方各级人民代表大会选举法》的决定、关于修改《中华人民共和国地方各级人民代表大会和地方各级人民政府组织法》的决定，通过关于批准《国务院关于1998年特别国债付息问题的报告》的决议、关于批准中国和塔吉克斯坦关于打击恐怖主义、分裂主义和极端主义的合作协定的决定。

11月1日 国务院颁布《劳动保障监察条例》。

11月1—3日 全国扶贫开发工作会议在西安召开。会议提出大力实施“整村推进”扶贫计划，着力改善贫困村的基本生产生活条件和生态环境。

11月7日 中共中央印发《关于在全党开展以实践“三个代表”重要思想为主要内容的保持共产党员先进性教育活动的意见》。2005年1月至2006年6月，全党开展了这一教育活动。

11月8日 中共中央办公厅、国务院办公厅印发《关于进一步加强互联网管理工作的意见》。

11月11—23日 胡锦涛对巴西、阿根廷、智利、古巴进行国事访问，并于 20—21 日出席在智利首都圣地亚哥举行的亚太经合组织第十二次领导人非正式会议。

11 月 24 日 中纪委、中组部等部门颁布《关于将党政领导干部经济责任审计范围扩大到地厅级的意见》。

11 月 26 日 国土资源部公告了第一批通过规划审核的 52 个国家级经济技术开发区名单。

12 月 3—5 日 中央经济工作会议在京举行。会议提出，2005 年的经济工作，要全面落实科学发展观，坚持发展这个党执政兴国的第一要务，进一步提高驾驭社会主义市场经济的能力，加强和改善宏观调控，着力推进改革开放，加快调整经济结构、转变经济增长方式，更好地利用重要战略机遇期，实现经济社会全面协调可持续发展。

12 月 19 日 中共中央办公厅、国务院办公厅印发《2004—2010 年全国红色旅游发展规划纲要》。

12 月 24 日 胡锦涛在中央军委扩大会议上讲话，提出新世纪新阶段人民解放军的历史使命：为党巩固执政地位提供重要力量保证，为维护国家发展的重要战略机遇期提供坚强安全保障，为维护国家利益提供有力战略支撑，为维护世界和平与促进共同发展发挥重要作用。

同日 100 名非公有制经济人士被授予“优秀中国特色社会主义事业建设者”称号。这是中国首次表彰为改革开放和现代化建设作出贡献的非公有制经济人士。

12 月 25—29 日 十届全国人大常委会第十三次会议在京举行。会议通过新修订的《中华人民共和国固体废物污染环境防治法》，通过关于刑法有关信用卡规定的解释。

12 月 27 日 中共中央政治局会议审议通过《建立健全教育、制度、监督并重的惩治和预防腐败体系实施纲要》。2005 年 1 月 3 日，中共中央印发了该《纲要》。

同日 国务院公布《铁路运输安全保护条例》。

12 月 28 日 国务院公布《著作权集体管理条例》。

12月28—29日 中央农村工作会议在京举行。

12月30日 “西气东输”工程全线投入商业运营。

12月31日 中共中央、国务院发出《关于进一步加强农村工作提高农业综合生产能力若干政策的意见》。

2005年

1月1日　中国关税总水平即日起由10.4%降至9.9%，共涉及900多个税目。

1月5—6日　中央保持共产党员先进性教育活动工作会议在京举行。会议决定从2005年1月开始，用一年半左右的时间，分三批对全体党员进行一次集中教育。

1月10日　国务院公布《信访条例》。

1月10—11日　十六届中央纪委五次全会在京举行。

1月12日　国务院召开常务会议，讨论并原则通过《国务院关于鼓励支持和引导非公有制经济发展的若干意见》和《北京城市总体规划（2004—2020年）》。

1月14日　中共中央举行新时期保持共产党员先进性专题报告会。胡锦涛在会上提出新时期共产党员保持先进性的六条基本要求。

1月17—18日　全国加强和改进大学生思想政治教育工作会议在京举行。胡锦涛在会上强调，高校是培养人才的重要基地，必须把培养中国特色社会主义事业的建设者和接班人作为根本任务。

1月18日　中国科学家确认找到了南极内陆冰盖的最高点，这是人类首次登上南极冰盖最高点。

1月24日　中共中央政治局召开会议，研究加强中国共产党领导的多党合作和政治协商制度建设问题。

1月26日　国务院常务会议审议并原则通过《青海三江源自然保护区生态保护和建设总体规划》。

1月31日　中国第一根大型船用曲轴在上海制造成功并交付使用，改写了中国大型船用曲轴依赖进口的历史。

2月3日 胡锦涛接受第十一世班禅额尔德尼·确吉杰布的拜见。

2月15日 国务院公布《电力监管条例》。

2月18日 中共中央印发《关于进一步加强中国共产党领导的多党合作和政治协商制度建设的意见》，指出中国共产党领导的多党合作和政治协商制度是我国的一项基本政治制度，是具有中国特色的社会主义政党制度。《意见》在认真总结历史经验的基础上对中国共产党领导的多党合作和政治协商的原则、内容、方式和程序等作了科学规范，是指导新世纪新阶段我国多党合作事业的纲领性文件。

2月19日 国务院印发《关于鼓励支持和引导个体私营等非公有制经济发展的若干意见》，提出36项政策措施。

同日 胡锦涛在省部级主要领导干部提高构建社会主义和谐社会能力专题研讨班上讲话指出，我们所要建设的社会主义和谐社会，应该是民主法治、公平正义、诚信友爱、充满活力、安定有序、人与自然和谐相处的社会。

2月25—28日 十届全国人大常委会第十四次会议在京举行。会议通过《中华人民共和国刑法修正案（五）》《中华人民共和国可再生能源法》。

3月3—12日 全国政协十届三次会议在京举行。

3月4日 胡锦涛在参加全国政协十届三次会议民革、台盟、台联界委员联组讨论时，提出新形势下发展两岸关系的四点意见。

3月5—14日 第十届全国人民代表大会第三次会议在京举行。会议通过《反分裂国家法》，明确国家绝不允许任何“台独”分裂势力以任何名义、任何方式把台湾从中国分裂出去。会议选举胡锦涛为中华人民共和国中央军委主席。

3月12日 胡锦涛主持召开中央人口资源环境工作座谈会，指出要大力推进循环经济，建设资源节约型、环境友好型社会。

3月26日 国务院办公厅发出《关于加强我国非物质文化遗产保护工作的意见》。

3月28日 国家科学技术奖励大会在京举行。

4月4日 国务院发表《关于2005年深化经济体制改革的意见》。

4 月 5—12 日 温家宝对巴基斯坦、孟加拉国、斯里兰卡和印度进行正式访问。访印期间，双方宣布建立中印面向和平与繁荣的战略合作伙伴关系，并签订《关于解决中印边界问题政治指导原则的协定》。

4 月 13 日 国务院发布《关于非公有资本进入文化产业的若干决定》。

4 月 17 日 国务院印发《国家突发公共事件总体应急预案》。

4 月 20—28 日 胡锦涛对文莱、印度尼西亚和菲律宾进行国事访问，并出席在印度尼西亚举行的 2005 年亚非峰会和万隆会议 50 周年纪念活动。在 22 日的亚非峰会上，胡锦涛全面阐述中国对构筑亚非新型战略伙伴关系的主张，提出推动不同文明友好相处、平等对话、发展繁荣，共同构建一个和谐世界。

4 月 21 日 国务院新闻办公室发表《中国知识产权保护的新进展》白皮书。

4 月 23 日 胡锦涛在雅加达会见联合国秘书长安南。

4 月 24—27 日 十届全国人大常委会第十五次会议在京举行。会议通过《中华人民共和国公务员法》，通过全国人大常委会关于《中华人民共和国香港特别行政区基本法》第五十三条第二款的解释。

4 月 26 日—5 月 3 日 应胡锦涛邀请，中国国民党主席连战率中国国民党大陆访问团，到南京、北京、西安、上海参观访问。

4 月 29 日 胡锦涛在北京同中国国民党主席连战举行正式会谈，提出新形势下推动两岸关系和平发展的十六字方针。胡锦涛指出：两岸双方应当共同努力，建立互信、搁置争议、求同存异、共创双赢，切实为两岸同胞谋福祉、为台海地区谋和平，开创两岸关系和平发展新局面。这是 60 年来国共两党主要领导人首次会谈。会后双方共同发布《两岸和平发展共同愿景》。

同日 中国证监会下发《关于上市公司股权分置改革试点有关问题的通知》。

4 月 30 日 全国劳动模范和先进工作者表彰大会在京举行。

5 月 5—13 日 应胡锦涛邀请，亲民党主席宋楚瑜率亲民党大陆访问团，到西安、南京、上海、长沙、北京等地参观访问。

5月8—9日 胡锦涛出席在莫斯科举行的俄罗斯纪念卫国战争胜利60周年庆典。

5月9日 国务院办公厅转发建设部等七部门《关于做好稳定住房价格工作的意见》的通知。

5月12日 胡锦涛与宋楚瑜举行正式会谈。

5月23日 全国社会治安综合治理先进集体先进工作者表彰大会在京举行。

5月26日 中共中央转发《中共全国人大常委会党组关于进一步发挥全国人大代表作用加强全国人大常委会制度建设的若干意见》。

5月27日 中央民族工作会议暨国务院第四次全国民族团结进步表彰大会在京举行。

5月31日 中共中央、国务院作出《关于进一步加强民族工作加快少数民族和民族地区经济社会发展的决定》。

6月7日 国务院发布《关于促进煤炭工业健康发展的若干意见》。

同日 中国政府发布《中国关于联合国改革问题的立场文件》。

6月9日 国务院发出《关于促进流通业发展的若干意见》。

6月13日 纪念陈云同志诞辰100周年大会在京举行。同月，《陈云传》、《陈云文集》（1—3卷）由中央文献出版社出版发行。

6月23日 国务院、中央军委颁发《中国人民解放军文职人员条例》，决定在全军实行文职人员制度。

6月26日—7月1日 十届全国人大常委会第十六次会议在京举行。

6月27日 中共中央政治局召开会议，讨论国家中长期科学和技术发展规划的若干重大问题，研究部署加快我国科学技术事业发展的有关工作。

6月30日—7月7日 胡锦涛对俄罗斯和哈萨克斯坦进行国事访问，并出席在哈萨克斯坦首都阿斯塔纳举行的上海合作组织元首第五次会议及在英国苏格兰鹰谷举行的八国集团与中国、印度、巴西、南非、墨西哥五国领导人对话会。在访俄期间，胡锦涛与俄罗斯总统普京共同宣布2006年和2007年中俄双方互办“国家年”。

7 月 4—5 日 大湄公河次区域经济合作第二次领导人会议在昆明举行。中国、柬埔寨、老挝、缅甸、泰国和越南六国总理出席会议。

7 月 6—13 日 台湾新党主席郁慕明率新党纪念抗战胜利 60 周年大陆访问团，访问广州、南京、大连、北京，此行名为“民族之旅”。12 日，胡锦涛会见访问团。

7 月 9 日 国务院公布《中华人民共和国工业产品生产许可证管理条例》。

7 月 21 日 中国人民银行宣布：自当日起，我国开始实行以市场供求为基础、参考一篮子货币进行调节、有管理的浮动汇率制度。

8 月 3 日 国务院公布《麻醉药品和精神药品管理条例》。

8 月 10 日 中国人民银行上海总部揭牌仪式在上海举行。

8 月 15 日 中共浙江省委书记习近平在安吉余村考察时，提出绿水青山就是金山银山的重要论述。

8 月 18—25 日 “和平使命—2005”中俄联合军事演习在俄罗斯符拉迪沃斯托克和中国山东半岛及附近海域举行。

8 月 23 日 中国证监会等五部门联合发布《关于上市公司股权分置改革的指导意见》。

同日 国务院公布《直销管理条例》和《禁止传销条例》。

8 月 23—28 日 十届全国人大常委会第十七次会议在京举行。会议通过《中华人民共和国治安管理处罚法》《中华人民共和国公证法》，通过关于修改《中华人民共和国妇女权益保障法》的决定。

8 月 29—30 日 国务院召开全国扶持人口较少民族发展工作会议。

9 月 1 日 西藏自治区成立 40 周年庆祝大会在拉萨举行。

同日 国务院新闻办公室发表《中国的军控、裁军与防扩散努力》白皮书。

9 月 3 日 纪念中国人民抗日战争暨世界反法西斯战争胜利 60 周年大会在京举行。胡锦涛在会上讲话，强调要牢记历史、不忘过去、珍爱和平、开创未来。

9 月 5—10 日 第 22 届世界法律大会先后在北京、上海举行，并通过

《上海宣言》。

9月7日　吴邦国在纽约联合国总部主持第二次世界议长大会。

9月8日　国务院作出《关于进一步加强防沙治沙工作的决定》。

9月8—17日　胡锦涛对加拿大和墨西哥进行国事访问，并出席在纽约举行的联合国成立60周年首脑会议。胡锦涛在首脑会议上发表了题为《努力建设持久和平、共同繁荣的和谐世界》的重要讲话，首次提出了“和谐世界”的理念。13日，胡锦涛在纽约与美国总统布什举行会晤，双方表示将增进互信，加强合作，共同致力于发展中美建设性合作关系，促进世界的和平、稳定、发展。

9月9日　国务院国资委公布《关于上市公司股权分置改革中国有股股权管理有关问题的通知》。

9月14日　国务院公布《放射性同位素与射线装置安全和防护条例》。

同日　外交部长李肇星在纽约代表中国政府签署了《制止核恐怖行为国际公约》。

10月1日　新疆维吾尔自治区成立50周年庆祝大会在乌鲁木齐举行。

10月8—11日　中共十六届五中全会在京举行。胡锦涛作重要讲话指出，我国总体上已到了以工促农、以城带乡的发展阶段，我们要自觉顺应这一趋势，实行工业反哺农业、城市支持农村的方针。全会审议通过《中共中央关于制定国民经济和社会发展第十一个五年规划的建议》，提出建设社会主义新农村的重大历史任务，指出改革是促进经济社会发展的强大动力，必须以更大决心加快推进改革，使关系经济社会发展全局的重大体制改革取得突破性进展。

10月9日　经国务院批准，国家测绘局受权公布：珠穆朗玛峰峰顶岩石面海拔高程为8844.43米。从即日起，1975年公布的珠峰高程数据8848.13米停止使用。

10月12—17日　“神舟六号”载人飞船成功发射并顺利着陆。这是中国第一次将两名航天员同时送上太空，是首次真正意义上有人参与的空间实验飞行。11月26日，中共中央、国务院、中央军委在京举行庆祝“神舟六号”载人航天飞行圆满成功大会，胡锦涛出席并强调要大力弘扬“载人航天精神”。

10 月 12—23 日 第十届全国运动会在江苏省举行。

10 月 15—16 日 第七届二十国集团财长和央行行长会议在京举行。胡锦涛出席开幕式，就加强国际合作，推动世界经济平衡有序发展提出四点主张。

10 月 22—27 日 十届全国人大常委会第十八次会议在京举行。会议通过新修订的《中华人民共和国公司法》和新修订的《中华人民共和国证券法》，通过关于修改《中华人民共和国个人所得税法》的决定，通过关于增加《中华人民共和国香港特别行政区基本法》附件三所列全国性法律的决定、关于增加《中华人民共和国澳门特别行政区基本法》附件三所列全国性法律的决定，通过关于批准联合国反腐败公约的决定。

10 月 26 日 全国精神文明建设工作表彰大会在京举行。

10 月 28 日 国务院作出《关于大力发展职业教育的决定》。

10 月 28 日—11 月 2 日 胡锦涛应邀正式访问朝鲜、越南。

11 月 4 日 国务院发出《关于进一步加强就业再就业工作的通知》。

11 月 18—19 日 胡锦涛出席在韩国釜山举行的亚太经合组织第十三次领导人非正式会议。

11 月 19—21 日 美国总统布什对中国进行正式访问。两国元首一致同意，全面推进 21 世纪中美建设性合作关系。

11 月 29 日—12 月 1 日 中央经济工作会议在京举行。会议提出，2006 年的经济工作，要坚持以科学发展观统领经济社会发展全局，保持宏观经济政策的连续性和稳定性，着力加快改革开放，着力增强自主创新能力，着力推进经济结构调整和经济增长方式转变，着力提高经济增长的质量和效益，实现又快又好发展，促进和谐社会建设，为顺利实施“十一五”规划开好局、起好步。这个总体要求的精神实质，就是要推动经济社会发展切实转入科学发展的轨道。

12 月 3 日 国务院发布《关于落实科学发展观加强环境保护的决定》《关于完善企业职工基本养老保险制度的决定》。

12 月 14 日　温家宝在吉隆坡出席首届东亚峰会。

12 月 22 日　国务院新闻办公室发表《中国的和平发展道路》白皮书。

同日　中共中央、国务院印发《关于深化文化体制改革的若干意见》。

12 月 24 日　国务院发出《关于深化农村义务教育经费保障机制改革的通知》，提出从 2006 年开始，全部免除西部地区农村义务教育阶段学生学杂费，2007 年扩大到中部和东部地区；对贫困家庭学生免费提供教科书并补助寄宿生生活费。

12 月 24—29 日　十届全国人大常委会第十九次会议在京举行。会议通过《中华人民共和国畜牧法》和全国人大常委会关于废止《中华人民共和国农业税条例》的决定。全国人大常委会于 1958 年 6 月 3 日通过的《中华人民共和国农业税条例》自 2006 年 1 月 1 日起废止。在中国延续两千多年的农业税正式成为历史。

12 月 28—29 日　中央农村工作会议在京举行。

12 月 31 日　中共中央、国务院印发《关于推进社会主义新农村建设的若干意见》，指出要按照生产发展、生活宽裕、乡风文明、村容整洁、管理民主的要求，协调推进农村经济建设、政治建设、文化建设、社会建设和党的建设。

2006年

1月5—6日 十六届中央纪委六次全会在京举行。

1月8日 国务院发布《国家突发公共事件总体应急预案》。

1月9—11日 中共中央、国务院召开全国科学技术大会。这是中共中央、国务院在新世纪召开的第一次全国科技大会。胡锦涛在会上向获得2005年度国家最高科学技术奖的叶笃正、吴孟超颁发奖励证书和奖金。

1月11日 胡锦涛会见全军后勤工作会议代表和“十五”时期全军后勤重大科技成果获奖单位、个人代表。

1月12日 中国政府首次正式发表《中国对非洲政策文件》。

1月20日 国务院发布《关于加强地质工作的决定》。

1月21日 中共中央印发《干部教育培训工作条例（试行）》。

1月22日 “大洋一号”科考船经过近300天的航行，完成了中国首次环球大洋科学考察各项任务，回到出发地青岛。“大洋一号”于2005年4月2日从青岛出发。

1月26日 中共中央、国务院作出《关于实施科技规划纲要，增强自主创新能力的决定》，提出增强自主创新能力，努力建设创新型国家。

1月31日 国务院印发《关于解决农民工问题的若干意见》，指出要逐步建立城乡统一的劳动力市场和公平竞争的就业制度、保障农民工合法权益的政策体系和执法监督机制、惠及农民工的城乡公共服务体制和制度。

2月8日 中共中央印发《关于加强人民政协工作的意见》。

2月14—20日 中共中央举办省部级主要领导干部建设社会主义新农村专题研讨班。2006年4月至2007年1月，中央连续举办50期培训班，对全国5474名县委书记、县长进行“建设社会主义新农村”专题培训。

2月21日 国务院发布《关于发展城市社区卫生服务的指导意见》。

2月25—28日 十届全国人大常委会第二十次会议在京举行。会议通过关于修改《中华人民共和国审计法》的决定，通过关于批准《制止向恐怖主义提供资助的国际公约》的决定。

2月28日 中共中央台湾工作办公室、国务院台湾事务办公室受权就陈水扁决定终止"国统会"运作和"国统纲领"适用发表声明指出：坚决反对和制止陈水扁通过"宪改"进行"台湾法理独立"活动，是当前我们最重要、最紧迫的任务。

3月3日 胡锦涛在参加十届全国人大四次会议、全国政协十届四次会议的党员负责同志会议上指出，社会主义法治必须以社会主义法治理念为指导。坚持社会主义法治理念，就是要坚持依法治国、执法为民、公平正义、服务大局、党的领导。

3月3—13日 全国政协十届四次会议在京举行。

3月4日 胡锦涛在参加全国政协十届四次会议民盟、民进联组讨论时发表讲话，强调要引导广大干部群众特别是青少年树立以"八荣八耻"为主要内容的社会主义荣辱观。

3月5—14日 第十届全国人民代表大会第四次会议在京举行。会议批准《中华人民共和国国民经济和社会发展第十一个五年规划纲要》。

3月9日 国务院新闻办公室发表《2005年美国的人权纪录》，以回应美国国务院8日发表的《2005年国别人权报告》对包括中国在内各国人权状况的歪曲和指责。

3月17日 中共中央、国务院转发《中央宣传部、司法部关于在公民中开展法制宣传教育的第五个五年规划》。

3月19日 中央军委发布《中国人民解放军司令部条例》。

3月21—22日 俄罗斯总统普京对中国进行国事访问，中俄双方发表了《中俄联合声明》。

3月27日 胡锦涛主持召开中央政治局会议，研究促进中部地区崛起工作。

3月28—30日 全国文化体制改革会议在京举行。

4 月 1—8 日 温家宝访问澳大利亚、斐济、新西兰、柬埔寨，并出席中国—太平洋岛国经济发展合作论坛首届部长级会议开幕式。

4 月 2 日 中共中央发出《关于认真做好今明两年省、自治区、直辖市党委换届工作的通知》。

4 月 9 日 国务院发布《关于加强和改进社区服务工作的意见》。

4 月 14—15 日 两岸经贸论坛在京举行。中共中央台办受权宣布和通报大陆方面将进一步采取促进两岸交流合作、惠及台湾同胞的 15 项政策措施。

4 月 15 日 中共中央、国务院印发《关于促进中部地区崛起的若干意见》。《意见》提出，要把中部地区建设成全国重要的粮食生产基地、能源原材料基地、现代装备制造及高技术产业基地和综合交通运输枢纽。

4 月 17 日 国家旅游局、公安部、国务院台办联合发布《大陆居民赴台湾地区旅游管理办法》。

4 月 17—18 日 第六次全国环境保护大会在京举行。

4 月 18—21 日 胡锦涛对美国进行国事访问。20 日，胡锦涛在白宫同美国总统布什举行会谈，双方同意从战略高度和长远角度看待和处理两国关系，全面推进 21 世纪中美建设性合作关系。

4 月 25—29 日 十届全国人大常委会第二十一次会议在京举行。会议通过《中华人民共和国农产品质量安全法》《中华人民共和国护照法》，通过关于加入《乏燃料管理安全和放射性废物管理安全联合公约》的决定，通过全国人大常委会关于加强法制宣传教育的决议。

4 月 26 日 商业试运行近两年的上海磁浮线通过国家竣工验收，投入正式运营。上海磁浮线是世界上首条高速磁悬浮交通商业示范运营线。

4 月 29 日 国务院公布《中华人民共和国濒危野生动植物进出口管理条例》。

5 月 3 日 中共中央作出《关于进一步加强人民法院、人民检察院工作的决定》。

5 月 9 日 中国当选联合国人权理事会首届成员。

5月19—23日 联合国秘书长安南正式访华。

5月20日 三峡大坝全线建成。大坝全长2309米，达到海拔185米设计高程。

5月26日 中共中央政治局召开会议，研究改革收入分配制度和规范收入分配秩序问题。

同日 国务院发出《关于推进天津滨海新区开发开放有关问题的意见》。

5月31日—6月1日 中国—阿拉伯国家合作论坛第二届部长级会议在京举行。

6月5日 国务院新闻办公室发表《中国的环境保护（1996—2005）》白皮书。

6月15日 上海合作组织成员国元首理事会第六次会议在上海举行。胡锦涛主持会议并发表讲话，指出：要坚定不移地倡导和实践互信、互利、平等、协商，尊重多样文明，谋求共同发展的“上海精神”。六国元首共同签署《上海合作组织五周年宣言》。

6月17日 胡锦涛出席在阿拉木图举行的亚洲相互协作与信任措施会议第二次峰会。

6月17—24日 温家宝对埃及、加纳、刚果共和国、安哥拉、南非、坦桑尼亚和乌干达七国进行正式访问。

6月24—27日 全军军事训练会议在京举行。

6月24—29日 十届全国人大常委会第二十二次会议在京举行。会议通过《中华人民共和国刑法修正案（六）》和新修订的《中华人民共和国义务教育法》，通过全国人大常委会关于批准《亚太空间合作组织公约》的决定、关于批准《防止倾倒废物和其他物质污染海洋公约》及其《1996年议定书》的决定。

6月30日 庆祝中国共产党成立85周年暨总结保持共产党员先进性教育活动大会举行。

7月1日 青藏铁路全线建成通车。

7月4日 科技部、卫生部、国家中医药管理局发布《中医药国际科技合作规划纲要》。

7 月 6 日　中国同黑山建交。

7 月 10—12 日　全国统战工作会议在京举行。

7 月 13 日　国务院办公厅印发《关于建立国家土地督察制度有关问题的通知》。

7 月 17 日　胡锦涛出席在俄罗斯圣彼得堡举行的八国集团同发展中国家领导人对话会议。

7 月 24 日　中共中央发出《关于巩固和壮大新世纪新阶段统一战线的意见》。

8 月 6 日　国务院作出《关于加强节能工作的决定》。

8 月 10 日　《江泽民文选》出版发行。13 日，中共中央作出《关于学习〈江泽民文选〉的决定》。

8 月 21—23 日　中央外事工作会议在京举行。会议强调，新世纪新阶段的外事工作，要紧紧围绕发展这个党执政兴国的第一要务，高举和平、发展、合作的旗帜，坚持独立自主的和平外交政策，坚定不移地走和平发展道路，维护和用好重要战略机遇期，维护国家主权、安全、发展利益，努力为我国改革开放和社会主义现代化建设营造良好国际环境和有利外部条件，为推动建设持久和平、共同繁荣的和谐世界作出贡献。

8 月 22—27 日　十届全国人大常委会第二十三次会议在京举行。会议通过《中华人民共和国监督法》《中华人民共和国企业破产法》和新修订的《中华人民共和国合伙企业法》，通过全国人大常委会关于批准中国政府和巴基斯坦政府关于打击恐怖主义、分裂主义和极端主义的合作协定的决定。

8 月 23 日　国务院公布施行《全国农业普查条例》。

8 月 31 日　国务院发出《关于加强土地调控有关问题的通知》。

9 月 1—2 日　全国农村综合改革工作会议在京举行。温家宝在会上作《不失时机推进农村综合改革为社会主义新农村建设提供体制保障》的讲话。

9 月 7 日　国家环保总局和国家统计局联合发布《中国绿色国民经济核算研究报告 2004》。这是我国第一份经环境污染调整的国内生产总值核算研究报告。

9月9—16日 温家宝对芬兰、塔吉克斯坦进行正式访问，对英国、德国进行工作访问，并出席在赫尔辛基举行的第九次中欧领导人会晤及2006年中欧工商峰会、在汉堡举行的中欧论坛第二次会议和在杜尚别举行的上海合作组织成员国总理第五次会议。

9月19日 国务院公布《防治海洋工程建设项目污染损害海洋环境管理条例》。

9月24日 中共中央政治局召开会议，审议中央纪委《关于陈良宇同志有关问题初核情况的报告》。中共中央决定，由中央纪委对陈良宇的问题立案检查，免去陈良宇上海市委书记、常委、委员职务，停止其担任的中央政治局委员、中央委员职务。

10月8日 国务院发出《关于做好农村综合改革工作有关问题的通知》。

同日 胡锦涛会见来访的日本首相安倍晋三。双方同意，努力构筑基于共同战略利益的互惠关系。

10月8—11日 中共十六届六中全会在京举行。全会通过《中共中央关于构建社会主义和谐社会若干重大问题的决定》，指出社会和谐是中国特色社会主义的本质属性，强调要按照民主法治、公平正义、诚信友爱、充满活力、安定有序、人与自然和谐相处的总要求，构建社会主义和谐社会，推动社会建设与经济建设、政治建设、文化建设协调发展。

10月15—30日 第100届中国出口商品交易会（广交会）举行。15日，温家宝在开幕式上宣布：从第101届开始，广交会更名为中国进出口商品交易会。

10月17日 两岸农业合作论坛在博鳌举行。大陆推出20项扩大和深化两岸农业合作的新政策措施。

10月22日 纪念红军长征胜利70周年大会在京举行。胡锦涛在会上指出，红军长征不仅创造了可歌可泣的战争史诗，而且谱写了豪情万丈的精神史诗，铸就了伟大的长征精神。

10月22—25日 国际反贪局联合会第一次年会暨会员代表大会在北京举行。

10 月 27—31 日 十届全国人大常委会第二十四次会议在京举行。会议通过《中华人民共和国反洗钱法》《中华人民共和国农民专业合作社法》，通过关于修改《中华人民共和国银行业监督管理法》的决定、关于修改《中华人民共和国人民法院组织法》的决定，通过全国人大常委会关于授权香港特别行政区对深圳湾口岸港方口岸区实施管辖的决定。

11 月 4—5 日 中非合作论坛北京峰会举行。胡锦涛在开幕式上宣布：中国政府将采取八个方面的政策措施推动中非新型战略伙伴关系发展。峰会通过《中非合作论坛北京峰会宣言》和《中非合作论坛——北京行动计划（2007—2009 年）》。

11 月 10—14 日 中国文学艺术界联合会第八次全国代表大会、中国作家协会第七次全国代表大会在京举行。胡锦涛在会上指出：繁荣社会主义先进文化，建设和谐文化，为构建社会主义和谐社会作出贡献，是现阶段我国文化工作的主题。

11 月 11 日 国务院公布《中华人民共和国外资银行管理条例》。

11 月 13 日 国务院公布《公安机关组织管理条例》。

11 月 15—26 日 胡锦涛出席在越南河内举行的亚太经合组织第十四次领导人非正式会议，并访问越南、老挝、印度、巴基斯坦。

12 月 5—7 日 中央经济工作会议在京举行。会议提出，2007 年的经济工作，要全面落实科学发展观，加快构建社会主义和谐社会，继续加强和改善宏观调控，着力调整经济结构和转变增长方式，着力加强资源节约和环境保护，着力推进改革开放和自主创新，着力促进社会发展和解决民生问题，推动经济社会发展切实转入科学发展的轨道，努力实现国民经济又好又快发展，为党的十七大召开创造良好环境。胡锦涛在会上指出，坚持又好又快发展，是落实科学发展观、实现全面建设小康社会目标的必然要求。

12 月 13 日 中共中央印发《2006—2010 年全国干部教育培训规划》。

12 月 14—15 日 首次中美战略经济对话在京举行。

12 月 17 日 中共中央、国务院作出《关于全面加强人口和计划生育工作统筹解决人口问题的决定》。

12 月 22—23 日　中央农村工作会议在京举行。

12 月 24—29 日　十届全国人大常委会第二十五次会议在京举行。会议通过新修订的《中华人民共和国未成年人保护法》，通过全国人大常委会关于批准《保护和促进文化表现形式多样性公约》的决定、关于加入《世界知识产权组织版权条约》的决定、关于加入《世界知识产权组织表演和录音制品条约》的决定。

12 月 29 日　国务院公布《中华人民共和国车船税暂行条例》。

2007 年

1 月 5 日　中国自行研制的第三代多用途战斗机歼 -10 公开亮相。

1 月 8—10 日　十六届中央纪委七次全会在京举行。

1 月 13 日　中央军委发出《“十一五”期间推进军队后勤保障和其他保障社会化的意见》。

1 月 13—16 日　温家宝出席在菲律宾宿务举行的第十次东盟与中日韩（10+3）、东盟与中国（10+1）领导人会议，第二届东亚峰会，主持了第七次中日韩领导人会议，并访问菲律宾。

1 月 19—20 日　第三次全国金融工作会议在京举行。会议提出，继续深化国有商业银行改革，推进政策性银行改革；加快农村金融改革发展，完善农村金融体系；大力发展资本市场和保险市场。

1 月 20 日　秦岭终南山公路隧道正式通车，这是中国自行设计施工的世界最长的双洞单向公路隧道。工程 2002 年 3 月开工建设。

1 月 29 日　中共中央、国务院发出《关于全面深化金融改革促进金融业持续健康安全发展的若干意见》。

1 月 30 日—2 月 10 日　胡锦涛对喀麦隆、利比里亚、苏丹、赞比亚、纳米比亚、南非、莫桑比克和塞舌尔进行国事访问。

2 月 2—7 日　中共中央举办省部级主要领导干部学习《江泽民文选》专题研讨班。

2 月 14 日　中共中央办公厅、国务院办公厅印发《关于进一步加强西部地区人才队伍建设的意见》。

2 月 24 日　国务院颁布《地方各级人民政府机构设置和编制管理条例》。

同日　国务院公布《国家自然科学基金条例》。

2 月 25 日　国务院公布《残疾人就业条例》。

2 月 26—28 日　十届全国人大常委会第二十六次会议在京举行。

2 月 27 日　国家科学技术奖励大会在京举行。胡锦涛向获得 2006 年度国家最高科学技术奖的李振声颁发奖励证书和奖金。

3 月 3—15 日　全国政协十届五次会议在京举行。

3 月 5—16 日　第十届全国人民代表大会第五次会议在京举行。会议通过《中华人民共和国物权法》《中华人民共和国企业所得税法》。

3 月 6 日　国务院公布《期货交易管理条例》。

3 月 10 日　中共中央、国务院发出《关于进一步加强新时期信访工作的意见》。

3 月 15 日　中共中央办公厅、国务院办公厅发出《关于进一步加强和完善机构编制管理严格控制机构编制的通知》。

3 月 18 日　中共中央办公厅、国务院办公厅发出《关于进一步严格控制党政机关办公楼等楼堂馆所建设问题的通知》。

3 月 19 日　国务院发出《关于加快发展服务业的若干意见》。

3 月 20 日　中国邮政储蓄银行在京成立。

3 月 26—27 日　全国防沙治沙大会在京举行。

3 月 26—28 日　胡锦涛对俄罗斯进行国事访问，并出席在俄罗斯举办的“中国年”开幕式等活动。

3 月 27—28 日　第六次全国信访工作会议在京举行。

3 月 30 日　中国常驻联合国代表王光亚代表中国签署《残疾人权利公约》。

3 月 31 日　国务院办公厅发出《关于进一步加强药品安全监管工作的通知》。

4 月 2—3 日　全国经济体制改革工作会议在成都举行。

4 月 5 日　国务院发布《中华人民共和国政府信息公开条例》。

4 月 9 日　国务院公布《生产安全事故报告和调查处理条例》。

4 月 10—13 日　温家宝对韩国、日本进行正式访问。2007 年是中韩建交 15 周年，也是中韩交流年。10 日，温家宝与韩国总统卢武铉举行会谈，就中韩关系提出保持高层交往、深化经贸合作等五点建议。

4月11—14日 胡锦涛在宁夏考察工作，强调要坚持把生态环境保护和建设作为功在当代、利在千秋的大事抓紧抓好。

4月12日 中国首次启动全国范围内的污染源普查。

4月14日 国务院发出《关于鼓励和规范企业对外投资合作的意见》。

同日 中国成功发射第一颗“北斗二号”导航卫星，正式开始独立自主建设中国第二代卫星导航系统。

4月18日 全国铁路第六次大面积提速开始。

4月22日 国务院公布《行政机关公务员处分条例》。

4月24—27日 十届全国人大常委会第二十七次会议在京举行。

4月25日 国务院颁布《中华人民共和国水文条例》。

4月27日 全国节能减排工作电视电话会议举行。

5月3日 中国石油天然气集团公司宣布：在渤海湾滩海地区发现储量规模达10亿吨的冀东南堡油田。

5月7日 中共中央、国务院发出《关于加强青少年体育增强青少年体质的意见》。

5月13日 国务院发出《关于建立健全普通本科高校高等职业学校和中等职业学校家庭经济困难学生资助政策体系的意见》。

5月14日 中国在西昌卫星发射中心用“长征三号乙”运载火箭成功将尼日利亚通信卫星一号送上太空。这是中国首次以火箭、卫星及发射支持的整体方式，为国际用户提供商业卫星服务。

5月17日 国防科工委、国家发展改革委和国务院国资委联合发布《关于推进军工企业股份制改造的指导意见》。

5月23日 国务院发出《关于印发节能减排综合性工作方案的通知》。

5月29日 中央纪委印发《中共中央纪委关于严格禁止利用职务上的便利谋取不正当利益的若干规定》的通知。

5月31日 中共中央办公厅、国务院办公厅发出《关于设立国家预防腐败局的通知》，决定设立国家预防腐败局。

6月1日 中共中央办公厅、国务院办公厅发出《关于加强网络文化建设和管理的意见》。

同日 中国同哥斯达黎加建交。

6月3日 国务院印发《中国应对气候变化国家方案》。这是中国第一部应对气候变化的全面的政策性文件，也是发展中国家颁布的第一部应对气候变化的国家方案。

6月5日 中共中央、国务院、中央军委印发《关于进一步做好军队转业干部安置工作的意见》。

6月6—10日 胡锦涛出席在德国海利根达姆举行的八国集团同发展中国家领导人对话会议，并对瑞典进行国事访问。

6月7日 国家发展改革委发出《关于批准重庆市和成都市设立全国统筹城乡综合配套改革试验区的通知》。

6月16日 中共中央政治局召开会议，研究加强公共文化服务体系建设。

6月24—29日 十届全国人大常委会第二十八次会议在京举行。会议通过《中华人民共和国劳动合同法》和关于修改《中华人民共和国个人所得税法》的决定。

6月25日 胡锦涛在中央党校省部级干部进修班发表讲话指出：面对新形势新任务，我们要坚持以邓小平理论和“三个代表”重要思想为指导，深入贯彻落实科学发展观，继续解放思想，坚持改革开放，推动科学发展，促进社会和谐，为夺取全面建设小康社会新胜利而奋斗。

7月1日 胡锦涛出席庆祝香港回归祖国十周年大会暨香港特别行政区第三届政府就职典礼并发表重要讲话。他指出，“一国两制”是完整的概念。“一国”和“两制”不能相互割裂，更不能相互对立。“一国”就是要维护中央依法享有的权力，维护国家主权、统一、安全。“两制”就是要保障香港特别行政区依法享有的高度自治权，支持行政长官和特别行政区政府依法施政。

同日 第二次全国土地调查启动。

7月10日 国务院印发《关于开展城镇居民基本医疗保险试点的指导意见》，旨在逐步建立以大病统筹为主的城镇居民基本医疗保险制度。

7 月 11 日　国务院发出《关于在全国建立农村最低生活保障制度的通知》。指出，将符合条件的农村贫困人口全部纳入保障范围，稳定、持久、有效地解决全国农村贫困人口的温饱问题。

7 月 16 日—8 月 20 日　为庆祝中国人民解放军建军 80 周年，《我们的队伍向太阳——新中国成立以来国防和军队建设成就展》在中国人民革命军事博物馆展出。

7 月 23—24 日　全国城镇居民基本医疗保险试点工作会议在京举行。温家宝与出席会议的部分代表进行座谈，强调建立城镇居民基本医疗保险制度，是我国在建立城镇职工基本医疗保险制度和新型农村合作医疗制度之后又一重大举措。城镇居民基本医疗保险试点工作重在制度建设，同时必须着眼整个医药卫生体制改革，搞好相关制度统筹协调。

7 月 26 日　中共中央政治局召开会议，分析研究当前经济形势和经济工作，强调要坚持把遏制经济增长由偏快转为过热作为当前宏观调控的首要任务。

同日　中共中央决定开除原中央政治局委员、上海市委书记陈良宇党籍，对其涉嫌犯罪问题移送司法机关依法处理。

7 月 30 日　国务院发出《关于促进生猪生产发展稳定市场供应的意见》。

8 月 1 日　庆祝中国人民解放军建军 80 周年暨全军英雄模范代表大会举行。胡锦涛在大会上讲话指出，在 80 年的顽强奋斗中，人民解放军培育和形成了优良的革命传统，集中起来就是听党指挥、服务人民、英勇善战。

8 月 7 日　国务院发出《关于解决城市低收入家庭住房困难的若干意见》。提出，加快建立健全以廉租住房制度为重点、多渠道解决城市低收入家庭住房困难的政策体系。

8 月 8 日　内蒙古自治区成立 60 周年庆祝大会在呼和浩特举行。

8 月 9 日　国务院发出《关于完善退耕还林政策的通知》。

8 月 14—18 日　胡锦涛对吉尔吉斯斯坦、哈萨克斯坦进行国事访问，并出席在比什凯克举行的上海合作组织成员国元首理事会第七次会议，赴俄罗斯观摩上海合作组织成员国联合反恐军事演习，与出席上海合作组织比什凯克峰会的各成员国元首共同签署《上海合作组织成员国长期睦邻友好合作条约》。

8月21日 中共中央办公厅、国务院办公厅印发《关于加强公共文化服务体系建设的若干意见》。指出，要坚持把建设的重心放在基层和农村，着力提高公共文化产品供给能力，着力解决人民群众最关心、最直接、最现实的基本文化权益问题，推动文化建设与经济建设、政治建设、社会建设协调发展。

8月24—30日 十届全国人大常委会第二十九次会议在京举行。会议通过《中华人民共和国反垄断法》《中华人民共和国突发事件应对法》《中华人民共和国就业促进法》和新修订的《中华人民共和国动物防疫法》，通过关于修改《中华人民共和国城市房地产管理法》的决定。

9月3—9日 胡锦涛对澳大利亚进行国事访问并出席在悉尼举行的亚太经合组织第十五次领导人非正式会议。

9月6—8日 首届夏季达沃斯论坛在辽宁大连举行。此后，论坛每年在天津、大连轮流举行。

9月16日 国务院台湾事务办公室发言人就陈水扁鼓吹"台独"分裂言论一事发表谈话指出：近一时期，陈水扁继续大肆煽动"入联公投""申请入联"，再次鼓噪"台湾是主权独立国家"的谎言。我们将继续密切关注，并做好了应对严重状况的必要准备。21日，第六十二届联合国大会全体会议批准联大总务委员会的决定，拒绝将所谓"台湾申请加入联合国"提案列入联大议程。

9月18日 第一届全国道德模范表彰大会在京举行。这是新中国成立以来规模最大、规格最高、范围最广的该项评选。

9月24日 国务院批准海南设立海南洋浦保税港区，这是我国继上海洋山、大连大窑湾和天津东疆保税区之后的第四个保税区。

10月2—11日 第12届世界夏季特殊奥林匹克运动会在上海举行。这是第一次在发展中国家、在亚洲举办的夏季特奥会。

10月9日 国务院公布施行《全国污染源普查条例》。

10 月 9—12 日 中共十六届七中全会在京举行。全会决定，2007 年 10 月 15 日召开中共十七大。

10 月 11—12 日 十六届中央纪委八次全会在京举行。

10 月 15—21 日 中国共产党第十七次全国代表大会在京举行。胡锦涛作《高举中国特色社会主义伟大旗帜，为夺取全面建设小康社会新胜利而奋斗》的报告，全面阐述科学发展观的科学内涵、精神实质和根本要求，明确科学发展观第一要义是发展，核心是以人为本，基本要求是全面协调可持续，根本方法是统筹兼顾。大会通过关于《中国共产党章程（修正案）》的决议，把科学发展观写入党章。大会第一次把建设生态文明作为实现全面建设小康社会奋斗目标的新要求提出来。

10 月 22 日 中共十七届一中全会在京举行。全会选举胡锦涛为中央委员会总书记，决定胡锦涛为中央军委主席，批准贺国强为中央纪委书记。

同日 十七届中央纪委一次会议举行。

10 月 23 日 十七届中央政治局召开第一次会议，对学习宣传贯彻党的十七大精神进行研究部署。

10 月 24 日 中国第一颗绕月探测卫星“嫦娥一号”发射成功。11 月 5 日，“嫦娥一号”进入环月轨道，标志着中国首次月球探测工程取得圆满成功。中国进入世界具有深空探测能力的国家行列。

10 月 24—28 日 十届全国人大常委会第三十次会议在京举行。会议通过《中华人民共和国城乡规划法》，通过关于修改《中华人民共和国民事诉讼法》的决定，通过新修订的《中华人民共和国律师法》和新修订的《中华人民共和国节约能源法》，通过全国人大常委会关于批准《修改〈与贸易有关的知识产权协定〉议定书》的决定。

11 月 15 日 国务院发出通知，决定以 2008 年 12 月 31 日为标准时点，开展第二次全国经济普查。2009 年 12 月 25 日，普查主要数据公报发布。

11 月 17 日 国务院批转《节能减排统计监测及考核实施方案和办法》。

11 月 18—21 日 温家宝对新加坡进行正式访问，并出席在新加坡举行的第十一次东盟与中日韩（10+3）领导人会议、第十一次中国—东盟（10+1）

领导人会议、第三届东亚峰会及第八次中日韩领导人会晤。

11 月 27 日　十七届中央政治局以完善中国特色社会主义法律体系和全面落实依法治国基本方略为题进行第一次集体学习。截至 2012 年 10 月，十七届中央政治局共进行 33 次集体学习。

12 月 1 日　国务院公布《中华人民共和国耕地占用税暂行条例》。

12 月 3—5 日　中央经济工作会议在京举行。会议提出，2008 年的经济工作，要深入贯彻落实科学发展观，紧紧围绕转变经济发展方式和完善社会主义市场经济体制，继续加强和改善宏观调控，积极推进改革开放和自主创新，着力优化经济结构和提高经济增长质量，切实加强节能减排和生态环境保护，更加重视改善民生和促进社会和谐，推动国民经济又好又快发展。会议提出，要把防止经济增长由偏快转为过热、防止价格由结构性上涨演变为明显通货膨胀，作为当前宏观调控的首要任务。

12 月 6 日　国务院公布《中华人民共和国企业所得税法实施条例》。

12 月 11 日　财政部、国务院国资委发布《中央企业国有资本收益收取管理办法》。

12 月 12 日　中国同纽埃建交。

12 月 14 日　国务院公布《职工带薪年休假条例》。

同日　国务院颁布修改后的《全国年节及纪念日放假办法》。清明节、端午节、中秋节等列入法定节假日。

12 月 18 日　国务院印发《关于促进资源型城市可持续发展的若干意见》。

12 月 22—23 日　中央农村工作会议在京举行。

12 月 23—29 日　十届全国人大常委会第三十一次会议在京举行。会议通过《中华人民共和国禁毒法》《中华人民共和国劳动争议调解仲裁法》，通过新修订的《中华人民共和国科学技术进步法》，通过关于修改《中华人民共和国道路交通安全法》的决定、关于修改《中华人民共和国国境卫生检疫法》的决定、关于修改《中华人民共和国文物保护法》的决定、关于修改《中华人民共和国个人所得税法》的决定，通过全国人大常委会关于香港特别行政区 2012 年行政长官和立法会产生办法及有关普选问题的决定。

12 月 28 日 中国同马拉维建交。

12 月 31 日 中共中央、国务院印发《关于切实加强农业基础建设进一步促进农业发展农民增收的若干意见》。

2008年

1月3日　国务院发出《关于促进节约集约用地的通知》。

1月8日　国家科学技术奖励大会在京举行。胡锦涛向获得2007年度国家最高科学技术奖的闵恩泽、吴征镒颁发奖励证书和奖金。

1月12日　国务院办公厅转发环保总局等部门《关于加强重点湖泊水环境保护工作的意见》。

1月14—16日　十七届中央纪委二次全会在京举行。胡锦涛在会上讲话指出，要着力加强以完善惩治和预防腐败体系为重点的反腐倡廉建设。

1月21—23日　全国宣传思想工作会议在京举行。胡锦涛强调，要坚持高举旗帜、围绕大局、服务人民、改革创新，推动社会主义文化大发展大繁荣，提高国家文化软实力。

1月23日　中宣部、财政部、文化部、国家文物局发出《关于全国博物馆、纪念馆免费开放的通知》。

年初　中国南方部分地区遭受严重低温雨雪冰冻灾害。在中共中央、国务院、中央军委领导下，全党全军全国各族人民团结奋斗，保交通、保供电、保民生，在较短时间内取得了抗灾救灾斗争胜利，并以此为契机，加强了我国应急体系建设。

2月3日　国务院发出《关于做好促进就业工作的通知》。

2月7日　国务院批复《国家海洋事业发展规划纲要》。

2月16日　中共中央印发《关于进一步完善地方党委领导班子配备改革后工作机制的意见》。

2月17—19日　全国组织工作会议在京举行。胡锦涛强调，要坚持以改革创新精神全面推进党的建设新的伟大工程。

2月22日　“西气东输”二线工程开工。

2 月 24 日 郑州至西安铁路客运专线重点控制性工程——张茅隧道顺利贯通。这标志着中国高速铁路客运专线隧道施工技术的科研攻关取得重大突破。

2 月 25—27 日 中共十七届二中全会在京举行。全会通过《关于深化行政管理体制改革的意见》和《国务院机构改革方案》。

2 月 26—28 日 十届全国人大常委会第三十二次会议在京举行。会议通过新修订的《中华人民共和国水污染防治法》。

3 月 3—14 日 全国政协十一届一次会议在京举行。会议选举贾庆林为全国政协主席。

3 月 5—18 日 第十一届全国人民代表大会第一次会议在京举行。会议批准《国务院机构改革方案》，探索实行职能有机统一的大部门体制。会议选举胡锦涛为中华人民共和国主席、中华人民共和国中央军委主席，吴邦国为全国人大常委会委员长，决定温家宝为国务院总理。

3 月中旬 西藏拉萨等地发生打砸抢烧严重暴力犯罪事件。党和政府果断采取措施，依法妥善进行处置，控制了事态发展，恢复了正常社会秩序。

3 月 19 日 十一届全国人大常委会第一次会议在京举行。

3 月 28 日 中共中央、国务院印发《关于促进残疾人事业发展的意见》。

4 月 22—24 日 十一届全国人大常委会第二次会议在京举行。会议通过新修订的《中华人民共和国残疾人保障法》。

4 月 24—26 日 欧盟委员会主席巴罗佐对中国进行正式访问。25 日，首次中欧经贸高层对话在京举行。

4 月 25 日 马克思主义理论研究和建设工程在北京召开工作会议。

4 月 28 日 中共中央政治局召开会议，研究部署推进集体林权制度改革，审议并通过《建立健全惩治和预防腐败体系 2008—2012 年工作规划》，讨论党代表大会代表任期制暂行条例。

4 月 29 日 胡锦涛会见中国国民党荣誉主席连战。

5 月 5 日 中共中央印发《中国共产党全国代表大会和地方各级代表大会代表任期制暂行条例》。

5 月 6—10 日 胡锦涛对日本进行国事访问。双方发表《中日关于全面推进战略互惠关系的联合声明》。

5 月 8 日 中共中央宣传部、中央党校、光明日报社联合召开纪念关于真理标准问题的讨论 30 周年座谈会。

5 月 12 日 四川汶川发生里氏 8.0 级特大地震。在中共中央、国务院、中央军委领导下，广大军民众志成城、迎难而上，迅速组织了我国历史上救援速度最快、动员范围最广、投入力量最大的抗震救灾活动，奋勇夺取了抗震救灾斗争的重大胜利，形成了万众一心、众志成城，不畏艰险、百折不挠，以人为本、尊重科学的伟大抗震救灾精神。中共中央、国务院制定灾区灾后恢复重建的方针，决定用三年时间完成灾后恢复重建任务，并动员全国力量实行对口支援。至 2010 年 9 月底，三年恢复重建任务在两年内基本完成。

同日 国务院作出《关于加强市县政府依法行政的决定》。

5 月 13 日 中共中央印发《建立健全惩治和预防腐败体系 2008—2012 年工作规划》。

5 月 18 日 中共中央组织部要求做好交纳“特殊党费”用于支援抗震救灾工作。至 11 月 5 日，全国共有 4550 多万名共产党员自愿交纳“特殊党费”97.3 亿元。

5 月 23—24 日 俄罗斯总统梅德韦杰夫对中国进行国事访问。胡锦涛同梅德韦杰夫举行会谈并签署《中俄关于重大国际问题的联合声明》。

5 月 28 日 胡锦涛同中国国民党主席吴伯雄举行会谈，双方就新形势下发展两党和两岸关系达成多项共识。

6 月 5 日 国务院印发《国家知识产权战略纲要》。

6 月 8 日 中共中央、国务院印发《关于全面推进集体林权制度改革的意见》，规定林地的承包期为 70 年，承包期届满可以按照国家有关规定继续承包。

6 月 10—13 日 中国共产主义青年团第十六次全国代表大会在北京举行。

6 月 11—14 日 台湾海峡交流基金会董事长江丙坤率代表团访问北京。海峡两岸关系协会会长陈云林与江丙坤举行会谈，中断九年的两会制度化协商正式恢复。

6 月 19—20 日 第五届亚欧议会伙伴会议在京举行。吴邦国出席开幕式并发表演讲。会议通过《第五届亚欧议会伙伴会议宣言》。

6 月 20 日 胡锦涛到人民日报社考察，并通过人民网与网友在线交流。

6 月 24—26 日 十一届全国人大常委会第三次会议在京举行。会议通过全国人大常委会关于四川汶川特大地震抗震救灾及灾后恢复重建工作情况报告的决议。

7 月 4 日 海峡两岸正式开通周末包机直航。

7 月 6—8 日 国家副主席习近平赴香港检查北京奥运会、残奥会马术比赛筹办工作，并在香港考察。

7 月 7—9 日 胡锦涛出席在日本北海道举行的八国集团同发展中国家领导人对话会议，以及中国、印度、巴西、南非、墨西哥发展中五国领导人集体会晤，经济大国能源安全和气候变化领导人会议。

7 月 18 日 国务院新闻办公室发布《中国药品安全监管状况》白皮书。这是中国政府首次发布药品安全监管状况方面的白皮书。

7 月 21 日 中国和俄罗斯两国政府签署《关于中俄国界线东段的补充叙述议定书》及其附件。至此，中俄长达 4300 多公里的边界全线勘定。

7 月 22 日 国务院办公厅转发国家发展改革委《关于 2008 年深化经济体制改革工作的意见》。

7 月 24 日 国务院召开全国农村环境保护工作电视电话会议。

7 月 30 日 国家重大科学工程——兰州重离子加速器冷却储存环（HIRFL-CSR）通过国家验收。这是我国自行设计建造的首个规模最大、能量最高、实现全离子加速的重离子同步加速器冷却储存环系统，也是世界级的核物理实验装置。

同日 国务院常务会议决定，从 2008 年秋季学期开始，在全国范围内全部免除城市义务教育阶段学生学杂费。8 月 12 日，国务院发出《关于做好免除城市义务教育阶段学生学杂费工作的通知》。至此，我国全面普及城乡免费义务教育。

8月1日 我国第一条拥有完全自主知识产权、具有世界一流水平的高速铁路——京津城际铁路通车运营。此后，武广、郑西、京沪等高速铁路相继开通运营。

8月8日 胡锦涛在人民大会堂分别会见中国国民党荣誉主席连战、中国国民党主席吴伯雄、亲民党主席宋楚瑜，对他们出席北京奥运会开幕式并观看奥运会比赛表示欢迎。

8月8—24日 第29届夏季奥运会在北京成功举办。9月6—17日，第13届残奥会在北京成功举办。这是我国首次举办夏季奥运会、残奥会。

8月13日 国务院常务会议原则通过《全国土地利用总体规划纲要（2006—2020年）》。《纲要》提出了坚守18亿亩耕地红线的目标。

8月20日 中共中央、国务院印发《关于地方政府机构改革的意见》。

8月25—29日 十一届全国人大常委会第四次会议在京举行。会议通过《中华人民共和国循环经济促进法》。

8月25—30日 胡锦涛对韩国、塔吉克斯坦、土库曼斯坦进行国事访问，并出席在塔吉克斯坦杜尚别举行的上海合作组织成员国元首理事会第八次会议。

9月3日 中共中央印发《中国共产党党校工作条例》。

9月7日 国务院印发《关于进一步促进宁夏经济社会发展的若干意见》。

9月13日 国务院启动国家重大食品安全事故Ⅰ级响应，严肃处理三鹿牌婴幼儿奶粉事件。

9月14日 中共中央印发《关于在全党开展深入学习实践科学发展观活动的意见》。学习实践活动从2008年9月开始，分三批展开，每批半年左右，至2010年2月底基本结束。

9月16日 中国首台超百万亿次超级计算机曙光5000A在天津下线。

9月18日 国务院公布《中华人民共和国劳动合同法实施条例》。

9月19日 全党深入学习实践科学发展观活动动员大会暨省部级主要领导干部专题研讨班开班式在中央党校举行。

9月23日 宁夏回族自治区成立50周年庆祝大会在银川举行。

9 月 23—25 日 温家宝出席在纽约联合国总部举行的联合国千年发展目标高级别会议和第六十三届联合国大会一般性辩论。24 日，温家宝在联大作《坚持改革开放，坚持和平发展》的发言。

9 月 24 日 胡锦涛会见全军大单位党委书记座谈会代表，强调坚持从严治党要在思想教育上从严、在贯彻党章和党的制度上从严、在遵守党的纪律上从严、在干部教育和管理上从严。

9 月 25—28 日 “神舟七号”载人航天飞行获得圆满成功。航天员翟志刚在刘伯明、景海鹏协助下成功完成首次空间出舱任务，中国成为世界上第三个独立掌握空间出舱关键技术的国家。

9 月 28 日 中共中央政治局召开会议，讨论党的十七大和十七届一中全会以来中央政治局的工作，研究推进农村改革发展等问题。

9 月 由 2007 年美国次贷危机引发的国际金融危机全面爆发。

10 月 7 日 中共中央政治局常委会议专题听取有关国际金融危机情况和应采取应对措施的汇报。

10 月 8 日 全国抗震救灾总结表彰大会在京举行。胡锦涛在会上阐述了抗震救灾精神。

10 月 9—12 日 中共十七届三中全会在京举行。全会通过《中共中央关于推进农村改革发展若干重大问题的决定》，赋予农民更加充分而有保障的土地承包经营权，现有土地承包关系要保持稳定并长久不变。

10 月 17—21 日 中国工会第十五次全国代表大会在京举行。

10 月 23—28 日 十一届全国人大常委会第五次会议在京举行。会议通过《中华人民共和国企业国有资产法》和新修订的《中华人民共和国消防法》。

10 月 24—25 日 第七届亚欧首脑会议在京举行。胡锦涛发表《亚欧携手，合作共赢》的讲话。会议发表《关于国际金融形势的声明》《可持续发展北京宣言》和《主席声明》。

10 月 26—28 日 全国党校工作会议在京举行。

10 月 28—31 日 中国妇女第十次全国代表大会在京举行。

11月3—7日 海峡两岸关系协会会长陈云林率领协商代表团访问台湾。这是海协会领导人首次访问台湾，是海协会与海基会首次在台湾举行两会领导人会谈。

11月5日 国务院常务会议研究分析国际金融危机对我国的影响，部署进一步扩大内需促进经济平稳较快增长的措施，落实中央确定的积极的财政政策和适度宽松的货币政策，确定进一步扩大内需、促进经济增长的十项措施，制定两年投资4万亿元人民币的计划。

同日 中国政府首次正式发表《中国对拉丁美洲和加勒比政策文件》。

11月10日 国务院公布《中华人民共和国增值税暂行条例》《中华人民共和国消费税暂行条例》《中华人民共和国营业税暂行条例》。

11月15—26日 胡锦涛出席在美国华盛顿举行的二十国集团领导人金融市场和世界经济峰会（二十国集团领导人首次峰会）、在秘鲁利马举行的亚太经合组织第十六次领导人非正式会议，并对哥斯达黎加、古巴、秘鲁、希腊进行国事访问。

12月5日 中共中央转发《中央政法委员会关于深化司法体制和工作机制改革若干问题的意见》。

12月8—10日 中央经济工作会议在京举行。会议提出，2009年的经济工作，要深入贯彻落实科学发展观，立足扩大内需保持经济平衡较快增长，加快发展方式转变和结构调整提高可持续发展能力，深化改革开放增强经济社会发展活力和动力，加强社会建设加快解决涉及群众利益的难点热点问题，促进经济社会又好又快发展。

12月11日 广西壮族自治区成立50周年庆祝大会在南宁举行。

12月13日 温家宝出席在日本福冈举行的首次“10+3”框架外中日韩领导人会议。三国领导人签署联合声明，决定建立面向未来、全方位合作的伙伴关系。三国决定，在保留“10+3”领导人会议期间会晤的同时，将三国领导人单独举行会议机制化。

12月15日 海峡两岸分别在北京、天津、上海、福州、深圳以及台北、高雄、基隆等城市同时举行海上直航、空中直航以及直接通邮的启动和庆祝仪式。

12 月 17 日 国务院常务会议决定，从 2009 年 1 月 1 日起，在全国义务教育学校实施绩效工资，确保义务教育教师平均工资水平不低于当地公务员平均工资水平。

12 月 18 日 纪念党的十一届三中全会召开 30 周年大会在京举行。胡锦涛发表讲话，全面回顾和总结改革开放 30 年的伟大历程和辉煌成就，高度评价党的十一届三中全会的重要意义和历史功绩，系统阐述了改革开放“十个结合”的宝贵经验，明确指出继续推进改革开放伟大事业的前进方向。

同日 国务院发出通知，决定实施成品油价格和税费改革，逐步有序取消政府还贷的二级公路收费。

12 月 22—27 日 十一届全国人大常委会第六次会议在京举行。会议通过新修订的《中华人民共和国防震减灾法》和关于修改《中华人民共和国专利法》的决定。

12 月 23 日 中共中央办公厅转发《中央人才工作协调小组关于实施海外高层次人才引进计划的意见》。

12 月 24 日 胡锦涛在中央军委扩大会议上讲话，提出“忠诚于党、热爱人民、报效国家、献身使命、崇尚荣誉”的当代革命军人核心价值观。

12 月 26 日 根据联合国安理会有关决议，中国人民解放军海军舰艇编队赴亚丁湾、索马里海域执行护航任务。这是中国首次使用军事力量赴海外维护国家战略利益、首次组织海上作战力量赴海外履行国际人道主义义务、首次在远海运用军事力量保护重要运输线安全。

12 月 27—28 日 中央农村工作会议在京举行。

12 月 30 日 国务院办公厅印发《关于搞活流通扩大消费的意见》。在此前后，国家相继实施了家电下乡、汽车下乡、家电汽车以旧换新、汽车购置税减半等一系列搞活流通促进消费的政策措施。

12 月 31 日 胡锦涛在纪念《告台湾同胞书》发表 30 周年座谈会上作《携手推动两岸关系和平发展，同心实现中华民族伟大复兴》的讲话，全面阐述两岸关系和平发展的重要思想，提出推动两岸关系和平发展的六点意见。

同日　中共中央、国务院印发《关于2009年促进农业稳定发展农民持续增收的若干意见》。

2009年

1月1日　增值税转型改革开始在全国推行。

1月7日　工业和信息化部宣布，批准中国移动、中国电信、中国联通增加3G业务经营许可。这意味着我国三张3G牌照已正式发放。

1月8日　《珠江三角洲地区改革发展规划纲要（2008—2020年）》发布。

1月9日　国家科学技术奖励大会在京举行。胡锦涛向获得2008年度国家最高科学技术奖的徐光宪、王忠诚颁发奖励证书和奖金。

1月12—14日　十七届中央纪委三次全会在京举行。

1月14日　国务院常务会议原则通过汽车产业、钢铁产业调整和振兴规划。此后，又相继通过纺织、装备制造、船舶、电子信息、轻工、石化、有色金属、物流等重点产业调整和振兴规划。

1月20日　全国精神文明建设工作表彰大会在京举行。

1月27日　中共中央办公厅、国务院办公厅转发《中央机构编制委员会办公室关于深化乡镇机构改革的指导意见》。

同日　中国第三个南极科考站、首个南极内陆科考站——昆仑站建成。

1月27日—2月2日　温家宝对瑞士、德国、西班牙、英国和欧盟总部进行正式访问，并于28日在瑞士达沃斯出席世界经济论坛2009年年会，发表题为《坚定信心，加强合作，推动世界经济新一轮增长》的特别致辞。

2月3日　国务院发出《关于做好当前经济形势下就业工作的通知》。

2月25—28日　十一届全国人大常委会第七次会议在京举行。会议通过《中华人民共和国食品安全法》《中华人民共和国刑法修正案（七）》和新修订的《中华人民共和国保险法》。

3月3—12日　全国政协十一届二次会议在京举行。

3月5—13日　第十一届全国人民代表大会第二次会议在京举行。

3月10日 国务院印发《物流业调整和振兴规划》。

3月13日 国务院印发《关于发挥科技支撑作用促进经济平稳较快发展的意见》。

同日 国务院批复同意支持中关村科技园区建设国家自主创新示范区。

3月17日 中共中央、国务院印发《关于深化医药卫生体制改革的意见》。指出，实行政事分开、管办分开、医药分开、营利性和非营利性分开，建设覆盖城乡居民的基本医疗卫生制度。

3月18日 国务院印发《医药卫生体制改革近期重点实施方案（2009—2011年）》。

3月28日 西藏庆祝百万农奴解放纪念日大会在拉萨举行。此前，1月19日，西藏自治区九届人大二次会议通过决议，决定每年3月28日为西藏百万农奴解放纪念日。

4月1日 国务院常务会议决定正式启动全国中小学校舍安全工程。4月8日，国务院办公厅印发《全国中小学校舍安全工程实施方案》。

4月1—2日 胡锦涛出席在英国伦敦举行的二十国集团领导人第二次金融峰会，发表题为《携手合作，同舟共济》的讲话。1日，胡锦涛在伦敦与美国总统奥巴马举行首次会晤，双方一致同意共同努力建设21世纪积极合作全面的中美关系。

4月8日 国务院常务会议决定在上海市和广东省广州、深圳、珠海、东莞四城市开展跨境贸易人民币结算试点。至2011年8月，跨境贸易人民币结算境内地域范围扩大至全国。

4月10日 深化医药卫生体制改革工作会议在京举行。

4月13日 国务院新闻办公室发布《国家人权行动计划（2009—2010年）》。这是中国第一次制定以人权为主题的国家规划。

4月14日 国务院印发《关于推进上海加快发展现代服务业和先进制造业建设国际金融中心和国际航运中心的意见》。

4月20—24日 十一届全国人大常委会第八次会议在京举行。会议通过新修订的《中华人民共和国邮政法》和关于修改全国人大常委会议事规则的决定。

4 月 23 日 庆祝人民海军成立 60 周年海上阅兵活动在青岛举行。胡锦涛检阅由中国海军和多国海军组成的舰艇编队。

4 月 24 日 中共中央办公厅、国务院办公厅发出《关于加强和改进村民委员会选举工作的通知》。

4 月 25—29 日 海峡交流基金会董事长江丙坤率海基会协商代表团参访南京、上海等地。海峡两岸关系协会会长陈云林 26 日与江丙坤在南京签署《海峡两岸共同打击犯罪及司法互助协议》。

5 月 4 日 纪念五四运动 90 周年大会在京举行。

5 月 6 日 国务院印发《关于支持福建省加快建设海峡西岸经济区的若干意见》。

5 月 8 日 国务院办公厅转发教育部等部门《关于进一步加快特殊教育事业发展的意见》。

5 月 11 日 国务院公布《流动人口计划生育工作条例》。

5 月 26 日 胡锦涛同中国国民党主席吴伯雄会谈，提出在新的起点上进一步推动两岸关系向前发展的六点意见。

6 月 1 日 国务院办公厅转发发展改革委等部门《促进扩大内需鼓励汽车、家电“以旧换新”实施方案》。

6 月 4 日 国家重大科学工程“大天区面积多目标光纤光谱望远镜（LAMOST）”通过国家竣工验收。

6 月 12—13 日 全国少数民族文化工作会议在京举行。

6 月 14—20 日 胡锦涛出席在俄罗斯叶卡捷琳堡举行的上海合作组织成员国元首理事会第九次会议和“金砖四国”（中国、俄罗斯、巴西、印度）领导人首次正式会晤，并对俄罗斯、斯洛伐克、克罗地亚进行国事访问。其间，胡锦涛出席了中俄建交 60 周年庆祝大会。2010 年 12 月，“金砖四国”吸收南非作为正式成员加入金砖国家合作机制，“金砖四国”由此称为“金砖国家”。

6 月 22—23 日 中央林业工作会议在京举行，全面部署推进集体林权制度改革工作。

6月22—27日 十一届全国人大常委会第九次会议在京举行。会议通过《中华人民共和国农村土地承包经营纠纷调解仲裁法》和新修订的《中华人民共和国统计法》及全国人大常委会关于废止部分法律的决定。

6月24日 国务院常务会议通过《横琴总体发展规划》，决定将横琴岛纳入珠海经济特区范围。

6月30日 中共中央办公厅、国务院办公厅印发《关于实行党政领导干部问责的暂行规定》。

同日 台湾当局开放大陆资本赴台投资。

7月2日 中共中央印发《中国共产党巡视工作条例（试行）》。

7月5日 国务院印发《关于进一步繁荣发展少数民族文化事业的若干意见》。

同日 新疆乌鲁木齐发生打砸抢烧严重暴力犯罪事件。中国共产党和政府果断采取措施，依法妥善进行处置，控制了事态发展，维护了社会稳定。

7月22日 国务院常务会议通过《文化产业振兴规划》，这是继钢铁、汽车、纺织等十大产业振兴规划后出台的又一个重要产业振兴规划，标志着文化产业已经上升为国家的战略性产业。

7月23日 中共中央政治局会议要求，继续把促进经济平稳较快发展作为经济工作的首要任务，保持宏观经济政策的连续性和稳定性，全面落实和充实完善刺激经济的一揽子计划和相关政策措施，巩固经济企稳回升势头。

7月27—28日 首轮中美战略与经济对话在美国华盛顿举行。

8月15日 国务院办公厅印发《关于进一步推进三北防护林体系建设的意见》。

8月18—19日 全国新型农村社会养老保险试点工作会议在京举行。会议提出，2009年在全国10%的县（市、区、旗）进行新型农村社会养老保险试点，以后逐步扩大试点，到2020年前基本实现全覆盖。

8月22—25日 胡锦涛在新疆考察工作并在自治区干部大会上发表重要讲话，强调坚持一手抓改革发展一手抓团结稳定，加快建设繁荣富裕和谐社会主义新疆。

8 月 24—27 日 十一届全国人大常委会第十次会议在京举行。会议通过《中华人民共和国人民武装警察法》和全国人大常委会关于修改部分法律的决定，通过全国人大常委会关于积极应对气候变化的决议。

8 月 28 日 敦煌 10 兆瓦光伏并网发电特许权示范项目奠基仪式在甘肃省敦煌市太阳能工业园区举行。作为国内首个大型光伏发电示范项目，其奠基标志着国内大型光伏并网发电站建设正式启动。

8 月 31 日 两岸定期航班正式开通。两岸至此实现全面、直接、双向“三通”。

9 月 1 日 国务院印发《关于开展新型农村社会养老保险试点的指导意见》。

9 月 9 日 国务院印发《关于进一步实施东北地区等老工业基地振兴战略的若干意见》。

9 月 14 日 胡锦涛等党和国家领导人会见“100 位为新中国成立作出突出贡献的英雄模范人物和 100 位新中国成立以来感动中国人物”代表座谈会全体代表。

9 月 15—18 日 中共十七届四中全会在京举行。全会通过《中共中央关于加强和改进新形势下党的建设若干重大问题的决定》，提出不断提高党的建设科学化水平、建设马克思主义学习型政党等重大任务。

9 月 19 日 国务院印发《关于进一步促进中小企业发展的若干意见》。

同日 十七届中央纪委四次全会在京举行。

9 月 20 日 庆祝中国人民政治协商会议成立 60 周年大会在京举行。胡锦涛在讲话中强调，在新的历史条件下，人民政协要高举中国特色社会主义伟大旗帜，以邓小平理论和“三个代表”重要思想为指导，深入贯彻落实科学发展观，继承和发扬人民政协优良传统和宝贵经验，牢牢把握团结和民主两大主题，紧紧围绕党和国家工作大局，继续扎实有效地履行好政治协商、民主监督、参政议政职能，切实发挥好协调关系、汇聚力量、建言献策、服务大局的重要作用，为推进改革开放和社会主义现代化建设、推进祖国和平统一大业、维护世界和平与促进共同发展作出新的贡献。

9 月 21—25 日 胡锦涛出席在美国纽约举行的联合国气候变化峰会、第六十四届联合国大会一般性辩论、安理会核不扩散与核裁军峰会和在美国匹兹堡举行的二十国集团领导人第三次金融峰会。23日，胡锦涛在联大一般性辩论时发表《同舟共济，共创未来》的讲话。25日，胡锦涛在金融峰会上发表《全力促进增长，推动平衡发展》的讲话。

9月23日　国务院常务会议讨论并原则通过《促进中部地区崛起规划》。

9月25日　国土资源部宣布，中国在青海省祁连山南缘永久冻土带成功钻获天然气水合物实物样品，成为世界上第一个在中低纬度冻土区发现天然气水合物的国家。

9月29日　第五次全国民族团结进步表彰大会在京举行。

9月30日　国务院办公厅印发《关于应对国际金融危机保持西部地区经济平稳较快发展的意见》。

10月1日　庆祝中华人民共和国成立60周年大会、阅兵仪式和群众游行举行。胡锦涛检阅受阅部队并发表讲话。

10月10日　第二次中国、日本、韩国领导人会议在京举行。中国总理温家宝、韩国总统李明博、日本首相鸠山由纪夫，就共同关心的国际和地区问题深入、坦诚地交换了看法，达成广泛共识。

10月16—28日　第十届全国运动会在山东省举行。

10月23日　国务院批准实施《促进中部地区崛起规划》。

10月24日　温家宝出席在泰国华欣举行的第十二次东盟与中国领导人会议（10+1）。

10月27—31日　十一届全国人大常委会第十一次会议在京举行。会议通过《中华人民共和国驻外外交人员法》。

10月29日　由国防科学技术大学研制的“天河一号”，作为第一台国产千万亿次超级计算机在长沙亮相。中国成为继美国之后世界上第二个能够自主研制千万亿次超级计算机的国家。“天河一号”在2010年获得第36届世界超级计算机500强排名榜第一。

10月30日　中国创业板正式上市。

11月6—8日　温家宝对埃及进行正式访问，并出席在埃及沙姆沙伊赫举行的中非合作论坛第四届部长级会议开幕式，作《全面推进中非新型战略伙伴关系》的讲话，宣布对非合作八项新举措。

11 月 10—15 日 胡锦涛对马来西亚、新加坡进行国事访问，并出席在新加坡举行的亚太经合组织第十七次领导人非正式会议。

11 月 11 日 人民空军成立 60 周年庆祝大会在京举行。

11 月 15—18 日 美国总统奥巴马对中国进行国事访问。胡锦涛同奥巴马举行会谈，双方发表《中美联合声明》，重申致力于建设 21 世纪积极合作全面的中美关系，并将采取切实行动稳步建立应对共同挑战的伙伴关系。

11 月 17 日 国务院印发《关于加快供销合作社改革发展的若干意见》。

11 月 30 日 第十二次中欧领导人会晤在南京举行。

12 月 1 日 国务院印发《关于加快发展旅游业的意见》。

12 月 2 日 国务院常务会议决定，从 2009 年秋季学期起，对公办中等职业学校全日制在校学生中农村家庭经济困难学生和涉农专业学生逐步免除学费。

12 月 5—7 日 中央经济工作会议在京举行。会议提出，2010 年的经济工作，要深入贯彻落实科学发展观，保持宏观经济政策的连续性和稳定性，继续实施积极的财政政策和适度宽松的货币政策，根据新形势新情况着力提高政策的针对性和灵活性，特别是要更加注重提高经济增长质量和效益，更加注重推动经济发展方式转变和经济结构调整，更加注重推进改革开放和自主创新、增强经济增长活力和动力，更加注重改善民生、保持社会和谐稳定，更加注重统筹国内国际两个大局，努力实现经济平稳较快发展。

12 月 17—18 日 温家宝出席在丹麦举行的哥本哈根气候变化会议领导人会议，并作《凝聚共识，加强合作，推进应对气候变化历史进程》的讲话。

12 月 20 日 胡锦涛出席庆祝澳门回归祖国 10 周年大会暨澳门特别行政区第三届政府就职典礼。

12 月 22—26 日 十一届全国人大常委会第十二次会议在京举行。会议通过《中华人民共和国侵权责任法》《中华人民共和国海岛保护法》和关于修改《中华人民共和国可再生能源法》的决定。

12 月 25 日　国务院印发《关于加强和改进新形势下国家行政学院工作的若干意见》。

12 月 27—28 日　中央农村工作会议在京举行。

12 月 28 日　国务院办公厅转发人社部、财政部《城镇企业职工基本养老保险关系转移接续暂行办法》。

12 月 31 日　中共中央、国务院印发《关于加大统筹城乡发展力度进一步夯实农业农村发展基础的若干意见》。

同日　国务院印发《关于推进海南国际旅游岛建设发展的若干意见》。

2010年

1月1日　中国—东盟自由贸易区全面启动。

1月11日　国家科学技术奖励大会在京举行。胡锦涛向获得2009年度国家最高科学技术奖的谷超豪、孙家栋颁发奖励证书和奖金。

1月11—13日　十七届中央纪委五次全会在京举行。

1月12日　全国宗教工作会议在京举行。

1月18日　中共中央颁发《中国共产党党员领导干部廉洁从政若干准则》。

1月18—20日　中共中央、国务院在京召开第五次西藏工作座谈会。

1月21日　国务院办公厅印发《关于促进电影产业繁荣发展的指导意见》。

1月22日　国务院决定成立国家能源委员会，由温家宝任主任。

2月3—7日　省部级主要领导干部深入贯彻落实科学发展观加快经济发展方式转变专题研讨班举行。胡锦涛提出加快推进经济结构调整等八个方面的重点工作。

2月6日　国务院设立食品安全委员会。

同日　国务院下发《国务院关于进一步加强淘汰落后产能工作的通知》。

2月21日　国务院批准印发《关于公立医院改革试点的指导意见》。

2月22日　中共中央政治局召开会议，讨论国务院拟提请第十一届全国人民代表大会第三次会议审议的《政府工作报告》稿，审议《国家中长期人才发展规划纲要（2010—2020年）》。

2月24—26日　十一届全国人大常委会第十三次会议在京举行。会议通过《中华人民共和国国防动员法》和关于修改《中华人民共和国著作权法》的决定。

2 月 《江泽民思想年编（1989—2008）》出版发行。在此前后，《江泽民文选》（全三卷）线装本、民族文版及第一、二卷外文版，江泽民《论中国信息技术产业发展》和《中国能源问题研究》中文版、英文版分别出版发行。

3 月 3—13 日 全国政协十一届三次会议在京举行。

3 月 5—14 日 第十一届全国人民代表大会第三次会议在京举行。会议通过关于修改《中华人民共和国全国人民代表大会和地方各级人民代表大会选举法》的决定，实行城乡按相同人口比例选举人大代表。

3 月 7 日 纪念三八国际劳动妇女节 100 周年大会在京举行。

同日 中共中央办公厅印发《党政领导干部选拔任用工作责任追究办法（试行）》。

3 月 19 日 国务院办公厅印发《关于加快发展体育产业的指导意见》。

3 月 20—30 日 习近平对俄罗斯、白俄罗斯、芬兰、瑞典进行正式访问。23 日，习近平出席在莫斯科举行的中俄执政党对话机制第二次会议开幕式并发表讲话。

3 月 29—30 日 第一次全国对口支援新疆工作会议在京举行。

4 月 1 日 中共中央、国务院制定《国家中长期人才发展规划纲要（2010—2020 年）》。

4 月 5 日 中共中央办公厅转发中央组织部、中央宣传部《关于在党的基层组织和党员中深入开展创先争优活动的意见》。

4 月 6 日 全党深入学习实践科学发展观活动总结大会举行。

同日 国务院印发《关于进一步做好利用外资工作的若干意见》。

4 月 12—15 日 胡锦涛出席在美国华盛顿举行的核安全峰会以及在巴西巴西利亚举行的金砖四国领导人第二次正式会晤，并对巴西进行访问。12 日，胡锦涛在华盛顿会见美国总统奥巴马，双方就中美关系及共同关心的重大国际和地区问题交换了意见，达成重要共识。

4 月 14 日 青海玉树发生里氏 7.1 级地震，给当地人民生命财产造成重大损失。在中共中央、国务院、中央军委领导下，广大军民团结奋战，夺取了抗震救灾斗争的重大胜利。5 月 27 日，国务院印发《关于支持玉树地震灾后恢复重建政策措施的意见》，提出用三年时间基本完成恢复重建的主要任务。

4 月 17 日　国务院发出《关于坚决遏制部分城市房价过快上涨的通知》。

4 月 23 日　中共中央政治局召开会议，研究推进新疆维吾尔自治区跨越式发展和长治久安工作，审议关于领导干部报告个人有关事项的规定和关于对配偶子女均已移居国（境）外的国家工作人员加强管理的暂行规定。

4 月 26—29 日　十一届全国人大常委会第十四次会议在京举行。会议通过新修订的《中华人民共和国保守国家秘密法》和关于修改《中华人民共和国国家赔偿法》的决定。

4 月 27 日　全国劳动模范和先进工作者表彰大会在京举行。

4 月 29 日　胡锦涛在上海会见中国国民党荣誉主席连战、吴伯雄和亲民党主席宋楚瑜等应邀出席上海世博会开幕式的台湾各界人士。

5 月 1 日—10 月 31 日　中国 2010 年上海世界博览会举行，主题是“城市，让生活更美好”。这是中国首次举办的综合性世界博览会。12 月 27 日，胡锦涛在世博会总结表彰大会上讲话指出，上海世博会精神是伟大中华民族精神在当代中国的又一次集中展示。

5 月 7 日　国务院印发《关于鼓励和引导民间投资健康发展的若干意见》。

5 月 11 日　国务院办公厅转发环境保护部等部门《关于推进大气污染联防联控工作改善区域空气质量的指导意见》。

5 月 13—14 日　中国—阿拉伯国家合作论坛第四届部长级会议在天津举行，发表《天津宣言》，宣示在论坛框架内建立全面合作、共同发展的中阿战略合作关系。

5 月 17—19 日　中共中央、国务院召开新疆工作座谈会。

5 月 19 日　中共中央办公厅、国务院办公厅印发《关于对配偶子女均已移居国（境）外的国家工作人员加强管理的暂行规定》。

5 月 24—25 日　首届中欧政党高层论坛在京举行。

5 月 25—26 日　全国人才工作会议在京举行。胡锦涛在会上强调，切实做好人才工作，加快建设人才强国。

5月26日 中共中央办公厅、国务院办公厅印发《关于领导干部报告个人有关事项的规定》。

5月28日 中共中央政治局召开会议，研究深入实施西部大开发战略的总体思路和政策措施。

6月1日 中国首台实测性能超千万亿次的超级计算机“曙光—星云”高性能计算机系统在北京国家会议中心正式发布，超千万亿次的计算能力再次刷新了中国高性能计算的最高速度。

6月3日 中国重大科学基础设施建设项目——东半球空间环境地基综合监测子午链（简称“子午工程”）首枚气象火箭成功发射，并首次采用GPS技术获得了中国低纬度地区20至60公里高度的高精度临近空间大气温度、压力和风场的探测参数。

6月4日 国务院办公厅印发《关于进一步加大节能减排力度加快钢铁工业结构调整的若干意见》。

6月8日 中国国家主席胡锦涛的特别代表、国务委员戴秉国出席在土耳其伊斯坦布尔举行的亚洲相互协作与信任措施会议第三次峰会。

6月9日 国务院印发《国务院关于进一步加强防震减灾工作的意见》《玉树地震灾后恢复重建总体规划》。

6月9—12日 胡锦涛出席在乌兹别克斯坦塔什干举行的上海合作组织成员国元首理事会第十次会议，并对乌兹别克斯坦、哈萨克斯坦进行国事访问。

6月18日 继上海浦东新区、天津滨海新区之后，中国第三个国家级新区、内陆唯一国家级新区重庆“两江新区”挂牌成立。两江新区将重点探索内陆开放新模式，培育西部地区科学发展新的增长极。

6月19日 中共中央印发《关于加强和改进新形势下党史工作的意见》，深刻阐述党史工作的意义，明确规定新形势下党史工作的指导思想、基本要求和主要任务，对加强党对党史工作的领导、提高党史工作科学化水平提出新要求。

6 月 22—25 日 十一届全国人大常委会第十五次会议在京举行。会议通过《中华人民共和国石油天然气管道保护法》和关于修改《中华人民共和国行政监察法》的决定。会议在审议国务院关于 2009 年中央决算报告时进行了专题询问，这是全国人大常委会首次进行专题询问。

6 月 23—27 日 胡锦涛对加拿大进行国事访问，并出席在加拿大多伦多举行的二十国集团领导人第四次峰会，发表《同心协力，共创未来》的讲话。26 日，胡锦涛在多伦多会见美国总统奥巴马。两国元首就中美关系及共同关心的重大国际和地区问题深入交换意见，达成新的重要共识。

6 月 29 日 海峡两岸关系协会与台湾海峡交流基金会签署《海峡两岸经济合作框架协议》。

同日 中共中央、国务院印发《关于深入实施西部大开发战略的若干意见》，对今后十年深入实施西部大开发战略作出部署。

6 月 30 日 深入开展创建先进基层党组织、争当优秀共产党员活动座谈会在京召开。

7 月 1 日 沪宁城际高速铁路正式投入运营。这是目前我国乃至世界上标准最高、里程最长、运营速度最快的一条城际高速铁路。

7 月 5—6 日 西部大开发工作会议在京举行。胡锦涛在会上强调，今后十年是全面建设小康社会的关键时期，也是深入推进西部大开发承前启后的关键时期。全党全国一定要从大局出发，深刻认识深入实施西部大开发战略的重要性和紧迫性，奋力将西部大开发推向深入，努力建设经济繁荣、社会进步、生活安定、民族团结、山川秀美的西部地区，为实现全面建设小康社会奋斗目标、实现中华民族伟大复兴作出新的更大的贡献。

7 月 7—20 日 吴邦国对法国、塞尔维亚、瑞士进行正式友好访问，并出席在日内瓦举行的第三次世界议长大会，作《实现千年发展目标国际社会义不容辞》的发言。

7 月 8 日 中共中央、国务院印发《国家中长期教育改革和发展规划纲要（2010—2020 年）》。

同日 国务院公布《自然灾害救助条例》。

7月13—14日 全国教育工作会议在京举行。

7月15—18日 德国总理默克尔对中国进行正式访问。胡锦涛、温家宝分别与默克尔会见、会谈，就全面推进中德战略伙伴关系达成重要共识。

7月16日 国务院办公厅印发《关于进一步加强地质灾害防治工作的通知》。

7月19日 国务院发出《关于进一步加强企业安全生产工作的通知》。

7月21日 中国第一座快中子反应堆——中国实验快堆达到首次临界。这标志着中国掌握了快堆技术，成为世界上第八个拥有快堆技术的国家。

7月21—22日 中共中央召开全国党史工作会议。习近平在会上讲了五个问题，一是进一步提高对党史工作重要性的认识，二是坚持实事求是研究和宣传党的历史，三是加强党的历史的学习和教育，四是努力提高党史工作的科学化水平，五是切实加强对党史工作的领导。

7月22—24日 全军党的建设座谈会召开。胡锦涛会见座谈会代表时强调，要以创先争优活动为抓手加强基层党组织建设，不断提高军队党的建设科学化水平。

7月25日 国务院批复《全国林地保护利用规划纲要（2010—2020年）》。

7月26日 国务院、中央军委颁布新修订的《中国人民解放军现役士兵服役条例》。

8月8日 甘肃舟曲发生特大山洪泥石流灾害，给当地人民生命财产造成重大损失。在中共中央、国务院、中央军委领导下，广大军民团结奋战，夺取了抢险救灾的重大胜利。10月18日，国务院印发《关于支持舟曲灾后恢复重建政策措施的意见》。

8月13—14日 全国援外工作会议在京举行。

8月20日 中共中央政治局召开会议，审议并通过《关于党的基层组织实行党务公开的意见》。

8月23—28日 十一届全国人大常委会第十六次会议在京举行。会议通过关于修改《中华人民共和国预备役军官法》的决定，通过《中华人民共和国人民调解法》，通过全国人大常委会关于批准中华人民共和国香港特别行政区基本法附件一香港特别行政区行政长官的产生办法修正案的决定，通过全国人大法律委员会关于中华人民共和国香港特别行政区基本法附件二香港特别行政区立法会的产生办法和表决程序修正案草案审查意见的报告，同意对这一修正案予以备案。

8 月 26 日　中共中央办公厅、国务院办公厅印发《关于加强和改进城市社区居民委员会建设工作的意见》。

8 月 27 日　全国依法行政工作会议在京举行。温家宝在会上强调，依法行政是现代政治文明的重要标志。

8 月 28 日　国务院印发《关于促进企业兼并重组的意见》。

8 月 31 日　国务院印发《关于中西部地区承接产业转移的指导意见》。

9 月 3 日　纪念中国人民抗日战争胜利 65 周年活动举行。胡锦涛等党和国家领导人同首都各界群众代表一起参观中国人民抗日战争纪念馆，并向抗日烈士敬献花篮。

9 月 6 日　深圳经济特区建立 30 周年庆祝大会举行。

9 月 15 日　中共中央办公厅印发《关于党的基层组织实行党务公开的意见》。

同日　国务院常务会议原则通过《中国生物多样性保护战略与行动计划（2011—2030 年）》。

9 月 16 日　中共中央、国务院印发《关于加强和改进新形势下工商联工作的意见》。

9 月 21—23 日　温家宝出席在纽约联合国总部举行的联合国千年发展目标高级别会议和第六十五届联合国大会一般性辩论，先后作《为实现千年发展目标而奋斗》和《认识一个真实的中国》的讲话。

9 月 22 日　中共中央发出《关于全国省、市、县和乡四级党委换届自下而上、适当集中安排的通知》。

9 月 26—28 日　俄罗斯总统梅德韦杰夫对中国进行国事访问。两国元首一致表示，努力把中俄战略协作伙伴关系提高到新的水平。两国元首签署了

《中俄关于全面深化战略协作伙伴关系的联合声明》，双方还发表《中俄两国元首关于第二次世界大战结束65周年联合声明》。

10月1日 “嫦娥二号”绕月人造卫星成功发射。

10月10日 国务院作出《关于加快培育和发展战略性新兴产业的决定》。

10月12日 中共中央办公厅、国务院办公厅印发《党政主要领导干部和国有企业领导人员经济责任审计规定》。

10月15—18日 中共十七届五中全会在京举行。全会通过《中共中央关于制定国民经济和社会发展第十二个五年规划的建议》，对全面建设小康社会作出全面部署，明确提出“十二五”规划的主题是科学发展，主线是加快转变经济发展方式。

10月19日 国务院常务会议决定，在全国集中开展打击侵犯知识产权和制售假冒伪劣商品专项行动。

10月24日 《国务院办公厅关于开展国家教育体制改革试点的通知》下发。

10月25日 纪念中国人民志愿军抗美援朝出国作战60周年座谈会在京举行。

10月25—28日 十一届全国人大常委会第十七次会议在京举行。会议通过《中华人民共和国社会保险法》《中华人民共和国涉外民事关系法律适用法》，通过新修订的《中华人民共和国村民委员会组织法》和关于修改《中华人民共和国全国人民代表大会和地方各级人民代表大会代表法》的决定，决定习近平为国家中央军委副主席。

10月27日 国务院办公厅印发《打击侵犯知识产权和制售假冒伪劣商品专项行动方案》。

11月1日 第六次全国人口普查开始。

11月4—7日 胡锦涛对法国、葡萄牙进行国事访问。中法两国决定建设互信互利、成熟稳定、面向全球的新型全面战略伙伴关系；中葡两国一致同意共同努力推动全面战略伙伴关系全面深入发展。

11 月 9—10 日 英国首相卡梅伦对中国进行正式访问。

11 月 10 日 中共中央、国务院印发新修订的《关于实行党风廉政建设责任制的规定》。

11 月 11—14 日 胡锦涛出席在韩国首尔举行的二十国集团领导人第五次峰会和在日本横滨举行的亚太经合组织第十八次领导人非正式会议。

11 月 12—27 日 第 16 届亚运会在广州举办。

11 月 13—14 日 中国—葡语国家经贸合作论坛第三届部长级会议在澳门举行。温家宝出席开幕式并发表主旨演讲。

11 月 16 日 国务院办公厅转发证监会等部门《关于依法打击和防控资本市场内幕交易的意见》。

11 月 19 日 国务院发出《关于稳定消费价格总水平保障群众基本生活的通知》。

同日 学习型党组织建设工作座谈会在京召开。

11 月 21 日 国务院印发《关于当前发展学前教育的若干意见》。

11 月 30 日 国务院办公厅转发发展改革委、农业部《关于加快转变东北地区农业发展方式建设现代农业的指导意见》。

12 月 10 日 《国务院办公厅关于建立健全基层医疗卫生机构补偿机制的意见》下发。

12 月 10—12 日 中央经济工作会议在京举行。会议提出，2011 年的经济工作，要深入贯彻落实科学发展观，正确把握国内外形势新变化新特点，以科学发展为主题，以加快转变经济发展方式为主线，实施积极的财政政策和稳健的货币政策，增强宏观调控的针对性、灵活性、有效性，加快推进经济结构调整，大力加强自主创新，切实抓好节能减排，不断深化改革开放，着力保障和改善民生，巩固和扩大应对国际金融危机冲击成果，保持经济平稳较快发展，促进社会和谐稳定。

12 月 12—19 日 首届亚残运会在广州举行。

12 月 20—25 日 十一届全国人大常委会第十八次会议在京举行。会议通过新修订的《中华人民共和国水土保持法》。

12 月 21 日　国务院印发《全国主体功能区规划》。这是新中国成立以来第一个全国性国土空间开发规划。

12 月 21—22 日　中央农村工作会议在京举行。

12 月 28 日　中国首台自主研发设计的百万千瓦级核电站全范围模拟机在宁德核电站正式投入使用，结束了中国使用的全范围模拟机长期以来依靠从国外采购、成套进口的局面。

12 月 29 日　国务院新闻办公室发表新中国成立以来首份《中国的反腐败和廉政建设》白皮书，第一次比较全面、系统地向国内外介绍中国反腐败和廉政建设的基本情况。

12 月 31 日　中共中央、国务院作出《关于加快水利改革发展的决定》。

本年　中国国内生产总值超过 40 万亿元，中国超过日本成为世界第二大经济体。

2011年

1月4日　国务院正式批复《山东半岛蓝色经济区发展规划》。此后，又先后批复浙江海洋经济发展示范区、广东海洋经济综合试验区发展规划。

1月9—11日　十七届中央纪委六次全会在京举行。

1月11日　中央党史研究室主编的《中国共产党历史》第二卷（1949—1978）出版发行,《中国共产党历史》第一卷（1921—1949）修订重印。

同日　中国自主研制的新一代隐身战斗机歼-20首次升空飞行测试成功。

1月14日　国家科学技术奖励大会在京举行。胡锦涛向获得2010年度国家最高科学技术奖的师昌绪、王振义颁发奖励证书和奖金。

1月18—21日　胡锦涛对美国进行国事访问并同美国总统奥巴马会谈，就推动积极合作全面的中美关系继续向前发展提出五点建议。两国发表《中美联合声明》，致力于共同努力建设相互尊重、互利共赢的中美合作伙伴关系。

1月21日　国务院印发《关于加快长江等内河水运发展的意见》。

1月24日　形成中国特色社会主义法律体系座谈会召开。吴邦国讲话指出，以宪法为统帅，以宪法相关法、民法商法等多个法律部门的法律为主干，由法律、行政法规、地方性法规等多个层次的法律规范构成的中国特色社会主义法律体系已经形成。

1月26日　《国务院办公厅进一步做好房地产市场调控工作有关问题的通知》下发。

1月28日　国务院印发《进一步鼓励软件产业和集成电路产业发展的若干政策》。

2月15日　国务院印发《全民健身计划（2011—2015年）》。

2月19—23日　省部级主要领导干部社会管理及其创新专题研讨班

举行。

2月22日—3月5日 因利比亚国内形势发生重大变化，中国政府分批组织中国在利比亚人员（包括港澳台同胞）35860人安全有序撤离。这是新中国成立以来最大规模的有组织撤离海外中国公民行动。

2月23—25日 十一届全国人大常委会第十九次会议在京举行。会议通过《中华人民共和国刑法修正案（八）》《中华人民共和国非物质文化遗产法》《中华人民共和国车船税法》。

2月26日 国务院办公厅发出《关于积极稳妥推进户籍管理制度改革的通知》。

3月3—13日 全国政协十一届四次会议在京举行。

3月5—14日 第十一届全国人民代表大会第四次会议在京举行。会议批准《中华人民共和国国民经济和社会发展第十二个五年规划纲要》。会议批准的全国人大常委会工作报告宣布：以宪法为统帅，以宪法相关法、民法商法等多个法律部门的法律为主干，由法律、行政法规、地方性法规等多个层次的法律规范构成的中国特色社会主义法律体系已经形成。

3月23日 中共中央、国务院印发《关于分类推进事业单位改革的指导意见》，对事业单位改革作出全面部署。

同日 中共中央、国务院转发《中央宣传部、司法部关于在公民中开展法制宣传教育的第六个五年规划（2011—2015年）》。

4月10日 中共中央办公厅印发《关于加强市（地、州、盟）党政正职管理的若干规定》。

4月14日 金砖国家领导人第三次会晤在海南三亚举行。胡锦涛主持并发表《展望未来，共享繁荣》的讲话。

4月18日 国务院办公厅印发《关于在全国范围内开展厂办大集体改革工作的指导意见》。

4月19日 中共中央、国务院、中央军委印发《关于加强新形势下国防教育工作的意见》。

4月20日 中央军委召开全军人才工作会议。

4 月 20—22 日　十一届全国人大常委会第二十次会议在京举行。会议通过关于修改《中华人民共和国煤炭法》的决定、关于修改《中华人民共和国建筑法》的决定、关于修改《中华人民共和国道路交通安全法》的决定，通过全国人大常委会关于进一步加强法制宣传教育的决议。

4 月 24 日　庆祝清华大学建校 100 周年大会在京举行。

5 月 6 日《国务院关于支持云南省加快建设面向西南开放重要桥头堡的意见》下发。

5 月 23 日　中共中央办公厅、国务院办公厅印发《农村基层干部廉洁履行职责若干规定（试行）》。

5 月 27 日　中共中央、国务院印发《中国农村扶贫开发纲要（2011—2020 年）》。

5 月 27—29 日　第二次全国对口支援新疆工作会议在京举行。

5 月 28 日　国务院批转国家发展改革委《关于 2011 年深化经济体制改革重点工作的意见》。

5 月 31 日　国务院发出《关于进一步做好普通高等学校毕业生就业工作的通知》。

6 月 1 日　国务院印发《关于促进牧区又好又快发展的若干意见》。

6 月 5 日　国务院办公厅印发《兴边富民行动规划（2011—2015 年）》。

6 月 7 日　国务院印发《关于开展城镇居民社会养老保险试点的指导意见》。

6 月 8 日　中共中央办公厅、国务院办公厅印发《关于深化政务公开加强政务服务的意见》。

6 月 12—20 日　胡锦涛对哈萨克斯坦、俄罗斯、乌克兰进行国事访问，并出席在哈萨克斯坦阿斯塔纳举行的上海合作组织成员国元首理事会第十一次会议、在俄罗斯圣彼得堡举行的第十五届圣彼得堡国际经济论坛。成员国元首签署《上海合作组织十周年阿斯塔纳宣言》。中俄决定致力于发展平等信任、相互支持、共同繁荣、世代友好的全面战略协作伙伴关系。

6 月 13 日　国务院印发《关于加强地质灾害防治工作的决定》。

6 月 17 日 深圳国家基因库在深圳会展中心揭牌。这是中国首次建立国家级基因库。

6 月 26 日 国务院公布施行《戒毒条例》。

6 月 27—30 日 十一届全国人大常委会第二十一次会议在京举行。会议通过《中华人民共和国行政强制法》和关于修改《中华人民共和国个人所得税法》的决定。

6 月 29 日 国务院印发《关于进一步加大财政教育投入的意见》。

7 月 1 日 庆祝中国共产党成立 90 周年大会在京举行。胡锦涛讲话指出，经过 90 年的奋斗、创造、积累，党和人民必须倍加珍惜、长期坚持、不断发展的成就是：开辟了中国特色社会主义道路，形成了中国特色社会主义理论体系，确立了中国特色社会主义制度。

同日 城镇居民社会养老保险试点在全国范围内启动，与新型农村社会养老保险试点同步推进。

同日 国务院印发《关于建立全科医生制度的指导意见》。

7 月 5 日 中共中央、国务院印发《关于加强和创新社会管理的意见》。

7 月 8—9 日 中央水利工作会议在京举行。

7 月 9 日 中国同南苏丹建交。

7 月 19 日 庆祝西藏和平解放 60 周年大会在拉萨举行。

7 月 20 日 中央组织部、中央统战部、国家发展改革委、西藏自治区在拉萨召开对口支援西藏工作座谈会。

8 月 2 日 中共中央办公厅、国务院办公厅印发《关于进一步深化事业单位人事制度改革的意见》。

8 月 12 日 国务院办公厅印发《关于开展国务院高速铁路安全大检查的通知》。

8 月 15 日 《国务院办公厅关于加强和改进流浪未成年人救助保护工作的意见》下发。

8 月 24—26 日 十一届全国人大常委会第二十二次会议在京举行。会议通过全国人大常委会关于《中华人民共和国香港特别行政区基本法》第十三条第一款和第十九条的解释。

8 月 31 日　国务院印发《“十二五”节能减排综合性工作方案》。

9 月 14—27 日　吴邦国访问俄罗斯、白俄罗斯、乌兹别克斯坦、哈萨克斯坦，并出席中俄议会合作委员会第五次会议。

9 月 27 日　国务院在北京召开全国节能减排工作电视电话会议。

9 月 28 日　国务院办公厅印发《关于保障性安居工程建设和管理的指导意见》。

9 月 29 日　中国自主研制的第一个空间实验室——“天宫一号”目标飞行器发射成功。

10 月 5 日　13 名中国籍船员驾驶两艘商贸船在湄公河水域遭劫持遇害。中国与有关国家联合展开侦破工作，并决定建立中老缅泰湄公河流域执法安全合作机制，在该水域展开联合巡逻执法。

10 月 9 日　纪念辛亥革命 100 周年大会在京举行。

10 月 15—18 日　中共十七届六中全会在京举行。全会通过《中共中央关于深化文化体制改革　推动社会主义文化大发展大繁荣若干重大问题的决定》，提出坚持中国特色社会主义文化发展道路、努力建设社会主义文化强国的战略任务。

10 月 17 日　国务院下发《关于加强环境保护重点工作的意见》。

10 月 24—29 日　十一届全国人大常委会第二十三次会议在京举行。会议通过关于修改《中华人民共和国兵役法》的决定、关于修改《中华人民共和国居民身份证法》的决定，通过关于加强反恐怖工作有关问题的决定。

10 月 29 日　国务院、中央军事委员会公布《退役士兵安置条例》。

10 月 30 日—11 月 4 日　胡锦涛对奥地利进行国事访问，并出席在法国戛纳举行的二十国集团领导人第六次峰会。

11 月 1 日　“神舟八号”飞船发射成功。11 月 3 日和 14 日，“神舟八号”飞船与“天宫一号”目标飞行器在太空进行了两次交会对接。11 月 17 日，“神舟八号”飞船返回舱安全着陆。“天宫一号”目标飞行器与“神舟八号”飞船交会对接任务取得圆满成功。

11 月 10—14 日 胡锦涛出席在美国夏威夷举行的亚太经合组织第十九次领导人非正式会议。12 日，胡锦涛在夏威夷首府檀香山会见了美国总统奥巴马。两国元首就双边关系及共同关心的国际和地区问题坦诚深入交换了意见，达成广泛共识，表示将共同努力，把中美合作伙伴关系不断推向前进。

11 月 11 日 国务院印发《关于清理整顿各类交易场所切实防范金融风险的决定》。

11 月 13 日 国务院印发《关于进一步做好打击侵犯知识产权和制售假冒伪劣商品工作的意见》。

11 月 14 日 国务院召开深入推进行政审批制度改革工作电视电话会议。

11 月 17—21 日 温家宝出席在印度尼西亚巴厘岛举行的第十四次东盟与中国（10+1）领导人会议暨中国—东盟建立对话关系 20 周年纪念峰会、第十四次东盟与中日韩（10+3）领导人会议、第六届东亚峰会和中日韩领导人会晤，并对文莱进行正式访问。

11 月 22—25 日 中国文学艺术界联合会第九次全国代表大会、中国作家协会第八次全国代表大会在京举行。

11 月 26 日 国务院印发《关于坚持科学发展安全发展促进安全生产形势持续稳定好转的意见》。

11 月 27—28 日 全国妇女儿童工作会议在京举行。

11 月 29—30 日 中央扶贫开发工作会议在京举行。胡锦涛在会上强调，全党全社会要深刻认识扶贫开发工作的重要性和紧迫性，增强做好扶贫开发工作的自觉性和坚定性，扎扎实实做好扶贫开发各项工作，确保到 2020 年全国实现全面建设小康社会目标。

12 月 11 日 胡锦涛出席中国加入世界贸易组织十周年高层论坛并讲话，充分肯定十年取得的成就，强调要实行更加积极主动的开放战略。

12 月 12—14 日 中央经济工作会议在京举行。会议提出，2012 年的经济工作，要深入贯彻落实科学发展观，继续实施积极的财政政策和稳健的货币政策，保持宏观经济政策的连续性和稳定性，增强调控的针对性、灵活性、前瞻性，继续处理好保持经济平稳较快发展、调整经济结构、管理通胀预期的关系，加快推进经济发展方式转变和经济结构调整，着力扩大国内需求，着力加强自主创新和节能减排，着力深化改革开放，着力保障和改善民生，保持经济平稳较快发展和物价总水平基本稳定，保持社会和谐稳定，以经济社会发展的优异成绩迎接党的十八大胜利召开。

12 月 16 日　国务院办公厅印发《社会养老服务体系建设规划（2011—2015 年）》。

12 月 20 日　全国精神文明建设工作表彰大会在京举行。

同日　国务院办公厅印发《社区服务体系建设规划（2011—2015 年）》。

12 月 20—21 日　第七次全国环境保护大会在京举行。

12 月 26—31 日　十一届全国人大常委会第二十四次会议在京举行。会议通过关于修改《中华人民共和国职业病防治法》的决定，通过全国人大常委会关于《中华人民共和国澳门特别行政区基本法》附件一第七条和附件二第三条的解释。

12 月 27—28 日　中央农村工作会议在京举行。

12 月 30 日　国务院印发《工业转型升级规划（2011—2015 年）》。

12 月 31 日　中共中央、国务院印发《关于加快推进农业科技创新持续增强农产品供给保障能力的若干意见》。

2012年

1月3日 国务院办公厅印发《农村残疾人扶贫开发纲要（2011—2020年）》。

1月6—7日 第四次全国金融工作会议在京举行。会议提出深化金融机构改革、加强和改进金融监管、扩大金融对外开放等金融改革发展的主要任务。

1月8—10日 十七届中央纪委第七次全会在京举行。

1月10日 国务院同意建立由证监会牵头的清理整顿各类市场交易场所部际联席会议制度。

1月12日 国务院印发《关于实行最严格水资源管理制度的意见》。

1月13日 国务院印发《全国现代农业发展规划（2011—2015年）》。

1月14—19日 温家宝访问沙特阿拉伯、阿联酋、卡塔尔，并出席在阿联酋阿布扎比召开的第五届世界未来能源峰会开幕式。

1月24日 国务院批转人力资源和社会保障部等部门《促进就业规划（2011—2015年）》。

2月6日 国务院印发《质量发展纲要（2011—2020年）》。

2月13—22日 习近平对美国、爱尔兰、土耳其进行正式访问。14日，中美双方发布《关于加强中美经济关系的联合情况说明》。

2月14日 国家科学技术奖励大会在京举行。胡锦涛向获得2011年度国家最高科学技术奖的谢家麟、吴良镛颁发奖励证书和奖金。

2月23日 国务院公布《拘留所条例》。

2月27—29日 十一届全国人大常委会第二十五次会议在京举行。会议通过关于修改《中华人民共和国清洁生产促进法》的决定，通过全国人大常委会关于澳门特别行政区2013年立法会产生办法和2014年行政长官产生办法有关问题的决定。

3 月 1 日 国务院公布《海洋观测预报管理条例》。

3 月 2 日 全国深入开展学雷锋活动座谈会在京召开。中央精神文明建设指导委员会授予鞍山钢铁集团职工郭明义“当代雷锋”荣誉称号。

3 月 3 日、9 月 10 日、9 月 15 日、9 月 21 日 中国先后公布钓鱼岛及其附属岛屿标准名称、领海基线，钓鱼岛及其部分附属岛屿地理坐标，钓鱼岛等岛屿及其周边海域部分地理实体的标准名称及位置示意图。

3 月 3—13 日 全国政协十一届五次会议在京举行。

3 月 5—14 日 第十一届全国人民代表大会第五次会议在京举行。会议通过关于修改《中华人民共和国刑事诉讼法》的决定，将尊重和保障人权写入该法总则。

3 月 6 日 国务院印发《关于支持农业产业化龙头企业发展的意见》。

3 月 8 日 中共中央办公厅印发《关于加强和改进非公有制企业党的建设工作的意见（试行）》《关于在推进事业单位改革中加强和改进党的建设工作的意见》。

3 月 22 日 胡锦涛会见中国国民党荣誉主席吴伯雄，共同回顾和充分肯定过去四年两岸关系取得的成果，并就新形势下进一步推动两岸关系和平发展达成重要共识。

3 月 25 日—4 月 2 日 胡锦涛出席在韩国首尔举行的核安全峰会和在印度新德里举行的金砖国家领导人第四次会晤，并对柬埔寨进行国事访问。

3 月 28 日 国务院常务会议批准实施《浙江省温州市金融综合改革试验区总体方案》。

4 月 5 日 国务院公布《校车安全管理条例》。

同日 中共中央办公厅、国务院办公厅印发《关于进一步加强人民政协提案办理工作的意见》。

4 月 17 日 全国深化医药卫生体制改革工作会议在京举行。

同日 《国务院办公厅关于进一步做好减轻农民负担工作的意见》下发。

4 月 19 日 国务院印发《关于进一步支持小型微型企业健康发展的意见》。

4 月 20—27 日　温家宝访问冰岛、瑞典、波兰并出席德国汉诺威工业博览会开幕式及中国伙伴国活动。

4 月 24—27 日　十一届全国人大常委会第二十六次会议在京举行。会议通过《中华人民共和国军人保险法》。

4 月 26 日　第一次中国—中东欧国家领导人会晤在波兰华沙举行。此后，会晤每年举行一次。

4 月 26 日—5 月 4 日　国务院副总理李克强对俄罗斯、匈牙利、比利时和欧盟总部进行正式访问。4 月 28 日，李克强出席在莫斯科举行的中俄贸易和投资促进会议开幕式并发表《推动中俄贸易和投资合作再上新水平》的讲话。5 月 3 日，李克强与欧盟委员会主席巴罗佐签署《中欧城镇化伙伴关系共同宣言》。

4 月 28 日　国务院公布《女职工劳动保护特别规定》。

同日　国务院办公厅转发知识产权局等部门《关于加强战略性新兴产业知识产权工作的若干意见》。

4 月 30 日　国务院印发《关于加强进口促进对外贸易平衡发展的指导意见》。

5 月 4 日　纪念中国共产主义青年团成立 90 周年大会在京举行。

5 月 15—30 日　吴邦国访问荷兰、克罗地亚、卢森堡、西班牙。

5 月 23 日　纪念毛泽东同志《在延安文艺座谈会上的讲话》发表 70 周年座谈会在京举行。

5 月 24 日　国务院办公厅转发国家发展改革委等部门《关于加快培育国际合作和竞争新优势的指导意见》。

5 月 25 日　国务院新闻办公室发表《2011 年美国的人权纪录》，有力回应美国国务院 24 日发表的《2011 年国别人权报告》对中国人权事业的歪曲指责。

5 月 30 日　第三次全国对口支援新疆工作会议在京举行。

6 月 2 日　马克思主义理论研究和建设工程工作会议在京召开，对八年来的工作进行系统总结，对深入推进工程进行全面部署。

6 月 4 日　国务院公布《对外劳务合作管理条例》。

6 月 5—7 日 俄罗斯总统普京对中国进行国事访问。两国发表《中俄关于进一步深化平等信任的中俄全面战略协作伙伴关系的联合声明》。

6 月 6—7 日 上海合作组织成员国元首理事会第十二次会议在京举行。胡锦涛主持会议。成员国元首签署《关于构建持久和平、共同繁荣地区的宣言》等文件。

6 月 11 日 国务院新闻办公室发布《国家人权行动计划（2012—2015 年）》，这是中国第二个以人权为主题的国家规划。

6 月 14—19 日 胡锦涛对丹麦进行国事访问，并出席在墨西哥洛斯卡沃斯举行的二十国集团领导人第七次峰会。

6 月 16 日 载有景海鹏、刘旺、刘洋三位航天员的“神舟九号”载人飞船成功发射，中国首位女航天员进入太空。18 日、24 日，“神舟九号”先后与“天宫一号”实现自动和手控交会对接，29 日顺利返回着陆。

6 月 20—26 日 温家宝出席在巴西里约热内卢举行的联合国可持续发展大会，并对巴西、乌拉圭、阿根廷、智利进行正式访问。20 日，温家宝出席联合国可持续发展大会并发表《共同谱写人类可持续发展新篇章》的演讲。同日，温家宝出席联合国可持续发展大会高级别圆桌会并发表讲话。21 日，温家宝出席“最不发达国家与里约 +20”高级别边会和中国环境与发展国际合作委员会成立 20 周年主题边会。26 日，温家宝在联合国拉丁美洲和加勒比经济委员会发表《永远做相互信赖的好朋友》的演讲。

6 月 23 日 国务院印发《关于加强食品安全工作的决定》。

6 月 26—30 日 十一届全国人大常委会第二十七次会议在京举行。会议通过《中华人民共和国出境入境管理法》和关于修改《中国人民解放军选举全国人民代表大会和县级以上地方各级人民代表大会代表的办法》的决定，通过全国人大常委会关于批准澳门特别行政区基本法附件一澳门特别行政区行政长官的产生办法修正案的决定，通过全国人大法律委员会关于澳门特别行政区基本法附件二澳门特别行政区立法会的产生办法修正案草案审查意见的报告。

6 月 27 日 “蛟龙”号载人潜水器最大下潜深度达到 7062 米，创造世界同类作业型潜水器最大下潜深度纪录。中国海底载人科学研究和资源勘探能力达到国际领先水平。

6月28日 全国创先争优表彰大会在京举行。习近平讲话指出，中国共产党在91年的奋斗中形成了自己的理论优势、政治优势、组织优势、制度优势和密切联系群众的优势。这种独特优势，是我们党始终保持先进性和纯洁性的根本法宝。

同日 国务院印发《关于大力推进信息化发展和切实保障信息安全的若干意见》。

6月29日 中央政府与香港特别行政区政府签署《〈内地与香港关于建立更紧密经贸关系的安排〉补充协议九》。

7月1日 胡锦涛出席庆祝香港回归祖国15周年大会暨香港特别行政区第四届政府就职典礼并讲话，强调中央政府实行“一国两制”、“港人治港”、高度自治方针将毫不动摇，全力支持香港特别行政区行政长官和政府依法施政将毫不动摇，同香港各界人士一道维护和促进香港长期繁荣稳定将毫不动摇。他还向香港特别行政区新一届政府和社会各界提出四点希望。

同日 我国基本实现社会养老保险制度全覆盖。

7月4日 三峡工程最后一台70万千瓦巨型机组正式交付投产。至此，世界装机容量最大的水电站——三峡水电站32台机组全部投产。

7月6—7日 全国科技创新大会在京举行。胡锦涛在会上讲话指出，必须把创新驱动发展作为面向未来的一项重大战略，一以贯之、长期坚持，推动科技实力、经济实力、综合国力实现新的重大跨越。

7月8日 国务院印发《关于促进民航业发展的若干意见》。

7月10日 国务院印发《关于促进红十字事业发展的意见》。

7月13—14日 第七次全国信访工作会议在京举行。

7月19—20日 中非合作论坛第五届部长级会议在京举行。胡锦涛出席开幕式并发表《开创中非新型战略伙伴关系新局面》的讲话，宣布今后三年采取措施在五个重点领域支持非洲和平与发展事业。

7月22日 国务院印发《关于加强道路交通安全工作的意见》。

7 月 23—24 日　省部级主要领导干部专题研讨班在京举行。

7 月 24 日　海南省三沙市成立大会暨揭牌仪式在西沙永兴岛举行。三沙市管辖西沙群岛、中沙群岛、南沙群岛的岛礁及其海域，三沙市人民政府驻西沙永兴岛。

7 月 27 日—8 月 12 日　中国体育代表团参加在英国伦敦举行的第 30 届夏季奥运会。

8 月 6 日　中共中央办公厅印发《关于进一步加强党管人才工作的意见》。指出，党管人才是人才工作的重要原则。落实好这一原则，进一步加强党对人才工作的领导，对于保证人才工作的正确方向，促进人才强国战略的更好实施和建设人才强国目标的顺利实现意义重大。

8 月 20 日　国务院印发《关于加强教师队伍建设的意见》。

8 月 22 日　国务院常务会议决定取消和调整 314 项部门行政审批项目，批准广东省在行政审批制度改革方面先行先试。

8 月 27 日　国务院印发《关于大力实施促进中部地区崛起战略的若干意见》。指出，加快构建沿陇海、沿京广、沿京九和沿长江经济带，引导人口和产业集聚发展，促进经济合理布局。重点推进中原经济区、鄱阳湖生态经济区、武汉城市圈、环长株潭城市群等重点区域发展，形成带动中部地区崛起的核心地带和全国重要的经济增长极。

8 月 27—31 日　十一届全国人大常委会第二十八次会议在京举行。会议通过关于修改《中华人民共和国民事诉讼法》的决定、关于修改《中华人民共和国农业技术推广法》的决定。

8 月 28—30 日　埃及总统穆尔西对中国进行国事访问。胡锦涛与穆尔西举行会谈，双方一致同意秉承友好传统，加强全方位合作，推动中埃战略合作关系迈上新台阶。

8 月 30 日　国务院办公厅转发《关于做好进城务工人员随迁子女接受义务教育后在当地参加升学考试工作的意见》。

9 月 1 日　国务院印发《关于进一步加强和改进最低生活保障工作的意见》《关于促进企业技术改造的指导意见》。

9月5日 国务院印发《关于深入推进义务教育均衡发展的意见》。

9月6—9日 胡锦涛出席在俄罗斯符拉迪沃斯托克举行的亚太经合组织第二十次领导人非正式会议。9日，胡锦涛同日本首相野田佳彦交谈时，就当前中日关系和钓鱼岛问题表明中方立场。

9月7日 全国教师工作暨“两基”工作总结表彰大会在京举行。

9月10日 中国政府发表《关于钓鱼岛及其附属岛屿领海基线的声明》。同日，外交部发表声明，对日本政府宣布“购买”钓鱼岛及其附属的南小岛和北小岛、实施所谓“国有化”表示坚决反对和强烈抗议。13日，中国常驻联合国代表向联合国秘书长交存钓鱼岛及其附属岛屿领海基点基线坐标表和海图。15日，中国公布钓鱼岛及其部分附属岛屿地理坐标。21日，中国公布钓鱼岛海域部分地理实体标准名称。25日，国务院新闻办公室发表《钓鱼岛是中国的固有领土》白皮书。

9月11—13日 世界经济论坛2012年新领军者年会（第六届夏季达沃斯论坛）在天津举行。温家宝出席开幕式并致辞。

9月19—20日 温家宝出席在比利时布鲁塞尔举行的第十五次中欧领导人会晤，并对比利时进行正式访问。

9月25日 中国第一艘航空母舰“辽宁”舰正式交付海军。胡锦涛出席交接入列仪式并登舰视察。

9月26日 全国文化体制改革工作表彰大会在京举行。

9月28日 中共中央政治局召开会议，决定中国共产党第十七届中央委员会第七次全体会议于2012年11月1日在京举行。中共中央政治局将向党的十七届七中全会建议，中国共产党第十八次全国代表大会于2012年11月8日在京举行。会议审议并通过中共中央纪律检查委员会《关于薄熙来严重违纪案的审查报告》，决定给予薄熙来开除党籍、开除公职处分，对其涉嫌犯罪问题及犯罪问题线索移送司法机关依法处理。

10月1日 国务院决定从2012年开始开展第一次全国可移动文物普查。

10月10日 国务院常务会议决定，自2012年秋季学期起，将中等职业教育免学费范围扩大到所有农村（含县镇）学生、城市涉农专业学生和家庭经济困难学生。

10 月 11 日 莫言获 2012 年诺贝尔文学奖。

10 月 13 日 国务院公布《国内水路运输管理条例》。

10 月 16 日 “西气东输”三线工程开工。

10 月 23—26 日 十一届全国人大常委会第二十九次会议在京举行。会议通过《中华人民共和国精神卫生法》，通过关于修改《中华人民共和国监狱法》的决定、关于修改《中华人民共和国律师法》的决定、关于修改《中华人民共和国未成年人保护法》的决定、关于修改《中华人民共和国预防未成年人犯罪法》的决定、关于修改《中华人民共和国治安管理处罚法》的决定、关于修改《中华人民共和国国家赔偿法》的决定、关于修改《中华人民共和国人民警察法》的决定、关于修改《中华人民共和国邮政法》的决定。

10 月 25 日 “北斗二号”第 16 颗导航卫星发射成功，与先期发射的 15 颗北斗导航卫星组网运行，形成区域服务能力。

11 月 1—4 日 中共十七届七中全会在京举行。全会决定，2012 年 11 月 8 日召开中共十八大。

11 月 8—14 日 中国共产党第十八次全国代表大会在京举行。胡锦涛作《坚定不移沿着中国特色社会主义道路前进，为全面建成小康社会而奋斗》的报告，确定全面建成小康社会和全面深化改革开放的目标，阐明中国特色社会主义道路、中国特色社会主义理论体系、中国特色社会主义制度的科学内涵及其相互联系。大会通过《中国共产党章程（修正案）》，把科学发展观同马克思列宁主义、毛泽东思想、邓小平理论、“三个代表”重要思想一道确立为党的指导思想并载入党章。

11 月 15 日 中共十八届一中全会在京举行。全会选举习近平为中央委员会总书记，决定习近平为中央军委主席，批准王岐山为中央纪委书记。习近平在中共十八届中央政治局常委同中外记者见面时指出，人民对美好生活的向往，就是我们的奋斗目标。

同日 十八届中央纪委一次全会在京举行。

11 月 16 日 十八届中央政治局召开第一次会议，对学习宣传贯彻党的十八大精神进行研究部署。

同日 胡锦涛、习近平出席中央军委扩大会议。胡锦涛指出，习近平同志是合格的党的总书记，也是合格的中央军委主席，一定能够团结带领军委班子履行好肩负的重大历史责任。习近平高度评价胡锦涛同志为党和国家、为国防和军队建设建立的卓越功勋，强调军委班子和军队高级干部要忠心耿耿为党和人民工作，努力把国防和军队建设不断推向前进。

11 月 17 日 十八届中央政治局就深入学习贯彻党的十八大精神进行第一次集体学习。

11 月 29 日 习近平在国家博物馆参观《复兴之路》展览时指出，实现中华民族伟大复兴，就是中华民族近代以来最伟大的梦想。

12 月 4 日 中共中央政治局会议通过《十八届中央政治局关于改进工作作风、密切联系群众的八项规定》。12 月 11 日，中共中央印发了该文件。

同日 首都各界纪念现行宪法公布施行 30 周年大会举行。习近平出席并发表重要讲话强调，恪守宪法原则、弘扬宪法精神、履行宪法使命，把全面贯彻实施宪法提高到一个新水平。

12 月 5 日 习近平同外国专家代表座谈，阐述中国对外开放战略和外交政策，强调中国是合作共赢的倡导者践行者。

12 月 6 日 中共中央纪委公布四川省委副书记李春城涉嫌严重违纪接受组织调查，拉开十八大以来查处腐败大案要案的序幕。

12 月 7—11 日 习近平到广东考察工作。其间，习近平指出，我国改革已经进入攻坚期和深水区，我们必须以更大的政治勇气和智慧，不失时机深化重要领域改革。要坚持改革开放正确方向，敢于啃硬骨头，敢于涉险滩，既勇于冲破思想观念的障碍，又勇于突破利益固化的藩篱。强调党的十八大向全党全国发出了深化改革开放新的宣言书、新的动员令，要增强改革的系统性、整体性、协同性，做到改革不停顿、开放不止步。

12 月 15—16 日 中央经济工作会议在京举行。会议提出，2013 年的经济工作，要以提高经济增长质量和效益为中心，稳中求进，开拓创新，扎实开局，进一步深化改革开放，进一步强化创新驱动，加强和改善宏观调控，积极扩大国内需求，加大经济结构战略性调整力度，着力保障和改善民生，增强经济发展的内生活力和动力，保持物价总水平基本稳定，实现经济持续健康发展和社会和谐稳定。

12 月 21—22 日 中央农村工作会议在京举行。

12 月 24—25 日 习近平、俞正声走访各民主党派中央和全国工商联。习近平强调，要坚定不移坚持和完善中国共产党领导的多党合作和政治协商制度，支持民主党派更好履行参政党职能，为实现中共十八大确定的目标任务而奋斗。

12 月 24—28 日 十一届全国人大常委会第三十次会议在京举行。会议通过关于加强网络信息保护的决定，通过新修订的《中华人民共和国证券投资基金法》和新修订的《中华人民共和国老年人权益保障法》，通过关于修改《中华人民共和国劳动合同法》的决定、关于修改《中华人民共和国农业法》的决定，通过关于授权国务院在广东省暂时调整部分法律规定的行政审批的决定。

12 月 27 日 我国自主建设、独立运行的全球卫星导航系统——“北斗二号”卫星导航系统建成，开始面向亚太大部分地区正式提供区域服务。

12 月 29 日 习近平在考察河北时指出，全面建成小康社会，最艰巨最繁重的任务在农村、特别是在贫困地区。没有农村的小康，特别是没有贫困地区的小康，就没有全面建成小康社会。

同日 国务院印发《生物产业发展规划》。

12 月 31 日 中共中央、国务院印发《关于加快发展现代农业进一步增强农村发展活力的若干意见》。

2013 年

1 月 5—7 日 新进中央委员会委员、候补委员学习贯彻党的十八大精神研讨班召开。习近平讲话指出，只要我们坚持独立自主走自己的路，毫不动摇坚持和发展中国特色社会主义，我们就一定能在中国共产党成立 100 年时全面建成小康社会，就一定能在新中国成立 100 年时建成富强民主文明和谐的社会主义现代化国家。

1 月 16 日 全国中小企业股份转让系统揭牌，非上市公司股份转让的小范围、区域性试点开始走向全国性市场运作。

1 月 17 日 习近平在新华社《网民呼吁遏制餐饮环节“舌尖上的浪费”》材料上作出批示，要求厉行节约、反对浪费。

1 月 18 日 国家科学技术奖励大会在京举行。胡锦涛向获得 2012 年度国家最高科学技术奖的郑哲敏、王小谟颁发奖励证书和奖金。

1 月 21—22 日 十八届中央纪委二次全会在京举行。习近平讲话强调，要坚持“老虎”“苍蝇”一起打，既坚决查处领导干部违纪违法案件，又切实解决发生在群众身边的不正之风和腐败问题；要加强对权力运行的制约和监督，把权力关进制度的笼子里。

1 月 26 日 我国自主研制的运 -20 大型运输机首次试飞成功。2016 年 7 月 6 日，运 -20 大型运输机正式列装空军航空兵部队。

2 月 3 日 国务院批转国家发展改革委、财政部、人社部《关于深化收入分配制度改革的若干意见》。

2 月 23 日 国务院印发《国家重大科技基础设施建设中长期规划（2012—2030 年）》。

2 月 25 日 习近平在北京会见中国国民党荣誉主席连战及台湾各界人士访问团。

2 月 25—27 日 十一届全国人大常委会第三十一次会议在京举行。会议通过全国人大常委会代表资格审查委员会关于十二届全国人大代表的代表资格的审查报告。十二届全国人大代表选举是 2010 年修改选举法后，首次实行城乡按相同人口比例进行的选举。

2 月 26—28 日 中共十八届二中全会在京举行。全会通过《国务院机构改革和职能转变方案》。

2 月 28 日 国务院发出通知，决定以 2015 年 6 月 30 日为标准时点，开展第一次全国地理国情普查。2017 年 4 月 24 日，普查公报正式发布。

同日 中共中央在中南海举行民主协商会，就国务院机构改革和职能转变、中共中央拟向十二届全国人大一次会议推荐的国家机构领导人员人选建议名单和拟向全国政协十二届一次会议推荐的全国政协领导人员人选建议名单，向各民主党派、全国工商联和无党派人士通报情况，听取意见。

3 月 1 日 习近平出席中共中央党校建校 80 周年庆祝大会暨 2013 年春季学期开学典礼，强调要在全党大兴学习之风。

3 月 3—12 日 全国政协十二届一次会议在京举行，选举俞正声为全国政协主席。

3 月 5—17 日 第十二届全国人民代表大会第一次会议在京举行。会议批准《国务院机构改革和职能转变方案》，选举习近平为中华人民共和国主席、中华人民共和国中央军委主席，张德江为全国人大常委会委员长，决定李克强为国务院总理。

3 月 11 日 习近平在出席全国人大解放军代表团全体会议时指出，建设一支听党指挥、能打胜仗、作风优良的人民军队，是党在新形势下的强军目标。

3 月 17 日 习近平在十二届全国人大一次会议闭幕会上讲话指出，实现中华民族伟大复兴的中国梦，就是要实现国家富强、民族振兴、人民幸福。实现中国梦，必须走中国道路、弘扬中国精神、凝聚中国力量。

3 月 19 日 十二届全国人大常委会第一次会议在京举行。

3 月 20 日 国务院全体会议提出，要坚决落实向社会承诺的“约法三章”，即本届任期内，政府性的楼堂馆所一律不得新建，财政供养的人员只减不增，“三公”经费只减不增。

3月22—30日 习近平对俄罗斯、坦桑尼亚、南非、刚果共和国进行国事访问，并出席在南非德班举行的金砖国家领导人第五次会晤。23日，习近平在俄罗斯莫斯科国际关系学院发表演讲，强调人类越来越成为你中有我、我中有你的命运共同体，呼吁各国共同推动建立以合作共赢为核心的新型国际关系。25日，习近平在坦桑尼亚尼雷尔国际会议中心发表演讲，首次提出“真实亲诚”的对非政策理念和正确义利观。

3月26日 新一届国务院召开第一次廉政工作会议。

4月4日 中共中央办公厅、国务院办公厅、中央军委办公厅印发《关于进一步加强烈士纪念工作的意见》。

4月6—8日 博鳌亚洲论坛2013年年会在海南博鳌举行。习近平出席开幕式并发表《共同创造亚洲和世界的美好未来》的主旨演讲。

4月20日 四川省雅安市芦山县发生7.0级地震，给当地人民生命财产造成重大损失。在中共中央、国务院、中央军委领导下，广大军民团结奋战，取得了抗震救灾斗争的胜利。7月6日和15日，国务院先后印发《芦山地震灾后恢复重建总体规划》和《关于支持芦山地震灾后恢复重建政策措施的意见》。到2016年6月底，灾后重建目标基本完成。

4月22—26日 王岐山等中央纪委监察部领导班子成员一对一约谈53位派驻中央和国家机关各部委纪检组组长、纪委书记，督促担负起管党治党责任、推进中央八项规定精神落实。此后，各省级纪委也相继建立约谈制度。

4月23—25日 十二届全国人大常委会第二次会议在京举行。会议通过《中华人民共和国旅游法》。

4月24日 国务院常务会议决定先行取消和下放71项行政审批事项，开启了简政放权、放管结合、优化服务（简称“放管服”）改革。

4月25日 中共中央政治局常委会召开会议，研究当前经济形势和经济工作。此后，中央政治局形成制度，原则上每个季度召开会议研究经济形势。

4 月 25—26 日 法国总统奥朗德对中国进行国事访问。习近平同奥朗德会谈，双方决定进一步深化中法新型全面战略伙伴关系。

4 月 26 日 中国成功发射高分辨率对地观测系统首星“高分一号”。此后到 2020 年 12 月 6 日，中国先后发射“高分二号”至“高分十四号”卫星；2020 年 7 月 3 日，中国成功发射高分辨率多模综合成像卫星。

4 月 28 日 习近平到全国总工会机关同全国劳动模范代表座谈。

5 月 4 日 习近平到中国航天科技集团公司中国空间技术研究院同各界优秀青年代表座谈。

5 月 9 日 中共中央印发《关于在全党深入开展党的群众路线教育实践活动的意见》。2013 年 6 月至 2014 年 9 月，全党分两批开展以为民务实清廉为主要内容的党的群众路线教育实践活动，集中整治“四风”问题。

5 月 10 日 我国海军正式组建首支舰载航空兵部队。

5 月 13 日 习近平就改善农村人居环境作出指示，要求认真总结浙江省开展“千村示范万村整治”工程的经验并加以推广。

同日 国务院召开全国电视电话会议，动员部署国务院机构职能转变工作。

5 月 15 日 国务院常务会议决定进一步提高重点高校招收农村学生比例。

5 月 17—18 日 中央巡视工作动员暨培训会议在京举行。十八届中共中央共开展 12 轮巡视，巡视 277 个党组织，在党的历史上首次实现一届任期内巡视全覆盖。

5 月 31 日—6 月 8 日 习近平对特立尼达和多巴哥、哥斯达黎加、墨西哥进行国事访问，在特多同加勒比九个建交国领导人举行会晤并在美国举行中美元首会晤。6 月 7 日至 8 日，习近平在加利福尼亚州安纳伯格庄园同美国总统奥巴马会晤，双方同意共同构建中美新型大国关系，相互尊重，合作共赢，造福两国人民和世界人民。

6 月 11—26 日 “神舟十号”载人飞船成功发射并顺利返回着陆。

6 月 13 日 习近平会见中国国民党荣誉主席吴伯雄，提出坚持从中华民族整体利益的高度把握两岸关系大局、坚持在认清历史发展趋势中把握两岸关系前途等四点意见。

6月17—20日 中国共产主义青年团第十七次全国代表大会举行。

6月18日 党的群众路线教育实践活动工作会议举行，部署全党开展教育实践活动。

6月21日 海峡两岸关系协会与台湾海峡交流基金会在上海签署《海峡两岸服务贸易协议》。

6月26—29日 十二届全国人大常委会第三次会议在京举行。会议通过《中华人民共和国特种设备安全法》和关于修改《中华人民共和国文物保护法》等12部法律的决定。

6月28—29日 全国组织工作会议举行。习近平在会上提出信念坚定、为民服务、勤政务实、敢于担当、清正廉洁的好干部标准。

7月4日 国务院印发《关于加快棚户区改造工作的意见》。

7月7—8日 习近平主持召开中央军委专题民主生活会。

7月9日、16日 国务院召开经济形势座谈会，明确提出区间调控思路，即经济运行要保持在合理区间，经济增长率、就业水平等不滑出“下限”，物价涨幅等不超出“上限”。此后，在2014年、2015年又相继提出实施定向调控、相机调控和精准调控。

7月14日 中共中央办公厅、国务院办公厅印发《关于党政机关停止新建楼堂馆所和清理办公用房的通知》。

7月19—21日 生态文明贵阳国际论坛2013年年会举行。习近平致贺信，强调中国将同世界各国携手共建生态良好的地球美好家园。

7月20日 中国人民银行决定，除个人住房贷款利率浮动区间暂不调整外，金融机构贷款利率管制全面放开。

7月23日 习近平在湖北武汉主持召开部分省市负责人座谈会，征求对全面深化改革的意见和建议。

7月29日 中共中央印发《关于废止和宣布失效一批党内法规和规范性文件的决定》。

8月1日 国务院印发《“宽带中国”战略及实施方案》，提出围绕加快转变经济发展方式和全面建成小康社会的总体要求，将宽带网络作为国家战略性公共基础设施。

8 月 17 日 国务院批准设立中国（上海）自由贸易试验区。

8 月 19—20 日 全国宣传思想工作会议在京举行。习近平讲话指出，要巩固马克思主义在意识形态领域的指导地位，巩固全党全国人民团结奋斗的共同思想基础；我们正在进行具有许多新的历史特点的伟大斗争，面临的挑战和困难前所未有，必须坚持巩固壮大主流思想舆论，弘扬主旋律，传播正能量，激发全社会团结奋进的强大力量。

8 月 26—30 日 十二届全国人大常委会第四次会议在京举行。会议通过关于修改《中华人民共和国商标法》的决定，通过全国人大常委会关于授权国务院在中国（上海）自由贸易试验区暂时调整有关法律规定的行政审批的决定。

8 月 31 日—9 月 12 日 第十二届全国运动会在辽宁举行。习近平出席开幕式并宣布运动会开幕。

8 月 习近平在北戴河主持会议研究河北发展问题时提出推动京津冀协同发展。

9 月 2 日 中共中央纪委监察部网站正式开通，并开设全国纪检监察机关 12388 举报窗口。

9 月 3—13 日 习近平对土库曼斯坦、哈萨克斯坦、乌兹别克斯坦、吉尔吉斯斯坦进行国事访问，并出席在俄罗斯圣彼得堡举行的二十国集团领导人第八次峰会、在吉尔吉斯斯坦比什凯克举行的上海合作组织成员国元首理事会第十三次会议。7 日，习近平在哈萨克斯坦纳扎尔巴耶夫大学发表演讲，提出共同建设“丝绸之路经济带”的倡议。

9 月 6 日 国务院发布《关于加快发展养老服务业的若干意见》。

9 月 10 日 国务院印发《大气污染防治行动计划》。

9 月 17 日 中国残疾人联合会第六次全国代表大会在京开幕。习近平等党和国家领导人到会祝贺。

9 月 18 日 国务院印发《中国（上海）自由贸易试验区总体方案》。

9 月 23—24 日 第四次全国对口支援新疆工作会议在京举行。

9月23—25日 习近平在河北参加省委常委班子党的群众路线教育实践活动专题民主生活会。

9月25日 中共中央、国务院印发《关于地方政府职能转变和机构改革的意见》。

9月26日 习近平会见第四届全国道德模范及提名奖获得者，强调要深入开展学习宣传道德模范活动，为实现中华民族伟大复兴的中国梦凝聚起强大的精神力量和有力的道德支撑。

9月29日 上海市人民政府公布《中国（上海）自由贸易试验区外商投资准入特别管理措施（负面清单）（2013年）》。这是中国第一次用负面清单管理外商对华投资。

10月2—8日 习近平对印度尼西亚、马来西亚进行国事访问，并出席在印度尼西亚巴厘岛举行的亚太经合组织第二十一次领导人非正式会议。2日，习近平在雅加达同印度尼西亚总统苏西洛会谈，倡议筹建亚洲基础设施投资银行。3日，习近平在印度尼西亚国会发表演讲，提出共同建设“21世纪海上丝绸之路”的倡议。

10月6日 国务院印发《关于化解产能严重过剩矛盾的指导意见》。

10月10—16日 中共中央纪委、中央组织部、国家行政学院首次举办省部级领导干部廉洁从政研修班。

10月11日 习近平近日就坚持和发展“枫桥经验”作出重要指示，要求把“枫桥经验”坚持好、发展好，把党的群众路线坚持好、贯彻好。

10月15日 纪念习仲勋同志诞辰100周年座谈会在京举行。

10月18—22日 中国工会第十六次全国代表大会举行。23日，习近平同中华全国总工会新一届领导班子成员集体谈话。

10月19日 中共中央组织部印发《关于进一步规范党政领导干部在企业兼职（任职）问题的意见》。

10月20日 马克思主义理论研究和建设工程工作座谈会在京举行。

10月21日 习近平在欧美同学会成立100周年庆祝大会上提出支持留学、鼓励回国、来去自由、发挥作用的新时期留学人员工作方针。

10 月 22 日　全国政协召开第一次双周协商座谈会，就如何统筹稳增长、调结构、促改革，保持经济发展良好势头议政建言。

同日　中共中央印发《关于印发〈科学发展观学习纲要〉的通知》。

10 月 22—25 日　十二届全国人大常委会第五次会议在京举行。会议通过关于修改《中华人民共和国消费者权益保护法》的决定。

10 月 24—25 日　中共中央首次召开周边外交工作座谈会。习近平讲话指出，我国周边外交的基本方针，就是坚持与邻为善、以邻为伴，坚持睦邻、安邻、富邻，突出体现亲、诚、惠、容的理念；外交工作要坚持正确义利观，多向发展中国家提供力所能及的帮助。

10 月 28—31 日　中国妇女第十一次全国代表大会举行。31 日，习近平同全国妇联新一届领导班子成员集体谈话。

10 月 31 日　西藏墨脱公路建成通车。至此，我国实现县县通公路。

11 月 3—5 日　习近平到湖南考察工作，首次提出“精准扶贫”的理念，为新时期中国扶贫工作指明了方向，从此全国开启了精准扶贫、精准脱贫攻坚战。

11 月 4—8 日　第一期省部级干部学习贯彻习近平总书记系列讲话精神研讨班在京举行。

11 月 5 日　中共中央印发《中央党内法规制定工作五年规划纲要（2013—2017 年）》。这是中国共产党第一次编制中央党内法规制定工作五年规划。

11 月 9—12 日　中共十八届三中全会在京举行。全会通过《关于全面深化改革若干重大问题的决定》。全会指出，全面深化改革的总目标是完善和发展中国特色社会主义制度，推进国家治理体系和治理能力现代化；经济体制改革核心问题是处理好政府和市场的关系，使市场在资源配置中起决定性作用和更好发挥政府作用。

11 月 15 日　“南水北调”东线一期工程正式通水。

11 月 18 日　中共中央、国务院颁发《党政机关厉行节约反对浪费条例》。依据条例，党政机关经费管理、国内差旅、因公临时出国（境）、培训、公务接待、公务用车、会议活动、办公用房、基层党建活动、资源节约等方面的党内法规和规范性文件相继出台。

11 月 20—21 日 第十六次中国—欧盟领导人会晤在京举行。双方发表《中欧合作 2020 战略规划》。

11 月 23 日 中国政府宣布划设东海防空识别区，并发布航空器识别规则公告和识别区示意图。当日，中国空军在识别区内进行首次空中巡逻。

11 月 29 日 中国法学会第七次全国会员代表大会在人民大会堂开幕。习近平等党和国家领导人出席会议。

12 月 2 日 第九次全国归侨侨眷代表大会在人民大会堂开幕。习近平等党和国家领导人到会祝贺。

12 月 2—4 日 英国首相卡梅伦对中国进行正式访问。习近平会见卡梅伦，强调要规划好中英关系未来，推动两国合作长期健康发展。

12 月 2—15 日 “嫦娥三号”探测器发射成功，并首次实现我国航天器在地外天体软着陆和巡视勘察，标志着我国探月工程全面实现第二步战略目标，中国成为世界上第三个月球软着陆和巡视探测的国家。

12 月 4 日 工业和信息化部向三家运营商颁发 4G 牌照，中国通信行业进入 4G 时代。

12 月 9 日 习近平在中南海听取河北省委党的群众路线教育实践活动总体情况汇报，要求一鼓作气抓好第一批活动收尾工作，认真扎实做好第二批活动准备工作。

12 月 10—13 日 中央经济工作会议在京举行。会议提出，2014 年的经济工作，要坚持稳中求进工作总基调，把改革创新贯穿于经济社会发展各个领域各个环节，保持宏观经济政策连续性和稳定性，着力激发市场活力，加快转方式调结构，加强基本公共服务体系建设，着力改善民生，切实提高经济发展质量和效益，促进经济持续健康发展、社会和谐稳定。

12 月 11 日 中共中央办公厅印发《关于培育和践行社会主义核心价值观的意见》。指出，富强、民主、文明、和谐，自由、平等、公正、法治，爱国、敬业、诚信、友善，是社会主义核心价值观的基本内容。

12 月 12—13 日　首次中央城镇化工作会议在京举行。习近平在会上分析城镇化发展形势，明确推进城镇化的指导思想、主要目标、基本原则、重点任务。

12 月 20 日　中共中央印发《建立健全惩治和预防腐败体系 2013—2017 年工作规划》。

12 月 21 日　中共中央、国务院印发《关于调整完善生育政策的意见》，提出单独两孩的政策。

12 月 23—24 日　中央农村工作会议在京举行。习近平阐述推进农村改革发展若干具有方向性和战略性的重大问题。

12 月 23—28 日　十二届全国人大常委会第六次会议在京举行。会议通过关于修改《中华人民共和国海洋环境保护法》等七部法律的决定，通过全国人大常委会关于废止有关劳动教养法律规定的决定和关于调整完善生育政策的决议。

12 月 25 日　中共中央办公厅、国务院办公厅印发《关于进一步把社会主义核心价值观融入法治建设的指导意见》。

12 月 26 日　纪念毛泽东同志诞辰 120 周年座谈会在京举行。习近平发表讲话强调，我们要把党和人民 90 多年的实践及其经验，当做时刻不能忘、须臾不能丢的立身之本，毫不动摇走党和人民在长期实践探索中开辟出来的正确道路，勿忘昨天的苦难辉煌，无愧今天的使命担当，不负明天的伟大梦想，在中国特色社会主义伟大道路上，为实现中华民族伟大复兴的中国梦，前进。

12 月 30 日　中共中央政治局会议决定成立中央全面深化改革领导小组，负责改革的总体设计、统筹协调、整体推进、督促落实。习近平任组长。

2014年

1月2日 中共中央、国务院印发《关于全面深化农村改革加快推进农业现代化的若干意见》。指出，把饭碗牢牢端在自己手上，是治国理政必须长期坚持的基本方针；提出抓紧构建新形势下以我为主、立足国内、确保产能、适度进口、科技支撑的国家粮食安全战略。

1月7—8日 中央政法工作会议在京举行。习近平讲话强调，要把维护社会大局稳定作为基本任务，把促进社会公平正义作为核心价值追求，把保障人民安居乐业作为根本目标，坚持严格执法公正司法，深化司法体制改革，加强和改进政法工作。

1月10日 国家科学技术奖励大会在京举行。习近平向获得2013年度国家最高科学技术奖的张存浩、程开甲颁发奖励证书和奖金。

1月13—15日 十八届中央纪委三次全会在京举行。习近平在会上强调，强化反腐败体制机制创新和制度保障，深入推进党风廉政建设和反腐败斗争。

1月14日 中共中央印发修订后的《党政领导干部选拔任用工作条例》。

1月20日 党的群众路线教育实践活动第一批总结暨第二批部署会议在京举行。

1月21日 国务院印发《国家集成电路产业发展推进纲要》，提出到2030年集成电路产业链主要环节达到国际先进水平，实现跨越发展。

1月22日 习近平主持召开中央全面深化改革领导小组第一次会议。十八届中央全面深化改革领导小组共召开38次会议。

1月24日 中共中央政治局会议研究决定中央国家安全委员会设置，决定中央国家安全委员会由习近平任主席。中央国家安全委员会作为中共中央关于国家安全工作的决策和议事协调机构，向中央政治局、中央政治局常务委员会负责，统筹协调涉及国家安全的重大事项和重要工作。

2 月 7 日 习近平出席在俄罗斯索契举行的第 22 届冬奥会开幕式，这是中国国家元首首次出席在境外举行的大型国际体育赛事开幕式。

同日 国务院印发《注册资本登记制度改革方案》，明确“实缴制”改为“认缴制”，企业年检制度改为年报公示制度。

2 月 8 日 中国第四个南极科考站——泰山站正式建成。

2 月 11 日 国务院台湾事务办公室与台湾方面大陆委员会负责人在南京举行首次正式会面。这标志着两岸事务主管部门建立常态化联系沟通机制。

2 月 17—21 日 省部级主要领导干部学习贯彻十八届三中全会精神全面深化改革专题研讨班在中央党校举行。

2 月 18 日 习近平会见中国国民党荣誉主席连战，提出两岸双方应秉持“两岸一家亲”理念，共圆中华民族伟大复兴的中国梦。

2 月 21 日 国务院公布《社会救助暂行办法》，确立完整清晰的社会救助制度体系。

同日 国务院印发《关于建立统一的城乡居民基本养老保险制度的意见》。

2 月 25—27 日 十二届全国人大常委会第七次会议在京举行。会议通过《关于确定中国人民抗日战争胜利纪念日的决定》，将 9 月 3 日确定为中国人民抗日战争胜利纪念日；通过《关于设立南京大屠杀死难者国家公祭日的决定》，将 12 月 13 日设立为南京大屠杀死难者国家公祭日。

2 月 26 日 习近平在北京主持召开座谈会，专题听取京津冀协同发展工作汇报，提出京津冀协同发展战略。

2 月 27 日 习近平主持召开中央网络安全和信息化领导小组第一次会议。他指出，努力把我国建设成为网络强国，强调要把握好网上舆论引导的时、度、效，使网络空间清朗起来。

3 月 3—12 日 全国政协十二届二次会议在京举行。

3 月 4 日 习近平在关于农村公路发展情况的报告上作出批示，要求进一步把农村公路建好、管好、护好、运营好。

3月5—13日 第十二届全国人民代表大会第二次会议在京举行。

3月7日 中央军委印发《关于提高军事训练实战化水平的意见》。

3月8日 马来西亚航空公司MH370航班在从吉隆坡飞往北京的途中失联，机上共有包括154名中国籍乘客在内的239人。中国政府投入海、空、天、潜立体力量，尽最大努力参与国际大搜救，全力协助中国籍乘客家属做好善后工作。

3月9日 习近平在参加十二届全国人大二次会议安徽代表团审议时强调，各级领导干部都要树立和发扬好的作风，既严以修身、严以用权、严以律己，又谋事要实、创业要实、做人要实。

3月12日 中共中央、国务院印发《国家新型城镇化规划（2014—2020年）》。

3月15日 中共中央决定对徐才厚涉嫌违纪问题进行组织调查。6月30日，中央政治局会议决定给予徐才厚开除党籍处分，对其涉嫌受贿犯罪问题及线索移送最高人民检察院授权军事检察机关依法处理。

同日 习近平主持召开中央军委深化国防和军队改革领导小组第一次全体会议。

3月17—18日 习近平在河南省兰考县调研指导党的群众路线教育实践活动。

3月19日 中共中央办公厅、国务院办公厅印发《关于深化司法体制和社会体制改革的意见》。指出，改革的重点是完善司法人员分类管理制度、完善司法责任制、健全司法人员职业保障、推动省以下地方法院检察院人财物统一管理等。

3月22日—4月1日 习近平出席在荷兰海牙举行的第三届核安全峰会，对荷兰、法国、德国、比利时进行国事访问，并访问联合国教科文组织总部及欧盟总部。24日，习近平在核安全峰会上首次提出理性、协调、并进的核安全观。28日，习近平在柏林同德国总理默克尔举行会谈，达成重要共识，决定将两国关系提升为全方位战略伙伴关系。31日，习近平在欧盟总部访问时提出共同打造中欧和平、增长、改革、文明四大伙伴关系。这是中欧建交以来中国国家元首对欧盟总部的首次访问。

3 月 28 日 437 位在韩中国人民志愿军烈士遗骸回归祖国。到 2020 年 9 月，中韩已交接 7 批在韩志愿军烈士遗骸。

4 月 2 日 国务院扶贫办印发《扶贫开发建档立卡工作方案》。建档立卡在中国扶贫史上第一次实现贫困信息精准到村到户到人。

4 月 10 日 中央军委印发《关于贯彻落实军委主席负责制建立和完善相关工作机制的意见》。

4 月 11 日 习近平在中南海会见新当选并获中央政府任命的香港特别行政区第五任行政长官林郑月娥，强调中央全力支持香港特别行政区行政长官和特区政府依法施政。

4 月 15 日 习近平主持召开中央国家安全委员会第一次会议，提出总体国家安全观，以人民安全为宗旨，以政治安全为根本，以经济安全为基础，以军事、文化、社会安全为保障，以促进国际安全为依托，走出一条中国特色国家安全道路。

4 月 21—24 日 十二届全国人大常委会第八次会议在京举行。会议通过新修订的《中华人民共和国环境保护法》，通过关于刑法、刑事诉讼法部分条款的解释。

4 月 25 日 国务院发布《事业单位人事管理条例》。

4 月 27—30 日 习近平到新疆考察工作。30 日，习近平在乌鲁木齐接见劳动模范和先进工作者、先进人物代表并同他们座谈。

5 月 2 日 国务院作出《关于加快发展现代职业教育的决定》。

5 月 4 日 习近平到北京大学与师生共同纪念五四运动 95 周年，并同师生举行座谈会。

5 月 7 日 习近平会见亲民党主席宋楚瑜。

5 月 9—10 日 习近平到河南考察工作，期间提出经济发展“新常态”。10 日，习近平到党的群众路线教育实践活动联系点河南省兰考县，指导兰考县委常委班子专题民主生活会。

5 月 16 日 习近平等党和国家领导人在人民大会堂会见第五次全国自强

模范暨助残先进集体和个人表彰大会受表彰代表。

5月20—21日 俄罗斯总统普京对中国进行国事访问，并出席在上海举行的亚洲相互协作与信任措施会议第四次峰会。20日，习近平在上海吴淞海军军港，同普京一起出席“海上联合—2014”中俄海上联合军事演习开始仪式并看望两国海军官兵代表。21日，习近平和普京在上海共同见证中俄两国政府《中俄东线天然气合作项目备忘录》、中国石油天然气集团公司和俄罗斯天然气工业股份公司《中俄东线供气购销合同》的签署。

5月21日 亚洲相互协作与信任措施会议第四次峰会在上海举行。习近平主持峰会并发表《积极树立亚洲安全观，共创安全合作新局面》的主旨讲话，提出要积极倡导共同、综合、合作、可持续的亚洲安全观。峰会发表《上海宣言》。

5月22日 习近平在上海召开外国专家座谈会，指出中国要永远做一个学习大国，要实行更加开放的人才政策，在大力培养国内创新人才的同时，更加积极主动地引进国外人才特别是高层次人才。

5月28日 中共中央办公厅印发《中国共产党发展党员工作细则》。

5月28—29日 第二次中央新疆工作座谈会在京召开。习近平在会上强调，要围绕社会稳定和长治久安这个总目标，坚持依法治疆、团结稳疆、长期建疆，努力建设团结和谐、繁荣富裕、文明进步、安居乐业的社会主义新疆。

5月30日 国务院常务会议决定对已出台政策措施落实情况开展第一次全面督查。此后，国务院每年都开展大督查。

同日 习近平到北京市海淀区民族小学参加主题队日活动并主持召开座谈会。

6月3日 习近平出席2014年国际工程科技大会，发表题为《让工程科技造福人类、创造未来》的主旨演讲。

6月5日 中国—阿拉伯国家合作论坛第六届部长级会议在京举行。习近平出席开幕式并发表《弘扬丝路精神，深化中阿合作》的讲话。

6月6日 习近平在北京会见第七届世界华侨华人社团联谊大会代表，

强调团结统一的中华民族是海内外中华儿女共同的根，博大精深的中华文化是海内外中华儿女共同的魂，实现中华民族伟大复兴是海内外中华儿女共同的梦。

6 月 9—13 日 中国科学院第十七次院士大会、中国工程院第十二次院士大会在京举行。习近平出席会议并发表重要讲话强调，要实施创新驱动发展战略，坚定不移走中国特色自主创新道路，坚持自主创新、重点跨越、支撑发展、引领未来的方针，加快创新型国家建设步伐。

6 月 10 日 国务院新闻办公室发表《“一国两制”在香港特别行政区的实践》白皮书。这是中央政府第一次发表关于“一国两制”及香港问题的白皮书。

6 月 13 日 中央财经领导小组组长习近平主持召开中央财经领导小组第六次会议，研究我国能源安全战略。到党的十九大召开前，中央财经领导小组共召开 16 次会议。

6 月 23—27 日 十二届全国人大常委会第九次会议在京举行。会议通过关于修改《中华人民共和国军事设施保护法》的决定，通过全国人大常委会关于授权最高人民法院、最高人民检察院在部分地区开展刑事案件速裁程序试点工作的决定。

6 月 25 日 中共中央、国务院印发《关于加强禁毒工作的意见》。

6 月 26 日 习近平在中共中央政治局常委会议听取巡视情况汇报时讲话指出，巡视作为党内监督的战略性制度安排，不是权宜之计，要用好巡视这把反腐“利剑”。

6 月 27 日 中央决定设立中央反腐败协调小组国际追逃追赃工作办公室。

6 月 28 日 和平共处五项原则发表 60 周年纪念大会在京举行。

6 月 30 日 中共中央政治局会议审议通过《深化财税体制改革总体方案》。指出，改革的目标是建立现代财政制度，重点是改进预算管理制度、深化税收制度改革、建立事权和支出责任相适应的制度。

7 月 3—4 日 习近平对韩国进行国事访问。

7月8日 习近平主持召开经济形势专家座谈会，听取专家学者对当前经济形势和做好经济工作的意见和建议。

7月9日 习近平出席在京举行的第六轮中美战略与经济对话和第五轮中美人文交流高层磋商联合开幕式，并发表题为《努力构建中美新型大国关系》的致辞。

7月12日 中共中央办公厅、国务院办公厅印发《关于全面推进公务用车制度改革的指导意见》和《中央和国家机关公务用车制度改革方案》。

7月15—23日 习近平出席在巴西福塔莱萨举行的金砖国家领导人第六次会晤，对巴西、阿根廷、委内瑞拉和古巴进行国事访问，并出席中国—拉美和加勒比国家领导人会晤。15日，金砖国家领导人会晤决定成立金砖国家新开发银行并将总部设在上海，建立金砖国家应急储备安排。17日，中国—拉美和加勒比国家领导人会晤决定成立中国—拉美和加勒比国家共同体论坛。

7月24日 国务院印发《关于进一步推进户籍制度改革的意见》。

7月26日 海南省三沙市永兴（镇）工委、管委会在永兴岛揭牌成立，标志着三沙市西沙岛礁基层政权建立。

7月29日 中共中央决定对周永康严重违纪问题立案审查。同年12月5日，中央政治局会议决定给予周永康开除党籍处分，对其涉嫌犯罪问题及线索移送司法机关依法处理。2015年6月11日，天津市第一中级人民法院依法对周永康受贿、滥用职权、故意泄露国家秘密案进行一审宣判，决定执行无期徒刑，剥夺政治权利终身，并处没收个人财产。

8月1日 国务院批复同意将10月17日设立为“扶贫日”。

8月3日 云南省昭通市鲁甸县发生6.5级地震，给当地人民生命财产造成重大损失。在中共中央、国务院、中央军委领导下，广大军民团结奋战，夺取了抗震救灾斗争胜利。11月4日，国务院印发《鲁甸地震灾后恢复重建总体规划》《关于支持鲁甸地震灾后恢复重建政策措施的意见》。至2016年2月，鲁甸震区民房重建全面完成。

8月10日 我国派出的赴西非抗击埃博拉疫情专家组启程。埃博拉出血热疫情暴发后，我国开展了新中国成立以来最大规模的卫生援外行动，向疫区几内亚、利比里亚、塞拉利昂三国共派出1200多名医护人员和公共卫生专家，并实现援非抗疫“打胜仗、零感染”的目标。

8月16—28日 第二届青年奥林匹克运动会在南京举办。习近平出席开幕式。

8月20日 纪念邓小平同志诞辰110周年座谈会在京举行。习近平发表重要讲话强调，邓小平同志为我们擘画的社会主义现代化蓝图正在一步步变成美好现实，我们伟大的祖国正在一天天走向繁荣富强，中华民族正在一步步走向伟大复兴。我们相信，在20世纪赢得了伟大历史性胜利的中国共产党和中国人民，必将在21世纪赢得更伟大的历史性胜利。

8月21—22日 习近平对蒙古国进行国事访问。21日，习近平在乌兰巴托同蒙古国总统额勒贝格道尔吉会谈，一致决定将中蒙关系提升为全面战略伙伴关系。

8月25—31日 十二届全国人大常委会第十次会议在京举行。会议通过关于修改《中华人民共和国预算法》的决定、关于修改《中华人民共和国安全生产法》的决定、关于修改《中华人民共和国保险法》等五部法律的决定；通过全国人大常委会关于香港特别行政区行政长官普选问题和2016年立法会产生办法的决定；通过全国人大常委会关于设立烈士纪念日的决定，将9月30日设立为烈士纪念日；通过全国人大常委会关于在北京、上海、广州设立知识产权法院的决定。

8月27日 习近平在中南海听取兰考县委和河南省委党的群众路线教育实践活动情况汇报。

9月3日 习近平主持召开纪念中国人民抗日战争暨世界反法西斯战争胜利69周年座谈会。

同日 国务院印发《关于深化考试招生制度改革的实施意见》。

9月5日 庆祝全国人民代表大会成立60周年大会在京举行。习近平出席并发表重要讲话指出，坚定中国特色社会主义制度自信，首先要坚定对中国特色社会主义政治制度的自信，增强走中国特色社会主义政治发展道路的信心和决心。

9月9日 习近平、李克强等党和国家领导人在人民大会堂会见庆祝第30个教师节暨全国教育系统先进集体和先进个人表彰大会受表彰代表。

同日 习近平到北京师范大学看望师生，并同师生代表进行座谈。

9月11—19日 习近平出席在塔吉克斯坦杜尚别举行的上海合作组织成员国元首理事会第十四次会议，并对塔吉克斯坦、马尔代夫、斯里兰卡、印度进行国事访问。11日，习近平出席首次中俄蒙三国元首会晤。

9月12日 国务院印发《关于进一步做好为农民工服务工作的意见》。

9月19日 中共中央办公厅、国务院办公厅印发《关于推动传统媒体和新兴媒体融合发展的指导意见》。

9月21日 庆祝中国人民政治协商会议成立65周年大会在京举行。习近平出席并发表重要讲话强调，推进人民政协理论创新制度创新工作创新，推进社会主义协商民主广泛多层制度化发展。

9月24日 习近平出席纪念孔子诞辰2565周年国际学术研讨会暨国际儒学联合会第五届会员大会，强调从延续民族文化血脉中开拓前进，推进人类各种文明交流交融、互学互鉴。

9月26日 习近平在人民大会堂会见台湾和平统一团体联合参访团。

9月27日 全球孔子学院建立十周年之际，首个“孔子学院日”启动仪式在京举行。

9月28日 《习近平谈治国理政》以中、英、法、俄、阿、西、葡、德、日等9个语种、10个版本向全球出版发行。

9月28—29日 中央民族工作会议暨国务院第六次全国民族团结进步表彰大会在京举行。习近平分析民族工作面临的国内外形势，阐述当前和今后一个时期我国民族工作的大政方针。他指出，加强中华民族大团结，长远和根本的是增强文化认同，建设各民族共有精神家园，积极培养中华民族共同体意识，强调要加强各民族交往交流交融。

9月29日 全国禁毒工作会议决定，从2014年10月至2015年3月，在公安部确定的108个重点城市开展为期半年的百城禁毒会战。

9月30日 习近平、李克强、张德江、俞正声、刘云山、王岐山、张高丽等在首个“烈士纪念日”之际，同首都各界代表一起出席向人民英雄敬献花篮仪式。

10 月 2 日 国务院印发《关于加强地方政府性债务管理的意见》。

10 月 8 日 党的群众路线教育实践活动总结大会在京举行。

10 月 12 日 中共中央、国务院印发《关于加强和改进新形势下民族工作的意见》。

10 月 15 日 习近平主持召开文艺工作座谈会，强调只有牢固树立马克思主义文艺观，真正做到以人民为中心，文艺才能发挥最大正能量。

10 月 20—23 日 中共十八届四中全会在京举行。全会通过《关于全面推进依法治国若干重大问题的决定》。

10 月 24 日 中共中央印发《关于再废止和宣布失效一批党内法规和规范性文件的决定》。

10 月 25 日 十八届中央纪委四次全会在京举行。

10 月 27 日—11 月 1 日 十二届全国人大常委会第十一次会议在京举行。会议通过关于修改《中华人民共和国行政诉讼法》的决定，通过《中华人民共和国反间谍法》，通过全国人大常委会关于设立国家宪法日的决定和关于民法通则第九十九条第一款、婚姻法第二十二条的解释，将 12 月 4 日设立为国家宪法日。

10 月 28 日 习近平在人民大会堂会见全国公安机关爱民模范集体代表和爱民模范。

10 月 30 日—11 月 2 日 全军政治工作会议在福建古田举行。31 日，习近平在讲话中阐明新的历史条件下党从思想上政治上建设军队的重大问题，强调切实加强和改进新形势下我军政治工作。

10 月 31 日 国务院印发《关于扶持小型微型企业健康发展的意见》。

11 月 5 日 中共中央、国务院印发《关于深化中央管理企业负责人薪酬制度改革的意见》。

11 月 6 日 中国首个知识产权法院——北京知识产权法院挂牌成立。此后，广州、上海知识产权法院相继挂牌成立。

同日 中共中央办公厅、国务院办公厅印发《关于引导农村土地经营权有序流转发展农业适度规模经营的意见》。

11月8日 习近平在北京主持加强互联互通伙伴关系对话会，宣布中国出资成立丝路基金。

同日 亚太经合组织第二十六届部长级会议通过《北京反腐败宣言》，这是第一个由中国主导起草的国际性的反腐败宣言。

11月9日 习近平在亚太经合组织工商领导人峰会开幕式上发表《谋求持久发展，共筑亚太梦想》的主旨演讲，首次对“新常态”进行系统阐述。

11月10—12日 美国总统奥巴马对中国进行国事访问。习近平同奥巴马会谈，强调把不冲突不对抗、相互尊重、合作共赢的原则落到实处，提出从六个重点方向进一步推进中美新型大国关系建设。

11月11日 亚太经合组织第二十二次领导人非正式会议在京举行。会议发表《北京纲领：构建融合、创新、互联的亚太——亚太经合组织领导人宣言》和《共建面向未来的亚太伙伴关系——亚太经合组织成立25周年声明》，决定启动亚太自由贸易区进程。

11月14—23日 习近平出席在澳大利亚布里斯班举行的二十国集团领导人第九次峰会，对澳大利亚、新西兰、斐济进行国事访问并同建交太平洋岛国领导人举行集体会晤。峰会宣布中国主办2016年二十国集团领导人峰会。

11月17日 上海与香港股票市场交易互联互通机制“沪港通”正式启动。

11月19—21日 首届世界互联网大会在浙江乌镇举行。会议确定乌镇为世界互联网大会永久会址。

11月24日 国务院印发《关于促进慈善事业健康发展的指导意见》。

11月28—29日 中央外事工作会议在京举行。习近平发表重要讲话强调，中国必须有自己特色的大国外交。要高举和平、发展、合作、共赢的旗帜，统筹国内国际两个大局，统筹发展安全两件大事，牢牢把握坚持和平发展、促进民族复兴这条主线，维护国家主权、安全、发展利益，为和平发展营造更加有利的国际环境，维护和延长我国发展的重要战略机遇期，为实现“两个一百年”奋斗目标、实现中华民族伟大复兴的中国梦提供有力保障。

12 月 1 日　我国启动实施煤炭资源税改革，逐步扩大改革范围。

12 月 2 日　中共中央、国务院印发《丝绸之路经济带和 21 世纪海上丝绸之路建设战略规划》。

12 月 3—4 日　全军装备工作会议在京举行。

12 月 9—11 日　中央经济工作会议在京举行。习近平在会上讲话指出，我国经济正在向形态更高级、分工更复杂、结构更合理的阶段演化，经济发展进入新常态；认识新常态，适应新常态，引领新常态，是当前和今后一个时期我国经济发展的大逻辑。

12 月 12 日　“南水北调”中线一期工程正式通水。

12 月 13 日　南京大屠杀死难者国家公祭仪式在南京举行。

12 月 13—14 日　习近平到江苏考察工作，期间提出协调推进全面建成小康社会、全面深化改革、全面推进依法治国、全面从严治党，首次将“四个全面”并提。

12 月 16 日　第三次全国经济普查主要数据公报发布。这次普查是以 2013 年 12 月 31 日为标准时点开展的。

12 月 18 日　中国实验快堆首次实现满功率稳定运行 72 小时，标志着我国全面掌握第四代核电技术。

12 月 19—20 日　习近平出席庆祝澳门回归祖国 15 周年大会暨澳门特别行政区第四届政府就职典礼。

12 月 22 日　首支赴南苏丹维和步兵营举行出征誓师大会。这是我国首次派出整建制的步兵营参加联合国维和行动。

同日　中共中央政治局常委会召开会议，决定对令计划立案审查。2015 年 7 月 20 日，中央政治局会议决定给予令计划开除党籍、开除公职处分，对其涉嫌犯罪问题及线索移送司法机关依法处理。2016 年，天津市第一中级人民法院依法对令计划受贿、非法获取国家秘密、滥用职权进行一审宣判，决定执行无期徒刑，剥夺政治权利终身，并处没收个人全部财产。

12月22—23日　中央农村工作会议举行。

12月22—28日　十二届全国人大常委会第十二次会议在京举行。会议通过《中华人民共和国航道法》，通过关于授权国务院在中国（广东）自由贸易试验区、中国（天津）自由贸易试验区、中国（福建）自由贸易试验区以及中国（上海）自由贸易试验区扩展区域暂时调整有关法律规定的行政审批的决定。

12月28日　全国首个跨行政区划法院、检察院——上海市第三中级人民法院、上海市人民检察院第三分院正式成立。

12月29日　丝路基金有限责任公司在北京注册成立。

12月30日　中共中央转发《关于新形势下军队政治工作若干问题的决定》。

12月31日　中共中央办公厅、国务院办公厅印发《关于农村土地征收、集体经营性建设用地入市、宅基地制度改革试点工作的意见》。

同日　中共中央办公厅印发《关于加强中央纪委派驻机构建设的意见》。

2015年

1月1日 中共中央、国务院印发《关于加大改革创新力度加快农业现代化建设的若干意见》。

同日 全国338个地级及以上城市开始开展空气质量新标准监测，并向社会发布包括细颗粒物（PM2.5）在内的6项指标的实时监测数据和空气质量指数。中国是世界上第一个大规模开展PM2.5治理的发展中大国。

1月3日 国务院作出《关于机关事业单位工作人员养老保险制度改革的决定》。

1月5日 中共中央印发《关于加强社会主义协商民主建设的意见》，对新形势下开展政党协商、人大协商、政府协商、政协协商、人民团体协商、基层协商、社会组织协商等作出全面部署，推进社会主义协商民主广泛多层制度化发展。

1月6日 国务院印发《关于促进云计算创新发展培育信息产业新业态的意见》。

1月8日 中共中央印发《关于加强和改进党的群团工作的意见》。

1月8—9日 中国—拉美和加勒比国家共同体论坛首届部长级会议在京举行。习近平出席开幕式并发表《共同谱写中拉全面合作伙伴关系新篇章》的讲话。会议通过《中拉论坛首届部长级会议北京宣言》《中国与拉美和加勒比国家合作规划（2015—2019）》等。

1月9日 国家科学技术奖励大会在京举行。习近平向获得2014年度国家最高科学技术奖的于敏颁发奖励证书和奖金。

1月12日 中共中央办公厅、国务院办公厅印发《关于加快构建现代公共文化服务体系的意见》。

同日 习近平同中央党校第一期县委书记研修班学员进行座谈并发表重

要讲话，强调做焦裕禄式的县委书记，心中有党、心中有民、心中有责、心中有戒。

1月12—14日 十八届中央纪委五次全会在京举行。习近平在会上强调，把守纪律讲规矩摆在更加重要的位置。

1月15日 中共中央办公厅、国务院办公厅印发《关于县以下机关建立公务员职务与职级并行制度的意见》。

1月16日 中共中央政治局常委会召开会议，专门听取全国人大常委会、国务院、全国政协、最高人民法院、最高人民检察院党组工作汇报。这成为实现党中央集中统一领导的一项制度性安排。

1月20日 国务院印发《关于推进残疾人小康进程的意见》。

1月23日 中共中央政治局会议审议通过《国家安全战略纲要》。

1月28日 最高人民法院第一巡回法庭在深圳成立。此后，陆续在沈阳、南京、郑州、重庆、西安等地设立巡回法庭。

2月2—6日 省部级主要领导干部学习贯彻党的十八届四中全会精神全面推进依法治国专题研讨班举行。习近平在开班式上系统阐述“四个全面”战略布局。

2月13—16日 习近平到陕西看望慰问广大干部群众。13日，习近平在中国延安干部学院主持召开陕甘宁革命老区脱贫致富座谈会，他强调，让老区人民都过上幸福美满的日子，确保老区人民同全国人民一道进入全面小康社会。

2月21日 中央军委印发《关于新形势下深入推进依法治军从严治军的决定》。

2月25—27日 十二届全国人大常委会第十三次会议在京举行。会议通过全国人大常委会关于授权国务院在北京市大兴区等33个试点县（市、区）行政区域暂时调整实施有关法律规定的决定。

2月28日 全国精神文明建设工作表彰暨学雷锋志愿服务大会在京举行。习近平、刘云山等党和国家领导人在人民大会堂会见第四届全国文明城市、文明村镇、文明单位和未成年人思想道德建设工作先进代表。习近平强调，人民有信仰，民族有希望，国家有力量。实现中华民族伟大复兴的中国梦，物质财富要极大丰富，精神财富也要极大丰富。

3 月 3—13 日 全国政协十二届三次会议在京举行。

3 月 5 日 习近平在参加十二届全国人大三次会议上海代表团审议时讲话指出，创新是引领发展的第一动力。适应和引领我国经济发展新常态，关键是要依靠科技创新转换发展动力。

3 月 5—15 日 第十二届全国人民代表大会第三次会议在京举行。会议通过关于修改《中华人民共和国立法法》的决定。

3 月 7 日 国务院批复设立中国（杭州）跨境电子商务综合试验区。

3 月 12 日 习近平在十二届全国人大三次会议解放军代表团全体会议上明确提出，把军民融合发展上升为国家战略。

3 月 13 日 中共中央、国务院印发《关于深化体制机制改革加快实施创新驱动发展战略的若干意见》。

3 月 18 日 《领导干部干预司法活动、插手具体案件处理的记录、通报和责任追究规定》开始施行。

3 月 25 日 全国人大常委会正式启动职业教育法执法检查。张德江担任执法检查组组长，带队赴地方开展监督检查。这是第一次由全国人大常委会委员长带队执法检查。

3 月 25—27 日 中共中央纪委首次向中央办公厅、中央组织部、中央宣传部、中央统战部、全国人大机关、国务院办公厅、全国政协机关派驻纪检组。

3 月 26 日 中央反腐败协调小组国际追逃追赃工作办公室首次启动针对外逃腐败分子的“天网”行动。

3 月 26—29 日 博鳌亚洲论坛 2015 年年会举行。习近平出席开幕式并发表《迈向命运共同体，开创亚洲新未来》的主旨演讲。出席本届年会的领导人规模超过以往历届年会。

3 月 28 日 国家发展改革委、外交部、商务部联合发布《推动共建丝绸之路经济带和 21 世纪海上丝绸之路的愿景与行动》。

3月29日 正在亚丁湾索马里海域执行护航任务的中国海军护航编队临沂舰搭载首批122名中国公民，从也门亚丁港安全撤离。到4月7日，从也门共撤出中国公民621人，并协助来自15个国家的276名外国公民安全撤离。

4月1日 东北、内蒙古重点国有林区全部停止天然林商业性采伐。2016年，天然林商业性采伐在全国范围内停止，标志着我国天然林资源从采伐利用转入保护发展的新阶段。

4月2日 国务院印发《水污染防治行动计划》。

4月9日 中共中央决定对郭伯雄进行组织调查。7月30日，中央政治局会议决定给予郭伯雄开除党籍处分，对其涉嫌严重受贿犯罪问题及线索移送最高人民检察院授权军事检察机关依法处理。2016年7月25日，军事法院依法对郭伯雄受贿案进行一审宣判，判处无期徒刑，剥夺政治权利终身，并处没收个人全部财产，剥夺上将军衔。

4月10日 中共中央办公厅印发《关于在县处级以上领导干部中开展"三严三实"专题教育方案》。从4月底开始，在县处级以上领导干部中不分批次、不划阶段、不设环节开展"三严三实"专题教育，着力解决"不严不实"问题。

4月20—24日 十二届全国人大常委会第十四次会议在京举行。会议通过新修订的《中华人民共和国食品安全法》和新修订的《中华人民共和国广告法》，通过关于修改《中华人民共和国港口法》等七部法律的决定、关于修改《中华人民共和国电力法》等六部法律的决定、关于修改《中华人民共和国义务教育法》等五部法律的决定、关于修改《中华人民共和国计量法》等五部法律的决定、关于修改《中华人民共和国药品管理法》的决定、关于修改《中华人民共和国文物保护法》的决定，通过全国人大常委会关于授权在部分地区开展人民陪审员制度改革试点工作的决定。

4月20—24日 习近平对巴基斯坦进行国事访问，出席在印度尼西亚举行的亚非领导人会议和万隆会议60周年纪念活动。20日，中巴双方一致同意将中巴关系提升为全天候战略合作伙伴关系。24日，习近平在纪念大会上签署《2015 万隆公报》。

4 月 22 日 国际刑警组织中国国家中心局集中公布 100 名涉嫌犯罪外逃国家工作人员、重要腐败案件涉案人等人员的红色通缉令。

4 月 23 日 国务院办公厅印发《关于全面推开县级公立医院综合改革的实施意见》。

4 月 25 日 中共中央、国务院印发《关于加快推进生态文明建设的意见》。

4 月 28 日 中共中央、国务院举行庆祝“五一”国际劳动节暨表彰全国劳动模范和先进工作者大会。

4 月 29 日 中共中央组织部等部门发出《关于做好选派机关优秀干部到村任第一书记工作的通知》。

5 月 1 日 全国法院实行立案登记制，对依法应当受理的案件，做到有案必立、有诉必理，保证当事人诉权。

5 月 4 日 习近平会见中国国民党主席朱立伦，就维护两岸关系和平发展进程、携手建设两岸命运共同体提出五点主张：第一，坚持“九二共识”、反对“台独”是两岸关系和平发展的政治基础，其核心是认同大陆和台湾同属一个中国。第二，深化两岸利益融合，共创两岸互利双赢，增进两岸同胞福祉，是推动两岸关系和平发展的宗旨。第三，两岸交流，归根到底是人与人的交流，最重要的是心灵沟通。第四，国共两党和两岸双方要着眼大局，本着相互尊重的精神，不仅要求同存异，更应努力聚同化异，不断增进政治互信。第五，中华民族伟大复兴要大家一起来干。

同日 国务院印发《关于大力发展电子商务加快培育经济新动力的意见》。

5 月 5 日 中国红十字会第十次全国会员代表大会在京开幕。习近平会见全体代表并发表讲话。

5 月 6 日 国务院办公厅印发《关于城市公立医院综合改革试点的指导意见》。

同日 中国自主创新、拥有完整自主知识产权的第三代核电技术“华龙一号”首堆示范工程正式落户福清核电并开工建设。

5月7—12日 习近平出席俄罗斯纪念卫国战争胜利70周年庆典并访问俄罗斯、哈萨克斯坦、白俄罗斯。

5月8日 国务院印发《中国制造2025》。

5月12日 国务院召开推进简政放权放管结合职能转变工作电视电话会议。

5月13日 国务院印发《关于推进国际产能和装备制造合作的指导意见》。

5月14日 国务院发布《关于取消非行政许可审批事项的决定》。

5月14—16日 印度总理莫迪对中国进行正式访问。习近平在陕西西安会见莫迪，就构建双方更加紧密的发展伙伴关系提出四点建议。

5月18日 中共中央印发《中国共产党统一战线工作条例（试行）》。

5月18—20日 中央统战工作会议在京举行。习近平在会上强调，要巩固和发展最广泛的爱国统一战线，为实现“两个一百年”奋斗目标、实现中华民族伟大复兴的中国梦提供广泛力量支持。

5月19日 全国国家安全机关总结表彰大会在京举行。习近平会见全体与会代表。

5月27日 习近平在浙江杭州召开华东七省市党委主要负责同志座谈会，听取对“十三五”时期经济社会发展的意见和建议。

6月1日 中国少年先锋队第七次全国代表大会在京开幕。习近平亲切会见全体代表。

同日 重庆东方轮船公司所属“东方之星”号客轮在长江大马洲水道突遇强风暴雨袭击导致翻沉，发生特别重大灾难性事件。党和政府迅速组织人员搜救、应急处置和善后处理，并成立事件调查组，进行全面深入的调查取证和责任追究。12月，国务院事件调查组公布调查报告。

6月8日 俞正声主持召开首次调研协商座谈会，邀请有关民主党派中央、全国工商联负责人和无党派人士代表，就推进“一带一路”建设和制定“十三五”规划建言献策。

6 月 9 日　中共中央、国务院印发《京津冀协同发展规划纲要》。

6 月 11 日　中共中央印发《中国共产党党组工作条例（试行）》。

同日　国务院印发《关于大力推进大众创业万众创新若干政策措施的意见》。

6 月 12 日　纪念陈云同志诞辰 110 周年座谈会在京举行。习近平发表重要讲话强调，伟大的事业呼唤着我们，庄严的使命激励着我们。我们一定要坚定不移把老一辈革命家开创的伟大事业继续推向前进。这是我们的历史责任，也是对老一辈革命家的最好纪念。

同日　我国自主研发的“海底 60 米多用途钻机”在南海 3109 米海底海试成功。

6 月 18 日　习近平在贵州省贵阳市召开部分省区市党委主要负责同志座谈会，听取对“十三五”时期扶贫开发工作和经济社会发展的意见和建议，并提出六个方面的精准扶贫要求。

6 月 22 日　中共中央转发中共全国人大常委会党组《关于加强县乡人大工作和建设的若干意见》。

6 月 24 日—7 月 1 日　十二届全国人大常委会第十五次会议在京举行。会议通过《中华人民共和国国家安全法》，通过全国人大常委会关于实行宪法宣誓制度的决定、关于授权最高人民检察院在部分地区开展公益诉讼试点工作的决定。

6 月 25 日　国务院印发《关于进一步做好城镇棚户区和城乡危房改造及配套基础设施建设有关工作的意见》。

6 月 26 日　习近平在中共十八届中央政治局第二十四次集体学习时讲话指出，铲除不良作风和腐败现象滋生蔓延的土壤，根本上要靠法规制度。要把法规制度建设贯穿到反腐倡廉各个领域、落实到制约和监督权力各个方面，推动形成不敢腐不能腐不想腐的有效机制。

6 月 30 日　中共中央组织部对在县（市、区、旗）委书记岗位上取得优异成绩的 102 名同志授予全国优秀县委书记称号。习近平当日会见全国优秀县委书记，要求广大县委书记做政治的明白人、发展的开路人、群众的贴心人和班子的带头人，始终做到心中有党、心中有民、心中有责、心中有戒，努力成为党和人民信赖的好干部。

7月1日 国务院印发《关于积极推进“互联网+”行动的指导意见》。

7月6日 联合国发布的《2015年千年发展目标报告》显示，中国极端贫困人口比例2014年下降到4.2%，成为世界上减贫人口最多的国家，也是世界上率先完成联合国千年发展目标的国家。

7月6—7日 中央党的群团工作会议在京举行。习近平讲话强调，要下决心纠正机关化、行政化、贵族化、娱乐化，切实保持和增强党的群团工作的政治性、先进性、群众性。这次会议后，中共中央办公厅相继印发《全国总工会改革试点方案》《共青团中央改革方案》《全国妇联改革方案》等文件，部署开展群团改革。

7月8—10日 习近平出席在俄罗斯乌法举行的金砖国家领导人第七次会晤和上海合作组织成员国元首理事会第十五次会议。9日，在金砖国家领导人会晤时，习近平发表《共建伙伴关系，共创美好未来》的主旨讲话。10日，在上合组织成员国元首理事会会议上，习近平发表《团结互助，共迎挑战，推动上海合作组织实现新跨越》的讲话。

7月17日 习近平在吉林长春召开部分省区党委主要负责同志座谈会，听取对振兴东北地区等老工业基地和“十三五”时期经济社会发展的意见和建议。

7月18日 中国人民银行、工信部联合印发《关于促进互联网金融健康发展的指导意见》。

7月19日 中共中央办公厅印发《推进领导干部能上能下若干规定（试行）》。

7月21日 金砖国家新开发银行开业。

7月30日 中共中央政治局会议决定设立中央统一战线工作领导小组。

7月31日 中共中央办公厅印发《关于在深化国有企业改革中坚持党的领导加强党的建设的若干意见》。

同日 国际奥委会第128次全会在马来西亚吉隆坡投票决定，北京获得第24届冬季奥林匹克运动会举办权。

8 月 1 日 国务院印发《全国海洋主体功能区规划》。至此，我国主体功能区战略实现陆域国土空间和海域国土空间全覆盖。

8 月 2 日 国务院办公厅印发《关于全面实施城乡居民大病保险的意见》。

8 月 3 日 中共中央颁发《中国共产党巡视工作条例》，明确规定党的中央和省、自治区、直辖市委员会实行巡视制度。

8 月 11 日 中国人民银行决定改革完善人民币兑美元汇率中间价报价机制，明确中间价报价参考前一天收盘价。12 月 11 日，发布人民币汇率指数，加大参考一篮子货币的力度。2016 年 2 月，形成“收盘汇率 + 一篮子货币汇率变化”的人民币兑美元汇率中间价形成机制。

8 月 12 日 天津港瑞海公司危险品仓库发生特别重大火灾爆炸事故，人员伤亡和财产损失惨重。党和政府迅速组织抢险救援、应急处置和善后处理，并成立事故调查组，进行全面深入的调查取证和责任追究。2016 年 2 月，国务院事故调查组公布调查报告。

8 月 24 日 中央第六次西藏工作座谈会在京召开。习近平在会上总结了党的治藏方略。他指出，必须坚持治国必治边、治边先稳藏的战略思想，坚持依法治藏、富民兴藏、长期建藏、凝聚人心、夯实基础的重要原则，不断增进各族群众对伟大祖国、中华民族、中华文化、中国共产党、中国特色社会主义的认同。

同日 中共中央、国务院印发《关于深化国有企业改革的指导意见》。此后，陆续出台有关加强国有企业党的建设、国有企业分类改革、发展混合所有制经济、完善国资监管体制、防止国有资产流失、完善法人治理结构等多个配套文件。

8 月 24—29 日 十二届全国人大常委会第十六次会议在京举行。会议通过《中华人民共和国刑法修正案（九）》和新修订的《中华人民共和国大气污染防治法》，通过关于修改《中华人民共和国促进科技成果转化法》的决定、关于修改《中华人民共和国地方各级人民代表大会和地方各级人民政府组织法》《中华人民共和国全国人民代表大会和地方各级人民代表大会选举法》

《中华人民共和国全国人民代表大会和地方各级人民代表大会代表法》的决定、关于修改《中华人民共和国商业银行法》的决定，通过全国人大常委会关于批准《国务院关于提请审议批准2015年地方政府债务限额的议案》的决议，通过关于特赦部分服刑罪犯的决定。习近平签署主席特赦令，对参加过抗日战争、解放战争等四类服刑罪犯实行特赦。

8月28日 中共中央办公厅、国务院办公厅印发《关于在部分区域系统推进全面创新改革试验的总体方案》，京津冀、上海、广东、安徽、四川、武汉、西安、沈阳等八个区域被确定为全面创新改革试验区。

8月30日 中共中央办公厅、国务院办公厅印发《环境保护督察方案（试行）》，正式建立中央生态环境保护督察制度。

8月31日 张德江在纽约联合国总部出席第四次世界议长大会，并作题为《倾听人民呼声，建设更加公正民主的世界》的发言。

同日 国务院印发《促进大数据发展行动纲要》。

9月1日 习近平在人民大会堂会见前来参加中国人民抗日战争暨世界反法西斯战争胜利70周年纪念活动的连战等台湾各界代表人士。

9月3日 纪念中国人民抗日战争暨世界反法西斯战争胜利70周年大会和阅兵仪式在京举行。习近平检阅受阅部队并发表讲话，强调要铭记历史、缅怀先烈、珍爱和平、开创未来，宣布中国将裁减军队员额30万。

9月8日 国务院办公厅印发《关于推进分级诊疗制度建设的指导意见》。

同日 西藏自治区成立50周年庆祝大会在拉萨举行。

9月18日 中共中央、国务院印发《生态文明体制改革总体方案》。

9月19日 中共中央办公厅印发《关于加强社会组织党的建设的意见（试行）》。

9月20日 “长征六号”在太原卫星发射中心“一箭20星”首飞成功，这是中国新一代运载火箭的首次发射，并创造了中国航天一箭多星发射的新纪录。

9月22日 国务院印发《关于全面建立困难残疾人生活补贴和重度残疾人护理补贴制度的意见》。

9 月 22—28 日 习近平对美国进行国事访问并出席联合国成立 70 周年系列峰会。25 日，习近平同美国总统奥巴马举行会晤，强调要推动中美新型大国关系不断向前发展。26 日，习近平出席联合国发展峰会，倡导公平、开放、全面、创新的发展理念。28 日，习近平出席第七十届联合国大会一般性辩论，强调要继承和弘扬联合国宪章宗旨和原则，构建以合作共赢为核心的新型国际关系，打造人类命运共同体。

9 月 23 日 第五次全国对口支援新疆工作会议在京举行。

同日 国务院决定压减《中央定价目录》，具体定价项目从约 100 项减至 20 项，并改进定价方法，规范定价行为，定期修订定价目录。

9 月 24—26 日 王岐山在福建主持召开座谈会，强调要全面从严治党，严明党的纪律，把握运用监督执纪“四种形态”。

9 月 25 日 “长征十一号”固体运载火箭成功发射，标志着我国在固体运载火箭领域的关键技术取得重大突破。

9 月 30 日 习近平会见来自内蒙古、广西、西藏、宁夏、新疆 5 个自治区的 13 位基层民族团结优秀代表，强调中华民族一家亲，同心共筑中国梦，这是全体中华儿女的共同心愿，也是全国各族人民的共同目标。

10 月 1 日 庆祝中华人民共和国成立 66 周年暨新疆维吾尔自治区成立 60 周年大会在乌鲁木齐举行。

同日 全国范围内实施企业工商营业执照、组织机构代码证和税务登记证“三证合一、一照一码”登记制度改革。

10 月 3 日 中共中央印发《关于繁荣发展社会主义文艺的意见》。

10 月 5 日 屠呦呦获 2015 年诺贝尔生理学或医学奖。这是中国科学家因为在中国本土进行的科学研究而首次获诺贝尔科学奖，是中国医学界迄今为止获得的最高奖项，也是中医药成果获得的最高奖项。

10 月 9 日 华阳灯塔和赤瓜灯塔竣工发光仪式在南海华阳礁举行，填补了我国南沙水域民用导助航设施的空白。此后，渚碧灯塔、永暑灯塔和美济灯塔陆续建成发光并投入使用，维护了我国南海主权和海洋权益。

10 月 12 日 中共中央、国务院印发《关于推进价格机制改革的若干意见》。到2017年年底，97%以上的商品和服务价格已实现市场调节。

10月16日　2015减贫与发展高层论坛在京举行。习近平出席论坛并发表《携手消除贫困，促进共同发展》的主旨演讲。

10月18日　中共中央印发《干部教育培训工作条例》。

同日　中共中央颁发《中国共产党廉洁自律准则》和新修订的《中国共产党纪律处分条例》。

10月19日　首届全国大众创业万众创新活动周启动。

10月19—23日　习近平对英国进行国事访问。21日，习近平同英国首相卡梅伦会谈，决定共同构建中英面向21世纪全球全面战略伙伴关系，开启持久、开放、共赢的中英关系“黄金时代”。

10月24日　国务院印发《统筹推进世界一流大学和一流学科建设总体方案》。

同日　中国人民银行决定取消对商业银行和农村合作金融机构等的存款利率浮动上限。至此，中国的利率市场化改革取得关键性进展。

10月26—29日　中共十八届五中全会在京举行。全会通过《中共中央关于制定国民经济和社会发展第十三个五年规划的建议》，首次提出全面建成小康社会决胜阶段。全会提出以人民为中心的发展思想，强调必须牢固树立并切实贯彻创新、协调、绿色、开放、共享的发展理念。

10月29—30日　德国总理默克尔对中国进行正式访问。习近平会见默克尔，双方同意保持中德全方位战略伙伴关系健康、稳定、持续向前发展。

10月30日—11月4日　十二届全国人大常委会第十七次会议在京举行。会议通过新修订的《中华人民共和国种子法》，通过全国人大常委会关于授权国务院在部分地方开展药品上市许可持有人制度试点和有关问题的决定，通过关于批准《亚洲基础设施投资银行协定》的决定。

11月2日　中共中央办公厅、国务院办公厅印发《深化农村改革综合性实施方案》。

11月5—7日　习近平对越南、新加坡进行国事访问。

11月7日　习近平同台湾方面领导人马英九在新加坡会晤，就进一步推进两岸关系和平发展交换意见。这是 1949 年以来两岸领导人首次会晤。双方认为应该继续坚持“九二共识”、巩固共同政治基础，坚定走和平发展道路，深化两岸交流合作，增进两岸同胞福祉，共谋中华民族伟大复兴。

11 月 10 日　习近平在中央财经领导小组会议上讲话指出，要着力加强供给侧结构性改革。

11 月 14—19 日　习近平出席在土耳其安塔利亚举行的二十国集团领导人第十次峰会和在菲律宾马尼拉举行的亚太经合组织第二十三次领导人非正式会议。

11 月 20 日　中共中央办公厅印发《关于全面落实中央纪委向中央一级党和国家机关派驻纪检机构的方案》，实现对中央一级党和国家机关派驻纪检机构全覆盖。

同日　纪念胡耀邦同志诞辰 100 周年座谈会在京举行。

11 月 23 日　中央军委印发《领导指挥体制改革实施方案》。

11 月 24—26 日　中央军委改革工作会议在京举行。习近平在会上强调，要全面实施改革强军战略，坚定不移走中国特色强军之路，建设同我国国际地位相称、同国家安全和发展利益相适应的巩固国防和强大军队。

11 月 25 日　国务院印发《关于进一步完善城乡义务教育经费保障机制的通知》，明确从 2016 年春季学期开始，统一城乡义务教育学校生均公用经费基准定额；从 2017 年春季学期开始，统一城乡义务教育学生“两免一补”政策。

11 月 27 日　国务院印发《关于宣布失效一批国务院文件的决定》，决定从 2015 年起用三年时间，对新中国成立以来的国务院文件进行全面清理，并宣布前一阶段清理的 489 件国务院文件失效。

11 月 27 日、28 日　《〈内地与香港关于建立更紧密经贸关系的安排〉服务贸易协议》《〈内地与澳门关于建立更紧密经贸关系的安排〉服务贸易协议》分别签署，内地与香港、澳门服务贸易自由化基本实现。

11 月 27—28 日　中央扶贫开发工作会议在京举行。习近平讲话强调，打赢脱贫攻坚战，要做到“六个精准”，解决好“扶持谁”“谁来扶”“怎么扶”“如何退”的问题，实施“五个一批”工程，加快形成中央统筹、省（自治区、直辖市）负总责、市（地）县抓落实的扶贫开发工作机制，形成五级书记抓扶贫、全党动员促攻坚的局面，确保到2020年所有贫困地区和贫困人口一道迈入全面小康社会。

11月28日　中央军委印发《关于深化国防和军队改革的意见》。此后，习近平先后签发中央军委命令，调整组建军委机关各部门，组建各战区机关、陆军机关、各战区陆军机关、战略支援部队机关，调整组建战区海军、战区空军机关，组建中央军委纪律检查委员会派驻纪检组，组织实施海军、空军、火箭军、武警部队机关整编，组建武汉联勤保障基地及5个联勤保障中心，调整组建13个集团军、海军陆战队，调整组建新的军事科学院、国防大学、国防科技大学和其他军队院校、科研机构、训练机构。

11月29日　中共中央、国务院作出《关于打赢脱贫攻坚战的决定》。

11月29日—12月5日　习近平出席在法国巴黎举行的气候变化巴黎大会，对津巴布韦、南非进行国事访问并主持中非合作论坛约翰内斯堡峰会。11月30日，习近平在气候变化巴黎大会开幕式上发表《携手构建合作共赢、公平合理的气候变化治理机制》的讲话。12月4日，习近平在中非合作论坛约翰内斯堡峰会开幕式上发表主旨讲话，提出把中非关系提升为全面战略合作伙伴关系，宣布实施中非“十大合作计划”。

12月6日　国务院印发《关于加快实施自由贸易区战略的若干意见》。

12月9日　中共中央印发《关于加强和改进新形势下党校工作的意见》。

同日　中央全面深化改革领导小组第十九次会议审议通过《中国三江源国家公园体制试点方案》。此后，中央又先后批准大熊猫国家公园、东北虎豹国家公园、海南热带雨林国家公园等国家公园试点。

12月11日　中国外汇交易中心正式发布CFETS人民币汇率指数。

12月11—12日　全国党校工作会议在京举行。习近平强调，必须坚持党校姓党这个党校工作根本原则。党校是教育培训干部的地方，不断把领导干部集中到党校来学习培训，一个重要目的就是帮助大家向党中央看齐。

12月16日　习近平出席第二届世界互联网大会开幕式并发表主旨演讲，

呼吁共同构建网络空间命运共同体。

12 月 17 日 中国成功发射暗物质粒子探测卫星“悟空”。

12 月 18—21 日 中央经济工作会议在京举行。习近平在会上强调，推进供给侧结构性改革，是适应和引领经济发展新常态的重大创新。要实行宏观政策要稳、产业政策要准、微观政策要活、改革政策要实、社会政策要托底的总体思路，着力加强结构性改革，在适度扩大总需求的同时，去产能、去库存、去杠杆、降成本、补短板，推动我国社会生产力水平整体改善。

12 月 20—21 日 中央城市工作会议在京举行。习近平在会上分析城市发展面临的形势，明确做好城市工作的指导思想、总体思路、重点任务。

12 月 21—27 日 十二届全国人大常委会第十八次会议在京举行。会议通过《中华人民共和国反恐怖主义法》《中华人民共和国反家庭暴力法》《中华人民共和国国家勋章和国家荣誉称号法》，通过关于修改《中华人民共和国教育法》的决定、关于修改《中华人民共和国高等教育法》的决定、关于修改《中华人民共和国人口与计划生育法》的决定，通过全国人大常委会关于授权国务院在北京市大兴区等 232 个试点县（市、区）和天津市蓟县等 59 个试点县（市、区）行政区域分别暂时调整实施有关法律规定的决定、关于授权国务院在实施股票发行注册制改革中调整适用证券法有关规定的决定、关于授权国务院在广东省暂时调整部分法律规定的行政审批试行期届满后有关问题的决定。

12 月 23 日 中共中央办公厅、国务院办公厅印发《关于加大脱贫攻坚力度支持革命老区开发建设的指导意见》。

同日 随着青海果洛、玉树网外无电地区通电工程全部竣工投运，中国解决了最后 9614 户共 3.98 万无电人口用电问题。

12 月 24 日 中共中央、国务院印发《关于深入推进城市执法体制改革改进城市管理工作的指导意见》。

12 月 24—25 日 中央农村工作会议在京举行。

12 月 25 日 《中国共产党地方委员会工作条例》开始施行。

同日 中共中央印发《关于建立健全党和国家功勋荣誉表彰制度的意见》。

同日 亚洲基础设施投资银行正式成立。

12 月 28 日 国务院办公厅印发《国务院部门权力和责任清单编制试点方案》。

12 月 28—29 日 中共中央政治局召开专题民主生活会，习近平就中央政治局当好“三严三实”表率提出要求。

12 月 31 日 中国人民解放军陆军领导机构、中国人民解放军火箭军、中国人民解放军战略支援部队成立大会在京举行。习近平向中国人民解放军陆军、火箭军、战略支援部队授予军旗并致训词。

同日 中共中央、国务院作出《关于实施全面两孩政策 改革完善计划生育服务管理的决定》，印发《关于落实发展新理念加快农业现代化实现全面小康目标的若干意见》。

同日 国务院印发《推进普惠金融发展规划（2016—2020 年）》。

2016年

1月1日　修改后的《人口与计划生育法》正式实施，明确国家提倡双子女政策。

1月3日　国务院印发《关于整合城乡居民基本医疗保险制度的意见》，提出整合城镇居民基本医疗保险和新型农村合作医疗，建立统一的城乡居民基本医疗保险制度。

1月5日　习近平在重庆主持召开推动长江经济带发展座谈会，指出推动长江经济带发展是国家一项重大区域发展战略，要坚持生态优先、绿色发展，共抓大保护、不搞大开发。

1月6日　我国政府征用民航飞机对南沙群岛永暑礁新建机场成功进行校验和试飞。

1月8日　国家科学技术奖励大会在京举行。2015年度国家最高科学技术奖空缺。

1月11日　习近平接见调整组建后的军委机关各部门负责同志，强调要讲政治、谋打赢、搞服务、作表率，努力建设"四铁"军委机关。这次军委机关调整，把原来的总参谋部、总政治部、总后勤部、总装备部4个总部改为15个职能部门。

1月12—14日　十八届中央纪委六次全会在京举行。习近平在会上强调，反腐败斗争压倒性态势正在形成。

1月13日　中国政府发布首份《中国对阿拉伯国家政策文件》。

1月16日　亚洲基础设施投资银行开业，习近平出席开业仪式。

1月18日　中共中央、国务院印发《国家创新驱动发展战略纲要》。

1月18—21日　省部级主要领导干部学习贯彻十八届五中全会精神专题研讨班举行。

1 月 19—23 日 习近平对沙特、埃及、伊朗进行国事访问。21 日，习近平在阿拉伯国家联盟总部发表《共同开创中阿关系的美好未来》的演讲。

2 月 1 日 习近平向东部战区、南部战区、西部战区、北部战区、中部战区授予军旗并发布训令。

同日 国务院分别印发《关于钢铁行业化解过剩产能实现脱困发展的意见》《关于煤炭行业化解过剩产能实现脱困发展的意见》。

2 月 4 日 国务院印发《关于加强农村留守儿童关爱保护工作的意见》。

2 月 6 日 中共中央、国务院印发《关于进一步加强城市规划建设管理工作的若干意见》。

同日 中共中央、国务院印发《关于全面振兴东北地区等老工业基地的若干意见》。

2 月 16 日 中央军委印发《关于军队和武警部队全面停止有偿服务活动的通知》。

2 月 19 日 习近平主持召开党的新闻舆论工作座谈会，指出在新的时代条件下，党的新闻舆论工作要把坚持正确政治方向放在第一位。

2 月 24 日 中共中央办公厅印发《关于在全体党员中开展“学党章党规、学系列讲话，做合格党员”学习教育方案》。

同日 习近平出席中央军委扩大会议，提出更加注重聚焦实战、更加注重创新驱动、更加注重体系建设、更加注重集约高效、更加注重军民融合的军队建设发展战略指导。

2 月 24—26 日 十二届全国人大常委会第十九次会议在京举行。会议通过《中华人民共和国深海海底区域资源勘探开发法》。

2 月 26 日 十二届全国人大常委会首次举行宪法宣誓仪式。

2 月 27 日 中共中央办公厅、国务院办公厅印发《健全落实社会治安综合治理领导责任制规定》。

同日 中共中央印发《关于深化人才发展体制机制改革的意见》。

2 月 29 日 全军按新的领导指挥体制运行，实现我军领导指挥体制历史性变革。

3 月 3—14 日 全国政协十二届四次会议在京举行。

3 月 4 日 习近平在看望参加全国政协十二届四次会议的民建、工商联委员并参加联组会时讲话指出，非公有制经济在我国经济社会发展中的地位和作用没有变，鼓励、支持、引导非公有制经济发展的方针政策没有变，致力于为非公有制经济发展营造良好环境和提供更多机会的方针政策没有变；同时强调要着力构建“亲”“清”新型政商关系。

3 月 5—16 日 第十二届全国人民代表大会第四次会议在京举行。会议批准《中华人民共和国国民经济和社会发展第十三个五年规划纲要》，通过《中华人民共和国慈善法》。

3 月 10 日 国务院公布《全国社会保障基金条例》。

3 月 17 日 中国与冈比亚恢复外交关系。

3 月 18—27 日 张德江出席在赞比亚卢萨卡举行的各国议会联盟第 134 届大会，并对赞比亚、卢旺达、肯尼亚进行正式友好访问。这是中国全国人大常委会委员长首次出席议联大会。

3 月 23 日 澜沧江—湄公河合作首次领导人会议在海南三亚举行，澜湄合作机制正式启动。

3 月 24 日 中共中央政治局常委会召开会议，听取关于北京城市副中心和疏解北京非首都功能集中承载地有关情况的汇报，确定疏解北京非首都功能集中承载地新区规划选址，并同意定名为“雄安新区”。

3 月 28 日—4 月 1 日 习近平对捷克进行国事访问，并出席在美国华盛顿举行的第四届核安全峰会。

4 月 14 日 人社部、财政部印发《关于 2016 年调整退休人员基本养老金的通知》。这是国家首次统一部署、同步调整企业和机关事业单位退休人员基本养老金水平，也是我国连续第 12 年提高企业退休人员基本养老金水平。

4 月 19 日 习近平主持召开网络安全和信息化工作座谈会，强调在践行新发展理念上先行一步，推进网络强国建设，让互联网更好造福国家和人民。

4 月 20 日 军委联指总指挥习近平视察军委联合作战指挥中心，强调要努力建设绝对忠诚、善谋打仗、指挥高效、敢打必胜的联合作战指挥机构，构建平战一体、常态运行、专司主营、精干高效的战略战役指挥体系，为实现中国梦强军梦提供坚强支撑。

同日　国家统计局发布的《2015 年全国 1% 人口抽样调查主要数据公报》显示，中国大陆 31 个省、自治区、直辖市和现役军人的人口为 137349 万。

4 月 22 日　中国签署气候变化《巴黎协定》。

4 月 22—23 日　全国宗教工作会议在京举行。习近平讲话指出，积极引导宗教与社会主义社会相适应，一个重要的任务就是支持我国宗教坚持中国化方向。做好党的宗教工作，关键是要在“导”上想得深、看得透、把得准，做到“导”之有方、“导”之有力、“导”之有效，牢牢掌握宗教工作主动权。

4 月 23 日　中共中央办公厅、国务院办公厅印发《关于建立贫困退出机制的意见》，明确贫困人口、贫困村、贫困县在 2020 年以前有序退出的标准和要求。

4 月 25 日　习近平在安徽凤阳县小岗村主持召开农村改革座谈会。他指出，新形势下深化农村改革，主线仍然是处理好农民和土地的关系。最大的政策，就是必须坚持和完善农村基本经营制度，坚持农村土地集体所有，坚持家庭经营基础性地位，坚持稳定土地承包关系。

4 月 25—28 日　十二届全国人大常委会第二十次会议在京举行。会议通过《中华人民共和国境外非政府组织境内活动管理法》和全国人大常委会关于开展第七个五年法治宣传教育的决议。

4 月 26 日　习近平在安徽合肥主持召开知识分子、劳动模范、青年代表座谈会。

4 月 28 日　亚洲相互协作与信任措施会议第五次外长会议在北京开幕。习近平出席开幕式并发表《凝聚共识　促进对话　共创亚洲和平与繁荣的美好未来》的重要讲话。

同日　国务院办公厅印发《关于健全生态保护补偿机制的意见》。

5 月 1 日　我国全面实施营业税改征增值税试点，试点范围从交通运输业和部分现代服务业等扩大到建筑业、房地产业、金融业、生活服务业，同步实行中央和地方增值税“五五分享”。

同日 中共中央、国务院、中央军委印发《关于经济建设和国防建设融合发展的意见》。

5 月 13 日 习近平、李克强等党和国家领导人在京会见第七次全国人民防空会议代表。

5 月 17 日 习近平主持召开哲学社会科学工作座谈会，提出要着力构建中国特色哲学社会科学，强调坚定中国特色社会主义道路自信、理论自信、制度自信，说到底是要坚定文化自信，文化自信是更基本、更深沉、更持久的力量。

同日 国务院办公厅印发《关于加快培育和发展住房租赁市场的若干意见》，提出要以建立购租并举的住房制度为主要方向，健全以市场配置为主、政府提供基本保障的住房租赁体系。

5 月 27 日 习近平在中共中央政治局会议上讲话指出，建设北京城市副中心和雄安新区两个新城，形成北京新的“两翼”，是千年大计、国家大事。

5 月 28 日 国务院印发《土壤污染防治行动计划》。

5 月 30 日 中共中央、国务院印发《长江经济带发展规划纲要》。

5 月 30 日—6 月 3 日 全国科技创新大会、中国科学院第十八次院士大会和中国工程院第十三次院士大会、中国科学技术协会第九次全国代表大会在京举行。习近平出席会议并发表重要讲话强调，必须坚持走中国特色自主创新道路，加快各领域科技创新，掌握全球科技竞争先机，建设世界科技强国。

6 月 13 日 国务院印发《关于加强困难儿童保障工作的意见》。

6 月 17—24 日 习近平对塞尔维亚、波兰、乌兹别克斯坦进行国事访问，并出席在乌兹别克斯坦塔什干举行的上海合作组织成员国元首理事会第十六次会议。17 日，习近平前往中国驻南联盟被炸使馆旧址，凭吊在 1999 年使馆被炸事件中英勇牺牲的邵云环、许杏虎和朱颖三位烈士。

6 月 20 日 中国自主研制的全部采用国产处理器构建的“神威·太湖之光”夺得世界超算冠军。

6 月 22 日—8 月 12 日 中国“探索一号”科考船在马里亚纳海域开展首

次综合性万米深渊科考活动。其中，“海斗”号无人潜水器最大潜深达10767米，中国成为第三个研制出万米级无人潜水器的国家。

6月25日 俄罗斯总统普京对中国进行国事访问。习近平同普京会谈，两国元首强调要坚定不移致力于深化中俄全面战略协作伙伴关系。两国元首共同出席《中俄睦邻友好合作条约》签署15周年纪念大会，习近平发表《共创中俄关系更加美好的明天》的讲话。

同日 我国新一代运载火箭“长征七号”首次发射成功。

6月26日 经中共中央批准，中央党史研究室编写的《中国共产党的九十年》出版发行。

6月27日—7月2日 十二届全国人大常委会第二十一次会议在京举行。会议通过《中华人民共和国资产评估法》和新修订的《中华人民共和国野生动物保护法》，通过关于修改《中华人民共和国节约能源法》等六部法律的决定。

7月1日 庆祝中国共产党成立95周年大会在京举行。习近平讲话指出，要永远保持建党时中国共产党人的奋斗精神，永远保持对人民的赤子之心。一切向前走，都不能忘记走过的路；走得再远、走到再光辉的未来，也不能忘记走过的过去，不能忘记为什么出发。面向未来，面对挑战，全党同志一定要不忘初心、继续前进。讲话强调，中国特色社会主义最本质的特征是中国共产党领导，中国特色社会主义制度的最大优势是中国共产党领导。

同日 资源税从价计征改革全面推开，并在河北省试点征收水资源税。

7月5日 中共中央、国务院印发《关于深化投融资体制改革的意见》，新一轮投融资体制改革全面展开。

7月8日 中共中央颁发《中国共产党问责条例》。

7月12日 中国外交部发表声明指出，应菲律宾共和国时任政府单方面请求建立的南海仲裁案仲裁庭作出的裁决是无效的，没有拘束力，中国不接受、不承认。同日，中国外交部受权发布《中华人民共和国政府关于在南海的领土主权和海洋权益的声明》。13日，国务院新闻办公室发表《中国坚持通过谈判解决中国与菲律宾在南海的有关争议》白皮书。

7 月 13 日 我国政府征用民航飞机对南沙群岛美济礁、渚碧礁新建机场进行校验和试飞。

7 月 20 日 习近平在宁夏银川主持召开东西部扶贫协作座谈会。

同日 最高人民法院、最高人民检察院、公安部、国家安全部、司法部联合印发《关于推进以审判为中心的刑事诉讼制度改革的意见》。

7 月 22 日 中国同世界银行、国际货币基金组织、世界贸易组织、国际劳工组织、经济合作与发展组织、金融稳定理事会的首次“1+6”圆桌对话会在京举行。此后，“1+6”圆桌对话会每年举行一次。

8 月 5 日 《中国共产党机构编制工作条例》开始施行。

8 月 5—21 日 中国体育代表团参加在巴西里约热内卢举行的第 31 届夏季奥运会。

8 月 8 日 国务院批复《平潭国际旅游岛建设方案》。

8 月 16 日 中国成功发射世界首颗量子科学实验卫星“墨子号”。

同日 中共中央在中南海召开党外人士座谈会，就制定新形势下党内政治生活若干准则、修订《中国共产党党内监督条例（试行）》听取各民主党派中央、全国工商联负责人和无党派人士代表的意见和建议。

8 月 17 日 推进“一带一路”建设工作座谈会在京举行。

8 月 19—20 日 全国卫生与健康大会在京举行。习近平在会上强调，要把人民健康放在优先发展的战略地位，加快推进健康中国建设，努力全方位、全周期保障人民健康。

8 月 29 日—9 月 3 日 十二届全国人大常委会第二十二次会议在京举行。会议通过《中华人民共和国国防交通法》和关于修改《中华人民共和国外资企业法》等四部法律的决定，通过全国人大常委会关于授权最高人民法院、最高人民检察院在部分地区开展刑事案件认罪认罚从宽制度试点工作的决定，通过全国人大常委会关于批准《巴黎协定》的决定和关于批准《中华人民共和国加入世界贸易组织关税减让表修正案》的决定。

9 月 3 日 习近平出席在浙江杭州举行的二十国集团工商峰会开幕式并发表主旨演讲，提出建设创新、开放、联动、包容型世界经济，强调全球经济治理应该以平等为基础，更好反映世界经济格局新现实。

9月4—5日 二十国集团领导人第十一次峰会在浙江杭州举行。习近平主持峰会并致开幕词、闭幕词，强调二十国集团要与时俱进、知行合一、共建共享、同舟共济，推动世界经济强劲、可持续、平衡、包容增长。会议通过《二十国集团领导人杭州峰会公报》。

9月9日 习近平到北京市八一学校看望慰问师生，并与教师学生代表座谈。

9月13日 中央军委联勤保障部队成立大会举行。习近平向武汉联勤保障基地和无锡、桂林、西宁、沈阳、郑州联勤保障中心授予军旗并致训词，强调要按照联合作战、联合训练、联合保障的要求加快部队建设，努力建设一支强大的现代化联勤保障部队。

同日 十二届全国人大常委会第二十三次会议在京举行。会议通过全国人大常委会代表资格审查委员会关于辽宁省人大选举产生的部分十二届全国人大代表当选无效的报告，依法确定由辽宁省十二届人大一次会议选举产生的45名全国人大代表当选无效；通过全国人大常委会关于成立辽宁省十二届人大七次会议筹备组的决定。辽宁拉票贿选案是新中国成立以来查处的第一起发生在省级层面严重违反党纪国法、严重违反政治纪律和政治规矩、严重违反组织纪律和换届纪律、严重破坏党内选举制度和人大选举制度的重大案件。

9月15日 “天宫二号”空间实验室成功发射。

9月18日 国务院首次举行宪法宣誓仪式。

9月21日 李克强在纽约联合国总部出席第七十一届联合国大会以“可持续发展目标：共同努力改造我们的世界”为主题的一般性辩论并发表《携手建设和平稳定可持续发展的世界》的讲话。

9月25日 具有中国自主知识产权的世界最大单口径巨型射电望远镜——500米口径球面射电望远镜（FAST）在贵州平塘落成启动。

同日 国务院印发《关于加快推进“互联网+政务服务”工作的指导意见》。

9 月 28 日　纪念刘华清同志诞辰 100 周年座谈会在京举行。

9 月 29 日　中共中央举行学习《胡锦涛文选》报告会。习近平在会上发表重要讲话。

10 月 1 日　人民币正式加入国际货币基金组织特别提款权货币篮子。

10 月 10—11 日　全国国有企业党的建设工作会议在京举行。习近平在会上强调，要坚持党对国有企业的领导不动摇，坚定不移把国有企业做强做优做大。

10 月 13—17 日　习近平对柬埔寨、孟加拉国进行国事访问并出席在印度果阿举行的金砖国家领导人第八次会晤。

10 月 17 日　中共中央、国务院印发《“健康中国 2030”规划纲要》。

10 月 17 日—11 月 18 日　搭载景海鹏、陈冬两位航天员的“神舟十一号”载人飞船成功发射，与“天宫二号”顺利对接，两名航天员进驻“天宫二号”，进行了为期 30 天的驻留，完成了一系列空间科学实验和技术试验。

10 月 18—21 日　菲律宾总统杜特尔特对中国进行国事访问。习近平同杜特尔特会谈，就两国坚持睦邻友好、妥善处理分歧、携手共同发展达成重要共识，双方同意推动中菲关系实现全面改善。

10 月 21 日　纪念红军长征胜利 80 周年大会在京举行。习近平在大会上讲话指出，每一代人有每一代人的长征路，每一代人都要走好自己的长征路。我们这一代人的长征，就是要实现“两个一百年”奋斗目标，实现中华民族伟大复兴的中国梦。要大力弘扬伟大长征精神，在新的长征路上继续奋勇前进。

10 月 22 日　中共中央办公厅、国务院办公厅印发《关于完善农村土地所有权承包权经营权分置办法的意见》。“三权分置”是继家庭联产承包责任制后农村改革的又一重大制度创新。

10 月 24—27 日　中共十八届六中全会在京举行。全会通过《关于新形势下党内政治生活的若干准则》和《中国共产党党内监督条例》。全会明确习近平总书记党中央的核心、全党的核心地位，号召全党同志紧密团结在以习近平同志为核心的党中央周围，牢固树立政治意识、大局意识、核心意识、看齐意识，坚定不移维护党中央权威和党中央集中统一领导。

10 月 31 日--11 月 7 日 十二届全国人大常委会第二十四次会议在京举行。会议通过全国人大常委会关于香港特别行政区基本法第一百〇四条的解释，通过《中华人民共和国网络安全法》《中华人民共和国电影产业促进法》，通过关于修改《中华人民共和国民办教育促进法》的决定、关于修改《中华人民共和国海洋环境保护法》的决定、关于修改《中华人民共和国对外贸易法》等 12 部法律的决定。

11 月 1 日 中国自主研制的新一代隐身战斗机歼 –20 首次公开亮相参加中国珠海国际航展。不久，歼 –20 开始列装空军作战部队。

同日 习近平在北京会见中国国民党主席洪秀柱，强调要牢牢把握两岸关系和平发展的正确方向，巩固“九二共识”政治基础，坚决反对“台独”，持续推动各领域交流合作，不断增进两岸同胞福祉和亲情。

11 月 3 日 我国最大推力新一代运载火箭“长征五号”首次发射成功。

11 月 4 日 中共中央、国务院印发《关于完善产权保护制度依法保护产权的意见》。

同日 中共中央办公厅印发《关于在北京市、山西省、浙江省开展国家监察体制改革试点方案》，部署在三个省（市）设立省、市、县三级监察委员会。2017 年 4 月，试点地区全面完成省、市、县三级监察委员会组建和转隶工作。

11 月 7 日 中华全国新闻工作者协会第九届理事会第一次会议暨中国新闻奖、长江韬奋奖颁奖会在京举行。习近平亲切会见理事会全体代表和获奖者代表，并发表重要讲话。

11 月 9—10 日 中央军委后勤工作会议在京举行。习近平在会上强调，要聚焦保障打赢，加快转型重塑，努力建设强大的现代化后勤。

11 月 11 日 纪念孙中山先生诞辰 150 周年大会在京举行。

11 月 17—23 日 习近平对厄瓜多尔、秘鲁、智利进行国事访问并出席在秘鲁利马举行的亚太经合组织第二十四次领导人非正式会议。20 日，在亚太经合组织领导人非正式会议上，习近平发表《面向未来开拓进取，促进亚太发展繁荣》的讲话。

11 月 28 日 中共中央办公厅、国务院办公厅印发《关于全面推行河长制的意见》。

11 月 29 日 纪念朱德同志诞辰 130 周年座谈会在京举行。

11 月 30 日 中共中央办公厅、国务院办公厅印发《党政主要负责人履行推进法治建设第一责任人职责规定》。

11 月 30 日—12 月 3 日 中国文学艺术界联合会第十次全国代表大会、中国作家协会第九次全国代表大会在京举行。习近平出席会议并发表重要讲话，强调要有高度的文化自信，并对广大文艺工作者提出四点希望。

12 月 2—3 日 中央军委军队规模结构和力量编成改革工作会议举行。习近平在会上强调，要推动我军由数量规模型向质量效能型、由人力密集型向科技密集型转变，部队编成向充实、合成、多能、灵活方向发展，构建能够打赢信息化战争、有效履行使命任务的中国特色现代军事力量体系。

12 月 4 日 中共中央、国务院印发《关于加强和改进新形势下高校思想政治工作的意见》。

12 月 5 日 深圳与香港股票市场交易互联互通机制"深港通"正式启动。

同日 纪念万里同志诞辰 100 周年座谈会在京举行。

12 月 7—8 日 全国高校思想政治工作会议在京举行。习近平在会上强调，要坚持把立德树人作为中心环节，把思想政治工作贯穿教育教学全过程，实现全程育人、全方位育人，开创我国高等教育事业发展新局面。

12 月 12 日 第一届全国文明家庭表彰大会在京举行。习近平亲切会见全国文明家庭代表，他强调要动员社会各界广泛参与家庭文明建设，推动形成爱国爱家、相亲相爱、向上向善、共建共享的社会主义家庭文明新风尚。

同日 国务院发布《政府核准的投资项目目录（2016 年本）》，这是继 2013 年、2014 年后第三次修订。

12 月 13 日 中共中央印发《关于加强党内法规制度建设的意见》。

12 月 14—16 日 中央经济工作会议在京举行。习近平在会议上强调，促进房地产市场平稳健康发展，要坚持"房子是用来住的、不是用来炒的"

这个定位。

12 月 19—20 日　中央农村工作会议在京举行。

12 月 19—25 日　十二届全国人大常委会第二十五次会议在京举行。会议通过《中华人民共和国中医药法》《中华人民共和国公共文化服务保障法》《中华人民共和国环境保护税法》，通过全国人大常委会关于在北京市、山西省、浙江省开展国家监察体制改革试点工作的决定，通过全国人大常委会关于授权国务院在部分地区和部分在京中央机关暂时调整适用公务员法有关规定的决定、关于授权国务院在河北省邯郸市等 12 个试点城市行政区域暂时调整适用社会保险法有关规定的决定、关于军官制度改革期间暂时调整适用相关法律规定的决定。

12 月 23 日　中共中央印发《县以上党和国家机关党员领导干部民主生活会若干规定》。

12 月 24—25 日　全国党内法规工作会议在京举行。这是中国共产党历史上第一次召开全国党内法规工作会议。

12 月 26 日　中共中央、国务院印发《关于稳步推进农村集体产权制度改革的意见》。农村集体产权制度改革向全国推开。

同日　中国与圣多美和普林西比恢复外交关系。

12 月 30 日　国务院印发《国家人口发展规划（2016—2030 年）》。

12 月 31 日　中共中央、国务院印发《关于深入推进农业供给侧结构性改革　加快培育农业农村发展新动能的若干意见》。

同日　中国国际电视台（英文简称 CGTN，别名中国环球电视网）正式开播。

2017年

1月3日　国务院印发《全国国土规划纲要（2016—2030年）》。

1月6—8日　十八届中央纪委七次全会在京举行。习近平在会上强调，腐败蔓延势头得到有效遏制，反腐败斗争压倒性态势已经形成，不敢腐的目标初步实现，要增强全面从严治党的系统性、创造性、实效性。会议通过《中国共产党纪律检查机关监督执纪工作规则（试行）》。

1月9日　国家科学技术奖励大会在京举行。习近平向获得2016年度国家最高科学技术奖的赵忠贤、屠呦呦颁发奖励证书和奖金。

同日　中共中央、国务院印发《关于加强耕地保护和改进占补平衡的意见》。

1月12日　国务院发出《关于扩大对外开放积极利用外资若干措施的通知》。

1月15—18日　习近平对瑞士进行国事访问，出席世界经济论坛2017年年会并访问联合国日内瓦总部、世界卫生组织、国际奥委会等国际组织。18日，习近平在日内瓦万国宫出席“共商共筑人类命运共同体”高级别会议并发表主旨演讲，主张共同推进构建人类命运共同体伟大进程，坚持对话协商、共建共享、合作共赢、交流互鉴、绿色低碳，建设一个持久和平、普遍安全、共同繁荣、开放包容、清洁美丽的世界。

1月22日　中共中央政治局会议决定设立中央军民融合发展委员会，由习近平任主任。

1月24日　中共中央办公厅、国务院办公厅印发《关于实施中华优秀传统文化传承发展工程的意见》《关于划定并严守生态保护红线的若干意见》，并发出通知。

1月30日　中共中央办公厅印发《中国共产党党委（党组）理论学习中

心组学习规则》。

2月7日 国务院公布《残疾预防和残疾人康复条例》。

2月13—16日 省部级主要领导干部学习贯彻十八届六中全会精神专题研讨班在京举行。

2月22日 十八届中共中央第十二轮巡视工作动员部署会议在京举行。十八届中共中央共开展12轮巡视，巡视277个党组织，在党的历史上首次实现一届任期内对地方、部门、企事业单位全覆盖。

2月22—24日 十二届全国人大常委会第二十六次会议在京举行。会议通过新修订的《中华人民共和国红十字会法》和关于修改《中华人民共和国企业所得税法》的决定。

2月23日 习近平在河北省安新县考察雄安新区规划建设工作并主持召开座谈会。

3月1日 中共中央印发《中国共产党工作机关条例（试行）》。

3月3—13日 全国政协十二届五次会议在京举行。

3月5日 中共中央印发《关于加快构建中国特色哲学社会科学的意见》。

3月5—15日 第十二届全国人民代表大会第五次会议在京举行。会议通过《中华人民共和国民法总则》。

3月20日 中共中央办公厅印发《关于推进"两学一做"学习教育常态化制度化的意见》。

3月21日 我国首个大型页岩气田——涪陵页岩气田已经累计供气突破100亿立方米。这标志着我国页岩气已加速迈进大规模商业化发展阶段。

3月24日 教育部、国家发展改革委、财政部和人社部印发《高中阶段教育普及攻坚计划（2017—2020年）》，提出到2020年，普及高中阶段教育，全国各省（区、市）毛入学率均达到90%以上。

3月28日 中共中央、国务院发出通知，决定设立河北雄安新区。这是继深圳经济特区和上海浦东新区之后又一具有全国意义的新区。

4月4—7日 习近平对芬兰进行国事访问并赴美国参加中美元首会晤。6

日至 7 日，习近平在佛罗里达州海湖庄园同美国总统特朗普会晤，双方同意在新起点上推动中美关系取得更大发展，宣布两国建立外交安全对话、全面经济对话、执法及网络安全对话、社会和人文对话等四个高级别对话机制。

4 月 13 日 国务院印发《关于做好当前和今后一段时间就业创业工作的意见》。

4 月 18 日 习近平接见全军新调整组建的 84 个军级单位主官并对各单位发布训令。

4 月 19—21 日 习近平在广西考察工作，并于 20 日在南宁主持召开基层代表座谈会。

4 月 20 日 我国自主研制的首艘货运飞船“天舟一号”成功发射。22 日，“天舟一号”与“天宫二号”完成首次对接。

4 月 23 日 国务院办公厅印发《关于推进医疗联合体建设和发展的指导意见》，要求促进医疗卫生工作重心下移和资源下沉，提升医疗服务体系整体效能。

4 月 24—27 日 十二届全国人大常委会第二十七次会议在京举行。会议通过新修订的《中华人民共和国测绘法》，通过全国人大常委会关于延长人民陪审员制度改革试点期限的决定。

4 月 26 日 中国第一艘自主设计建造的航空母舰出坞下水。

5 月 3 日 习近平考察中国政法大学，同师生和首都法学专家、法治工作者代表、高校负责同志座谈。

同日 世界首台单光子量子计算机在中国诞生。

5 月 5 日 中国自主研制的 C919 大型客机首飞成功。这是中国首款按照最新国际适航标准研制、具有完全自主知识产权的干线民用飞机。中国成为世界上少数几个拥有研制大型客机能力的国家。

同日 国务院办公厅印发《关于加快推进“多证合一”改革的指导意见》。

5 月 7 日 国务院印发《关于进一步削减工商登记前置审批事项的决定》。

5 月 8 日 中央军委发布《军事立法工作条例》。

5月14—15日 首届“一带一路”国际合作高峰论坛在京举行，习近平出席开幕式并主持领导人圆桌峰会。他在开幕式主旨演讲中强调，要将“一带一路”建成和平之路、繁荣之路、开放之路、创新之路、文明之路。

5月18日 南海神狐海域天然气水合物（又称可燃冰）试采成功。中国成为世界上首个成功试采海域天然气水合物的国家。

6月7—10日 习近平对哈萨克斯坦进行国事访问，并出席上海合作组织成员国元首理事会第十七次会议和阿斯塔纳专项世博会开幕式。

6月13日 中国与巴拿马建交。

6月20日 习近平主持召开中央军民融合发展委员会第一次全体会议。

6月21日 国务院常务会议部署发展分享经济，培育壮大新动能。

6月22—27日 十二届全国人大常委会第二十八次会议在京举行。会议通过《中华人民共和国国家情报法》，通过关于修改《中华人民共和国水污染防治法》的决定、关于修改《中华人民共和国民事诉讼法》和《中华人民共和国行政诉讼法》的决定。

6月23日 习近平在太原主持召开深度贫困地区脱贫攻坚座谈会。

6月25日 中国标准动车组被命名为“复兴号”并于26日投入运行。中国高速动车组技术实现全面自主化。

6月28日 中国完全自主研制的新型万吨级驱逐舰首舰下水。

7月1日 习近平出席庆祝香港回归祖国20周年大会暨香港特别行政区第五届政府就职典礼，并发表讲话指出，中央贯彻“一国两制”方针坚持两点：一是坚定不移，不会变、不动摇；二是全面准确，确保“一国两制”在香港的实践不走样、不变形，始终沿着正确方向前进。

同日 习近平出席《深化粤港澳合作推进大湾区建设框架协议》签署仪式。建设粤港澳大湾区成为国家战略。

同日 中共中央印发修订后的《中国共产党巡视工作条例》。

同日 我国全面实施检察机关提起公益诉讼制度。

同日 全国海关通关一体化正式实施。

7月3日 内地与香港债券市场互联互通合作机制“债券通”上线试运行。

7 月 3—8 日　习近平对俄罗斯、德国进行国事访问，并出席在德国汉堡举行的二十国集团领导人第十二次峰会。

7 月 8 日　国务院印发《新一代人工智能发展规划》。

7 月 9 日　中国民航局为 ARJ21-700 飞机颁发生产许可证，这是我国喷气客机首张生产许可证。

7 月 9—11 日　第六次全国对口支援新疆工作会议在新疆喀什召开。

7 月 11 日　中国人民解放军驻吉布提保障基地成立。这是我国首个海外保障基地。

7 月 14—15 日　第五次全国金融工作会议在京举行。会议决定设立国务院金融稳定发展委员会。会议围绕服务实体经济、防控金融风险、深化金融改革“三位一体”的金融工作主题作出部署。

7 月 15 日　北京到新疆的京新高速公路全线贯通，这是目前世界上穿越沙漠、戈壁里程最长的高速公路。

7 月 18—19 日　第八次全国信访工作会议在京举行。

7 月 19 日　新调整组建的军事科学院、国防大学、国防科技大学成立大会暨军队院校、科研机构、训练机构主要领导座谈会举行。习近平向军事科学院、国防大学、国防科技大学授军旗、致训词。

7 月 24 日　中共中央决定对孙政才涉嫌严重违纪问题立案审查。9 月 29 日，中央政治局会议决定给予孙政才开除党籍、开除公职处分，将其涉嫌犯罪问题及线索移送司法机关依法处理。

7 月 26—27 日　省部级主要领导干部“学习习近平总书记重要讲话精神，迎接党的十九大”专题研讨班在京举行。习近平在开班式上，作出中国特色社会主义进入了新的发展阶段的重大战略判断，提出要牢牢把握我国发展的阶段性特征，牢牢把握人民群众对美好生活的向往，在新的时代条件下进行伟大斗争、建设伟大工程、推进伟大事业、实现伟大梦想。

7 月 28 日　中央军委首次举行颁授“八一勋章”和授予荣誉称号仪式，这是我军新设的军队最高荣誉。习近平向“八一勋章”获得者颁授勋章和证书，向获得荣誉称号的单位颁授奖旗。

7月30日 庆祝中国人民解放军建军90周年阅兵在朱日和联合训练基地举行。习近平检阅部队。

8月1日 庆祝中国人民解放军建军90周年大会在京举行。习近平在大会上讲话指出，党对军队的绝对领导是中国特色社会主义的本质特征，是党和国家的重要政治优势，是人民军队的建军之本、强军之魂。要坚持政治建军、改革强军、科技兴军、依法治军，全面提高国防和军队现代化水平，把人民军队建设成为世界一流军队。

同日 中共中央办公厅、国务院办公厅印发《关于深化教育体制机制改革的意见》。

8月2日 外交部发布《印度边防部队在中印边界锡金段越界进入中国领土的事实和中国的立场》文件。

8月8日 中共中央印发《中国共产党党内功勋荣誉表彰条例》，设立“七一勋章”；中共中央、国务院印发《国家功勋荣誉表彰条例》。

同日 内蒙古自治区成立70周年庆祝大会在呼和浩特举行。

8月18日 全国首家互联网法院——杭州互联网法院正式揭牌成立。

8月19日 青藏高原第二次综合性科学考察正式启动，对青藏高原的水、生态、人类活动等环境问题进行大规模考察研究。

8月26日 国务院公布修订后的《宗教事务条例》。

8月27日—9月8日 第13届全国运动会在天津举行。习近平出席开幕式。

8月28日—9月1日 十二届全国人大常委会第二十九次会议在京举行。会议通过《中华人民共和国核安全法》《中华人民共和国国歌法》，通过新修订的《中华人民共和国中小企业促进法》，通过关于修改《中华人民共和国法官法》等八部法律的决定。

8月31日 国家医保异地结算系统与所有省份和新疆生产建设兵团以及医疗保险统筹地区连通。9月底，全面完成全国联网和跨省直接结算。

9月3—5日 金砖国家领导人第九次会晤在厦门举办。3日，习近平出席2017年金砖国家工商论坛开幕式并发表《共同开创金砖合作第二个“金色十年”》的主旨演讲。4日，习近平主持会晤并发表《深化金砖伙伴关系，开辟更加光明未来》的讲话。5 日，习近平主持新兴市场国家与发展中国家对话会并发表《深化互利合作，促进共同发展》的讲话。

9 月 8 日 中共中央、国务院印发《关于营造企业家健康成长环境弘扬优秀企业家精神更好发挥企业家作用的意见》。

9 月 11 日 我国首条民营资本控股高铁——杭绍台高铁 PPP 项目在浙江杭州签约。这是民营资本在铁路投融资领域首次控股。

9 月 12 日 人力资源和社会保障部公布《国家职业资格目录》，明确目录之外不得许可和认定职业资格。

9 月 12—13 日 新疆若干历史问题研究座谈会在京召开。

9 月 18 日 中共中央政治局召开会议，研究拟提请党的十八届七中全会讨论的十八届中央委员会向中国共产党第十九次全国代表大会的报告稿、《中国共产党章程（修正案）》稿、十八届中央纪律检查委员会向中国共产党第十九次全国代表大会的工作报告稿，审议《关于五年来中央政治局贯彻执行中央八项规定并以此带动全党加强作风建设情况的报告》。

9 月 22 日 习近平主持召开中央军民融合发展委员会第二次全体会议。

9 月 25 日 中共中央办公厅、国务院办公厅印发《关于支持深度贫困地区脱贫攻坚的实施意见》，明确新增的脱贫攻坚资金、项目、举措主要用于“三区三州”等深度贫困地区。

9 月 26 日 习近平在北京国家会议中心出席国际刑警组织第 86 届全体大会开幕式，发表《坚持合作创新法治共赢 携手开展全球安全治理》的主旨演讲。

9 月 27 日 国务院、中央军委颁发新修订的《中国人民解放军文职人员条例》。

9 月 30 日 习近平、李克强、张德江、俞正声、刘云山、王岐山、张高丽等，同首都各界代表一起出席烈士纪念日，向人民英雄敬献花篮仪式。

10 月 3 日 “深海勇士”号载人深潜试验队在中国南海完成全部海上试验任务，胜利返航。“深海勇士”号 4 次完成 4500 米级下潜，最大下潜深度为 4534 米，这一深度基本覆盖了中国主要海域和国际海域资源可开发的深度。

10月8日 国务院发出《关于开展第三次全国土地调查的通知》。同日，第三次全国土地调查全面启动。

10月11—14日 中共十八届七中全会在京举行。全会决定，2017年10月18日召开中共十九大。

10月18—24日 中国共产党第十九次全国代表大会在京举行。习近平作《决胜全面建成小康社会，夺取新时代中国特色社会主义伟大胜利》的报告。大会作出中国特色社会主义进入新时代、我国社会主要矛盾已经转化为人民日益增长的美好生活需要和不平衡不充分的发展之间的矛盾等重大政治论断，确立习近平新时代中国特色社会主义思想的历史地位，提出新时代坚持和发展中国特色社会主义的基本方略，确定决胜全面建成小康社会、开启全面建设社会主义现代化国家新征程的目标。大会通过《中国共产党章程（修正案）》，把习近平新时代中国特色社会主义思想同马克思列宁主义、毛泽东思想、邓小平理论、“三个代表”重要思想、科学发展观一道确立为党的指导思想并载入党章。

10月23日 中共中央办公厅印发《关于在全国各地推开国家监察体制改革试点方案》，部署在全国范围内深化国家监察体制改革的探索实践，完成省、市、县三级监察委员会组建工作，实现对所有行使公权力的公职人员监察全覆盖。

10月25日 中共十九届一中全会在京举行。全会选举习近平为中央委员会总书记，决定习近平为中央军委主席，批准赵乐际为中央纪委书记。

10月26日 习近平出席在京召开的军队领导干部会议，强调为实现党在新时代的强军目标、到21世纪中叶把人民军队全面建成世界一流军队、实现中华民族伟大复兴的中国梦而努力奋斗。

10月27日 中共中央政治局会议审议通过《中共中央政治局关于加强和维护党中央集中统一领导的若干规定》。《规定》指出，中央政治局要带头树立“四个意识”，严格遵守党章和党内政治生活准则，全面落实党的十九大关于加强和维护党中央集中统一领导的各项要求，自觉在以习近平同志为核心的党中央集中统一领导下履行职责、开展工作，坚决维护习近平总书记作为党中央的核心、全党的核心地位。根据《规定》，中央政治局全体同志每年向党中央和习近平总书记书面述职一次。这已经成为加强和维护党中央集中统一领导的重要制度安排。

同日 十九届中央政治局就深入学习贯彻党的十九大精神进行第一次集体学习。

10 月 30 日—11 月 4 日 十二届全国人大常委会第三十次会议在京举行。会议通过新修订的《中华人民共和国反不正当竞争法》和新修订的《中华人民共和国标准化法》，通过《中华人民共和国公共图书馆法》《中华人民共和国刑法修正案（十）》，通过关于修改《中华人民共和国会计法》等 11 部法律的决定，通过关于增加香港特别行政区基本法附件三所列全国性法律的决定、关于增加澳门特别行政区基本法附件三所列全国性法律的决定、关于在全国各地推开国家监察体制改革试点工作的决定、关于中国人民武装警察部队改革期间暂时调整适用相关法律规定的决定、关于延长授权国务院在北京市大兴区等 33 个试点县（市、区）行政区域暂时调整实施有关法律规定期限的决定。

11 月 1 日 《习近平谈治国理政》第二卷出版发行。

11 月 2 日 中央军委印发《关于全面深入贯彻军委主席负责制的意见》。

11 月 3 日 习近平率新一届军委班子视察军委联合作战指挥中心，强调要强化备战打仗的鲜明导向，全面提高新时代打赢能力。

11 月 5 日 “北斗三号”第一、二颗组网卫星以“一箭双星”方式成功发射，标志着北斗卫星导航系统全球组网的开始。这是与美国全球定位系统、俄罗斯格洛纳斯系统、欧洲伽利略系统并列的全球卫星导航系统。

11 月 8—10 日 美国总统特朗普对中国进行国事访问。两国元首就加强中美双边、地区和全球层面合作达成多项重要成果和共识，一致同意继续发挥元首外交对两国关系的战略引领作用，推动中美关系得到更大发展。

11 月 9 日 国务院印发《划转部分国有资本充实社保基金实施方案》。

11 月 10—14 日 习近平出席在越南岘港举行的亚太经合组织第二十五次领导人非正式会议，并对越南、老挝进行国事访问。

11 月 17 日 全国精神文明建设表彰大会在京举行。

11 月 19 日 国务院作出《关于废止〈中华人民共和国营业税暂行条例〉和修改〈中华人民共和国增值税暂行条例〉的决定》。营业税改征增值税改革全面完成。

11 月 20 日 习近平主持召开十九届中央全面深化改革领导小组第一次会议。十九届中央全面深化改革领导小组共召开两次会议，后改为中央全面深化改革委员会。

11 月 21 日 国家人口基础信息库建设项目顺利通过专家组审查和验收委员会竣工验收。

11 月 30 日 中共中央政治局召开会议，审议通过《中国共产党党务公开条例（试行）》。

11 月 30 日—12 月 3 日 中国共产党与世界政党高层对话会在京举行。12 月 1 日，习近平出席开幕式并发表主旨讲话指出，不同国家的政党应该增进互信、加强沟通、密切协作，探索在新型国际关系的基础上建立求同存异、相互尊重、互学互鉴的新型政党关系，搭建多种形式、多种层次的国际政党交流合作网络，汇聚构建人类命运共同体的强大力量。

12 月 14 日 中共中央作出《关于调整中国人民武装警察部队领导指挥体制的决定》。

12 月 18—20 日 中央经济工作会议在京举行。习近平讲话指出，推动高质量发展是当前和今后一个时期确定发展思路、制定经济政策、实施宏观调控的根本要求，必须加快形成推动高质量发展的指标体系、政策体系、标准体系、统计体系、绩效评价、政绩考核，创建和完善制度环境，推动我国经济在实现高质量发展上不断取得新进展。会议总结阐述习近平新时代中国特色社会主义经济思想，宣布我国已经形成世界上人口最多的中等收入群体。

12 月 22—27 日 十二届全国人大常委会第三十一次会议在京举行。会议通过新修订的《中华人民共和国农民专业合作社法》，通过《中华人民共和国烟叶税法》《中华人民共和国船舶吨税法》，通过关于修改《中华人民共和国招标投标法》《中华人民共和国计量法》的决定，通过关于批准《内地与香港特别行政区关于在广深港高铁西九龙站设立口岸实施“一地两检”的合作安排》的决定，通过关于延长授权国务院在北京市大兴区等 232 个试点县（市、区）、天津市蓟州区等 59 个试点县（市、区）行政区域分别暂时调整实施有关法律规定期限的决定。

12 月 26 日 中共中央办公厅、国务院办公厅印发《关于在湖泊实施湖长制》的指导意见。

12 月 28—29 日 中央农村工作会议在京举行。会议全面分析“三农”工作面临的形势和任务，研究实施乡村振兴战略的重要政策，部署 2018 年和今后一个时期的农业农村工作。习近平在会上发表重要讲话强调，实施乡村振兴战略是新时代做好“三农”工作的总抓手。

12 月 29 日 中央军委主席习近平签署命令，发布新修订的《中国人民解放军军事训练条例（试行）》。

12 月 30 日 中共中央印发《关于建立国务院向全国人大常委会报告国有资产管理情况制度的意见》。

2018年

1月1日 零时起，武警部队由中共中央、中央军委集中统一领导，归中央军委建制，不再列国务院序列。

1月2日 中共中央、国务院印发《关于实施乡村振兴战略的意见》。

1月3日 中央军委举行2018年开训动员大会，习近平向全军发布训令。这是中央军委首次统一组织全军开训动员，是人民军队加强新时代练兵备战的一次崭新亮相。

1月5—8日 新进中央委员会的委员、候补委员和省部级主要领导干部学习贯彻习近平新时代中国特色社会主义思想和党的十九大精神研讨班举行。习近平在开班式上讲话指出，做到坚持和发展中国特色社会主义要一以贯之，推进党的建设新的伟大工程要一以贯之，增强忧患意识、防范风险挑战要一以贯之，以时不我待、只争朝夕的精神投入工作，不断开创新时代中国特色社会主义事业新局面。

1月8日 国家科学技术奖励大会在京举行。习近平向获得2017年度国家最高科学技术奖的王泽山、侯云德颁发奖励证书和奖金。

1月10日 中央军委向武警部队授旗仪式举行。习近平向武警部队授旗并致训词。

同日 习近平在人民大会堂集体会见北欧和波罗的海国家议会领导人。

1月11日 中共中央、国务院发出《关于开展扫黑除恶专项斗争的通知》。

1月11—13日 十九届中央纪委二次全会在京举行。习近平讲话总结和阐述党的十八大以来全面从严治党的经验：坚持思想建党和制度治党相统一，坚持使命引领和问题导向相统一，坚持抓“关键少数”和管“绝大多数”相统一，坚持行使权力和担当责任相统一，坚持严格管理和关心信任相统一，坚持党内监督和群众监督相统一。

1 月 18 日　国家发展改革委、国家林业局、财政部等六部门印发《生态扶贫工作方案》。

1 月 18—19 日　中共十九届二中全会在京举行。全会通过《关于修改宪法部分内容的建议》。

1 月 23 日　中央政法委召开全国扫黑除恶专项斗争电视电话会议，全国扫黑除恶专项斗争开始。

同日　中共中央办公厅、国务院办公厅印发《农村人居环境整治三年行动方案》。

1 月 29—30 日　十二届全国人大常委会第三十二次会议在京举行。会议通过关于提请审议宪法修正案草案的议案。

2 月 2 日　十九届中央第一轮巡视工作动员部署会在京举行，开启新一届巡视工作。

2 月 6 日　习近平、俞正声、汪洋、王沪宁、韩正等在人民大会堂同党外人士座谈并共迎新春。

2 月 9 日　中共中央印发《中央党内法规制定工作第二个五年规划（2018—2022 年）》。

2 月 12 日　习近平在成都主持召开打好精准脱贫攻坚战座谈会。

2 月 18 日　中共中央、国务院印发《粤港澳大湾区发展规划纲要》。

2 月 23—24 日　十二届全国人大常委会第三十三次会议在京举行。会议通过修订后的全国人大常委会关于实行宪法宣誓制度的决定，通过全国人大常委会关于延长授权国务院在实施股票发行注册制改革中调整适用证券法有关规定期限的决定。

2 月 26—28 日　中共十九届三中全会在京举行。全会通过《关于深化党和国家机构改革的决定》和《深化党和国家机构改革方案》。

2 月 28 日　中共中央举行民主协商会，就《关于深化党和国家机构改革的决定》、《深化党和国家机构改革方案》、中共中央拟向十三届全国人大一次会议推荐的国家机构领导人员人选建议名单和拟向全国政协十三届一次会议推荐的全国政协领导人员人选建议名单，向各民主党派中央、全国工商联和无党派人士代表通报情况，听取意见。

同日 国务院台办、国家发展改革委发布《关于促进两岸经济文化交流合作的若干措施》。

3月1日 纪念周恩来同志诞辰120周年座谈会在京举行。

3月2日 习近平主持召开十九届中央军民融合发展委员会第一次全体会议。

3月3—15日 全国政协十三届一次会议在京举行。会议选举汪洋为全国政协主席。

3月5—20日 第十三届全国人民代表大会第一次会议在京举行。会议选举习近平为中华人民共和国主席、中华人民共和国中央军委主席，栗战书为全国人大常委会委员长，决定李克强为国务院总理。会议通过《中华人民共和国宪法修正案》，确立科学发展观、习近平新时代中国特色社会主义思想在国家政治和社会生活中的指导地位；通过《中华人民共和国监察法》；通过关于国务院机构改革方案的决定。17日，国家主席习近平进行宪法宣誓。

3月21日 十三届全国人大常委会第一次会议在京举行。十三届全国人大常委会举行宪法宣誓仪式。

3月23日 中华人民共和国国家监察委员会在京揭牌。

3月25—28日 朝鲜劳动党委员长、国务委员会委员长金正恩对中国进行非正式访问。

3月28日 中央全面深化改革领导小组改名为中央全面深化改革委员会。习近平主持召开中央深改委第一次会议。

3月 美国政府单方面挑起中美经贸摩擦，中国采取有力反制措施，坚决捍卫国家和人民利益。

4月2日 习近平主持召开中央财经委员会第一次会议。

4月4日 中央军委发布新修订的《中国人民解放军内务条令（试行）》《中国人民解放军纪律条令（试行）》《中国人民解放军队列条令（试行）》（统称“共同条令”），自2018年5月1日起施行。

4月8日 中国银行保险监督管理委员会正式挂牌。

同日　中共中央办公厅、国务院办公厅印发《地方党政领导干部安全生产责任制规定》。

4 月 10 日　博鳌亚洲论坛 2018 年年会开幕。习近平出席开幕式，发表《开放共创繁荣　创新引领未来》的主旨演讲。

4 月 11 日　中共中央、国务院印发《关于支持海南全面深化改革开放的指导意见》，赋予海南经济特区改革开放新使命，建设自由贸易试验区和中国特色自由贸易港。

4 月 12 日　中央军委在南海海域举行海上阅兵。习近平检阅部队并发表讲话强调，要深入贯彻新时代党的强军思想，坚定不移加快海军现代化进程，努力把人民海军全面建成世界一流海军。

4 月 13 日　庆祝海南建省办经济特区 30 周年大会在海南省举行。习近平在大会上讲话指出，海南要着力打造全面深化改革开放试验区、国家生态文明试验区、国际旅游消费中心、国家重大战略服务保障区，形成更高层次改革开放新格局。

4 月 14 日　中共中央、国务院作出关于《河北雄安新区规划纲要》的批复。

4 月 16 日　中华人民共和国应急管理部挂牌成立。中华人民共和国退役军人事务部挂牌成立。

4 月 17 日　习近平主持召开十九届中央国家安全委员会第一次会议。

4 月 19 日　中央广播电视总台正式揭牌，它由原中央电视台、中国国际电视台、中央人民广播电台、中国国际广播电台合并组建，由中共中央宣传部领导。

4 月 20—21 日　全国网络安全和信息化工作会议在京举行。习近平讲话指出，我们不仅走出一条中国特色治网之道，而且提出一系列新思想新观点新论断，形成了网络强国战略思想。

4 月 25 日　国务院办公厅印发《关于促进“互联网 + 医疗健康”发展的意见》。

4 月 25—27 日　十三届全国人大常委会第二次会议在京举行。会议通过《中华人民共和国人民陪审员法》《中华人民共和国英雄烈士保护法》和关于修改《中华人民共和国国境卫生检疫法》等六部法律的决定，通过关于国务院机构改革涉及法律规定的行政机关职责调整问题的决定，通过关于设立上海金融法院的决定。

4月26日 习近平在武汉主持召开深入推动长江经济带发展座谈会。

4月27日 国务院召开第一次廉政工作会议。

同日 中国人民银行、中国银行保险监督管理委员会、中国证券监督管理委员会、国家外汇管理局联合印发《关于规范金融机构资产管理业务的指导意见》。

4月27—28日 习近平同印度总理莫迪在武汉举行首次中印领导人非正式会晤。

5月1日 中国与多米尼加建交。

5月2日 习近平到北京大学考察，并同师生座谈。

5月4日 纪念马克思诞辰200周年大会在京举行。习近平在会上发表重要讲话强调，我们纪念马克思，是为了向人类历史上最伟大的思想家致敬，也是为了宣示我们对马克思主义科学真理的坚定信念。马克思主义始终是我们党和国家的指导思想，是我们认识世界、把握规律、追求真理、改造世界的强大思想武器。新时代，中国共产党人仍然要学习马克思，学习和实践马克思主义，高扬马克思主义伟大旗帜，不断从中汲取科学智慧和理论力量，更有定力、更有自信、更有智慧地坚持和发展新时代中国特色社会主义，让马克思、恩格斯设想的人类社会美好前景不断在中国大地上生动展现出来。

5月7—8日 习近平同朝鲜劳动党委员长、国务委员会委员长金正恩在大连举行会晤。

5月15日 习近平主持召开中央外事工作委员会第一次会议。

5月18日 中共中央办公厅印发《关于进一步激励广大干部新时代新担当新作为的意见》的通知。

5月18—19日 全国生态环境保护大会在京举行。习近平在大会上讲话提出新时代推进生态文明建设的原则，强调要加快构建生态文明体系。

5月21日 “嫦娥四号”中继星“鹊桥”成功发射。

5 月 23 日 习近平主持召开中央审计委员会第一次会议。

5 月 26 日 中国与布基纳法索恢复外交关系。

5 月 28 日 中国科学院第十九次院士大会、中国工程院第十四次院士大会在京举行。

5 月 30 日 国务院发出《关于建立企业职工基本养老保险基金中央调剂制度的通知》。

6 月 7 日 国务院作出关于同意设立“中国农民丰收节”的批复，自2018 年起，将每年农历秋分设立为“中国农民丰收节”。

6 月 8—10 日 俄罗斯总统普京对中国进行国事访问。两国元首一致同意，推动中俄关系在高水平上实现更大发展。8 日，习近平在人民大会堂向俄罗斯总统普京授予首枚“友谊勋章”。

6 月 9—10 日 上海合作组织成员国元首理事会第十八次会议在青岛举行。习近平主持会议并发表重要讲话，强调要提倡创新、协调、绿色、开放、共享的发展观，践行共同、综合、合作、可持续的安全观，秉持开放、融通、互利、共赢的合作观，树立平等、互鉴、对话、包容的文明观，坚持共商共建共享的全球治理观，不断改革完善全球治理体系，推动各国携手建设人类命运共同体。

6 月 11 日 中共中央办公厅、国务院办公厅印发《国税地税征管体制改革方案》，改革国税地税征管体制，合并省级和省级以下国税地税机构。6 月 15 日，全国各省（自治区、直辖市）级以及计划单列市国税局、地税局合并且统一挂牌。到 7 月 20 日，全国省市县乡四级新税务机构全部完成挂牌。

6 月 15 日 中共中央、国务院印发《关于打赢脱贫攻坚战三年行动的指导意见》。

同日 国务院办公厅发出《关于做好证明事项清理工作的通知》。

6 月 16 日 中共中央、国务院印发《关于全面加强生态环境保护坚决打好污染防治攻坚战的意见》。

6 月 19—22 日 十三届全国人大常委会第三次会议在京举行。会议通过全国人大常委会关于全国人大宪法和法律委员会职责问题的决定、关于中国海警局行使海上维权执法职权的决定。

6月20日 习近平在北京会见朝鲜劳动党委员长、国务委员会委员长金正恩。

6月21日 习近平在北京同来华出席“全球首席执行官委员会”特别圆桌峰会的知名跨国企业负责人座谈。

同日 国务院印发《关于建立残疾儿童康复救助制度的意见》。

6月22—23日 中央外事工作会议在京召开。习近平在会上讲话指出，把握国际形势要树立正确的历史观、大局观、角色观。

6月26日 中共中央、国务院印发《乡村振兴战略规划（2018—2022年）》。

6月26—29日 中国共产主义青年团第十八次全国代表大会在京举行。

6月27日 国务院印发《打赢蓝天保卫战三年行动计划》。

6月28日 国务院召开全国深化“放管服”改革转变政府职能电视电话会议。

同日 国家发展改革委、商务部发布《外商投资准入特别管理措施（负面清单）（2018年版）》。

6月29日 习近平在主持十九届中央政治局第六次集体学习时讲话指出，党的政治建设是党的根本性建设，要把党的政治建设摆在首位，以党的政治建设为统领。

6月30日 中共中央、国务院印发《关于完善国有金融资本管理的指导意见》。

7月3—4日 全国组织工作会议在京举行。习近平在会上提出新时代党的组织路线是：全面贯彻新时代中国特色社会主义思想，以组织体系建设为重点，着力培养忠诚干净担当的高素质干部，着力集聚爱国奉献的各方面优秀人才，坚持德才兼备、以德为先、任人唯贤，为坚持和加强党的全面领导、坚持和发展中国特色社会主义提供坚强组织保证。

7月9—10日 十三届全国人大常委会第四次会议在京举行。会议通过全国人大常委会关于全面加强生态环境保护依法推动打好污染防治攻坚战的决议。

7 月 10 日 中阿合作论坛第八届部长级会议在人民大会堂开幕。习近平出席开幕式，发表《携手推进新时代中阿战略伙伴关系》的重要讲话。

7 月 12 日 中共中央、国务院印发《粤港澳大湾区发展规划纲要》。

7 月 19—24 日 习近平对阿联酋、塞内加尔、卢旺达和南非进行国事访问。

7 月 25 日 国务院印发《关于加快推进全国一体化在线政务服务平台建设的指导意见》。

7 月 25 日—27 日 习近平应邀出席在南非约翰内斯堡举行的金砖国家领导人第十次会晤。

7 月 27 日—28 日 习近平过境毛里求斯并进行友好访问。

8 月 11 日 中共中央印发《军民融合发展战略纲要》。

8 月 17—19 日 中央军委党的建设会议在京举行。习近平在会上强调，要毫不动摇坚持党对军队绝对领导，锻造坚强有力的党组织，锻造高素质干部和人才队伍，深入推进党风廉政建设和反腐败斗争，为实现党在新时代的强军目标、完成好新时代军队使命任务提供坚强政治保证。

8 月 18 日 中共中央颁发修订后的《中国共产党纪律处分条例》。

8 月 21 日 中国同萨尔瓦多建交。

8 月 21—22 日 全国宣传思想工作会议在京举行。习近平在会上强调，中国特色社会主义进入新时代，必须把统一思想、凝聚力量作为宣传思想工作的中心环节。做好新形势下宣传思想工作，必须自觉承担起举旗帜、聚民心、育新人、兴文化、展形象的使命任务。

8 月 24 日 习近平主持召开中央全面依法治国委员会第一次会议。

8 月 27 日 习近平出席推进“一带一路”建设工作五周年座谈会，强调坚持对话协商、共建共享、合作共赢、交流互鉴，推动共建“一带一路”走深走实，造福人民。

8 月 27—31 日 十三届全国人大常委会第五次会议在京举行。会议通过

《中华人民共和国电子商务法》《中华人民共和国土壤污染防治法》，通过关于修改《中华人民共和国个人所得税法》的决定。

8月28日 中共中央、国务院印发《关于完善促进消费体制机制 进一步激发居民消费潜力的若干意见》。

9月1日 中共中央、国务院印发《关于全面实施预算绩效管理的意见》。

9月3—4日 2018年中非合作论坛北京峰会举行。习近平主持峰会，提出中非要携手打造责任共担、合作共赢、幸福共享、文化共兴、安全共筑、和谐共生的中非命运共同体。会议通过《关于构建更加紧密的中非命运共同体的北京宣言》和《中非合作论坛—北京行动计划（2019—2021年）》。

9月10日 全国教育大会在京举行。习近平在会上讲话指出，教育是国之大计、党之大计，要坚持改革创新，以凝聚人心、完善人格、开发人力、培育人才、造福人民为工作目标，培养德智体美劳全面发展的社会主义建设者和接班人，加快推进教育现代化、建设教育强国、办好人民满意的教育。

9月11—12日 习近平赴俄罗斯符拉迪沃斯托克出席第四届东方经济论坛。

9月20日 宁夏回族自治区成立60周年庆祝大会在银川举行。

9月23日 广深港高铁全线开通运营，香港正式接入国家高铁网络。

9月24日 国务院新闻办公室发布《关于中美经贸摩擦的事实与中方立场》白皮书。

9月26日 习近平在黑龙江考察时讲话指出，现在，国际上单边主义、贸易保护主义上升，我们必须坚持走自力更生的道路。中国要发展，最终要靠自己。

9月27日 国务院发出《关于在全国推开“证照分离”改革的通知》。

9月28日 习近平在沈阳主持召开深入推进东北振兴座谈会。

10月1日 中共中央、国务院印发《关于保持土地承包关系稳定并长久不变的意见》。

10月15日 习近平主持召开中央军民融合发展委员会第二次会议。

10 月 20 日 中国自主研制的大型灭火 / 水上救援水陆两栖飞机“鲲龙”AG600 首次水上试飞成功。

10 月 21 日 中共中央办公厅印发《关于深化中央纪委国家监委派驻机构改革的意见》。

10 月 22—26 日 十三届全国人大常委会第六次会议在京举行。会议通过新修订的《中华人民共和国人民法院组织法》、新修订的《中华人民共和国人民检察院组织法》，通过《中华人民共和国国际刑事司法协助法》《中华人民共和国消防救援衔条例》，通过关于修改《中华人民共和国刑事诉讼法》的决定、关于修改《中华人民共和国公司法》的决定、关于修改《中华人民共和国野生动物保护法》等 15 部法律的决定，通过关于延长授权国务院在部分地方开展药品上市许可持有人制度试点期限的决定、关于专利等知识产权案件诉讼程序若干问题的决定。会议审议《国务院关于 2017 年度国有资产管理情况的综合报告》和《国务院关于 2017 年度金融企业国有资产的专项报告》，这是国务院首次按照“全口径、全覆盖”标准向全国人大常委会报告国有资产管理情况。

10 月 23 日 世界最长的大桥——港珠澳大桥开通仪式在珠海举行，习近平出席仪式。

10 月 25 日 习近平到南部战区视察调研。

10 月 28 日 中共中央印发《中国共产党支部工作条例（试行）》。

11 月 1 日 习近平主持召开民营企业座谈会，强调毫不动摇鼓励支持引导非公有制经济发展，支持民营企业发展并走向更加广阔的舞台。

11 月 5—10 日 首届中国国际进口博览会在上海举行。习近平出席开幕式，并发表《共建创新包容的开放型世界经济》的主旨演讲，宣布增设中国上海自由贸易试验区的新片区、在上海证券交易所设立科创板并试点注册制、支持长江三角洲区域一体化发展并上升为国家战略。中国国际进口博览会是迄今为止世界上第一个以进口为主题的国家级展会，是中国推动建设开放型世界经济、支持经济全球化的实际行动。

11 月 7 日 中共中央、国务院印发《关于学前教育深化改革规范发展的若干意见》。

11 月 9 日 习近平向国家综合性消防救援队伍授旗并致训词。

11 月 12 日 习近平会见香港澳门各界庆祝国家改革开放 40 周年访问团。

11 月 13 日 习近平在国家博物馆参观《伟大的变革——庆祝改革开放 40 周年》大型展览。

11 月 13—14 日 中央军委政策制度改革工作会议在京举行。习近平在会上强调，建立健全中国特色社会主义军事政策制度体系。

11 月 15—21 日 习近平对巴布亚新几内亚、文莱、菲律宾进行国事访问，并在巴新同建交太平洋岛国领导人会晤。17 日至 18 日，习近平出席在巴新莫尔兹比港举行的亚太经合组织第二十六次领导人非正式会议。

11 月 18 日 中共中央、国务院印发《关于建立更加有效的区域协调发展新机制的意见》。

11 月 23 日 纪念刘少奇同志诞辰 120 周年座谈会在京举行。

11 月 27 日—12 月 5 日 习近平对西班牙、阿根廷、巴拿马、葡萄牙进行国事访问，并出席在阿根廷布宜诺斯艾利斯举行的二十国集团领导人第十三次峰会。

11 月 28 日 中共中央办公厅印发《干部人事档案工作条例》。

12 月 6 日 国家科技领导小组组长李克强主持召开国家科技领导小组第一次全体会议，研究国家科技发展战略规划、促进创新开放合作，推动落实赋予科研机构和人员更大自主权政策。

12 月 8 日 中共中央、国务院印发《中国教育现代化 2035》。

同日 “嫦娥四号”探测器成功发射，2019 年 1 月 3 日实现世界首次月球背面软着陆。

12 月 10 日 广西壮族自治区成立 60 周年庆祝大会在南宁举行。

12 月 18 日 庆祝改革开放 40 周年大会在京举行。习近平出席大会并作重要讲话指出，改革开放是党和人民大踏步赶上时代的重要法宝，是坚持和发展中国特色社会主义的必由之路，是决定当代中国命运的关键一招，也是决定实现“两个一百年”奋斗目标、实现中华民族伟大复兴的关键一招。大会向 100 名获“改革先锋”称号的同志和 10 名获“中国改革友谊奖章”的国际友人颁授奖章。

12 月 19—21 日　中央经济工作会议在京举行。会议提出，2019 年的经济工作，要坚持稳中求进工作总基调，坚持新发展理念，坚持推动高质量发展，坚持以供给侧结构性改革为主线，坚持深化市场化改革、扩大高水平开放，加快建设现代化经济体系，继续打好“三大攻坚战”，着力激发微观主体活力，创新和完善宏观调控，统筹推进稳增长、促改革、调结构、惠民生、防风险工作，保持经济运行在合理区间，进一步稳就业、稳金融、稳外贸、稳外资、稳投资、稳预期，提振市场信心，增强人民群众获得感、幸福感、安全感，保持经济持续健康发展和社会大局稳定，为全面建成小康社会收官打下决定性基础。

12 月 21 日　国家发展改革委、商务部印发《市场准入负面清单（2018 年版）》。

12 月 25 日　中共中央印发《社会主义学院工作条例》。

同日　国务院批复同意《河北雄安新区总体规划（2018—2035 年）》。

12 月 23—29 日　十三届全国人大常委会第七次会议在京举行。会议通过《中华人民共和国耕地占用税法》《中华人民共和国车辆购置税法》，通过新修订的《中华人民共和国公务员法》，通过关于修改《中华人民共和国农村土地承包法》的决定、关于修改《中华人民共和国村民委员会组织法》《中华人民共和国城市居民委员会组织法》的决定、关于修改《中华人民共和国产品质量法》等五部法律的决定、关于修改《中华人民共和国电力法》等四部法律的决定、关于修改《中华人民共和国劳动法》等七部法律的决定、关于修改《中华人民共和国社会保险法》的决定，通过关于延长授权国务院在北京市大兴区等 33 个试点县（市、区）行政区域暂时调整实施有关法律规定期限的决定、关于授权国务院提前下达部分新增地方政府债务限额的决定。

12 月 27 日　“北斗三号”全球卫星导航系统基本系统完成建设，开始提供全球服务。

12 月 28—29 日　中央农村工作会议在京举行。

2019年

1月2日 习近平在《告台湾同胞书》发表40周年纪念会上发表《为实现民族伟大复兴、推进祖国和平统一而共同奋斗》讲话，阐述立足新时代、在民族复兴伟大征程中推进祖国和平统一的五项重大政策主张：携手推动民族复兴，实现和平统一目标；探索“两制”台湾方案，丰富和平统一实践；坚持一个中国原则，维护和平统一前景；深化两岸融合发展，夯实和平统一基础；实现同胞心灵契合，增进和平统一认同。

1月3日 中共中央、国务院印发《关于坚持农业农村优先发展 做好“三农”工作的若干意见》。

1月3—11日 “嫦娥四号”在人类历史上首次实现航天器在月球背面软着陆和巡视勘察，首次实现月球背面同地球的中继通信。

1月4日 中央军委军事工作会议在京举行。习近平讲话指出，全军要深入贯彻新时代军事战略方针，在新的起点上做好军事斗争准备工作，坚决完成党和人民赋予的使命任务。

1月6日 中共中央办公厅印发《中国共产党纪律检查机关监督执纪工作规则》。

1月8日 国家科学技术奖励大会在京举行。习近平向获得2018年度国家最高科学技术奖的刘永坦、钱七虎颁发奖励证书和奖金。

同日 习近平在北京同朝鲜劳动党委员长、国务委员会委员长金正恩举行会谈。

1月10日 中共中央印发《中国共产党农村基层组织工作条例》。

1月11日 北京市级行政中心正式迁入北京城市副中心。

1月11—13日 十九届中央纪委三次全会在京举行。

1月15—16日 中央政法工作会议在京举行。习近平讲话指出，要坚持以新时代中国特色社会主义思想为指导，坚持党对政法工作的绝对领导，坚持以人民为中心的发展思想，加快推进社会治理现代化，加快推进政法领域全面深化改革，加快推进政法队伍革命化、正规化、专业化、职业化建设。

1 月 16—18 日 习近平考察京津冀，并主持召开京津冀协同发展座谈会。

1 月 21—24 日 省部级主要领导干部“坚持底线思维，着力防范化解重大风险”专题研讨班举行。习近平在开班式上讲话，对防范化解政治、意识形态、经济、科技、社会、外部环境、党的建设等领域重大风险作出分析，提出要求。

1 月 24 日 国务院印发《国家职业教育改革实施方案》。

1 月 27 日 国务院印发《关于在市场监管领域全面推行部门联合“双随机、一公开”监管的意见》。

1 月 29—30 日 十三届全国人大常委会第八次会议在京举行。

1 月 31 日 中共中央印发《关于加强党的政治建设的意见》《中国共产党重大事项请示报告条例》。

2 月 15 日 习近平会见来华进行新一轮中美经贸高级别磋商的美国贸易代表莱特希泽和财政部长姆努钦。

2 月 25 日 习近平主持召开中央全面依法治国委员会第二次会议。

2 月 26—27 日 十三届全国人大常委会第九次会议在京举行。

2 月 中共中央办公厅、国务院办公厅印发《地方党政领导干部食品安全责任制规定》。

3 月 1 日 2019 年春季学期中央党校（国家行政学院）中青年干部培训班开班。

3 月 3—13 日 全国政协十三届二次会议在京举行。

3 月 5—15 日 第十三届全国人民代表大会第二次会议在京举行。会议通过《中华人民共和国外商投资法》。

3 月 18 日 习近平主持召开学校思想政治理论课教师座谈会。他强调，办好思想政治理论课，最根本的是要全面贯彻党的教育方针，解决好培养什么人、怎样培养人、为谁培养人这个根本问题。关键在发挥教师的积极性、主动性、创造性。推动思想政治理论课改革创新，要不断增强思政课的思想性、理论性和亲和力、针对性。

3 月 19 日　中共中央办公厅印发《公务员职务与职级并行规定》。

3 月 21—26 日　习近平对意大利、摩纳哥、法国进行国事访问。

3 月 27 日　中共中央办公厅、国务院办公厅印发《关于促进中小企业健康发展的指导意见》。该指导意见指出中小企业是国民经济和社会发展的生力军，是扩大就业、改善民生、促进创业创新的重要力量，在稳增长、促改革、调结构、惠民生、防风险中发挥着重要作用。强调要打造公平便捷营商环境，进一步激发中小企业活力和发展动力。

3 月 30 日　中国首个行政区域 5G 网络在上海建成。

3 月　中共中央印发再次修订后的《党政领导干部选拔任用工作条例》。

4 月 1 日　习近平在人民大会堂会见“元老会”代表团。

4 月 15 日　中共中央、国务院印发《关于建立健全城乡融合发展体制机制和政策体系的意见》。

4 月 15—17 日　习近平在重庆考察，并主持召开解决“两不愁三保障”突出问题座谈会。

4 月 20—23 日　十三届全国人大常委会第十次会议在京举行。会议通过新修订的《中华人民共和国法官法》、新修订的《中华人民共和国检察官法》，通过关于修改《中华人民共和国建筑法》等八部法律的决定。

4 月 22 日　国务院“互联网＋督查”平台正式上线运行。

4 月 23 日　庆祝人民海军成立 70 周年海上阅兵活动在青岛举行。习近平检阅舰队。来自 61 个国家的海军代表团和 13 个国家的 18 艘舰艇远涉重洋，汇聚黄海，共贺中国海军华诞。

4 月 25—27 日　第二届“一带一路”国际合作高峰论坛在京举行。26 日，习近平出席论坛开幕式并发表《齐心开创共建“一带一路”美好未来》的主旨演讲，强调要秉持共商共建共享原则，坚持开放、绿色、廉洁理念，努力实现高标准、惠民生、可持续目标，推动共建“一带一路”沿着高质量发展方向不断前进。27 日，习近平主持圆桌峰会。

4 月 28 日 习近平在北京出席 2019 年中国北京世界园艺博览会开幕式，并发表《共谋绿色生活，共建美丽家园》的重要讲话。

同日 习近平在人民大会堂为哈萨克斯坦首任总统纳扎尔巴耶夫举行“友谊勋章”颁授仪式。

4 月 30 日 纪念五四运动 100 周年大会在京举行。习近平讲话指出，新时代中国青年运动的主题，新时代中国青年运动的方向，新时代中国青年的使命，就是坚持中国共产党领导，同人民一道，为实现“两个一百年”奋斗目标、实现中华民族伟大复兴的中国梦而奋斗。

4 月 中共中央印发修订后的《中国共产党党组工作条例》和《党政领导干部考核工作条例》。

5 月 2 日 中共中央、国务院印发《关于新时代推进西部大开发形成新格局的指导意见》。

5 月 7—8 日 全国公安工作会议在京举行。

5 月 9 日 中共中央、国务院印发《关于建立国土空间规划体系并监督实施的若干意见》。

5 月 15—22 日 首届亚洲文明对话大会在北京举行。习近平出席开幕式并发表《深化文明交流互鉴　共建亚洲命运共同体》的主旨演讲，呼吁坚持相互尊重、平等相待，美人之美、美美与共，开放包容、互学互鉴，与时俱进、创新发展，共同创造亚洲文明和世界文明的美好未来。

5 月 21 日 习近平在南昌主持召开推动中部地区崛起工作座谈会。

5 月 31 日 “不忘初心、牢记使命”主题教育工作会议在京举行。2019 年 5 月底至 2020 年 1 月，全党分两批开展“不忘初心、牢记使命”主题教育，总要求是守初心、担使命，找差距、抓落实；根本任务是深入学习贯彻习近平新时代中国特色社会主义思想，锤炼忠诚干净担当的政治品格，团结带领全国各族人民为实现伟大梦想共同奋斗；具体目标是理论学习有收获、思想政治受洗礼、干事创业敢担当、为民服务解难题、清正廉洁作表率。

5 月 中共中央印发《中国共产党党员教育管理工作条例》。

6月2日 国务院新闻办公室发布《关于中美经贸磋商的中方立场》白皮书。

6月4日 中共中央发出关于印发《习近平新时代中国特色社会主义思想学习纲要》的通知。

6月5—7日 习近平对俄罗斯进行国事访问并出席第二十三届圣彼得堡国际经济论坛。5日，习近平同俄罗斯总统普京会谈，两国元首共同宣布，发展中俄新时代全面战略协作伙伴关系。

6月6日 工业和信息化部向四家运营商颁发5G牌照，中国通信行业进入5G时代。

6月12—16日 习近平对吉尔吉斯斯坦、塔吉克斯坦进行国事访问，并出席在比什凯克举行的上海合作组织成员国元首理事会第十九次会议和在杜尚别举行的亚洲相互协作与信任措施会议第五次峰会。

6月13日 科创板正式开板。

6月17日 上海证券交易所与伦敦证券交易所互联互通的机制“沪伦通”正式启动。

6月20—21日 习近平对朝鲜进行国事访问，在平壤同朝鲜劳动党委员长、国务委员会委员长金正恩会谈，双方一致同意，在新的历史起点上，中朝双方愿不忘初心、携手前进，共同开创两党两国关系的美好未来。

6月23日 中共中央、国务院印发《国家积极应对人口老龄化中长期规划》。

6月25—29日 十三届全国人大常委会第十一次会议在京举行。会议通过《中华人民共和国疫苗管理法》，决定在中华人民共和国成立70周年之际对部分服刑罪犯予以特赦。

6月27—29日 习近平赴日本大阪出席二十国集团领导人第十四次峰会。27日，习近平会见日本首相安倍晋三，双方一致同意推动构建契合新时代要求的中日关系，共同开辟两国关系新未来。28日，习近平在大阪出席中俄印领导人会晤。

6月 中共中央办公厅、国务院办公厅印发《中央生态环境保护督察工作规定》。

7 月 5 日 深化党和国家机构改革总结会议在京举行。习近平讲话指出，深化党和国家机构改革是对党和国家组织结构和管理体制的一次系统性、整体性重构，为完善和发展中国特色社会主义制度、推进国家治理体系和治理能力现代化提供了有力组织保障。

7 月 9 日 中央和国家机关党的建设工作会议在京举行。习近平讲话指出，新形势下，中央和国家机关要以党的政治建设为统领，着力深化理论武装，着力夯实基层基础，着力推进正风肃纪，全面提高中央和国家机关党的建设质量，在深入学习贯彻党的思想理论上作表率，在始终同党中央保持高度一致上作表率，在坚决贯彻落实党中央各项决策部署上作表率，建设让党中央放心、让人民群众满意的模范机关。

7 月 14—16 日 第七次全国对口支援新疆工作会议在新疆和田召开。

7 月 20 日 国务院金融稳定发展委员会办公室发布《关于进一步扩大金融业对外开放的有关举措》，推出 11 条金融业对外开放措施。

8 月 9 日 中共中央、国务院印发《关于支持深圳建设中国特色社会主义先行示范区的意见》。

8 月 17 日 中国人民银行发布改革完善贷款市场报价利率（LPR）形成机制公告。

8 月 22—26 日 十三届全国人大常委会第十二次会议在京举行。会议通过《中华人民共和国资源税法》和新修订的《中华人民共和国药品管理法》，通过关于修改《中华人民共和国土地管理法》《中华人民共和国城市房地产管理法》的决定。

8 月 30 日 中共中央政治局会议审议批准《中国共产党党内法规执行责任制规定（试行）》，修订《中国共产党党内法规制定条例》，修订《中国共产党党内法规和规范性文件备案审查规定》。

8 月 中共中央印发《中国共产党农村工作条例》。

9 月 3 日 2019 年秋季学期中央党校（国家行政学院）中青年干部培训班开班。习近平在开班式上强调，发扬斗争精神，增强斗争本领。

9月4日 中共中央印发修订后的《中国共产党问责条例》。

9月6日 国务院印发《关于加强和规范事中事后监管的指导意见》。

9月12日 习近平视察中共中央北京香山革命纪念地。

9月17日 十三届全国人大常委会第十三次会议在京举行。会议通过关于授予国家勋章和国家荣誉称号的决定，授予42人“国家勋章”“国家荣誉称号”。29日，国家勋章和国家荣誉称号颁授仪式在北京人民大会堂举行。

9月18日 习近平在郑州主持召开黄河流域生态保护和高质量发展座谈会，强调黄河流域生态保护和高质量发展是重大国家战略，要共同抓好大保护，协同推进大治理，让黄河成为造福人民的幸福河。

9月20—21日 中央政协工作会议暨庆祝中国人民政治协商会议成立70周年大会在京举行。这在党的历史、人民政协历史上都是第一次。习近平出席会议并讲话强调，新时代加强和改进人民政协工作，要把坚持和发展中国特色社会主义作为巩固共同思想政治基础的主轴，把服务实现“两个一百年”奋斗目标作为工作主线，把加强思想政治引领、广泛凝聚共识作为中心环节，坚持团结和民主两大主题，提高政治协商、民主监督、参政议政水平，更好凝聚共识，把人民政协制度坚持好、把人民政协事业发展好。

9月21日 中国和所罗门群岛建交。

9月25日 北京大兴国际机场正式通航。习近平出席机场通航仪式宣布机场正式投运。

9月27日 第七次全国民族团结进步表彰大会在京举行。习近平讲话指出，要以铸牢中华民族共同体意识为主线，全面贯彻党的民族理论和民族政策，坚持共同团结奋斗、共同繁荣发展，把民族团结进步事业作为基础性事业抓紧抓好，促进各民族像石榴籽一样紧紧拥抱在一起，推动中华民族走向包容性更强、凝聚力更大的命运共同体。

同日 中国和基里巴斯恢复外交关系。

10月1日 庆祝中华人民共和国成立70周年大会、阅兵仪式、群众游行和联欢活动在北京天安门广场隆重举行。习近平检阅受阅部队并发表讲话。他强调，中国的昨天已经写在人类的史册上，中国的今天正在亿万人民手中创造，中国的明天必将更加美好。全党全军全国各族人民要更加紧密地团结起来，不忘初心，牢记使命，继续把我们的人民共和国巩固好、发展好，继续为实现“两个一百年”奋斗目标、实现中华民族伟大复兴的中国梦而努力奋斗。

10 月 7 日 中共中央印发《关于新时代加强和改进人民政协工作的意见》。

10 月 11—13 日 习近平先后赴印度出席中印领导人第二次非正式会晤，以及对尼泊尔进行国事访问。12 日，习近平会见尼泊尔总统班达里，两国元首共同宣布建立中尼面向发展与繁荣的世代友好的战略合作伙伴关系。

10 月 17 日 中共中央、国务院印发《新时代公民道德建设实施纲要》。

10 月 18 日 第七届世界军人运动会开幕式在武汉体育中心举行，习近平出席开幕式。

10 月 20 日 中共中央、国务院印发《关于促进中医药传承创新发展的意见》。

10 月 21—26 日 十三届全国人大常委会第十四次会议在京举行。会议通过《中华人民共和国密码法》，通过全国人大常委会关于国家监察委员会制定监察法规的决定、关于授权国务院在自由贸易试验区暂时调整适用有关法律规定的决定、关于授权澳门特别行政区对横琴口岸澳方口岸区及相关延伸区实施管辖的决定。

10 月 22 日 国务院公布《优化营商环境条例》。

10 月 25 日 中共中央发布《中国共产党党校（行政学院）工作条例》。

同日 习近平在人民大会堂会见出席 2019 年“读懂中国”国际会议的外方嘉宾代表。

10 月 28—31 日 中共十九届四中全会在京举行。全会通过《关于坚持和完善中国特色社会主义制度、推进国家治理体系和治理能力现代化若干重大问题的决定》。全会指出，坚持和完善中国特色社会主义制度、推进国家治理体系和治理能力现代化的总体目标是，到我们党成立一百年时，在各方面制度更加成熟更加定型上取得明显成效；到 2035 年，各方面制度更加完善，基本实现国家治理体系和治理能力现代化；到新中国成立一百年时，全面实现国家治理体系和治理能力现代化，使中国特色社会主义制度更加巩固、优越性充分展现。全会强调，突出坚持和完善支撑中国特色社会主义制度的根本制度、基本制度、重要制度，着力固根基、扬优势、补短板、强弱项，构建系统完备、科学规范、运行有效的制度体系。

10月31日 中共中央、国务院印发《新时代爱国主义教育实施纲要》。

11月5—10日 第二届中国国际进口博览会在上海举行。习近平出席开幕式，发表《开放合作 命运与共》的主旨演讲。

11月6日 习近平在人民大会堂同法国总统马克龙会谈。中法两国共同发表《中法关系行动计划》和《中法生物多样性保护和气候变化北京倡议》。

11月8日 习近平出席庆祝空军成立70周年主题活动。

11月8—10日 中央军委基层建设会议在京举行。习近平讲话指出，加强新时代军队基层建设，是强军兴军的根基所在、力量所在。

11月10—15日 习近平对希腊进行国事访问，并赴巴西出席在巴西利亚举行的金砖国家领导人第十一次会晤。

11月20日 第四次全国经济普查主要数据公报发布。这次普查是以2018年12月31日为标准时点开展的。

11月22日 习近平在京会见出席2019年“创新经济论坛”的外方代表。

同日 习近平在京会见美国前国务卿基辛格。

同日 习近平在京会见国际货币基金组织总裁格奥尔基耶娃。

11月26日 中共中央、国务院印发《关于保持土地承包关系稳定并长久不变的意见》。

11月29日 中共中央政治局会议修订《中国共产党党和国家机关基层组织工作条例》。

12月1日 中共中央、国务院印发《长江三角洲区域一体化发展规划纲要》。

12月2日 国家主席习近平在北京同俄罗斯总统普京视频连线，共同见证中俄东线天然气管道投产通气仪式。

12月4日 中共中央、国务院印发《关于营造更好发展环境 支持民营企业改革发展的意见》。

12 月 10—12 日 中央经济工作会议在京举行。会议提出，2020 年的经济工作，要紧扣全面建成小康社会目标任务，坚持稳中求进工作总基调，坚持新发展理念，坚持以供给侧结构性改革为主线，坚持以改革开放为动力，推动高质量发展，坚决打赢三大攻坚战，全面做好“六稳”工作，统筹推进稳增长、促改革、调结构、惠民生、防风险、保稳定，保持经济运行在合理区间，确保全面建成小康社会和“十三五”规划圆满收官，得到人民认可、经得起历史检验。

12 月 17 日 我国第一艘国产航空母舰“山东”舰交付海军。习近平出席交接入列仪式并登舰视察。

12 月 20 日 庆祝澳门回归祖国 20 周年大会暨澳门特别行政区第五届政府就职典礼举行。习近平出席并发表重要讲话指出，总结澳门“一国两制”成功实践，可以获得四点重要经验：始终坚定“一国两制”制度自信；始终准确把握“一国两制”正确方向；始终强化“一国两制”使命担当；始终筑牢“一国两制”社会政治基础。

12 月 20—21 日 中央农村工作会议在京举行。

12 月 23—28 日 十三届全国人大常委会第十五次会议在京举行。会议通过新修订的《中华人民共和国证券法》、新修订的《中华人民共和国森林法》，通过《中华人民共和国基本医疗卫生与健康促进法》《中华人民共和国社区矫正法》，通过关于修改《中华人民共和国台湾同胞投资保护法》的决定、关于废止有关收容教育法律规定和制度的决定，通过全国人大常委会关于授权最高人民法院在部分地区开展民事诉讼程序繁简分流改革试点工作的决定。

12 月 24 日 第八次中日韩领导人会议在四川成都举行。会议发表《中日韩合作未来十年展望》，通过“中日韩 +X”早期收获项目清单等成果文件，三国领导人在诸多议题上达成广泛共识。

12 月 26 日 国务院公布《中华人民共和国外商投资法实施条例》。

12 月 30 日 中共中央印发《中国共产党国有企业基层组织工作条例（试行）》。

同日 国务院公布《保障农民工工资支付条例》，规范农民工工资支付行为，保障农民工按时足额获得工资。

2020年

1月5日 中共中央印发修订后的《中国共产党党和国家机关基层组织工作条例》。

1月7日 习近平在主持召开中共中央政治局常委会议时，对做好2019年12月27日以来湖北武汉监测发现的不明原因肺炎疫情防控工作提出要求。新冠肺炎疫情是新中国成立以来我国遭遇的传播速度最快、感染范围最广、防控难度最大的一次重大突发公共卫生事件，也是百年来全球发生的最严重的传染病大流行。

1月8日 “不忘初心、牢记使命”主题教育总结大会在京举行。习近平在会上强调，要以主题教育为新的起点，持续推动全党不忘初心、牢记使命。

1月10日 国家科学技术奖励大会在京举行。习近平向获得2019年度国家最高科学技术奖的黄旭华、曾庆存颁发奖励证书和奖金。

1月12日 中国完全自主研制的新型万吨级驱逐舰首舰南昌舰归建入列。

1月13—15日 十九届中央纪委四次全会在京举行。习近平在会上强调，要一以贯之全面从严治党，强化对权力运行的制约和监督，为决胜全面建成小康社会、决战脱贫攻坚提供坚强保障。

1月15日（美国东部时间）中美双方在美国华盛顿签署作为第一阶段协议的《中华人民共和国政府和美利坚合众国政府经济贸易协议》。

1月17—18日 习近平应邀对缅甸进行国事访问。

1月19日深夜 高级别专家组经认真研判，明确自2019年12月底发现的新型冠状病毒肺炎出现人传人现象。

1月20日 习近平作出重要指示强调，要把人民生命安全和身体健康放在第一位，坚决遏制疫情蔓延势头；要及时发布疫情信息，深化国际合作。

1月21日 中共中央办公厅发布《纪检监察机关处理检举控告工作规则》。

1月22日　习近平作出重要指示，要求立即对湖北省、武汉市人员流动和对外通道实行严格封闭的交通管制。

1月25日　习近平主持召开中共中央政治局常委会议，明确提出“坚定信心、同舟共济、科学防治、精准施策”的总要求，对防疫工作作出部署。

1月28日　习近平在京会见世界卫生组织总干事谭德塞。

2月21日　中共中央政治局召开会议，研究新冠肺炎疫情防控工作，部署统筹做好疫情防控和经济社会发展工作。

2月23日　统筹推进新冠肺炎疫情防控和经济社会发展工作部署会议举行。习近平讲话强调，要变压力为动力、善于化危为机，有序恢复生产生活秩序，强化“六稳”举措，加大政策调节力度，把我国发展的巨大潜力和强大动能充分释放出来。

2月24日　所有省份新增新冠肺炎出院病例数均大于或等于新增确诊病例数。除湖北省、北京市外，其他省份主干公路卡点全部打通，运输秩序逐步恢复。

同日　中国—世界卫生组织联合专家考察组在北京举行新闻发布会，指出中国在减缓疫情扩散蔓延、阻断病毒人际传播方面取得明显效果，已经避免或至少推迟了数十万人感染新冠肺炎。

同日　十三届全国人大常委会第十六次会议在京举行。会议通过关于全面禁止非法野生动物交易、革除滥食野生动物陋习、切实保障人民群众生命健康安全的决定。

2月25日　中共中央、国务院印发《关于深化医疗保障制度改革的意见》。

3月6日　习近平出席决战决胜脱贫攻坚座谈会，强调要动员全党全国全社会力量，坚决克服疫情影响，凝心聚力打赢脱贫攻坚战，确保如期完成脱贫攻坚目标任务，确保全面建成小康社会。

3月9日　中共中央办公厅发布《党委（党组）落实全面从严治党主体责任规定》。

3月12日　习近平应约同联合国秘书长古特雷斯通电话。

3月17日　世界卫生组织总干事谭德塞致函国家主席习近平，表示在习近平主席的卓越领导下，中国为抗击新冠肺炎疫情付出了令人难以置信的努力。3 月 26 日，习近平复信谭德塞，赞赏谭德塞为推动全球抗击新冠肺炎疫情所作的努力，表示中国将继续为国际社会抗击疫情提供支持。

3 月 18 日 新冠肺炎疫情暴发以来，中国首次实现新增本土确诊病例零报告。

同日 习近平在中共中央政治局常委会议上强调“外防输入、内防反弹”的防控策略。

3 月 20 日 中共中央、国务院印发《关于全面加强新时代大中小学劳动教育的意见》。

3 月 26 日 习近平出席二十国集团领导人应对新冠肺炎特别峰会，发表题为《携手抗疫　共克时艰》的重要讲话。

同日 南海“神狐”海域天然气水合物第二轮试采取得成功并超额完成目标任务，创产气总量、日均产气量两项世界纪录，实现了从“探索性试采”向“试验性试采”的重大跨越。

3 月 27 日 中共中央政治局召开会议，分析国内外新冠肺炎疫情防控和经济运行形势，研究部署进一步统筹推进疫情防控和经济社会发展工作。习近平在会上强调要在疫情防控常态化条件下加快恢复生产生活秩序。

3 月 30 日 中共中央、国务院印发《关于构建更加完善的要素市场化配置体制机制的意见》。

4 月 4 日 中国举行全国性哀悼活动，深切哀悼在抗击新冠肺炎疫情斗争中牺牲的烈士和逝世的同胞。

4 月 8 日 武汉市解除持续 76 天的离汉离鄂通道管控措施，有序恢复对外交通。

4 月 10 日 习近平在中央财经委员会第七次会议上讲话提出，要构建以国内大循环为主体、国内国际双循环相互促进的新发展格局。

4 月 13 日 中共中央办公厅印发《关于持续解决困扰基层的形式主义问题为决胜全面建成小康社会提供坚强作风保证的通知》。

4 月 17 日 中共中央政治局召开会议，分析国内外新冠肺炎疫情防控形势，研究部署抓紧抓实抓细常态化疫情防控工作；分析研究当前经济形势，部署当前经济工作，在加大“六稳”工作力度的同时，全面落实“六保”任务。

4月18日 民政部发布关于国务院批准海南省三沙市设立西沙区、南沙区的公告。

4月20—23日 习近平在陕西考察时指出，要扎实做好“六稳”工作，全面落实“六保”任务，努力克服新冠肺炎疫情带来的不利影响，确保完成决战决胜脱贫攻坚目标任务，全面建成小康社会。

4月26日 武汉所有新冠肺炎住院病例清零。

4月26—29日 十三届全国人大常委会第十七次会议在京举行。会议通过新修订的《中华人民共和国固体废物污染环境防治法》，通过关于授权国务院在中国（海南）自由贸易试验区暂时调整适用有关法律规定的决定。

5月8日 中共中央在中南海召开党外人士座谈会，就新冠肺炎疫情防控工作听取各民主党派中央、全国工商联和无党派人士代表的意见和建议。

5月11日 中共中央、国务院印发《关于新时代加快完善社会主义市场经济体制的意见》。

5月17日 中共中央、国务院印发《关于新时代推进西部大开发形成新格局的指导意见》。

5月18日 习近平在第七十三届世界卫生大会视频会议开幕式上发表题为《团结合作战胜疫情 共同构建人类卫生健康共同体》的致辞。

同日 十三届全国人大常委会第十八次会议在京举行。

5月21—27日 全国政协十三届三次会议在京举行。

5月22—28日 第十三届全国人民代表大会第三次会议在京举行。会议通过《中华人民共和国民法典》，通过全国人民代表大会关于建立健全香港特别行政区维护国家安全的法律制度和执行机制的决定。

6月1日 中共中央、国务院印发《海南自由贸易港建设总体方案》。

6月2日 习近平主持召开专家学者座谈会，强调构建起强大的公共卫生体系，为维护人民健康提供有力保障。

6月15日 财政部发布通知，决定发行2020年抗疫特别国债。

6 月 17 日　习近平在北京主持中非团结抗疫特别峰会，发表题为《团结抗疫　共克时艰》的主旨讲话。

6 月 18—20 日　十三届全国人大常委会第十九次会议在京举行。会议通过《中华人民共和国公职人员政务处分法》，通过新修订的《中华人民共和国档案法》和新修订的《中华人民共和国人民武装警察法》。

6 月 22 日　习近平以视频方式出席第二十二次中国—欧盟领导人会晤，这也是中方领导人同新一届欧盟领导人首次正式会晤。

6 月 23 日　“北斗三号”最后一颗全球组网卫星发射成功。

6 月 28 日　中共中央印发《关于调整预备役部队领导体制的决定》。

6 月 28—30 日　十三届全国人大常委会第二十次会议在京举行。会议通过《中华人民共和国香港特别行政区维护国家安全法》，通过关于增加香港特别行政区基本法附件三所列全国性法律的决定。

6 月　《习近平谈治国理政》第三卷出版发行。

7 月 1 日　预备役部队全面纳入军队领导指挥体系，由军地双重领导调整为中共中央、中央军委集中统一领导。

7 月 13 日　中共中央印发《中国共产党基层组织选举工作条例》。

7 月 21 日　习近平主持召开企业家座谈会，强调激发市场主体活力，弘扬企业家精神，推动企业发挥更大作用实现更大发展。

同日　美国单方面挑起事端，突然要求中方关闭驻休斯敦总领事馆，严重违反国际法和国际关系基本准则及中美领事条约有关规定，严重破坏中美关系。24 日，针对美方无理行径，中国外交部通知美国驻华使馆，中方决定撤销对美国驻成都总领事馆的设立和运行许可。

7 月 23 日　我国首次火星探测任务“天问一号”探测器升空，迈出了我国自主开展行星探测第一步。2021 年 5 月 15 日，“天问一号”成功着陆火星。22 日，“祝融号”火星车驶抵火星表面并开展科学巡测，标志着首次火星探测任务取得圆满成功。

同日　中俄执政党对话机制第八次会议以视频会议方式举办。习近平同俄罗斯总统普京分别向会议致贺信。

7月26日 中国自主研制的大型灭火/水上救援水陆两栖飞机“鲲龙”AG600成功实现海上首飞。

7月31日 “北斗三号”全球卫星导航系统建成暨开通仪式举行。习近平出席仪式。

8月8—11日 十三届全国人大常委会第二十一次会议在京举行。会议通过《中华人民共和国城市维护建设税法》《中华人民共和国契税法》，通过全国人大常委会关于授予在抗击新冠肺炎疫情斗争中作出杰出贡献的人士国家勋章和国家荣誉称号的决定。

8月19日 第五次世界议长大会以视频会议形式召开，全国人大常委会委员长栗战书出席会议。

8月20日 住建部、央行召开重点房地产企业座谈会，形成重点房地产企业资金监测和融资管理规则，明确收紧地产开发商融资的“三条红线”。

8月26日 中国人民警察警旗授旗仪式在人民大会堂举行，习近平向中国人民警察队伍授旗并致训词。

8月28日 商务部、科技部调整发布《中国禁止出口限制出口技术目录》。

8月28—29日 中央第七次西藏工作座谈会在京召开。习近平出席会议并发表重要讲话。习近平强调，面对新形势新任务，必须全面贯彻新时代党的治藏方略，铸牢中华民族共同体意识，努力建设团结富裕文明和谐美丽的社会主义现代化新西藏。

9月8日 全国抗击新冠肺炎疫情表彰大会在人民大会堂隆重举行。习近平向国家勋章和国家荣誉称号获得者颁授勋章奖章并发表重要讲话。习近平指出，在这场同严重疫情的殊死较量中，中国人民和中华民族以敢于斗争、敢于胜利的大无畏气概，铸就了生命至上、举国同心、舍生忘死、尊重科学、命运与共的伟大抗疫精神。要在全社会大力弘扬伟大抗疫精神，使之转化为全面建设社会主义现代化国家、实现中华民族伟大复兴的强大力量。

9月14日 中欧双方宣布签署《中欧地理标志协定》，确认加快中欧投资协定谈判，实现年内完成谈判的目标。中欧决定建立环境与气候高层对话和数字领域高层对话，打造中欧绿色合作伙伴、数字合作伙伴关系。

9 月 21 日 外交部就解放军战机演练飞越所谓“海峡中线”一事答记者问，强调台湾是中国领土不可分割的一部分，不存在所谓的“海峡中线”。

同日 习近平在联合国成立 75 周年纪念峰会上发表重要讲话，强调后疫情时代联合国应主持公道、厉行法治、促进合作、聚焦行动，重申中国将始终做多边主义的践行者，积极参与全球治理体系改革和建设，推动构建人类命运共同体。

9 月 22 日 习近平在第七十五届联合国大会一般性辩论上发表重要讲话，强调要树立命运共同体意识和合作共赢理念，坚定不移构建开放型世界经济，树立新发展理念，坚持走多边主义道路，改革完善全球治理体系，宣布中国支持联合国发挥核心作用重大举措。

9 月 23 日 习近平以视频方式会见联合国秘书长古特雷斯，指出中国将坚定支持联合国在国际事务中发挥核心作用，坚定支持联合国工作。

9 月 25—26 日 第三次中央新疆工作座谈会在京召开，习近平出席会议并发表重要讲话。习近平指出，要完整准确贯彻新时代党的治疆方略，牢牢扭住新疆工作总目标，依法治疆、团结稳疆、文化润疆、富民兴疆、长期建疆，努力建设团结和谐、繁荣富裕、文明进步、安居乐业、生态良好的新时代中国特色社会主义新疆。

9 月 30 日 中共中央印发《中国共产党中央委员会工作条例》，把“坚持党对一切工作的领导，确保党中央集中统一领导”作为中央委员会开展工作必须把握的第一条原则。这是坚持和完善党的领导制度体系的关键之举，是强化“两个维护”制度保障的标志性成果。

同日 习近平在联合国生物多样性峰会上通过视频发表重要讲话。倡议各国坚持生态文明、坚持多边主义、保持绿色发展、增强责任心，强调中国努力建设人与自然和谐共生的现代化，将秉持人类命运共同体理念，为加强生物多样性保护和推进全球环境治理贡献力量。

10 月 1 日 习近平在联合国大会纪念北京世界妇女大会 25 周年高级别会议上通过视频发表重要讲话。他提出四点主张：第一，帮助妇女摆脱疫情影响；第二，让性别平等落到实处；第三，推动妇女走在时代前列；第四，加强全球妇女事业合作。

10月5日 中共中央、国务院印发《黄河流域生态保护和高质量发展规划纲要》。

10月13—17日 十三届全国人大常委会第二十二次会议在京举行。会议通过《中华人民共和国生物安全法》《中华人民共和国出口管制法》，通过新修订的《中华人民共和国未成年人保护法》，通过关于修改《中华人民共和国国旗法》的决定、关于修改《中华人民共和国专利法》的决定、关于修改《中华人民共和国国徽法》的决定、关于修改《中华人民共和国全国人民代表大会和地方各级人民代表大会选举法》的决定。

10月14日 深圳经济特区建立40周年庆祝大会在广东省深圳市举行。习近平发表重要讲话强调，要高举中国特色社会主义伟大旗帜，统筹推进“五位一体”总体布局，协调推进“四个全面”战略布局，从我国进入新发展阶段大局出发，落实新发展理念，紧扣推动高质量发展、构建新发展格局，以一往无前的奋斗姿态、风雨无阻的精神状态，改革不停顿，开放不止步，在更高起点上推进改革开放，推动经济特区工作开创新局面，为全面建设社会主义现代化国家、实现第二个百年奋斗目标作出新的更大的贡献。

10月16日 中共中央政治局召开会议，审议《成渝地区双城经济圈建设规划纲要》。习近平主持会议。

10月23日 纪念中国人民志愿军抗美援朝出国作战70周年大会在人民大会堂隆重举行。习近平在大会上讲话指出，在波澜壮阔的抗美援朝战争中，英雄的中国人民志愿军锻造了伟大抗美援朝精神。我们要铭记抗美援朝战争的艰辛历程和伟大胜利，敢于斗争、善于斗争，知难而进、坚韧向前，把新时代中国特色社会主义伟大事业不断推向前进。

10月26—29日 中共十九届五中全会在京举行。全会通过《中共中央关于制定国民经济和社会发展第十四个五年规划和二〇三五年远景目标的建议》。全会提出，“十四五”时期是我国全面建成小康社会、实现第一个百年奋斗目标之后，乘势而上开启全面建设社会主义现代化国家新征程、向第二个百年奋斗目标进军的第一个五年。要坚定不移贯彻创新、协调、绿色、开放、共享的新发展理念，以推动高质量发展为主题，加快构建以国内大循环为主体、国内国际双循环相互促进的新发展格局。29 日，习近平在全会第二次全体会议上讲话指出，进入新发展阶段，是中华民族伟大复兴历史进程的大跨越。

10 月 27 日　中国研发的万米载人潜水器“奋斗者”号在马里亚纳海沟成功下潜突破 1 万米达到 10058 米，创造了中国载人深潜的新纪录。11 月 10 日，“奋斗者”号在马里亚纳海沟成功坐底，坐底深度 10909 米，刷新中国载人深潜的新纪录。11 月 19 日，“奋斗者”号再次突破万米海深复核科考作业能力。11 月 28 日　习近平致信祝贺“奋斗者”号全海深载人潜水器成功完成万米海试并胜利返航。

11 月 1 日　第七次全国人口普查开始。

11 月 5—10 日　第三届中国国际进口博览会在上海举行。习近平出席开幕式并发表主旨演讲，强调中国将坚定不移全面扩大开放，愿同世界分享市场机遇，让中国市场成为世界的市场、共享的市场、大家的市场，推动世界经济复苏。

11 月 10 日　习近平以视频方式出席上海合作组织成员国元首理事会第二十次会议，发表《弘扬“上海精神”　深化团结协作　构建更加紧密的命运共同体》的重要讲话。

11 月 10—11 日　十三届全国人大常委会第二十三次会议在京举行。会议通过关于修改《中华人民共和国著作权法》的决定，通过《中华人民共和国退役军人保障法》，通过《全国人民代表大会常务委员会关于香港特别行政区立法会议员资格问题的决定》。

11 月 12 日　浦东开发开放 30 周年庆祝大会在上海举行。习近平发表重要讲话强调，要抓住机遇、乘势而上，全面贯彻党的十九大和十九届二中、三中、四中、五中全会精神，科学把握新发展阶段，坚决贯彻新发展理念，服务构建新发展格局，坚持稳中求进工作总基调，勇于挑最重的担子、啃最硬的骨头，努力成为更高水平改革开放的开路先锋、全面建设社会主义现代化国家的排头兵、彰显“四个自信”的实践范例，更好向世界展示中国理念、中国精神、中国道路。

同日 习近平在第三届巴黎和平论坛发表《共抗疫情，共促复苏，共谋和平》的视频致辞。

11月14日 习近平在南京主持召开全面推动长江经济带发展座谈会。

11月15日 东盟10国和中国、日本、韩国、澳大利亚、新西兰共15个亚太国家正式签署《区域全面经济伙伴关系协定》（RCEP）。

11月16—17日 中央全面依法治国工作会议在京举行。习近平在会上讲话强调，要坚定不移走中国特色社会主义法治道路，为全面建设社会主义现代化国家、实现中华民族伟大复兴的中国梦提供有力法治保障。

11月17日 习近平以视频方式出席金砖国家领导人第十二次会晤，发表《守望相助共克疫情 携手同心推进合作》的重要讲话。

11月19日 习近平以视频方式出席亚太经合组织工商领导人对话会，发表《构建新发展格局 实现互利共赢》的主旨演讲。

11月20日 全国精神文明建设表彰大会在京举行。习近平亲切会见参加大会的新一届全国文明城市、文明村镇、文明单位、文明家庭、文明校园以及未成年人思想道德建设工作先进代表。

同日 习近平以视频方式出席亚太经合组织第二十七次领导人非正式会议，发表《携手构建亚太命运共同体》的重要讲话。

11月21日 习近平以视频方式出席二十国集团领导人第十五次峰会第一阶段会议，发表《勠力战疫 共创未来》的重要讲话。

11月22日 习近平在利雅得峰会“守护地球”主题边会上致辞。

11月24日 全国劳动模范和先进工作者表彰大会在京隆重举行。习近平出席大会并发表重要讲话强调，立足新发展阶段，贯彻新发展理念，构建新发展格局，推动高质量发展，必须紧紧依靠工人阶级和广大劳动群众。我国工人阶级和广大劳动群众要更加紧密地团结在党中央周围，勤于创造、勇于奋斗，努力在全面建设社会主义现代化国家新征程上创造新的时代辉煌、铸就新的历史伟业。

11月24日—12月17日 “嫦娥五号”月球探测器完成中国首次地外天

体采样返回之旅。

11 月 25 日 中央军委军事训练会议在京举行。习近平出席会议并发表重要讲话强调，全面加强实战化军事训练，全面提高训练水平和打赢能力。

11 月 27 日 福清核电 5 号机组首次并网成功，标志着中国打破了国外核电技术垄断，正式进入核电技术先进国家行列。

11 月 30 日 中共中央政治局召开会议，审议《军队政治工作条例》《中国共产党统一战线工作条例》《中国共产党党员权利保障条例》。

12 月 1 日 中共中央印发《法治中国建设规划（2020—2035 年）》。

12 月 8 日 习近平同尼泊尔总统班达里互致信函，共同宣布珠穆朗玛峰高程为 8848.86 米。

12 月 10 日 中华人民共和国第一届职业技能大赛在广州市开幕。

同日 马克思主义理论研究和建设工程工作会议在京举行。

12 月 11 日 中共中央政治局召开会议，分析研究 2021 年经济工作，研究部署党风廉政建设和反腐败工作，审议《中国共产党地方组织选举工作条例》。会议提出强化反垄断和防止资本无序扩张。

12 月 12 日 习近平以视频方式出席气候雄心峰会并发表重要讲话。

12 月 16 日 中共中央、国务院印发《关于实现巩固拓展脱贫攻坚成果同乡村振兴有效衔接的意见》，围绕加快推进脱贫地区乡村产业、人才、文化、生态、组织等全面振兴，提出了具体的任务书、时间表、路线图，为做好乡村振兴这篇大文章提供了重要遵循。

12 月 16—18 日 中央经济工作会议在京举行。会议提出，2021 年的经济工作，要坚持稳中求进工作总基调，立足新发展阶段，贯彻新发展理念，构建新发展格局，以推动高质量发展为主题，以深化供给侧结构性改革为主线，以改革创新为根本动力，以满足人民日益增长的美好生活需要为根本目的，坚持系统观念，巩固拓展疫情防控和经济社会发展成果，更好统筹发展和安全，扎实做好“六稳”工作、全面落实“六保”任务，科学精准实施宏观政策，努力保持经济运行在合理区间，坚持扩大内需战略，强化科技战略支撑，扩大高水平对外开放，确保“十四五”开好局，以优异成绩庆祝建党

100周年。

12月22日　我国自主研制的新型中型运载火箭“长征八号”首次飞行试验成功。

12月22—26日　十三届全国人大常委会第二十四次会议在京举行。会议通过新修订的《中华人民共和国预防未成年人犯罪法》《中华人民共和国国防法》，通过《中华人民共和国长江保护法》《中华人民共和国刑法修正案（十一）》，通过全国人大常委会关于加强国有资产管理情况监督的决定、关于设立海南自由贸易港知识产权法院的决定。

12月25日　中共中央印发修订后的《中国共产党党员权利保障条例》。

12月28日　中共中央办公厅、国务院办公厅印发《关于全面推行林长制的意见》。《意见》提出，森林和草原是重要的自然生态系统，对于维护国家生态安全、推进生态文明建设具有基础性、战略性作用。要按照山水林田湖草系统治理要求，在全国全面推行林长制。

12月28—29日　中央农村工作会议在京举行。习近平出席会议并发表重要讲话强调，全党务必充分认识新发展阶段做好“三农”工作的重要性和紧迫性，坚持把解决好“三农”问题作为全党工作重中之重，举全党全社会之力推动乡村振兴。

12月30日　习近平主持召开中央全面深化改革委员会第十七次会议，总结评估十八届三中全会以来改革成就和经验，坚定改革信心，汇聚改革合力，推动新发展阶段改革取得更大突破。

同日　习近平同德国、法国、欧盟领导人举行视频会晤，中欧领导人共同宣布如期完成中欧投资协定谈判。

12月31日　习近平发表2021年新年贺词，宣布现行标准下近1亿农村贫困人口全部脱贫，832个贫困县全部摘帽。

2021年

1月4日 中共中央、国务院印发《关于全面推进乡村振兴加快农业农村现代化的意见》。指出，新发展阶段“三农”工作依然极端重要，须臾不可放松，务必抓紧抓实。要坚持把解决好“三农”问题作为全党工作重中之重，把全面推进乡村振兴作为实现中华民族伟大复兴的一项重大任务，举全党全社会之力加快农业农村现代化，让广大农民过上更加美好的生活。

1月11日 省部级主要领导干部学习贯彻党的十九届五中全会精神专题研讨班开班，习近平发表重要讲话强调，准确把握新发展阶段，深入贯彻新发展理念，加快构建新发展格局。

1月20—22日 十三届全国人大常委会第二十五次会议在京举行。会议通过《中华人民共和国海警法》、新修订的《中华人民共和国动物防疫法》和新修订的《中华人民共和国行政处罚法》。

1月22日 习近平在十九届中央纪委五次全会上强调，充分发挥全面从严治党引领保障作用，确保“十四五”时期目标任务落到实处。

1月24日 国务院印发《关于新时代支持革命老区振兴发展的意见》。指出，革命老区是党和人民军队的根，是中国人民选择中国共产党的历史见证。要深入贯彻落实党中央、国务院决策部署，支持革命老区在新发展阶段巩固拓展脱贫攻坚成果，开启社会主义现代化建设新征程，让革命老区人民逐步过上更加富裕幸福的生活。

1月25日 习近平在北京以视频方式出席世界经济论坛“达沃斯议程”对话会，并发表《让多边主义的火炬照亮人类前行之路》的特别致辞，提出我们要解决好这个时代面临的四大课题：加强宏观经济政策协调，共同推动世界经济强劲、可持续、平衡、包容增长；摒弃意识形态偏见，共同走和平共处、互利共赢之路；克服发达国家和发展中国家发展鸿沟，共同推动各国发展繁荣；携手应对全球性挑战，共同缔造人类美好未来。解决问题的出路是维护和践行多边主义，推动构建人类命运共同体。

1月28日 国务院办公厅印发《关于推动药品集中带量采购工作常态化制度化开展的意见》。

1月30日 全球第一台“华龙一号”核电机组——福建福清核电5号机组投入商业运行。

1月 中共中央办公厅、国务院办公厅印发《建设高标准市场体系行动方案》。

2月2日 国务院印发《关于加快建立健全绿色低碳循环发展经济体系的指导意见》。指出，以坚持重点突破、坚持创新引领、坚持稳中求进、坚持市场导向为原则，到2035年绿色发展内生动力显著增强，绿色产业规模迈上新台阶，重点行业、重点产品能源资源利用效率达到国际先进水平，广泛形成绿色生产生活方式，碳排放达峰后稳中有降，生态环境根本好转，美丽中国建设目标基本实现。

2月9日 习近平在北京主持中国—中东欧国家领导人峰会并发表主旨讲话。

2月15日 中共中央印发《关于在全党开展党史学习教育的通知》。20日，党史学习教育动员大会在京举行。习近平讲话指出，在全党开展党史学习教育，是党中央立足党的百年历史新起点、统筹中华民族伟大复兴战略全局和世界百年未有之大变局、为动员全党全国满怀信心投身全面建设社会主义现代化国家而作出的重大决策。全党同志要做到学史明理、学史增信、学史崇德、学史力行，学党史、悟思想、办实事、开新局。讲话阐明党史学习教育的重点和工作要求，对党史学习教育进行全面动员和部署，要求树立正确党史观。这次会议后，《论中国共产党历史》《毛泽东邓小平江泽民胡锦涛关于中国共产党历史论述摘编》《习近平新时代中国特色社会主义思想学习问答》《中国共产党简史》等党史学习教育用书出版。

2月25日 全国脱贫攻坚总结表彰大会在京举行。习近平宣告，我国脱贫攻坚战取得了全面胜利，现行标准下9899万农村贫困人口全部脱贫，832

个贫困县全部摘帽，12.8 万个贫困村全部出列，区域性整体贫困得到解决，完成了消除绝对贫困的艰巨任务。习近平讲话指出，脱贫攻坚伟大斗争，锻造形成了“上下同心、尽锐出战、精准务实、开拓创新、攻坚克难、不负人民”的脱贫攻坚精神。我们走出了一条中国特色减贫道路，形成了中国特色反贫困理论。脱贫摘帽不是终点，而是新生活、新奋斗的起点。解决发展不平衡不充分问题、缩小城乡区域发展差距、实现人的全面发展和全体人民共同富裕仍然任重道远。要切实做好巩固拓展脱贫攻坚成果同乡村振兴有效衔接各项工作，让脱贫基础更加稳固、成效更可持续。

同日 国家乡村振兴局正式挂牌。

2 月 27—28 日 十三届全国人大常委会第二十六次会议在京举行。

3 月 4—10 日 全国政协十三届四次会议在京举行。

3 月 5—11 日 第十三届全国人民代表大会第四次会议在京举行。会议通过《中华人民共和国全国人民代表大会组织法（修正草案）》《中华人民共和国全国人民代表大会议事规则（修正草案）》，通过《全国人民代表大会关于完善香港特别行政区选举制度的决定》。

3 月 27 日 中共中央印发《关于加强对“一把手”和领导班子监督的意见》。

3 月 29 日 全国扫黑除恶专项斗争总结表彰大会在京举行。

3 月 29—30 日 十三届全国人大常委会第二十七次会议在京举行。会议通过新修订的《中华人民共和国香港特别行政区基本法附件一香港特别行政区行政长官的产生办法》和新修订的《中华人民共和国香港特别行政区基本法附件二香港特别行政区立法会的产生办法和表决程序》。

4 月 14 日 国务院常务会议通过《中华人民共和国市场主体登记管理条例》。

4 月 20 日 博鳌亚洲论坛 2021 年年会在海南博鳌举行，习近平以视频方式发表《同舟共济克时艰，命运与共创未来》的主旨演讲，宣布中国将在疫情得到控制后即举办第二届亚洲文明对话大会。

4 月 22 日 习近平在北京以视频方式出席领导人气候峰会，并发表《共同构建人与自然生命共同体》的重要讲话，阐述构建人与自然生命共同体理念，强调要坚持人与自然和谐共生，坚持绿色发展，坚持系统治理，坚持以人为本，坚持多边主义，坚持共同但有区别的责任原则。

4 月 23 日 中共中央、国务院印发《关于支持浦东新区高水平改革开放打造社会主义现代化建设引领区的意见》《关于新时代推动中部地区高质量发展的意见》。

同日 海军三型主战舰艇——“长征 18 号”艇、“大连”舰、“海南”舰在海南三亚交接入列。习近平出席交接入列活动。

4 月 26 日 市场监管总局依法对美团涉嫌垄断行为立案调查。

4 月 26—29 日 十三届全国人大常委会第二十八次会议在京举行。会议通过《中华人民共和国乡村振兴促进法》《中华人民共和国反食品浪费法》，通过新修订的《中华人民共和国海上交通安全法》，通过关于修改《中华人民共和国教育法》的决定、关于修改《中华人民共和国道路交通安全法》等八部法律的决定、关于修改《中国人民解放军选举全国人民代表大会和县级以上地方各级人民代表大会代表的办法》的决定。

4 月 29 日 中国空间站天和核心舱发射升空，准确进入预定轨道，任务取得成功。

5 月 11 日 国家统计局公布第七次全国人口普查主要数据，截至 2020 年 11 月 1 日零时，全国人口共 141178 万。

5 月 14 日 习近平在河南南阳主持召开推进南水北调后续工程高质量发展座谈会时讲话强调，南水北调工程事关战略全局、事关长远发展、事关人民福祉。

5 月 15 日 “天问一号”成功着陆，中国首次火星探测任务着陆火星取得圆满成功。

5 月 19 日 习近平在北京通过视频连线，同俄罗斯总统普京共同见证两国核能合作项目——田湾核电站和徐大堡核电站开工仪式。

5 月 20 日 中共中央、国务院印发《关于支持浙江高质量发展建设共同富裕示范区的意见》。

5 月 21 日 习近平在北京以视频方式出席全球健康峰会，并发表《携手共建人类卫生健康共同体》的重要讲话。

5 月 22 日 中共中央印发《中国共产党组织工作条例》。该条例是中国共产党历史上第一部关于组织工作的统领性、综合性基础主干法规，是做好新时代党的组织工作、加强党的组织建设的基本遵循。条例的制定和实施，对于坚持和加强党对组织工作的全面领导、推进组织工作科学化制度化规范化、全面提高组织工作质量，具有重要意义。

同日 “杂交水稻之父”袁隆平逝世。

5 月 28 日 中国科学院第二十次院士大会、中国工程院第十五次院士大会、中国科协第十次全国代表大会在北京人民大会堂隆重召开，习近平出席大会并发表重要讲话指出，要加快建设科技强国，实现高水平科技自立自强。

6 月 3 日 国务院发布《关于深化“证照分离”改革进一步激发市场主体发展活力的通知》。

6 月 7—10 日 十三届全国人大常委会第二十九次会议在京举行。会议通过《中华人民共和国数据安全法》《中华人民共和国海南自由贸易港法》《中华人民共和国军人地位和权益保障法》《中华人民共和国印花税法》《中华人民共和国反外国制裁法》，通过新修订的《中华人民共和国军事设施保护法》，通过关于修改《中华人民共和国安全生产法》的决定。

6 月 17 日 “神舟十二号”载人飞船发射升空，与天和核心舱完成自主快速交会对接。三名航天员先后进入天和核心舱，标志着中国人首次进入自己的空间站。

6 月 18 日 习近平等党和国家领导人在中国共产党历史展览馆参观“‘不忘初心、牢记使命’中国共产党历史展览”。

6 月 25 日 西藏首条电气化铁路——川藏铁路拉萨至林芝段开通运营，“复兴号”列车实现对 31 个省（自治区、直辖市）的全覆盖。

6 月 26 日 中共中央、国务院作出《关于优化生育政策促进人口长期均衡发展的决定》。

6 月 28 日 庆祝中国共产党成立 100 周年文艺演出《伟大征程》在国家

体育场盛大举行。

同日 习近平在北京同俄罗斯总统普京举行视频会晤。两国元首宣布发表联合声明，正式决定《中俄睦邻友好合作条约》延期。

同日 金沙江白鹤滩水电站首批机组投产发电。这是当今世界在建规模最大、技术难度最高的水电工程。

同日 中国邮政宣布全面提速，将在全国多省市地区实现运邮次日达。

6月29日 庆祝中国共产党成立100周年“七一勋章”颁授仪式在京举行。习近平向“七一勋章”获得者颁授勋章并发表重要讲话，会见全国“两优一先”表彰对象。

同日 习近平在北京会见全国优秀县委书记。

7月1日 庆祝中国共产党成立100周年大会在天安门广场隆重举行。习近平发表重要讲话强调，100年前，中国共产党的先驱们创建了中国共产党，形成了坚持真理、坚守理想，践行初心、担当使命，不怕牺牲、英勇斗争，对党忠诚、不负人民的伟大建党精神，这是中国共产党的精神之源。100年来，中国共产党弘扬伟大建党精神，在长期奋斗中构建起中国共产党人的精神谱系，锤炼出鲜明的政治品格。历史川流不息，精神代代相传。我们要继续弘扬光荣传统、赓续红色血脉，永远把伟大建党精神继承下去、发扬光大。

7月5日 习近平在北京同法国总统马克龙、德国总理默克尔举行视频峰会。

7月6日 习近平在北京以视频方式出席中国共产党与世界政党领导人峰会，并发表《加强政党合作　共谋人民幸福》的主旨讲话。

7月12日 工信部、国家网信办、公安部联合印发通知，公布《网络产品安全漏洞管理规定》。

7月16日 习近平应邀在北京以视频方式出席亚太经合组织领导人非正式会议并发表讲话。

同日 国家网信办会同公安部、国家安全部等部门联合进驻滴滴出行科技有限公司，开展网络安全审查。

7 月 17 日夜　河南省普降暴雨、大暴雨，局部特大暴雨。

7 月 21—23 日　习近平到西藏庆祝西藏和平解放 70 周年并进行考察调研。

7 月 23 日—8 月 8 日　中国体育代表团参加在日本东京举行的第 32 届夏季奥运会。

7 月 24 日　新华社电，中共中央办公厅、国务院办公厅近日印发《关于进一步减轻义务教育阶段学生作业负担和校外培训负担的意见》。

8 月 2 日　国务院印发《关于推进自由贸易试验区贸易投资便利化改革创新若干措施的通知》。

8 月 3 日　国务院发布《全民健身计划（2021—2025 年）》。

8 月 11 日　新华社电，中共中央、国务院近日印发《法治政府建设实施纲要（2021—2025 年）》。

8 月 17 日　习近平主持召开中央财经委员会第十次会议，强调在高质量发展中促进共同富裕。

8 月 17—20 日　十三届全国人大常委会第三十次会议在京举行。会议通过《中华人民共和国个人信息保护法》《中华人民共和国监察官法》《中华人民共和国法律援助法》《中华人民共和国医师法》，通过新修订的《中华人民共和国兵役法》，通过关于修改《中华人民共和国人口与计划生育法》的决定。

8 月 25 日　中央网信办印发《关于进一步加强“饭圈”乱象治理的通知》。

8 月 27—28 日　中央民族工作会议在京举行。习近平出席会议并发表重要讲话，强调以铸牢中华民族共同体意识为主线，推动新时代党的民族工作高质量发展。

8 月 30 日　习近平主持召开中央全面深化改革委员会第二十一次会议，强调加强反垄断反不正当竞争监管力度，完善物资储备体制机制，深入打好污染防治攻坚战。

9 月 2 日　2021 年中国国际服务贸易交易会全球服务贸易峰会在北京举行，习近平发表视频致辞。

9月3日 北京证券交易所注册成立。

9月5日 新华社电，中共中央、国务院近日印发《横琴粤澳深度合作区建设总体方案》。

9月9日 习近平以视频方式出席金砖国家领导人第十三次会晤。

9月15—27日 第五届全国运动会在西安举行。

9月17日 习近平在北京以视频方式出席上海合作组织成员国元首理事会第二十一次会议、上海合作组织和集体安全条约组织成员国领导人阿富汗问题联合峰会。

9月21日 习近平在北京以视频方式出席第七十六届联合国大会一般性辩论并发表《坚定信心　共克时艰　共建更加美好的世界》的重要讲话。

9月22日 中共中央、国务院印发《关于完整准确全面贯彻新发展理念做好碳达峰碳中和工作的意见》。

9月27—28日 中央人才工作会议在京召开。习近平出席会议并发表重要讲话，强调深入实施新时代人才强国战略，加快建设世界重要人才中心和创新高地。

10月8日 中共中央、国务院印发《黄河流域生态保护和高质量发展规划纲要》。

10月9日 纪念辛亥革命110周年大会在北京人民大会堂隆重举行。

10月12日 习近平以视频方式出席在昆明举行的《生物多样性公约》第十五次缔约方大会领导人峰会并发表主旨讲话，首次提出三个构建“地球家园”的愿景：构建人与自然和谐共生的地球家园；构建经济与环境协同共进的地球家园；构建世界各国共同发展的地球家园。

10月13日 习近平同德国总理默克尔举行视频会晤。

10月13—14日 中央人大工作会议在京召开。习近平出席会议并发表重要讲话，强调坚持和完善人民代表大会制度，不断发展全过程人民民主。

10月14日 我国成功发射首颗太阳探测科学技术试验卫星“羲和号”。

10月19—23日 十三届全国人大常委会第三十一次会议在京举行。会议通过《中华人民共和国家庭教育促进法》《中华人民共和国陆地国界法》，通过关于修改《中华人民共和国审计法》的决定，通过全国人大常委会关于授权国务院在营商环境创新试点城市暂时调整适用计量法有关规定的决定、关于授权国务院在部分地区开展房地产税改革试点工作的决定、关于深化国防动员体制改革期间暂时调整适用相关法律规定的决定。

10 月 22 日　习近平在济南主持召开深入推动黄河流域生态保护和高质量发展座谈会。

10 月 25 日　习近平在北京出席中华人民共和国恢复联合国合法席位 50 周年纪念会议并发表重要讲话，强调中国将坚持走和平发展之路、改革开放之路、多边主义之路，呼吁各国弘扬全人类共同价值，践行真正的多边主义，携手构建人类命运共同体。

10 月 30—31 日　习近平在北京以视频方式出席二十国集团领导人第十六次峰会。

11 月 2 日　中共中央、国务院印发《关于深入打好污染防治攻坚战的意见》。要求以实现减污降碳协同增效为总抓手，以改善生态环境质量为核心，以精准治污、科学治污、依法治污为工作方针，统筹污染治理、生态保护、应对气候变化，保持力度、延伸深度、拓宽广度，以更高标准打好蓝天、碧水、净土保卫战，以高水平保护推动高质量发展、创造高品质生活，努力建设人与自然和谐共生的美丽中国。

11 月 3 日　国家科学技术奖励大会在京举行。习近平向获得 2019 年度国家最高科学技术奖的顾诵芬、王大中颁发奖励证书和奖金。

11 月 5—10 日　第四届中国国际进口博览会在上海举行。

11 月 8—11 日　中共十九届六中全会在京举行。全会通过《中共中央关于党的百年奋斗重大成就和历史经验的决议》。

11 月 12 日　习近平在北京以视频方式出席亚太经合组织第二十八次领导人非正式会议。

11 月 16 日上午　习近平同美国总统拜登举行视频会晤。双方就事关中美关系发展的战略性、全局性、根本性问题以及共同关心的重要问题进行了充分、深入的沟通和交流。

11月18日 中共中央、国务院印发《关于加强新时代老龄工作的意见》。

11月19日 习近平在北京出席第三次“一带一路”建设座谈会并发表重要讲话，强调以高标准、可持续、惠民生为目标，继续推动共建“一带一路”高质量发展。

11月22日 习近平在北京出席并主持中国—东盟建立对话关系30周年纪念峰会。

11月26—28日 中央军委人才工作会议在京举行。习近平在会上强调，聚焦实现建军一百年奋斗目标，深入实施新时代人才强军战略。

12月3日 习近平在北京同老挝人民革命党中央总书记、国家主席通伦举行视频会晤，并以视频连线形式共同见证中老铁路通车。

12月4日 国务院新闻办公室发表《中国的民主》白皮书。

12月8—10日 中央经济工作会议在京举行。会议提出，2022年的经济工作，要坚持稳中求进工作总基调，完整、准确、全面贯彻新发展理念，加快构建新发展格局，全面深化改革开放，坚持创新驱动发展，推动高质量发展，坚持以供给侧结构性改革为主线，统筹疫情防控和经济社会发展，统筹发展和安全，继续做好“六稳”“六保”工作，持续改善民生，着力稳定宏观经济大盘，保持经济运行在合理区间，保持社会大局稳定，迎接党的二十大胜利召开。

12月14日 中国文学艺术界联合会第十一次全国代表大会、中国作家协会第十次全国代表大会在人民大会堂开幕。习近平出席大会并发表重要讲话。

12月15日 习近平在北京同俄罗斯总统普京举行视频会晤。

12月20日 浙江省杭州市税务局稽查局依法对黄薇（网名：薇娅）偷逃税案件作出税务行政处理处罚决定，追缴税款、加收滞纳金并处罚款共计13.41亿元。

12月20—24日 十三届全国人大常委会第三十二次会议在京举行。会议通过《中华人民共和国反有组织犯罪法》《中华人民共和国湿地保护法》，通过新修订的《中华人民共和国科学技术进步法》和《中华人民共和国噪声污染防治法》，通过关于修改《中华人民共和国种子法》的决定、关于修改《中华人民共和国民事诉讼法》的决定、关于修改《中华人民共和国工会法》的决定。

12 月 31 日 习近平发表 2022 年新年贺词。

同日 习近平和俄罗斯总统普京互致新年贺电。习近平强调，2022 年，双方将开启中俄体育交流年，续写两国世代友好新篇章。普京总统将访华并出席北京冬奥会开幕式，我十分期待通过各种方式同普京总统保持密切联系，共同引领中俄新时代全面战略协作伙伴关系行稳致远，推动双方各领域合作提质升级，更好助力两国各自发展振兴，为推动建立新型国际关系、构建人类命运共同体作出更大贡献。

同日 中国人民政治协商会议全国委员会在全国政协礼堂举行新年茶话会。习近平在茶话会上发表重要讲话。他强调，2022 年，中国共产党将召开第二十次全国代表大会。这是党和国家政治生活中的一件大事。我们要继续发扬历史主动精神，乘势而上，砥砺前行，走好全面建设社会主义现代化国家新的赶考之路，并准备为之付出更为艰巨、更为艰苦的努力，着力保持平稳健康的经济环境、风清气正的政治环境、国泰民安的社会环境，以实际行动迎接中共二十大胜利召开。

2022 年

1 月 1 日　《区域全面经济伙伴关系协定》（RCEP）正式生效，文莱、柬埔寨、老挝、新加坡、泰国、越南等 6 个东盟成员国和中国、日本、新西兰、澳大利亚等 4 个非东盟成员国正式开始实施协定。1 日零点刚过，在 RCEP 青岛经贸合作先行创新试验基地，青岛海关为青岛海湾集团有限公司出口到日本的 2800 余吨氯化钙签发 RCEP 原产地证书，这是全国首份 RCEP 原产地证书。与此同时，深圳皇岗口岸迎来 RCEP 协定生效后全国首批进口货物，5.6 吨原产自日本的反射膜经深圳海关查验后放行，将用于生产手机、数码相机等背光源产品。1 日上午，位于江苏省徐州市的徐工工程机械集团进出口有限公司通过南京海关审核认定，成为 RCEP 实施后全国首批经核准出口商，并随即为其即将出口泰国的一台混凝土搅拌机开具了全国首份 RCEP 项下原产地声明。RCEP 生效首日，中国贸促会及地方机构签发首批 158 份 RCEP 原产地证书，涉及中国 12 个省份的 69 家企业，涵盖纺织品、化工产品、医疗产品、食品等领域，出口目的国为日本、澳大利亚等已生效成员国，涉及出口金额 1200 万美元，预计减免关税 18 万美元。RCEP 的生效实施，标志着全球人口最多、经贸规模最大、最具发展潜力的自由贸易区正式落地，充分体现了各方共同维护多边主义和自由贸易、促进区域经济一体化的信心和决心，将为区域乃至全球贸易投资增长、经济复苏和繁荣发展作出重要贡献。

同日　中核集团福清核电 6 号机组首次并网成功，开始向电网送电，成为全球第三台、我国第二台“华龙一号”并网发电机组。作为我国核电走向世界的“国家名片”，“华龙一号”是当前核电市场接受度最高的三代核电机型之一，连续两年入选央企十大“国之重器”。

1 月 3 日　中国、俄罗斯、美国、英国、法国五个核武器国家领导人共同发表《关于防止核战争与避免军备竞赛的联合声明》，申明“核战争打不赢也打不得”，重申应对核威胁的重要性，并强调维护和遵守我们的双、多边不扩散、裁军和军控协议和承诺的重要性，重申此前关于不瞄准的声明依然有效，重申不将核武器瞄准彼此或其他任何国家。强调愿与各国一道努力，创造更有利于促进裁军的安全环境，最终目标是以各国安全不受减损的原则建立一个无核武器世界。

1 月 4 日 习近平在北京考察 2022 年冬奥会、冬残奥会筹办备赛工作，深入体育场馆、媒体中心、训练基地等，实地了解筹办备赛情况。

同日 李克强主持召开国务院常务会议，部署全面实行行政许可事项清单管理的措施，规范权力运行，更大程度利企便民；决定实施企业信用风险分类管理，推动监管更加公平有效。

同日 中共中央、国务院印发《关于做好 2022 年全面推进乡村振兴重点工作的意见》，聚焦牢牢守住保障国家粮食安全和不发生规模性返贫两条底线，扎实有序做好乡村发展、乡村建设、乡村治理重点工作，对 2022 年全面推进乡村振兴作出部署。

同日 中共中央印发《中国共产党纪律检查委员会工作条例》。这是党的历史上首部全面规范纪律检查委员会工作的条例，系统总结了党的十八大以来全面从严治党、推进党风廉政建设和反腐败斗争，以及深化纪检监察体制改革的理论成果、实践成果、制度成果，对党的纪律检查委员会工作作出全面规范。

同日 国务院批复同意在北京设立国家植物园。4 月 18 日，国家植物园正式揭牌。

同日 国家外汇管理局在上海自由贸易试验区临港新片区、广东自由贸易试验区南沙新区片区、海南自由贸易港洋浦经济开发区、浙江省宁波市北仑区等区域开展跨境贸易投资高水平开放试点。试点坚持系统观念，统筹发展和安全，坚持改革开放和风险防控一体试点、一体推进，旨在支持建设更高水平开放型经济新体制，同时为进一步提高开放监管能力、探索“更开放更安全”的外汇管理机制积累经验。

同日 国务院办公厅转发司法部《关于审理政府信息公开行政复议案件

若干问题的指导意见》，规定了政府信息公开案件受理范围，明确了政府信息公开案件审查重点，规范了政府信息公开案件处理标准，强化了行政复议机关对被申请人、上级行政复议机关对下级行政复议机关的监督责任。

同日 国家网信办、工信部、公安部、市场监管总局联合发布《互联网信息服务算法推荐管理规定》，以规范互联网信息服务算法推荐活动，维护国家安全和社会公共利益，保护公民、法人和其他组织的合法权益，促进互联网信息服务健康发展。

1月5日 李克强主持召开减税降费座谈会，总结近些年来减税降费成效，就进一步为市场主体减税降费听取意见建议。李克强强调，推动实施更大力度组合式减税降费，帮助市场主体纾困激发活力。

同日 全国宣传部长会议在京召开。王沪宁出席会议并讲话，表示要坚持以习近平新时代中国特色社会主义思想为指导，增强“四个意识”、坚定“四个自信”、做到“两个维护”，紧紧围绕迎接、宣传、贯彻党的二十大这条主线，扎实做好宣传思想工作，为奋进新征程、建功新时代提供坚强思想保证和强大精神力量。

同日 国务院办公厅印发《国家残疾预防行动计划（2021—2025年）》，对进一步加强残疾预防，有效减少和控制残疾发生、发展，保障人民群众生命安全和身体健康作出部署。

1月6日 中共中央政治局常委会召开会议，习近平主持会议并发表重要讲话。会议听取全国人大常委会、国务院、全国政协、最高人民法院、最高人民检察院党组工作汇报，听取中央书记处工作报告。

同日 国务院办公厅印发《要素市场化配置综合改革试点总体方案》，提出了8个方面试点任务，包括进一步提高土地要素配置效率、推动劳动力要素合理畅通有序流动、推动资本要素服务实体经济发展、大力促进技术要素向现实生产力转化、探索建立数据要素流通规则、加强资源环境市场制度建设、健全要素市场治理、进一步发挥要素协同配置效应。按照部署，2022年上半年，完成试点地区布局、实施方案编制报批工作。到2023年，试点工作取得阶段性成效，力争在土地、劳动力、资本、技术等要素市场化配置关键环节上实现重要突破，在数据要素市场化配置基础制度建设探索上取得积极进展。到 2025 年，基本完成试点任务，要素市场化配置改革取得标志性成果，为完善全国要素市场制度作出重要示范。

同日 6 时 59 分，经过约 47 分钟的跨系统密切协同，空间站机械臂转位货运飞船试验取得圆满成功，这是我国首次利用空间站机械臂操作大型在轨飞行器进行转位试验。

1 月 7 日 国务院办公厅印发《推进多式联运发展优化调整运输结构工作方案（2021—2025 年）》，提出到 2025 年，多式联运发展水平明显提升，基本形成大宗货物及集装箱中长距离运输以铁路和水路为主的发展格局，全国铁路和水路货运量比 2020 年分别增长 10% 和 12% 左右，集装箱铁水联运量年均增长 15% 以上。该方案提出六方面政策措施，包括提升多式联运承载能力和衔接水平、创新多式联运组织模式、促进重点区域运输结构调整、加快技术装备升级、营造统一开放市场环境、完善政策保障体系。

同日 中国民航局发布《“十四五”民用航空发展规划》，确定“六个新”发展目标，即航空安全水平再上新台阶、综合保障能力实现新提升、航空服务能力达到新水平、创新驱动发展取得新突破、绿色民航建设呈现新局面、行业治理能力取得新成效；构建六大体系，即构建一流的民航安全体系、建设一流的基础设施体系、发展一流的航空服务体系、健全生态友好的绿色发展体系、构筑坚实有力的战略支撑体系、打造现代化民航治理体系；实施六大工程，即容量挖潜提升工程、航空运输便捷工程、民航绿色低碳工程、科技创新引领工程、人才强业工程、产业协同示范工程，加快构建更为安全、更高质量、更有效率、更加公平、更可持续的现代民航体系。

1 月 8 日 杭台高铁正式开通运营。杭台高铁由民营资本、中国铁路总公司、浙江省交通集团和地方政府共同出资建设，是国内首批 8 个社会资本投资铁路示范项目之一。

1 月 10 日 李克强主持召开国务院常务会议，部署加快推进“十四五”规划纲要和专项规划确定的重大项目，扩大有效投资；决定常态化制度化开展药品和高值医用耗材集中带量采购，进一步降低患者医药负担。

同日　国家发展改革委、中央宣传部、教育部等20部门联合发布《“十四五”公共服务规划》，明确到2025年，公共服务制度体系更加完善，政府保障基本、社会多元参与、全民共建共享的公共服务供给格局基本形成，民生福祉达到新水平。

同日　全国机关事务工作会议在京召开。会议指出，2022年全国各级机关事务部门将着力抓好厉行节约反对浪费工作，扎实推进节约型机关建设，继续推动创建一批有特色、有示范、有引领、有成效的节约型机关。

同日　上海市浦东新区人民法院破产审判庭正式揭牌成立，这是全国基层法院设立的首个破产审判庭。

同日　首批国家级旅游休闲街区名单公布，北京市东城区前门大街、天津市西青区杨柳青古镇街区等54家街区入选。

同日　中共中央办公厅、国务院办公厅、中央军委办公厅印发《关于加强新时代烈士褒扬工作的意见》，提出要解决制约烈士褒扬工作创新发展的矛盾问题。

同日　中共中央办公厅印发《关于加强新时代廉洁文化建设的意见》。2022年，中共中央办公厅印发的文件还有《关于建立中小学校党组织领导的校长负责制的意见（试行）》《关于加强新时代离退休干部党的建设工作的意见》《领导干部配偶、子女及其配偶经商办企业管理规定》《纪检监察机关派驻机构工作规则》等。

1月11日　国务院办公厅印发《关于做好跨周期调节进一步稳外贸的意见》，提出15条政策措施，主要包括加强财税金融政策支持、进一步鼓励外贸新业态发展、缓解国际物流等外贸供应链压力、支持重点产业重点企业等。

1月11—14日　省部级主要领导干部学习贯彻党的十九届六中全会精神专题研讨班在中央党校（国家行政学院）举行。

1月12日　国务院印发《“十四五”数字经济发展规划》，明确了“十四五”时期推动数字经济健康发展的指导思想、基本原则、发展目标、重点任务和保障措施。部署了8方面重点任务，明确了信息网络基础设施优化升级等11个专项工程。提出到2025年，数字经济核心产业增加值占国内生产总值比重达到 10%，数据要素市场体系初步建立，产业数字化转型迈上新台阶，数字产业化水平显著提升，数字化公共服务更加普惠均等，数字经济治理体系更加完善。展望 2035 年，力争形成统一公平、竞争有序、成熟完备的数字经济现代市场体系，数字经济发展水平位居世界前列。

同日 中国农业科学院油料所培育的油菜新品种“中油杂 19”，成为我国首个含油量达到 50% 的国审冬油菜品种，突破了油菜高油高产多抗协同改良的难题，推动油菜高油育种跃居世界领先水平。牧医所联合培育的白羽肉鸡“广明 2 号”通过审定，标志着我国白羽肉鸡自主育种实现从 0 到 1 的突破，打破了国外垄断。

1 月 13 日 最高人民法院发布《关于审理生态环境侵权纠纷案件适用惩罚性赔偿的解释》，对造成生态环境损害的责任者严格实行赔偿制度，加大对严重违法行为处罚力度，对恶意侵权者实行惩罚性赔偿制度。发布《关于充分发挥司法职能作用 助力中小微企业发展的指导意见》，围绕中小微企业急难愁盼的突出问题，提出有针对性的 20 条司法措施，切实有效助力中小微企业健康发展。

同日 市场监管总局印发《关于推进企业信用风险分类管理进一步提升监管效能的意见》，在市场监管系统全面推进企业信用风险分类管理，从而进一步优化监管资源配置，提升监管效能，推动构建信用导向的营商环境，实现高质量发展。

同日 中国银保监会发布《银行保险机构关联交易管理办法》。

1 月 14 日 中共中央办公厅发布修订后的《事业单位领导人员管理规定》，着眼新时代对事业单位领导人员队伍建设提出的新要求，深入分析工作中出现的新情况新问题特别是近年巡视巡察发现的相关问题，从制度层面提出有针对性的举措，进一步改进方式、完善程序，为建设德才兼备、忠诚干净担当的高素质专业化事业单位领导人员队伍提供有力制度保证。

同日 工信部、国家发展改革委等十部门联合发布《关于促进制造业有序转移的指导意见》，明确创新体制机制，完善政策体系，促进资源要素有序流动，引导产业合理有序转移，维护产业链供应链完整性，促进形成区域合理分工、联动发展的制造业发展格局。到 2025 年，中西部、东北地区承接产业转移能力显著提升，各地区比较优势充分发挥，立足国内大循环吸引全球资源要素优势显著提升，制造业布局进一步优化、区域协同显著增强。

1 月 15 日　中央政法工作会议在京召开。习近平对政法工作作出重要指示，强调要坚持党对政法工作的绝对领导，从党的百年奋斗史中汲取智慧和力量，弘扬伟大建党精神，提升防范化解重大风险的能力，完善执法司法政策措施，全面深化政法改革，巩固深化政法队伍教育整顿成果，切实履行好维护国家安全、社会安定、人民安宁的重大责任，让人民群众切实感受到公平正义就在身边。各级党委要及时研究解决制约政法工作的突出问题，支持政法各单位依法履职，为建设更高水平的平安中国、法治中国提供有力保障，以实际行动迎接党的二十大胜利召开。

1 月 17 日　习近平在北京出席 2022 年世界经济论坛视频会议，并发表《坚定信心 勇毅前行 共创后疫情时代美好世界》的演讲。习近平强调，当今世界正在经历百年未有之大变局。这场变局不限于一时一事、一国一域，而是深刻而宏阔的时代之变。时代之变和世纪疫情相互叠加，世界进入新的动荡变革期。如何战胜疫情？如何建设疫后世界？这是世界各国人民共同关心的重大问题，也是我们必须回答的紧迫的重大课题。他指出，“天下之势不盛则衰，天下之治不进则退。”世界总是在矛盾运动中发展的，没有矛盾就没有世界。纵观历史，人类正是在战胜一次次考验中成长、在克服一场场危机中发展。我们要在历史前进的逻辑中前进、在时代发展的潮流中发展。要善于从历史长周期比较分析中进行思考，又要善于从细微处洞察事物的变化，在危机中育新机、于变局中开新局，凝聚起战胜困难和挑战的强大力量。第一，携手合作，聚力战胜疫情。第二，化解各类风险，促进世界经济稳定复苏。第三，跨越发展鸿沟，重振全球发展事业。第四，摒弃冷战思维，实现和平共处、互利共赢。他强调，中国将坚定不移推动高质量发展，坚定不移推进改革开放，坚定不移推进生态文明建设。

同日　国务院召开全国安全生产电视电话会议。李克强作出重要批示强调，不断提升防范化解重大安全风险能力，切实维护人民群众生命财产安全。

1 月 18 日　国务院印发《“十四五”现代综合交通运输体系发展规划》，明确了 9 个方面的主要任务。该规划确定了主要目标，到 2025 年，综合交通运输基本实现一体化融合发展，智能化、绿色化取得实质性突破，综合能力、服务品质、运行效率和整体效益显著提升，交通运输发展向世界一流水平迈进。展望 2035 年，便捷顺畅、经济高效、安全可靠、绿色集约、智能先进的现代化高质量国家综合立体交通网基本建成，“全国 123 出行交通圈”（都市区 1 小时通勤、城市群 2 小时通达、全国主要城市 3 小时覆盖）和“全球 123 快货物流圈”（快货国内 1 天送达、周边国家 2 天送达、全球主要城市 3 天送达）基本形成，我国基本建成交通强国。

同日　国家发展改革委、工信部、住建部等七部门发布《促进绿色消费实施方案》，系统设计了促进绿色消费的制度政策体系，包括 4 方面 22 项重点任务和政策措施。方案提出，到 2025 年，绿色消费理念深入人心，奢侈浪费得到有效遏制，绿色低碳产品市场占有率大幅提升，重点领域消费绿色转型取得明显成效，绿色消费方式得到普遍推行，绿色低碳循环发展的消费体系初步形成。到 2030 年，绿色消费方式成为公众自觉选择，绿色低碳产品成为市场主流，重点领域消费绿色低碳发展模式基本形成，绿色消费制度政策体系和体制机制基本健全。

同日　国务院印发《关于支持贵州在新时代西部大开发上闯新路的意见》，明确了贵州西部大开发综合改革示范区、巩固拓展脱贫攻坚成果样板区、内陆开放型经济新高地、数字经济发展创新区、生态文明建设先行区等战略定位，提出了到 2025 年、2035 年的发展目标。部署了 7 个方面的主要任务。

1 月 18—20 日　十九届中央纪委六次全会在京举行。全会以习近平新时代中国特色社会主义思想为指导，全面贯彻落实党的十九大和十九届历次全会精神，总结 2021 年纪检监察工作，部署 2022 年任务，审议通过赵乐际同志代表中央纪委常委会所作的《运用党的百年奋斗历史经验 推动纪检监察工作高质量发展 迎接党的二十大胜利召开》工作报告。习近平出席全会并发表重要讲话。他强调，总结运用党的百年奋斗历史经验，坚持党中央集中统一领导，坚持党要管党、全面从严治党，坚持以党的政治建设为统领，坚持严的主基调不动摇，坚持发扬钉钉子精神加强作风建设，坚持以零容忍态度惩治腐败，坚持纠正一切损害群众利益的腐败和不正之风，坚持抓住“关键少数”以上率下，坚持完善党和国家监督制度，以伟大自我革命引领伟大社会革命，坚持不懈把全面从严治党向纵深推进。

1月19日 李克强主持召开国务院常务会议，部署进一步加强下一阶段特别是春节期间煤电油气运保障和市场保供；决定延续实施部分到期的减税降费政策，支持企业纾困和发展。

同日 国务院办公厅印发《关于促进内外贸一体化发展的意见》，就促进内外贸一体化，形成强大国内市场，畅通国内国际双循环作出部署。该意见从完善内外贸一体化制度体系、增强内外贸一体化发展能力、加快内外贸融合发展、完善保障措施4个方面提出15条工作措施。提出，坚持政府引导、市场为主，坚持改革开放、规则衔接，坚持系统观念、统筹推进。到2025年，市场主体内外贸一体化发展水平进一步提升，内外联通网络更加完善，政府管理服务持续优化，内外贸一体化调控体系更加健全，实现内外贸高效运行、融合发展。

同日 住房和城乡建设部发布《“十四五”建筑业发展规划》，明确“十四五”时期，我国要初步形成建筑业高质量发展体系框架，建筑市场运行机制更加完善，工程质量安全保障体系基本健全，建筑工业化、数字化、智能化水平大幅提升，建造方式绿色转型成效显著，加速建筑业由大向强转变。该规划提出了加快智能建造与新型建筑工业化协同发展、健全建筑市场运行机制、完善工程建设组织模式、培育建筑产业工人队伍、完善工程质量安全保障体系、稳步提升工程抗震防灾能力、加快建筑业“走出去”步伐等主要任务。

1月20日 国务院印发《“十四五”旅游业发展规划》，提出7项重点任务，指出到2025年，旅游业发展水平不断提升，现代旅游业体系更加健全，旅游有效供给、优质供给、弹性供给更为丰富，大众旅游消费需求得到更好满足。国内旅游蓬勃发展，出入境旅游有序推进，旅游业国际影响力、竞争力明显增强，旅游强国建设取得重大进展。文化和旅游深度融合，建设一批富有文化底蕴的世界级旅游景区和度假区，打造一批文化特色鲜明的国家级旅游休闲城市和街区，红色旅游、乡村旅游等加快发展。

同日　世界首个燃煤锅炉混氨燃烧技术工业应用项目在山东烟台成功投运，并顺利通过中国电机工程学会与中国石油和化学工业联合会组织的技术评审，在国际上首次实现 40 兆瓦等级燃煤锅炉氨混燃比例为 35% 的中试验证，标志着我国燃煤锅炉混氨技术达到世界领先水平。

1 月 21 日　李克强主持召开专家企业家座谈会，征求对政府工作报告意见建议，强调继续创新实施宏观政策更大激发市场活力，稳定宏观经济大盘保持经济运行在合理区间。

同日　国务院办公厅印发《“十四五”城乡社区服务体系建设规划》，明确了“十四五”时期推进城乡社区服务体系建设的指导思想、主要目标、重点任务、组织保障等。提出到 2025 年末，党建引领社区服务体系更加完善，服务主体和服务业态更加丰富，线上线下服务机制更加融合，精准化、精细化、智能化水平持续提升，社区吸纳就业能力不断增强，基本公共服务均等化水平明显提升，人民群众操心事、烦心事、揪心事更好解决，获得感、幸福感、安全感不断增强。明确农村社区综合服务设施覆盖率达到 80%、每百户居民拥有社区综合服务设施面积达到 30 平方米以上等目标。

同日　重庆数字经济人才市场挂牌仪式举行，这是人社部批复设立的我国首个数字经济人才市场。

1 月 24 日　习近平主持召开中共中央政治局会议，审议《中央政治局常委会听取和研究全国人大常委会、国务院、全国政协、最高人民法院、最高人民检察院党组工作汇报和中央书记处工作报告的综合情况报告》和《信访工作条例》。

同日　十九届中央政治局就努力实现碳达峰碳中和目标进行第三十六次集体学习。习近平在主持学习时强调，实现碳达峰碳中和，是贯彻新发展理念、构建新发展格局、推动高质量发展的内在要求，是党中央统筹国内国际两个大局作出的重大战略决策。我们必须深入分析推进碳达峰碳中和工作面临的形势和任务，充分认识实现“双碳”目标的紧迫性和艰巨性，研究需要做好的重点工作，统一思想和认识，扎扎实实把党中央决策部署落到实处。

同日 国务院印发《“十四五”节能减排综合工作方案》，部署了包括重点行业绿色升级工程、园区节能环保提升工程、城镇绿色节能改造工程等的10大重点工程，明确了具体目标任务。明确到2025年，全国单位国内生产总值能源消耗比2020年下降13.5%，能源消费总量得到合理控制，化学需氧量、氨氮、氮氧化物、挥发性有机物排放总量比2020年分别下降8%、8%、10%以上、10%以上。节能减排政策机制更加健全，重点行业能源利用效率和主要污染物排放控制水平基本达到国际先进水平，经济社会发展绿色转型取得显著成效。

同日 国家发展改革委发布《“十四五”现代流通体系建设规划》，围绕深化现代流通市场化改革、完善现代商贸流通体系、加快发展现代物流体系、增强交通运输流通承载能力、加强现代金融服务流通功能、推进流通领域信用体系建设等6大领域，提出18个方面50项任务举措，以及5个专栏和19个具体工程。明确，“十四五”期间，国家将聚焦补齐现代流通体系短板，从流通环境营造、流通空间优化、市场主体培育、现代化水平提升等四个方向上发力，加快形成现代流通统一大市场，发展现代商贸流通和现代物流两大体系，强化交通运输、金融和信用三方面支撑，为培育完整内需体系，促进形成强大国内市场，推动国民经济循环畅通，构建新发展格局提供有力支撑。这是我国第一部流通领域国家级发展建设规划。

1月25日 习近平在北京主持中国同中亚五国建交30周年视频峰会，发表《携手共命运 一起向未来》的重要讲话。习近平强调，中国同中亚五国30年合作的成功密码，在于双方始终相互尊重、睦邻友好、同舟共济、互利共赢。这四项原则是在合作中积累的宝贵经验和共同财富，是中国同中亚国家关系行稳致远的政治保障，也是中国同中亚国家友好交往继往开来的力量源泉。无论国际风云如何变幻，无论未来中国发展到什么程度，中国都始终是中亚国家值得信任和倚重的好邻居、好伙伴、好朋友、好兄弟。中方坚定支持中亚国家走符合本国国情的发展道路，坚定支持各国维护本国主权、独立、领土完整，坚定支持各国追求民族振兴和团结自强，坚定支持各国在国际舞台上发挥更大作用。中方愿同中亚国家携手构建更加紧密的中国—中亚命运共同体。为此，他提出五点建议：第一，深耕睦邻友好的示范田；第二，建设高质量发展的合作带；第三，强化守卫和平的防护盾；第四，构建多元互动的大家庭；第五，维护和平发展的地球村。

同日 国务院办公厅转发教育部等部门《“十四五”特殊教育发展提升行动计划》，部署各地加快推进特殊教育高质量发展。

同日 中宣部办公厅、国家广电总局办公厅印发《关于进一步规范播音员主持人职业行为和社会活动管理的意见》，强调要始终把政治素质培养作为播音员主持人队伍建设的首要任务，不断提高政治判断力、政治领悟力、政治执行力，稳妥把握职业行为和社会活动。播音员主持人要把职业道德建设作为立身之本，自觉抵制名利诱惑和低俗庸俗媚俗，净化“交际圈”“朋友圈”，塑造良好公众形象，主动接受社会监督、自觉弘扬职业精神。

同日 商务部、中宣部、自然资源部等八部门联合发布《关于促进老字号创新发展的意见》，出台一系列加大老字号保护力度、健全老字号传承体系、激发老字号创新活力、培育老字号发展动能等方面的具体措施，明确到2025年，老字号保护传承和创新发展体系基本形成，老字号持续健康发展的政策环境更加完善，创新发展更具活力，产品服务更趋多元，传承载体更加丰富，品牌信誉不断提升，市场竞争力明显增强。

1月26日 以“共享科技冬奥”为主题的首届全球媒体创新论坛在北京举行。习近平向论坛致贺信。

同日 文化和旅游部、国家体育总局公布首批国家级滑雪旅游度假地名单。北京延庆海陀、河北涞源、河北崇礼等12家滑雪旅游度假地被认定为首批国家级滑雪旅游度假地。

1月26—27日 习近平到山西临汾、晋中等地，深入农村、文物保护单位、企业等考察调研。

1月27日 李克强在京会见在华工作的外国专家代表并与其座谈交流。李克强强调，对外开放是中国的基本国策。我们将持续推进更高水平对外开放。更好发挥人力、人才资源作用，为各国专家在华工作生活提供更多便利，帮助他们解决遇到的困难和问题。

同日　国务院印发《“十四五”市场监管现代化规划》，对推进我国市场监管现代化作出全面部署。该规划提出如下重点任务：（1）持续优化营商环境，充分激发市场主体活力；（2）加强市场秩序综合治理，营造公平竞争市场环境；（3）维护和完善国内统一市场，促进市场循环充分畅通；（4）完善质量政策和技术体系，服务高质量发展；（5）坚守安全底线，强化消费者权益保护；（6）构建现代化市场监管体系，全面提高市场综合监管效能。该规划明确提出营商环境持续优化、市场运行更加规范、市场循环充分畅通、消费安全保障有力、质量水平显著提升、监管效能全面提高等目标。

同日　工信部、国家发展改革委、科技部等八部门联合印发《关于加快推动工业资源综合利用的实施方案》，提出到 2025 年，钢铁、有色、化工等重点行业工业固废产生强度下降，大宗工业固废的综合利用水平显著提升，再生资源行业持续健康发展，工业资源综合利用效率明显提升。围绕构建资源高效循环利用闭环管理，提出 3 大工程：（1）工业固废综合利用提质增效工程；（2）再生资源高效循环利用工程；（3）工业资源综合利用能力提升工程。

1 月 28 日　国务院印发《计量发展规划（2021—2035 年）》，明确了到 2035 年推动计量事业发展的指导思想、基本原则、发展目标、重点任务和保障措施。提出到 2025 年，国家现代先进测量体系初步建立，计量科技创新力、影响力进入世界前列，部分领域达到国际领先水平。计量在经济社会各领域的地位和作用日益凸显，协同推进计量工作的体制机制进一步完善。到 2035 年，国家计量科技创新水平大幅提升，关键领域计量技术取得重大突破，综合实力跻身世界前列。建成以量子计量为核心、科技水平一流、符合时代发展需求和国际化发展潮流的国家现代先进测量体系。

同日　国务院新闻办公室发布《2021 中国的航天》白皮书，介绍 2016 年以来中国航天活动主要进展及未来五年主要任务。白皮书说，站在全面建设社会主义现代化国家新征程的历史起点上，中国将加快推进航天强国建设，秉持人类命运共同体理念，继续同各国一道，积极参与外空全球治理与交流合作，维护外空安全，促进外空活动长期可持续发展，为保护地球家园、增进民生福祉、服务人类文明进步作出新的更大贡献。

同日 中央网信办会同国家发展改革委、工信部、市场监管总局召开促进互联网企业健康持续发展工作座谈会。27 家互联网企业负责人参加会议。人民网、京东、快手、小米、美团等 5 家互联网企业负责人就新形势下互联网企业健康持续发展提出对策和建议。

同日 国家监察委员会印发《关于办理国有企业管理人员渎职犯罪案件适用法律若干问题的意见》，这是国家监察委员会印发的第一个针对职务犯罪实体认定方面的监察执法指导性文件。该意见共 8 部分，围绕非法经营同类营业罪，为亲友非法牟利罪，国有公司、企业人员失职罪和国有公司、企业人员滥用职权罪等四类案件的法律适用问题，主要明确和解决了追诉标准、犯罪主体、犯罪地、“国家利益遭受损失”及挽回后处置等问题。

1 月 29 日 国务院印发《关于开展第三次全国土壤普查的通知》，明确了普查总体要求、对象与内容、时间安排、组织实施、经费保障和工作要求，决定自 2022 年起开展第三次全国土壤普查，利用四年时间全面查清农用地土壤质量家底。

同日 国家发展改革委、国家能源局印发《“十四五”新型储能发展实施方案》，明确 6 项重点任务，提出到 2025 年，新型储能由商业化初期步入规模化发展阶段，具备大规模商业化应用条件。新型储能技术创新能力显著提高，核心技术装备自主可控水平大幅提升，标准体系基本完善，产业体系日趋完备，市场环境和商业模式基本成熟。到 2030 年，新型储能全面市场化发展。新型储能核心技术装备自主可控，技术创新和产业水平稳居全球前列，市场机制、商业模式、标准体系成熟健全，与电力系统各环节深度融合发展，基本满足构建新型电力系统需求，全面支撑能源领域碳达峰目标如期实现。

同日 国家发展改革委、国家能源局印发《“十四五”现代能源体系规划》，提出 6 项重点任务，确定主要目标是，能源保障更加安全有力、能源低碳转型成效显著、能源系统效率大幅提高、创新发展能力显著增强、普遍服务水平持续提升，展望 2035 年，能源高质量发展取得决定性进展，基本建成现代能源体系。能源安全保障能力大幅提升，绿色生产和消费模式广泛形成，非化石能源消费比重在2030年达到25%的基础上进一步大幅提高，可再生能源发电成为主体电源，新型电力系统建设取得实质性成效，碳排放总量达峰后稳中有降。

同日 国务院办公厅印发《关于全面实行行政许可事项清单管理的通知》，提出2022年底前，构建形成全国统筹、分级负责、事项统一、权责清晰的行政许可事项清单体系，编制并公布国家、省、市、县四级行政许可事项清单，将依法设定的行政许可事项全部纳入清单管理，清单之外一律不得违法实施行政许可。对清单内事项逐项编制完成行政许可实施规范，大幅提升行政许可标准化水平，“十四五”时期基本实现同一事项在不同地区和层级同要素管理、同标准办理。

同日 国家发展改革委、国家能源局印发《关于完善能源绿色低碳转型体制机制和政策措施的意见》，从完善国家能源战略和规划实施的协同推进机制、完善引导绿色能源消费的制度和政策体系、建立绿色低碳为导向的能源开发利用新机制等方面提出多项举措。明确到2030年，基本建立完整的能源绿色低碳发展基本制度和政策体系，形成非化石能源既基本满足能源需求增量又规模化替代化石能源存量、能源安全保障能力得到全面增强的能源生产消费格局。

2月3日 习近平向国际奥委会第139次全会开幕式发表视频致辞，强调从2008年的“同一个世界，同一个梦想”到2022年的“一起向未来”，中国积极参与奥林匹克运动，坚持不懈弘扬奥林匹克精神，是奥林匹克理想的坚定追求者、行动派。中国通过筹办冬奥会，成功带动3亿人参与冰雪运动，推动了区域发展、生态建设、绿色创新、人民生活改善，为全球冰雪运动发展开辟了更为广阔的空间。

2月4日 习近平在北京钓鱼台国宾馆同俄罗斯总统普京举行会谈。两国元首就中俄关系以及事关国际战略安全稳定的一系列重大问题深入充分交换了意见。

2月4—20日 北京第24届冬季奥林匹克运动会举行。来自91个国家和地区的近 3000 名运动员奋力拼搏、挑战极限、超越自我，刷新了 2 项世界纪录和 17 项冬奥会纪录，奏响“更快、更高、更强——更团结”的华彩乐章。中国代表团以 9 金 4 银 2 铜刷新了单届冬奥会获金牌数和奖牌数两项纪录，名列金牌榜第 3 位，创造了自 1980 年参加冬奥会以来的历史最好成绩。

2 月 5 日 习近平和夫人彭丽媛在北京人民大会堂金色大厅举行宴会，欢迎出席北京 2022 年冬奥会开幕式的国际贵宾。

同日 习近平致电第三十五届非洲联盟峰会，向非洲国家和人民表示热烈祝。贺习近平强调，2021 年是中非关系蓬勃发展的一年。2020 年 11 月，中非合作论坛第八届部长级会议成功举行，习近平在会上宣布了未来三年对非合作“九项工程”，同与会非方领导人一致支持构建新时代中非命运共同体。新形势下，中方愿同非方一道，积极落实论坛会议成果，推动共建“一带一路”合作、全球发展倡议同非洲联盟《2063 年议程》、自贸区建设深入对接，引领中非合作向更高质量、更宽领域发展，续写中非友谊新篇章。

2 月 7 日 工信部、国家发展改革委、生态环境部联合发布《关于促进钢铁工业高质量发展的指导意见》，廓清钢铁工业实现高质量发展的目标和路径，明确提出力争到 2025 年，钢铁工业基本形成布局结构合理、资源供应稳定、技术装备先进、质量品牌突出、智能化水平高、全球竞争力强、绿色低碳可持续的高质量发展格局。提出增强创新发展能力、严禁新增钢铁产能、优化产业布局结构、推进企业兼并重组、有序发展电炉炼钢、深入推进绿色低碳、大力发展智能制造、大幅提升供给质量、提高资源保障能力、提升本质安全水平、维护公平市场秩序、提升开放合作水平等主要任务。

同日 国家发展改革委、中央网信办、工信部、国家能源局联合印发通知，同意在京津冀、长三角、粤港澳大湾区、成渝、内蒙古、贵州、甘肃、宁夏等 8 地启动建设国家算力枢纽节点，并规划了 10 个国家数据中心集群。我国一体化大数据中心体系完成总体布局设计，“东数西算”工程正式全面启动。

2 月 8 日 最高人民检察院第八检察厅印发《关于加强国有财产保护、国有土地使用权出让领域公益诉讼检察工作的通知》，要求实现“国财国土”

领域市级院层面办案全覆盖，以更好发挥公益诉讼检察职能作用，保护国有财产，服务保障经济社会发展大局。

同日 农业农村部、最高人民法院、最高人民检察院等七部门联合印发《关于保护种业知识产权打击假冒伪劣套牌侵权营造种业振兴良好环境的指导意见》，明确了5方面具体措施。提出，全面加强种业知识产权保护，坚持部门协同、上下联动、标本兼治，综合运用法律、经济、技术、行政等多种手段，推行全链条、全流程监管，严厉打击假冒伪劣套牌侵权违法犯罪行为，让侵权违法者付出沉重代价。

同日 国务院印发《关于同意在鄂尔多斯等27个城市和地区设立跨境电子商务综合试验区的批复》，同意在鄂尔多斯市、扬州市、镇江市等27个城市和地区设立跨境电子商务综合试验区，名称分别为中国（城市或地区名）跨境电子商务综合试验区。此前，国务院已经分5批设立了105家跨境电商综试区，覆盖了30个省份，加上本次新获批的27地，截至目前，我国已在132个城市和地区设立了跨境电商综试区。覆盖范围进一步扩大，将为跨境电商创新发展提供更为有力的支撑。

2月9日 国务院办公厅转发国家发展改革委等部门《关于加快推进城镇环境基础设施建设的指导意见》，部署加快推进城镇环境基础设施建设，助力稳投资和深入打好污染防治攻坚战。该指导意见明确加快推进城镇环境基础设施建设5方面15项重点任务，提出到2025年，城镇环境基础设施供给能力和水平显著提升，加快补齐重点地区、重点领域短板弱项，构建集污水、垃圾、固体废物、危险废物、医疗废物处理处置设施和监测监管能力于一体的环境基础设施体系；到2030年，基本建立系统完备、高效实用、智能绿色、安全可靠的现代化环境基础设施体系。同时提出到2025年，新增污水处理能力2000万立方米/日、生活垃圾分类收运能力达到70万吨/日左右、城镇生活垃圾焚烧处理能力达到80万吨/日左右、新增大宗固体废物综合利用率达到60%等具体目标。

2月11日 国务院印发《“十四五”推进农业农村现代化规划》，对“十四五”时期推进农业农村现代化的战略导向、主要目标、重点任务和政策措施等作出全面安排，增强农业农村对经济社会发展的支撑保障能力和“压舱石”的稳定作用，持续提高农民生活水平。该规划安排了 7 方面发展任务，明确，到 2025 年，农业基础更加稳固，乡村振兴战略全面推进，农业农村现代化取得重要进展。梯次推进有条件的地区率先基本实现农业农村现代化，脱贫地区实现巩固拓展脱贫攻坚成果同乡村振兴有效衔接。展望 2035 年，乡村全面振兴取得决定性进展，农业农村现代化基本实现。

2 月 13 日 全国春季农业生产暨加强冬小麦田间管理工作会议在山东省德州市召开。李克强作出重要批示，强调，加大农业生产扶持力度，因地因苗抓好春季田管，确保全年粮食产量继续保持在 1.3 万亿斤以上。

2 月 14 日 李克强主持召开国务院常务会议，听取 2021 年全国两会建议提案办理情况汇报，要求汇聚众智做好今年政府工作；确定促进工业经济平稳增长和服务业特殊困难行业纾困发展的措施。

同日 国务院印发《“十四五”国家应急体系规划》，对“十四五”时期安全生产、防灾减灾救灾等工作进行全面部署。具体部署了 7 方面重点任务，安排了 5 类共 17 项重点工程。该规划提出到 2025 年，应急管理体系和能力现代化要取得重大进展，形成统一指挥、专常兼备、反应灵敏、上下联动的中国特色应急管理体制，建成统一领导、权责一致、权威高效的国家应急能力体系，安全生产、综合防灾减灾形势趋稳向好，自然灾害防御水平明显提升，全社会防范和应对处置灾害事故能力显著增强。到 2035 年，建立与基本实现现代化相适应的中国特色大国应急体系，全面实现依法应急、科学应急、智慧应急，形成共建共治共享的应急管理新格局。

2 月 17 日 生态环境部、国家发展改革委、自然资源部等七部门联合印发《重点海域综合治理攻坚战行动方案》，对“十四五”时期渤海、长江口—杭州湾和珠江口邻近海域等三大重点海域综合治理作出部署安排。该方案提出到 2025 年，三大重点海域水质优良（一、二类）比例较 2020 年提升 2 个百分点左右，入海排污口排查整治稳步推进，主要河流入海断面水质基本消除劣Ⅴ类，滨海湿地和岸线得到有效保护，海洋环境风险防范和应急响应能力明显提升，形成一批具有全国示范价值的美丽海湾。

2月18日 国家发展改革委、工信部、财政部等12部门联合发布《关于印发促进工业经济平稳增长的若干政策的通知》，提出关于财政税费政策、关于金融信贷政策、关于保供稳价政策、关于投资和外贸外资政策、关于用地用能和环境政策等5类政策17条具体措施，进一步巩固工业经济增长势头，抓紧做好预调微调和跨周期调节，确保全年工业经济运行在合理区间。

同日 国家发展改革委、财政部、人社部等14部门联合印发《关于促进服务业领域困难行业恢复发展的若干政策》，提出服务业、餐饮业、零售业、旅游业、公路水路铁路运输业、民航业等行业共41项具体纾困扶持措施，帮助服务业领域困难行业渡过难关、恢复发展。

同日 中华全国供销合作总社发布《全国供销合作社“十四五”公共型农产品冷链物流发展专项规划》，明确“十四五”期间，全国供销合作社系统将基本构建起骨干网、省域网、区域网与信息平台相互交织、互为支撑、融合发展的供销合作社公共型农产品冷链物流服务网络，到2025年，全系统冷链物流基础设施更加完善、服务能力显著增强、行业影响力明显提升，在国家冷链物流发展中发挥积极作用。提出，“十四五”期间，全国供销合作社系统将建成600个县域产地农产品冷链物流中心、100个农产品冷链物流枢纽基地、200个城市销地农产品冷链物流中心。

2月21日 国务院印发《“十四五”国家老龄事业发展和养老服务体系规划》，围绕推动老龄事业和产业协同发展、推动养老服务体系高质量发展，明确了“十四五”时期的总体要求、主要目标和工作任务。

2月22日 国务院办公厅印发《关于加快推进电子证照扩大应用领域和全国互通互认的意见》，就进一步加快推进电子证照扩大应用领域和全国互通互认，实现更多政务服务事项网上办、掌上办、一次办，进一步助力深化“放管服”改革和优化营商环境作出部署。

2月24日 中共中央办公厅印发《关于加强新时代廉洁文化建设的意见》，强调加强新时代廉洁文化建设，要坚持以习近平新时代中国特色社会主义思想为指导，全面贯彻党的十九大和十九届历次全会精神，增强“四个意识”、坚定“四个自信”、做到“两个维护”，不忘初心、牢记使命，坚持思想建党和制度治党同向发力，坚持依法治国和以德治国相结合，以理想信念强基固本，以先进文化启智润心，以高尚道德砥砺品格，惩治震慑、制度约束、提高觉悟一体发力，推动廉洁文化建设实起来、强起来，不断实现干部清正、政府清廉、政治清明、社会清朗。

同日 国家发展改革委印发《关于进一步完善煤炭市场价格形成机制的通知》，在坚持煤炭价格由市场形成的基础上，明确价格合理区间、强化区间调控，引导煤炭价格在合理区间运行，实现有效市场和有为政府的更好结合，进一步完善煤炭市场价格形成机制。

2 月 25 日 中共中央政治局召开会议，讨论国务院拟提请十三届全国人大五次会议审议的《政府工作报告》稿，审议《关于十九届中央第八轮巡视情况的综合报告》和《关于 2021 年中央巡视工作领导小组重点工作情况的报告》，习近平主持会议。会议认为，过去一年是党和国家历史上具有里程碑意义的一年。以习近平同志为核心的党中央团结带领全党全国各族人民，隆重庆祝中国共产党成立一百周年，胜利召开党的十九届六中全会、制定党的第三个历史决议，如期打赢脱贫攻坚战，如期全面建成小康社会、实现第一个百年奋斗目标，开启全面建设社会主义现代化国家、向第二个百年奋斗目标进军新征程。一年来，面对复杂严峻的国内外形势和诸多风险挑战，全国上下共同努力，统筹疫情防控和经济社会发展，全年主要目标任务较好完成，“十四五”实现良好开局，我国发展又取得新的重大成就。会议指出，十九届中央第八轮巡视成效明显，发挥了政治监督作用。会议对中央巡视工作领导小组 2021 年的工作给予充分肯定，同意其对 2022 年的工作安排。

同日 十九届中央政治局就中国人权发展道路进行第三十七次集体学习。习近平在主持学习时强调，尊重和保障人权是中国共产党人的不懈追求。党的百年奋斗史，贯穿着党团结带领人民为争取人权、尊重人权、保障人权、发展人权而进行的不懈努力。我国开启了全面建设社会主义现代化国家、向第二个百年奋斗目标进军的新征程，我们要深刻认识做好人权工作的重要性和紧迫性，坚定不移走中国人权发展道路，更加重视尊重和保障人权，更好推动我国人权事业健康发展。

同日 财政部、农业农村部、国家乡村振兴局等六部门联合印发《关于加强中央财政衔接推进乡村振兴补助资金使用管理的指导意见》，推动提升资金使用效益，进一步细化衔接资金政策。明确，过渡期继续通过原有资金渠道巩固“三保障”成果；贯彻落实中央一号文件关于“推动脱贫地区更多依靠发展来巩固拓展脱贫攻坚成果”的要求，督促指导各地围绕“三聚焦”用好管好衔接资金，提升资金使用效益和脱贫群众增收效果。

2月28日 习近平主持召开中央全面深化改革委员会第二十四次会议，审议通过《关于加快建设世界一流企业的指导意见》《推进普惠金融高质量发展的实施意见》《关于加强基础学科人才培养的意见》《关于推进国有企业打造原创技术策源地的指导意见》。会议还审议了《中央全面深化改革委员会2021年工作总结报告》《中央全面深化改革委员会2022年工作要点》。会议指出，要坚持党的全面领导，发展更高水平的社会主义市场经济，毫不动摇巩固和发展公有制经济，毫不动摇鼓励、支持和引导非公有制经济发展，加快建设一批产品卓越、品牌卓著、创新领先、治理现代的世界一流企业，在全面建设社会主义现代化国家、实现第二个百年奋斗目标进程中实现更大发展、发挥更大作用。要始终坚持以人民为中心的发展思想，推进普惠金融高质量发展，健全具有高度适应性、竞争力、普惠性的现代金融体系，更好满足人民群众和实体经济多样化的金融需求，切实解决贷款难贷款贵问题。要全方位谋划基础学科人才培养，科学确定人才培养规模，优化结构布局，在选拔、培养、评价、使用、保障等方面进行体系化、链条式设计，大力培养造就一大批国家创新发展急需的基础研究人才。要推动国有企业完善创新体系、增强创新能力、激发创新活力，促进产业链创新链深度融合，提升国有企业原创技术需求牵引、源头供给、资源配置、转化应用能力，打造原创技术策源地。会议强调，2022年下半年要召开党的二十大，改革工作既要蹄疾步稳、纵深推进，又要有新气象、新面貌。要坚持稳中求进工作总基调，加快推动落实党的十九大以来部署的改革任务，加快推动重要领域和关键环节改革攻坚突破、落地见效，注重防范化解重大风险，深入总结党的十九大以来全面深化改革新进展新成效新经验，抓紧研究未来一个时期全面深化改革的主攻方向、战略重点、任务举措，激发全党全社会改革创新活力和潜能，为保持平稳健康的经济环境、国泰民安的社会环境、风清气正的政治环境创造良好制度条件。

3 月 1 日 国务院印发《关于加快推进政务服务标准化规范化便利化的指导意见》，对进一步优化政务服务作出系统设计和工作部署。该意见明确2022 年底前，国家、省、市、县、乡五级政务服务能力和水平显著提升，政务服务中心综合窗口全覆盖，全国一体化政务服务平台全面建成，企业和群众经常办理的政务服务事项实现“跨省通办”。2025 年底前，政务服务标准化、规范化、便利化水平大幅提升，“免证办”全面推行，集约化办事、智慧化服务实现新的突破，政务服务线上线下深度融合、协调发展，方便快捷、公平普惠、优质高效的政务服务体系全面建成。

同日 最高人民检察院发布《最高人民检察院关于全面加强新时代知识产权检察工作的意见》，要求坚持以办案为中心，全面提升知识产权检察综合保护质效。提出，加大对侵犯知识产权犯罪打击力度，聚焦人民群众反映强烈的涉农领域产品、生命健康产品、环境保护产品、地理标志产品和文化体育产品等侵权假冒行为，互联网领域侵权假冒行为以及涉新业态新领域、关键核心技术侵犯知识产权犯罪，办理一批典型案件，重拳出击，形成震慑。

同日 住房和城乡建设部印发《“十四五”建筑节能与绿色建筑发展规划》，提出到 2025 年，完成既有建筑节能改造面积 3.5 亿平方米以上，建设超低能耗、近零能耗建筑 0.5 亿平方米以上，装配式建筑占当年城镇新建建筑的比例达到 30%，全国新增建筑太阳能光伏装机容量 0.5 亿千瓦以上，地热能建筑应用面积 1 亿平方米以上，城镇建筑可再生能源替代率达到 8%，建筑能耗中电力消费比例超过 55%。提出了提升绿色建筑发展质量、提高新建建筑节能水平、加强既有建筑节能绿色改造、推动可再生能源应用、实施建筑电气化工程、推广新型绿色建造方式等重点任务，并提出健全法规标准体系、落实激励政策保障、创新工程质量监管模式等保障措施。

3 月 2 日 国务院办公厅印发《关于加强入河入海排污口监督管理工作的实施意见》，提出水陆统筹、以水定岸，明晰责任、严格监督，统一要求、差别管理，突出重点、分步实施等工作原则，明确了到2023年、2025年的目标任务。

3月3日 国务院新闻办公室发表《中国残疾人体育事业发展和权利保障》白皮书。

3月4日 银保监会、中国人民银行发布《关于加强新市民金融服务工作的通知》，针对新市民在创业、就业、住房、教育、医疗、养老等重点领域的金融需求，鼓励引导银行保险机构积极做好与现有支持政策的衔接，结合地方实际，因地制宜强化产品和服务创新，高质量扩大金融供给，提升金融服务的均等性和便利度。

3月4—10日 全国政协十三届五次会议在京举行。会议号召，人民政协各级组织、各参加单位和广大政协委员，要更加紧密地团结在以习近平同志为核心的中共中央周围，奋发进取，勇毅前行，以实际行动迎接中共二十大胜利召开，为夺取全面建设社会主义现代化国家新胜利、实现中华民族伟大复兴的中国梦作出新的更大贡献。

3月4—13日 北京2022年冬残奥会举行。来自46个国家（地区）的近600名残疾人运动员享受激情、奋勇拼搏，展现了自强不息、乐观进取的精神。中国体育代表团获得18枚金牌、61枚奖牌，名列金牌榜和奖牌榜首位，创造了参加冬残奥会以来的最好成绩。

3月5—11日 十三届全国人大五次会议在京举行。大会批准政府工作报告、全国人大常委会工作报告等。大会通过关于修改地方各级人民代表大会和地方各级人民政府组织法的决定，通过关于十四届全国人大代表名额和选举问题的决定、香港特别行政区选举十四届全国人大代表的办法和澳门特别行政区选举十四届全国人大代表的办法。5日，习近平参加内蒙古代表团审议，强调，民族团结是我国各族人民的生命线，中华民族共同体意识是民族团结之本。要紧紧抓住铸牢中华民族共同体意识这条主线，深化民族团结进步教育，引导各族群众牢固树立休戚与共、荣辱与共、生死与共、命运与共的共同体理念，不断巩固中华民族共同体思想基础，促进各民族在中华民族大家庭中像石榴籽一样紧紧抱在一起，共同建设伟大祖国，共同创造美好生活，着力保持平稳健康的经济环境、国泰民安的社会环境、风清气正的政治环境，以实际行动迎接党的二十大胜利召开。

3 月 6 日 习近平看望参加全国政协十三届五次会议的农业界、社会福利和社会保障界委员，并参加联组会，听取意见和建议。他强调，实施乡村振兴战略，必须把确保重要农产品特别是粮食供给作为首要任务，把提高农业综合生产能力放在更加突出的位置，把“藏粮于地、藏粮于技”真正落实到位。要在推动社会保障事业高质量发展上持续用力，织密社会保障安全网，为人民生活安康托底。

3 月 7 日 习近平出席十三届全国人大五次会议解放军和武警部队代表团全体会议，强调依法治军是我们党建军治军的基本方式，是实现党在新时代的强军目标的必然要求。要贯彻依法治军战略，提高国防和军队建设法治化水平，为推进强军事业提供坚强法治保障。

同日 习近平在北京同法国总统马克龙、德国总理朔尔茨举行视频峰会。习近平指出，当今世界，百年变局和世纪疫情交织，带来很多全球性挑战，需要全球性合作。中欧在谋和平、求发展、促合作方面有很多共同语言。我们要拿出担当，为动荡变化的世界注入更多稳定性和确定性。双方要加强对话，坚持合作，推动中欧关系行稳致远。中国的发展将为中欧合作带来更大空间。双方要继续本着互利共赢原则，持续深化绿色、数字伙伴关系和各领域务实合作。双方要继续坚持多边主义，推进重大全球性议程。双方就当前乌克兰局势、伊朗核问题交换了意见。

同日 中共中央办公厅、国务院办公厅印发《关于加强科技伦理治理的意见》，提出明确科技伦理原则、健全科技伦理治理体制、加强科技伦理治理制度规范、强化科技伦理审查和监督、深入开展科技伦理教育和宣传具体措施，进一步完善科技伦理体系，提升科技伦理治理能力，有效防控科技伦理风险，不断推动科技向善、造福人类，实现高水平科技自立自强。

同日 国家发展改革委印发《2022 年新型城镇化和城乡融合发展重点任务》，指出坚持把推进农业转移人口市民化作为新型城镇化首要任务，重点针对存量未落户人口深化户籍制度改革，健全常住地提供基本公共服务制度，提高农业转移人口融入城市水平。提出提高农业转移人口市民化质量、持续优化城镇化空间布局和形态、加快推进新型城市建设、提升城市治理水平、促进城乡融合发展、组织实施等6大类28项基本任务。

同日 市场监管总局印发《全国商业秘密保护创新试点工作方案》，部署各地开展商业秘密保护创新试点工作，共提出6项主要任务，提出通过选择一批地区开展商业秘密保护创新试点，用三年时间，不断提高治理水平和保护效能，推动商业秘密保护工作再上新台阶。创新试点地区于当年7月全面启动试点工作。

同日 市场监管总局发布修订后的《医疗器械生产监督管理办法》和《医疗器械经营监督管理办法》，落实最严格的监管要求。办法规定，强化对医疗器械注册人的监督管理，明确注册人和受托生产企业双方责任，将委托生产管理有关要求纳入质量管理体系，并进一步完善了医疗器械生产环节的检查职责、检查方式、结果处置、调查取证等监管要求。完善经营环节销售、运输、贮存等方面管理要求，细化进货查验、销售记录等追溯管理相关规定，强化注册人、备案人销售其注册、备案的医疗器械的质量安全责任。提出，建立医疗器械生产报告制度，规定生产产品品种报告、生产动态报告、生产条件变化报告和质量管理体系运行情况自查年度报告等要求。明确注册人跨省委托生产情形下的药品监管部门的职责要求，明确跨区域监督检查、调查取证等方面联合和协助规定，新增经营环节延伸检查和联合检查相关规定，并完善了境外检查以及信息公开和责任约谈等管理制度。

同日 水利部、国家发展改革委联合发布《关于印发“十四五”用水总量和强度双控目标的通知》，明确了各省、自治区、直辖市“十四五”用水总量和强度双控目标。到2025年，全国年用水总量控制在6400亿立方米以内，万元国内生产总值用水量、万元工业增加值用水量分别比2020年降低16%左右和16%，农田灌溉水有效利用系数提高到0.58以上。首次将非常规水源最低利用量作为控制目标分解下达到各省、自治区、直辖市，确保到2025年，全国非常规水源利用量超过170亿立方米，预计比2020年增加33%，对促进非常规水源开发利用，缓解水资源供需矛盾具有重要意义。

3 月 14 日 李克强主持召开国务院常务会议，确定《政府工作报告》重点任务分工，要求扎实有力抓落实，推动经济在爬坡过坎中保持平稳运行。

3 月 15 日 人社部、国家发展改革委、财政部、农业农村部、国家乡村振兴局联合印发《关于做好 2022 年脱贫人口稳岗就业工作的通知》，进一步部署做好脱贫人口稳岗就业工作。该通知提出，要按照稳存量、扩增量、提质量的要求，推动全国脱贫人口（含防止返贫监测对象）务工规模不低于 3000 万人，将 160 个国家乡村振兴重点帮扶县和易地搬迁集中安置区作为重点地区，牢牢守住不发生规模性失业返贫的底线。

3 月 16 日 国务院在中南海举行宪法宣誓仪式。李克强监誓。国务院任命的 27 个部门和单位的 32 名负责人依法进行宪法宣誓。

同日 国务院台办、商务部、市场监管总局联合印发《关于做好台湾居民在服务贸易创新发展试点地区申请设立个体工商户工作的通知》，进一步为台湾同胞特别是基层民众、青年群体到大陆就业创业提供支持。

同日 国家发展改革委、外交部、生态环境部、商务部联合印发《关于推进共建“一带一路”绿色发展的意见》，提出到 2025 年，共建“一带一路”生态环保与气候变化国际交流合作不断深化，绿色丝绸之路理念得到各方认可，绿色基建、绿色能源、绿色交通、绿色金融等领域务实合作扎实推进，绿色示范项目引领作用更加明显，境外项目环境风险防范能力显著提升，共建“一带一路”绿色发展取得明显成效。到 2030 年，共建“一带一路”绿色发展理念更加深入人心，绿色发展伙伴关系更加紧密，“走出去”企业绿色发展能力显著增强，境外项目环境风险防控体系更加完善，共建“一带一路”绿色发展格局基本形成。围绕推进绿色发展重点领域合作、推进境外项目绿色发展、完善绿色发展支撑保障体系 3 个板块，提出 15 项具体任务，内容覆盖绿色基础设施互联互通、绿色能源、绿色交通、绿色产业、绿色贸易、绿色金融、绿色科技、绿色标准、应对气候变化等重点领域。

3 月 17 日 中共中央政治局常委会召开会议，分析新冠肺炎疫情形势，部署从严抓好疫情防控工作。

同日 中共中央办公厅、国务院办公厅印发《全民所有自然资源资产所有权委托代理机制试点方案》，明确，针对全民所有的土地、矿产、海洋、森林、草原、湿地、水、国家公园等八类自然资源资产（含自然生态空间）开展所有权委托代理试点。提出，在各省（自治区、直辖市）和新疆生产建设兵团同步试点。到2023年，基本建立统一行使、分类实施、分级代理、权责对等的所有权委托代理机制，产权主体全面落实，管理权责更加明晰，资产家底基本摸清，资源保护更加有力，资产配置更加高效，收益管理制度更加完善，考核评价标准初步建立，所有者权益得到有效维护，形成一批可复制可推广的改革成果，为全面落实统一行使所有者职责、修改完善相关法律法规积累实践经验。

同日 国家药监局、农业农村部、国家林草局、国家中医药管理局联合发布实施《中药材生产质量管理规范》，适用于中药材生产企业规范生产中药材的全过程，是中药材规范化生产和管理的基本要求。其发布和实施，有利于推进中药材规范化生产，加强中药材质量控制，促进中药产业高质量发展。

3月18日 习近平应约同美国总统拜登视频通话。两国元首就中美关系和乌克兰局势等共同关心的问题坦诚深入交换了意见。

同日 人社部出台《关于健全完善新时代技能人才职业技能等级制度的意见（试行）》，提出，“十四五”期末，在以技能人员为主体的规模以上企业和其他用人单位中，全面推行职业技能等级认定，普遍建立与国家职业资格制度相衔接、与终身职业技能培训制度相适应，并与使用相结合、与待遇相匹配的新时代技能人才职业技能等级制度。

3月21日 李克强主持召开国务院常务会议，确定实施大规模增值税留抵退税政策，为稳定宏观经济大盘提供强力支撑；部署综合施策稳定市场预期，保持资本市场平稳健康发展。

同日 财政部、国家税务总局发布《关于进一步加大增值税期末留抵退税政策实施力度的公告》，明确将先进制造业按月全额退还增值税增量留抵税额政策范围扩大至符合条件的小微企业（含个体工商户），并一次性退还小微企业存量留抵税额。

同日 应急管理部印发《“十四五”危险化学品安全生产规划方案》，明确了“十四五”时期危险化学品安全生产工作的指导思想、基本原则、主要目标和具体举措，对全国危险化学品安全生产工作作出系统谋划部署。提出，要围绕危险化学品系统性安全风险防范，落实一批制度举措和建设项目。构建危险化学品安全治理体系，要抓好安全生产责任体系、隐患排查治理体系、安全预防控制体系、本质安全发展体系、从业人员培训体系、基础支撑保障体系六个方面工作。着眼提升本质安全水平，实施化工园区安全提质、大型油气储存基地安全防控、企业安全改造、安全培训网络建设、“工业互联网+危化安全生产”等五大工程。

3 月 22 日 中共中央政治局常委、国务院副总理韩正主持召开煤炭清洁高效利用工作专题座谈会，强调加强统筹谋划，确保安全保供推动煤炭清洁高效利用不断迈上新水平。

3 月 23 日 中共中央办公厅、国务院办公厅印发《关于构建更高水平的全民健身公共服务体系的意见》，提出，到 2025 年，更高水平的全民健身公共服务体系基本建立，人均体育场地面积达到 2.6 平方米，经常参加体育锻炼人数比例达到 38.5%，政府提供的全民健身基本公共服务体系更加完善、标准更加健全、品质明显提升，社会力量提供的普惠性公共服务实现付费可享有、价格可承受、质量有保障、安全有监管，群众健身热情进一步提高。到 2035 年，与社会主义现代化国家相适应的全民健身公共服务体系全面建立，经常参加体育锻炼人数比例达到 45% 以上，体育健身和运动休闲成为普遍生活方式，人民身体素养和健康水平居于世界前列。

同日 交通运输部南海航海保障中心广州海岸电台与广东省气象台联合启动南海海上无线电气象传真服务，于 10 时起正式对外播发。该项服务填补了我国南海海区海上无线电气象传真业务的空白。

同日 国务院正式批复《北部湾城市群建设“十四五”实施方案》。批复要求，北部湾城市群建设要以西部陆海新通道为依托，深度对接长江经济带发展、粤港澳大湾区建设等区域重大战略，协同推进海南自由贸易港建设，融入共建“一带一路”，积极拓展全方位开放合作，大力发展向海经济，加快建设蓝色海湾城市群，在推动城市群高质量发展上闯出新路子，在服务和融入新发展格局上展现新作为，在推动绿色发展上迈出新步伐，在维护边疆海疆安宁上彰显新担当。

同日 李克强到农业农村部考察，并主持召开座谈会，强调不误农时抓好春管春耕保障粮食安全，为稳定经济社会发展大局提供坚实支撑。

同日 国务院国资委发布《关于做好2022年服务业小微企业和个体工商户房租减免工作的通知》，推动中央企业抓紧抓实抓好2022年房租减免工作，切实帮助服务业领域困难行业恢复发展、渡过难关。要求，各中央企业要抓紧研究确定房租减免政策的具体实施细则并抓好落实，尽快提升市场主体获得感。普遍减免3个月租金工作要力争在上半年实际完成主体工作，补充减免3个月租金工作要在列为中高风险地区后2个月内完成。对于转租、分租中央企业房屋的，要持续加大工作力度，推动减租政策有效传导至实际承租人。

3月24日 人社部、商务部联合认定了首批12家人力资源服务领域特色服务出口基地，包括中国北京人力资源服务产业园朝阳园、中国天津人力资源服务产业园、中国长春人力资源服务产业园、中国上海人力资源服务产业园等。

同日 工信部印发《关于开展“一起益企”中小企业服务行动的通知》，部署2022年在全国范围开展中小企业服务行动。服务行动以“宣传政策、落实政策，纾解难题、促进发展”为主题，通过组织服务进企业、进园区、进集群，为中小企业送政策、送管理、送技术，稳定市场预期，坚定发展信心，促进中小企业平稳健康发展。

3月25日 中共中央、国务院印发《关于加快建设全国统一大市场的意见》，提出5个主要目标，包括持续推动国内市场高效畅通和规模拓展、加快营造稳定公平透明可预期的营商环境、进一步降低市场交易成本、促进科技创新和产业升级、培育参与国际竞争合作新优势。该意见从6个方面明确了加快建设全国统一大市场的重点任务：（1）强化市场基础制度规则统一；（2）推进市场设施高标准联通；（3）打造统一的要素和资源市场；（4）推进商品和服务市场高水平统一；（5）推进市场监管公平统一；（6）进一步规范不当市场竞争和市场干预行为。

同日 农业农村部印发《关于实施新型农业经营主体提升行动的通知》，提出突出抓好农民合作社和家庭农场两类农业经营主体发展，着力完善基础制度、加强能力建设、深化对接服务、健全指导体系，推动由数量增长向量质并举转变，为全面推进乡村振兴、加快农业农村现代化提供有力支撑。明确，力争到"十四五"期末，农民合作社规范管理和财务会计等五项管理服务制度更加健全；新型农业经营主体融合发展、稳粮扩油等五方面能力全面提升；新型农业经营主体辅导员队伍建设等三项指导服务机制全面建立。县级及以上示范社、示范家庭农场分别达到20万家，适应新型农业经营主体发展需求的县乡基层指导服务体系基本建立，全国新型农业经营主体辅导员名录库入库辅导员超过3万名，创建一批新型农业经营主体服务中心。新型农业经营主体发展质量效益稳步提升、服务带动效应显著增强，基本形成以家庭经营为基础、新型农业经营主体为依托、社会化服务为支撑的现代农业经营体系，促进小农户和现代农业发展有机衔接。

同日 国家网信办、国家税务总局、市场监管总局联合印发《关于进一步规范网络直播营利行为促进行业健康发展的意见》，着力构建跨部门协同监管长效机制，加强网络直播营利行为规范性引导，鼓励支持网络直播依法合规经营，促进网络直播行业在发展中规范，在规范中发展。提出，网络直播平台要认真落实管理主体责任，加强网络直播账号注册管理和账号分级分类管理，每半年向网信、税务部门报送存在直播营利行为的网络直播发布者个人身份、直播账号、网络昵称、取酬账户、收入类型及营利情况等信息，配合监管部门开展执法活动。网络直播平台和网络直播发布者要维护网络直播公平竞争环境，不得通过虚假营销、自我打赏等方式吸引流量，诱导消费者打赏和购买商品。

同日 交通运输部、科技部联合印发《交通领域科技创新中长期发展规划纲要（2021—2035年）》，明确了未来一个时期我国交通运输科技创新工作的指导思想、基本原则和发展目标。从交通基础设施、交通装备、运输服务、智慧交通、平安交通、绿色交通等维度布局了重点研发任务，其中包括：提升基础设施高质量建养技术水平；提升交通装备关键技术自主化水平；推进运输服务与组织智能高效发展，提升旅客便捷顺畅联程运输和货物经济高效多式联运水平，增强城市交通拥堵综合治理技术能力；大力推动深度融合的智慧交通建设，加快新一代信息技术及空天信息技术与交通运输融合创新应用，加快发展交通运输新型基础设施；推进一体化协同化的平安交通建设；构建全寿命周期绿色交通技术体系等。

3月28日 国务院印发《关于设立3岁以下婴幼儿照护个人所得税专项附加扣除的通知》。自2022年1月1日起，纳税人照护3岁以下婴幼儿子女的相关支出，在计算缴纳个人所得税前，按照每个婴幼儿每月1000元的标准定额扣除。该项扣除政策有利于减轻人民群众抚养子女负担，体现了国家对人民群众生育养育的鼓励和照顾。

3月29日 国务院反拐部际联席会议电视电话会议在京召开。李克强作出重要批示强调，深入推进正在开展的打击拐卖妇女儿童犯罪专项行动，坚决维护妇女儿童合法权益、维护社会正义。

同日 李克强主持召开国务院常务会议，要求压实责任落细措施，坚决防止重特大安全事故；部署用好政府债券扩大有效投资，促进补短板增后劲和经济稳定增长；决定新开工一批条件成熟的水利工程，提高水资源保障和防灾减灾能力。

同日 中共中央办公厅、国务院办公厅印发《关于推进社会信用体系建设高质量发展促进形成新发展格局的意见》，提出以健全的信用机制畅通国内大循环、以良好的信用环境支撑国内国际双循环相互促进、以坚实的信用基础促进金融服务实体经济、以有效的信用监管和信用服务提升全社会诚信水平等4项23条具体要求。

同日 国务院办公厅印发《“十四五”中医药发展规划》，对“十四五”时期中医药工作进行全面部署。提出，到2025年，中医药健康服务能力明显增强，中医药高质量发展政策和体系进一步完善，中医药振兴发展取得积极成效，在健康中国建设中的独特优势得到充分发挥。

3月30日 习近平等党和国家领导人来到北京市大兴区黄村镇参加首都

义务植树活动。习近平强调，全社会都做生态文明建设的实践者推动者，让祖国天更蓝山更绿水更清生态环境更美好。

同日 由中国海油投资建设的我国首个智能深海油气保障仓储中心在海南省中国海油海南码头全面投用，标志着我国深海油气资源勘探开发供应链保障体系基础设施建设已基本完成，深海油气资源开发和南海万亿大气区建设的后勤保障基础得到进一步强化。

同日 世界经济论坛对外公布最新一批“灯塔工厂”名单，BOE（京东方）福州第 8.5 代半导体显示生产线荣膺全球智能制造领域的最高荣誉“灯塔工厂”，成为中国大陆第一家获此殊荣的显示企业。

3 月 31 日 中共中央政治局常委会召开会议，听取“3·21”东航 MU5735 航空器飞行事故应急处置情况的汇报，就做好下一步工作作出部署。习近平主持会议并发表重要讲话。强调，安全生产要坚持党政同责、一岗双责、齐抓共管、失职追责，管行业必须管安全，管业务必须管安全，管生产经营必须管安全。从实际工作看，仍有一些地方和行业安全责任没有压紧压实，工作措施没有抓实抓到位。各级党委和政府要坚持以人民为中心的发展思想，坚持人民至上、生命至上，统筹发展和安全，始终保持如履薄冰的高度警觉，做好安全生产各项工作，决不能麻痹大意、掉以轻心。对在安全生产上不负责任、玩忽职守出问题的，要严查严处、严肃追责。各级党政主要负责同志要亲力亲为、靠前协调，其他负责同志要认真履行各自岗位的安全职责，层层落实到基层一线，坚决反对形式主义、官僚主义。要在全国深入开展安全大检查，严厉打击违法违规行为，采取有力措施清除各类风险隐患，坚决遏制重特大事故，确保人民生命财产安全。

同日 由财政部、国务院发展研究中心与世界银行联合开展研究的《中国减贫四十年：驱动力量、借鉴意义和未来政策方向》在北京发布。该研究报告分析了过去 40 年中国减贫的主要驱动力量，总结了中国减贫经验对其他发展中国家的借鉴意义，并对中国的未来政策方向提出了建议。报告显示，过去 40 年，中国经济增长以及减贫的速度和规模是前所未有的。以 2010 年国家贫困标准计算，1978—2019 年，农村贫困发生率从 97.5% 下降到 0.6%，农村贫困人口从7.7亿下降到550万，减少近7.65亿，贫困发生率平均每年降低2.4个百分点。根据世界银行每人每天1.9美元的全球绝对贫困标准衡量，中国的贫困发生率从1981年的88.1%下降到2018年的0.3%，贫困人口减少了近8亿，占同期全球减贫人数近75%。整体上看，中国的减贫进程始终领先于世界其他国家。报告提出，中国解决绝对贫困问题主要依靠两大支柱：一是基础广泛的经济转型，为贫困人口提供了新的发展机会，不断提高收入水平；二是政府实施有针对性的扶贫政策来消除长期贫困，这些政策瞄准因地理环境等原因影响发展的贫困地区，并有针对性地面向贫困人口实施精准扶贫战略。报告还强调，中国的经济发展和减贫成就得益于有效的治理，政府各部门通力合作，并充分发挥社会各界的积极性。

同日　增值税留抵退税政策实施首日，符合条件的微型企业存量留抵退税等业务正式启动办理。2022年，国家再次加大对增值税小规模纳税人支持力度，自4月1日至12月31日，对小规模纳税人适用3%征收率的应税销售收入，免征增值税；对适用3%预征率的预缴增值税项目，暂停预缴增值税。

4月6日　李克强主持召开国务院常务会议，决定对特困行业实行阶段性缓缴养老保险费政策，加大失业保险支持稳岗和培训力度；部署适时运用货币政策工具，更加有效支持实体经济发展。

4月7日　李克强主持召开经济形势专家和企业家座谈会，强调稳住经济基本盘，保持经济运行在合理区间。

同日　工信部、国家发展改革委、科技部等六部门联合印发《关于“十四五”推动石化化工行业高质量发展的指导意见》，提出，到2025年我国石化化工行业基本形成自主创新能力强、结构布局合理、绿色安全低碳的高质量发展格局，高端产品保障能力大幅提高，核心竞争能力明显增强，高水平自立自强迈出坚实步伐。

同日　文旅部、教育部、自然资源部等六部门联合印发《关于推动文化产业赋能乡村振兴的意见》，提出到2025年，文化产业赋能乡村振兴的有效机制基本建立，优秀传统乡土文化得到有效激活，乡村文化业态丰富发展，乡村人文资源和自然资源得到有效保护和利用，乡村一二三产业有机融合，文化产业对乡村经济社会发展的综合带动作用更加显著，对乡村文化振兴的支撑作用更加突出。

4 月 8 日 北京冬奥会、冬残奥会总结表彰大会在北京人民大会堂隆重举行。大会授予国家速滑馆场馆运行团队等 148 个集体“北京冬奥会、冬残奥会突出贡献集体”称号；授予苏翊鸣等 147 名同志、追授邓小岚同志“北京冬奥会、冬残奥会突出贡献个人”称号。

同日 交通运输部、科技部联合印发《“十四五”交通领域科技创新规划》，提出了“十四五”期间交通运输科技创新工作的指导思想、基本原则、发展目标和主要任务。

4 月 10 日 李克强以视频方式出席中国—葡语国家经贸合作论坛部长级特别会议开幕式并致辞。本次特别会议主题为“携手抗疫、共谋发展”，中国与安哥拉、巴西、佛得角等 8 个葡语国家的政府代表通过线上线下相结合的方式参加会议相关活动。

4 月 10—13 日 习近平在海南考察，先后来到三亚、五指山、儋州等地，深入科研单位、国家公园、黎族村寨、港口码头等进行调研。习近平强调，要坚决贯彻党中央决策部署，坚持稳中求进工作总基调，完整、准确、全面贯彻新发展理念，全面深化改革开放，坚持创新驱动发展，统筹疫情防控和经济社会发展，统筹发展和安全，解放思想、开拓创新，团结奋斗、攻坚克难，加快建设具有世界影响力的中国特色自由贸易港，让海南成为新时代中国改革开放的示范，以实际行动迎接党的二十大胜利召开。

4 月 11 日 李克强在江西主持召开部分地方政府主要负责人座谈会，强调稳字当头、稳中求进，以稳就业稳物价支撑经济运行在合理区间。

同日 我国自主设计建造的亚洲第一深水导管架“海基一号”，在南海东部珠江口盆地海域安装就位。“海基一号”总高度达 302 米，总重量达 3 万吨；下水作业地点水深约 284 米，是国内首次在近 300 米水深海域安装固定式导管架。

4 月 13 日 李克强主持召开国务院常务会议，部署促进消费的政策举措，助力稳定经济基本盘和保障改善民生；决定进一步加大出口退税等政策支持力度，促进外贸平稳发展；确定加大金融支持实体经济的措施，引导降低市场主体融资成本。

4月14日 李克强对防汛抗旱工作作出重要批示强调，坚决防范应对重大洪涝灾害，确保人民群众生命财产安全。

4月15—24日 第131届中国进出口商品交易会在云端举办。本届广交会以“联通国内国际双循环”为主题，约2.55万家企业参展，展品305.21万件，新品95.15万件，累计访客数1009万人，访问量3390万次，均创历史新高。

4月18日 中共中央办公厅、国务院办公厅印发《关于加强打击治理电信网络诈骗违法犯罪工作的意见》，围绕打击治理电信网络诈骗违法犯罪，着重提出要做好5个方面的工作：（1）依法严厉打击电信网络诈骗违法犯罪；（2）构建严密防范体系；（3）加强行业监管源头治理；（4）强化属地管控综合治理；（5）加强组织实施。

同日 中国人民银行、国家外汇管理局印发《关于做好疫情防控和经济社会发展金融服务的通知》，从支持受困主体纾困、畅通国民经济循环、促进外贸出口发展3个方面，提出加强金融服务、加大支持实体经济力度的23条政策举措。

4月19日 习近平主持召开中央全面深化改革委员会第二十五次会议，审议通过《关于加强数字政府建设的指导意见》《关于进一步推进省以下财政体制改革工作的指导意见》《关于建立健全领导干部自然资源资产离任审计评价指标体系的意见》《“十四五”时期完善金融支持创新体系工作方案》《关于完善科技激励机制的若干意见》。习近平强调，要全面贯彻网络强国战略，把数字技术广泛应用于政府管理服务，推动政府数字化、智能化运行，为推进国家治理体系和治理能力现代化提供有力支撑。要理顺省以下政府间财政关系，使权责配置更为合理，收入划分更加规范，财力分布相对均衡，基层保障更加有力，促进加快建设全国统一大市场、推进基本公共服务均等化、推动高质量发展。要贯彻依法依规、客观公正、科学认定、权责一致、终身追责的原则，着力构建科学、规范、合理的审计评价指标体系，推动领导干部切实履行自然资源资产管理和生态环境保护责任。要聚焦金融服务科技创新的短板弱项，完善金融支持创新体系，推动金融体系更好适应新时代科技创新需求。要坚持面向世界科技前沿、面向经济主战场、面向国家重大需求、面向人民生命健康，树立勇担使命、潜心研究、创造价值的激励导向，营造有利于原创成果不断涌现、科技成果有效转化的创新生态，激励广大科技人员各展其能、各尽其才。

4 月 20 日 李克强主持召开国务院常务会议，部署进一步抓好春季农业生产的措施，确保粮食丰收和重要农产品稳定供应；确定能源保供增供举措，提升能源对经济社会发展的保障能力。

同日 十三届全国人大常委会第三十四次会议在京举行。会议通过我国首部规范期货交易和衍生品交易行为的专门法律《中华人民共和国期货和衍生品法》和新修订的《中华人民共和国职业教育法》。

同日 国家税务总局、公安部、财政部等十部门联合制发《关于进一步加大出口退税支持力度 促进外贸平稳发展的通知》，提出进一步加大助企政策支持力度、进一步提升退税办理便利程度、进一步优化出口企业营商环境等 3 项 15 条具体措施，助力外贸企业缓解困难、促进进出口平稳发展，更好发挥出口退税这一普惠公平、符合国际规则政策的效用，并从多方面优化外贸营商环境。

4 月 20—22 日 博鳌亚洲论坛 2022 年年会在海南博鳌举行，主题是“疫情与世界：共促全球发展，构建共同未来”，围绕国际社会最为关注的疫后世界经济复苏与可持续发展等议题，进行对话和交流，凝聚共识，贡献智慧。21 日，习近平以视频方式出席本届年会开幕式，并发表《携手迎接挑战，合作开创未来》的主旨演讲。习近平指出，当下，世界之变、时代之变、历史之变正以前所未有的方式展开，给人类提出了必须严肃对待的挑战。面对重重挑战，我们决不能丧失信心、犹疑退缩，而是要坚定信心、激流勇进。他强调，过去两年多来，国际社会为应对新冠肺炎疫情挑战、推动世界经济复苏发展作出了艰苦努力。困难和挑战进一步告诉我们，人类是休戚与共的命运共同体，各国要顺应和平、发展、合作、共赢的时代潮流，向着构建人类命运共同体的正确方向，携手迎接挑战、合作开创未来。过去几十年，亚洲地区总体保持稳定，经济持续快速增长，成就了“亚洲奇迹”。亚洲好世界才能更好。我们要继续把亚洲发展好、建设好，展现亚洲的韧性、智慧、力量，打造世界的和平稳定锚、增长动力源、合作新高地。

4月21日 国务院办公厅印发《关于推动个人养老金发展的意见》。这是贯彻落实党中央、国务院构建多层次、多支柱养老保险体系和规范发展第三支柱养老保险要求的具体举措，对于满足人民群众多样化养老保险需要具有重要意义。

4月25日 习近平来到中国人民大学考察调研，强调坚持党的领导传承红色基因扎根中国大地，走出一条建设中国特色世界一流大学新路。

同日 青蒿素问世50周年暨助力共建人类卫生健康共同体国际论坛在北京举行，主题为“加强青蒿素抗疟国际发展合作，共建人类卫生健康共同体”。习近平致贺信，强调，中国愿同国际社会一道，密切公共卫生领域交流合作，携手应对全球性威胁和挑战，推动共建人类卫生健康共同体，为维护各国人民健康作出更大贡献。

同日 国务院办公厅印发《关于进一步释放消费潜力促进消费持续恢复的意见》，按照目标导向和问题导向相结合、短期支持和中长期促进相兼顾的要求，提出5个方面20项重点举措：（1）应对疫情影响，促进消费有序恢复发展；（2）全面创新提质，着力稳住消费基本盘；（3）完善支撑体系，不断增强消费发展综合能力；（4）持续深化改革，全力营造安全放心诚信消费环境；（5）强化保障措施，进一步夯实消费高质量发展基础。

4月26日 习近平主持召开中央财经委员会第十一次会议，研究全面加强基础设施建设问题和党的十九大以来中央财经委员会会议决策部署落实情况。习近平强调，基础设施是经济社会发展的重要支撑，要统筹发展和安全，优化基础设施布局、结构、功能和发展模式，构建现代化基础设施体系，为全面建设社会主义现代化国家打下坚实基础；中央财经委员会是党中央领导经济工作的重要制度安排，各地区各部门要准确领会中央财经委员会决策部署精神，共同推动决策部署落实落好。

4 月 27 日 李克强主持召开国务院常务会议，决定加大稳岗促就业政策力度，保持就业稳定和经济平稳运行；听取交通物流保通保畅工作汇报，要求进一步打通堵点、畅通循环。

同日 中共中央办公厅印发《国家“十四五”时期哲学社会科学发展规划》，围绕贯彻落实党中央提出的加快构建中国特色哲学社会科学的战略任务，对“十四五”时期哲学社会科学发展作出总体性规划。

4 月 28 日 京杭大运河实现全线通水。这是京杭大运河百年来首次全线通水。

4 月 29 日 习近平主持召开中共中央政治局会议，分析研究当前经济形势和经济工作，审议《国家“十四五”期间人才发展规划》。会议强调，要加大宏观政策调节力度，扎实稳住经济，努力实现全年经济社会发展预期目标，保持经济运行在合理区间。要加快落实已经确定的政策，实施好退税减税降费等政策，用好各类货币政策工具。要抓紧谋划增量政策工具，加大相机调控力度，把握好目标导向下政策的提前量和冗余度。要全力扩大国内需求，发挥有效投资的关键作用，强化土地、用能、环评等保障，全面加强基础设施建设。要发挥消费对经济循环的牵引带动作用。要稳住市场主体，对受疫情严重冲击的行业、中小微企业和个体工商户实施一揽子纾困帮扶政策。要做好能源资源保供稳价工作，抓好春耕备耕工作。要切实保障和改善民生，稳定和扩大就业，组织好重要民生商品供应，保障城市核心功能运转，稳控安全生产形势，维护社会大局稳定。要坚持全国一盘棋，确保交通物流畅通，确保重点产业链供应链、抗疫保供企业、关键基础设施正常运转。会议指出，编制《国家“十四五”期间人才发展规划》是党中央部署的一项重要工作，是落实中央人才工作会议精神的具体举措，也是国家“十四五”规划的一项重要专项规划。要全面加强党对人才工作的领导，牢固确立人才引领发展的战略地位，全方位培养引进用好人才。

同日 十九届中央政治局就依法规范和引导我国资本健康发展进行第三十八次集体学习。习近平在主持学习时强调，资本是社会主义市场经济的重要生产要素，在社会主义市场经济条件下规范和引导资本发展，既是一个重大经济问题也是一个重大政治问题，既是一个重大实践问题也是一个重大理论问题，关系坚持社会主义基本经济制度，关系改革开放基本国策，关系高质量发展和共同富裕，关系国家安全和社会稳定。必须深化对新的时代条件下我国各类资本及其作用的认识，规范和引导资本健康发展，发挥其作为重要生产要素的积极作用。

同日 习近平对湖南长沙居民自建房倒塌事故作出重要指示，要求不惜代价搜救被困人员，全力救治受伤人员，对全国自建房安全开展专项整治，坚决防范各类重大事故发生。

5月4日 经国务院批准，人民银行增加1000亿元支持煤炭清洁高效利用专项再贷款额度，专门用于支持煤炭开发使用和增强煤炭储备能力。新增额度支持领域包括煤炭安全生产和储备，以及煤电企业电煤保供。此次增加1000亿元额度后，支持煤炭清洁高效利用专项再贷款总额度达到3000亿元，有助于进一步释放煤炭先进产能，保障能源安全稳定供应，支持经济运行在合理区间。

5月5日 中共中央政治局常委会召开会议，分析当前新冠肺炎疫情防控形势，研究部署抓紧抓实疫情防控重点工作。习近平主持会议并发表重要讲话。

同日 李克强主持召开国务院常务会议，部署进一步为中小微企业和个体工商户纾困举措，以保市场主体稳就业；确定推动外贸保稳提质的措施，助力稳经济稳产业链供应链。

5月6日 中共中央办公厅、国务院办公厅印发《关于推进以县城为重要载体的城镇化建设的意见》。该意见指出，到2025年，以县城为重要载体的城镇化建设取得重要进展，县城短板弱项进一步补齐补强，一批具有良好区位优势和产业基础、资源环境承载能力较强、集聚人口经济条件较好的县城建设取得明显成效，公共资源配置与常住人口规模基本匹配，特色优势产业发展壮大，市政设施基本完备，公共服务全面提升，人居环境有效改善，综合承载能力明显增强，农民到县城就业安家规模不断扩大，县城居民生活品质明显改善。再经过一个时期的努力，在全国范围内基本建成各具特色、富有活力、宜居宜业的现代化县城，与邻近大中城市的发展差距显著缩小，促进城镇体系完善、支撑城乡融合发展作用进一步彰显。

5 月 7 日　全国稳就业工作电视电话会议在京召开。李克强作出重要批示，强调帮助尽可能多的市场主体稳岗，努力拓展就业岗位，确保完成全年就业目标任务。

5 月 8 日　香港特别行政区第六任行政长官选举举行。李家超当选第六任行政长官人选。30 日，李克强会见李家超，颁发任命他为中华人民共和国香港特别行政区第六任行政长官的国务院第 754 号令。

5 月 9 日　习近平同德国总理朔尔茨举行视频会晤，指出当前形势下，中德尤其需要保持两国关系健康稳定发展，发挥好中德关系稳定性、建设性、引领性作用。

同日　商务部、国家发展改革委、教育部等 14 部门发布《关于开展内外贸一体化试点的通知》，决定在部分地区率先开展内外贸一体化试点，形成可复制推广的经验和模式。明确提出完善法规制度、促进标准认证衔接、培育一体化经营市场主体、打造内外贸融合发展平台、优化内外贸发展环境等七大任务，强化了对内外贸一体化发展的顶层设计，为促进内外贸一体化创造了有利条件。

5 月 10 日　庆祝中国共产主义青年团成立 100 周年大会在京举行。习近平在会上发表重要讲话强调，共青团要牢牢把握培养社会主义建设者和接班人的根本任务，坚持为党育人、自觉担当尽责、心系广大青年、勇于自我革命，团结带领广大团员青年成长为有理想、敢担当、能吃苦、肯奋斗的新时代好青年。

同日　国家发展改革委印发《“十四五”生物经济发展规划》。这是我国首部生物经济五年规划，部署了生物经济发展 5 方面重点任务 7 项重大工程。提出，到 2025 年，生物经济成为推动高质量发展的强劲动力，总量规模迈上新台阶，科技综合实力得到新提升，产业融合发展实现新跨越，生物安全保障能力达到新水平，政策环境开创新局面。到 2035 年，按照基本实现社会主义现代化的要求，我国生物经济综合实力稳居国际前列，基本形成技术水平领先、产业实力雄厚、融合应用广泛、资源保障有力、安全风险可控、制度体系完备的发展新局面。

5月11日 李克强主持召开国务院常务会议，要求财政货币政策以就业优先为导向，稳住经济大盘；部署进一步盘活存量资产，拓宽社会投资渠道、扩大有效投资；决定阶段性免除经济困难高校毕业生国家助学贷款利息并允许延期还本。

同日 全国人大常委会在北京召开湿地保护法实施座谈会。栗战书出席座谈会并讲话，强调深入学习贯彻习近平生态文明思想，引领我国湿地保护工作全面进入法治化轨道。

5月12日 国家外汇管理局发布《关于进一步促进外汇市场服务实体经济有关措施的通知》，要求中资银行及中国外汇交易中心等机构持续加强服务实体经济外汇风险管理的能力建设；丰富人民币对外汇衍生产品类型；完善银企服务平台，提升外汇市场基础设施服务水平，扩大合作办理人民币对外汇衍生品业务范围；完善自身外汇风险管理。

5月17日 全国政协在京召开“推动数字经济持续健康发展”专题协商会，汪洋出席并讲话。

同日 人社部、国家发展改革委、民政部、财政部、农业农村部联合印发《关于进一步做好长江流域重点水域退捕渔民安置保障工作的通知》，进一步部署长江流域重点水域退捕渔民安置保障有关工作，巩固拓展安置保障成果。

5月18日 庆祝中国国际贸易促进委员会建会70周年大会暨全球贸易投资促进峰会在北京举行。习近平发表视频致辞，强调中国扩大高水平开放的决心不会变，中国开放的大门只会越开越大。中国将持续打造市场化法治化国际化营商环境，高水平实施《区域全面经济伙伴关系协定》，推动高质量共建“一带一路”，为全球工商界提供更多市场机遇、投资机遇、增长机遇。中国贸促会代表与会工商界发布了《全球贸易投资促进峰会北京倡议》。

同日 李克强在云南主持召开稳增长稳市场主体保就业座谈会，研究部署进一步稳增长稳市场主体保就业。强调加快和加力实施宏观政策，着力稳市场主体以稳增长保就业保民生。

5 月 19 日 习近平在金砖国家外长会晤开幕式上发表视频致辞，强调历史和现实告诉我们，以牺牲别国安全为代价，片面追求自身安全，只会造成新的矛盾和风险。为了促进世界安危与共，我前不久提出了全球安全倡议。金砖国家要加强政治互信和安全合作，就重大国际和地区问题密切沟通协调，照顾彼此核心利益和重大关切，相互尊重主权、安全、发展利益，反对霸权主义和强权政治，抵制冷战思维和集团对抗，共建人类安全共同体。习近平指出，发展是新兴市场国家和发展中国家的共同任务。面对当前各种风险挑战，加强新兴市场国家和发展中国家团结合作，比以往任何时候都更为重要。五国要同更多新兴市场国家和发展中国家开展对话交流，增进理解互信，拉紧合作纽带，加深利益交融，让合作的蛋糕越做越大，让进步的力量越聚越强，为实现构建人类命运共同体的美好愿景作出更大贡献。

同日 国务院印发《气象高质量发展纲要（2022—2035 年）》，从七个方面部署了主要任务。明确，到 2025 年，气象关键核心技术实现自主可控，现代气象科技创新、服务、业务和管理体系更加健全，监测精密、预报精准、服务精细能力不断提升，气象服务供给能力和均等化水平显著提高，气象现代化迈上新台阶。到 2035 年，气象关键科技领域实现重大突破，气象监测、预报和服务水平全球领先，国际竞争力和影响力显著提升，以智慧气象为主要特征的气象现代化基本实现。气象与国民经济各领域深度融合，气象协同发展机制更加完善，结构优化、功能先进的监测系统更加精密，无缝隙、全覆盖的预报系统更加精准，气象服务覆盖面和综合效益大幅提升，全国公众气象服务满意度稳步提高。

5 月 20 日 李克强主持召开国务院第七次全体会议，决定任命李家超为香港特别行政区第六任行政长官，于 2022 年 7 月 1 日就职。会议审议了香港特别行政区政府关于选举李家超为香港特别行政区第六任行政长官人选的报告，听取了国务院港澳事务办公室主任夏宝龙关于香港特别行政区第六任行政长官人选产生过程的汇报。李克强作重要讲话指出，中央政府将继续全面准确、坚定不移贯彻“一国两制”、“港人治港”、高度自治的方针，落实中央对特别行政区全面管治权，坚定落实“爱国者治港”，全力支持行政长官和特别行政区政府依法施政，支持香港巩固提升国际金融、贸易、航运中心地位，加快打造国际创新科技中心，提升香港国际竞争力，发挥香港独特优势，更好融入国家发展大局，保持长期繁荣稳定。

同日 国务院办公厅印发《“十四五”国民健康规划》，提出到 2025 年，公共卫生服务能力显著增强，一批重大疾病危害得到控制和消除，医疗卫生服务质量持续改善，医疗卫生相关支撑能力和健康产业发展水平不断提升，国民健康政策体系进一步健全，人均预期寿命在 2020 年基础上继续提高 1 岁左右。

同日 全球首艘 10 万吨级智慧渔业大型工船“国信 1 号”在山东青岛交付运营，标志着我国深远海大型养殖工船产业实现了由 0 到 1 的进阶发展。

5 月 22 日 中共中央办公厅、国务院办公厅印发《关于推进实施国家文化数字化战略的意见》，明确，到“十四五”时期末，基本建成文化数字化基础设施和服务平台，形成线上线下融合互动、立体覆盖的文化服务供给体系。到 2035 年，建成物理分布、逻辑关联、快速链接、高效搜索、全面共享、重点集成的国家文化大数据体系，中华文化全景呈现，中华文化数字化成果全民共享。

5 月 23 日 李克强主持召开国务院常务会议，进一步部署稳经济一揽子措施，努力推动经济回归正常轨道、确保运行在合理区间。

同日 中共中央办公厅、国务院办公厅印发《乡村建设行动实施方案》，提出，到 2025 年，乡村建设取得实质性进展，农村人居环境持续改善，农村公共基础设施往村覆盖、往户延伸取得积极进展，农村基本公共服务水平稳步提升，农村精神文明建设显著加强，农民获得感、幸福感、安全感进一步增强。

5 月 25 日 习近平以视频方式会见联合国人权事务高级专员，深入阐述事关中国人权事业发展的重大问题，表明中国党和政府致力于全方位维护和保障人权的原则立场。

同日 国务院召开全国稳住经济大盘电视电话会议。李克强作重要讲话，强调扎实推动稳经济各项政策落地见效，保市场主体保就业保民生，确保经济运行在合理区间。

同日 国务院办公厅印发《关于进一步盘活存量资产扩大有效投资的意见》，提出要多种方式盘活存量资产，发展基础设施领域不动产投资信托基金，有序推进政府和社会资本合作，积极推进产权规范交易，发挥国有资本投资、运营公司功能作用，挖掘闲置低效资产价值，支持兼并重组等其他盘活方式。要创造条件盘活存量资产，积极落实产权界定、手续办理等项目盘活条件，完善规划和用地用海政策，完善市场化运营机制，提高项目收益水平，形成政策合力。要规范有序盘活存量资产，坚持市场化法治化原则，公开透明确定交易价格，落实防范化解地方政府隐性债务风险、国有资产监督管理、职工安置等规定，提升专业机构合规履职能力，确保基础设施稳健运营，保障公共利益。强调，盘活存量资产要尽快形成有效投资，引导做好回收资金使用，精准有效支持“十四五”规划 102 项重大工程等新项目建设，加快项目前期工作，加强地方政府专项债券等配套资金支持，促进项目落地实施、形成实物工作量。

同日 国务院办公厅印发《深化医药卫生体制改革 2022 年重点工作任务》，提出 2022 年的重点任务：（1）加快构建有序的就医和诊疗新格局。发挥国家医学中心、国家区域医疗中心的引领辐射作用，发挥省级高水平医院的辐射带动作用，增强市县级医院服务能力，提升基层医疗卫生服务水平，持续推进分级诊疗和优化就医秩序。（2）深入推广三明医改经验。加大三明医改经验推广力度，开展药品耗材集中带量采购工作，推进医疗服务价格改革，推进医保支付方式改革，深化公立医院人事薪酬制度改革，加强综合监管。（3）着力增强公共卫生服务能力。提升疾病预防控制能力，加强医防协同，做好新冠肺炎疫情防控，深入实施健康中国行动。（4）推进医药卫生高质量发展。推动公立医院综合改革和高质量发展，发挥政府投入激励作用，促进多层次医疗保障体系发展，强化药品供应保障能力，推动中医药振兴发展，协同推进相关领域改革。

5月26日 全国“三夏”生产工作推进电视电话会议在京召开。李克强作出重要批示，强调切实做好夏收工作，保障人员和机具畅通无阻，确保不误农时、颗粒归仓。

同日 2022中国国际大数据产业博览会在贵州贵阳举行，中宣部部长黄坤明以视频方式出席开幕式并讲话。本届数博会以“抢数字新机 享数字价值”为年度主题，采取线上方式举行，来自中国和德国、日本等国家的100余家知名企业参加展示，聚焦国家数字经济发展战略、前沿热点科技及创新成果转化，为产业转型升级和数字中国建设探索经验。

同日 国务院办公厅印发《关于推动外贸保稳提质的意见》，帮扶外贸企业应对困难挑战，实现进出口保稳提质任务目标，助力稳经济稳产业链供应链。

5月27日 习近平主持召开中共中央政治局会议，审议《中国共产党政治协商工作条例》。会议强调，做好政治协商工作，要以习近平新时代中国特色社会主义思想为指导，贯彻落实习近平总书记关于加强和改进统一战线工作的重要思想、关于加强和改进人民政协工作的重要思想，增强“四个意识”、坚定“四个自信”、做到“两个维护”。要坚持和加强党的全面领导，通过党领导下的政治协商工作的制度体系和工作机制，确保政治协商正确的政治方向，提升政治协商效能。要坚持围绕中心、服务大局，聚焦凝聚共识，通过政治协商求同存异、聚同化异，在根本问题、重大问题上统一认识，把各方面力量紧密团结在党的周围，推动形成全面建设社会主义现代化国家、实现中华民族伟大复兴的强大合力。党委（党组）要加强对《条例》实施的组织领导，抓好贯彻落实，把党中央关于政治协商工作的方针政策和决策部署落到实处。

5月28日 十九届中央政治局就深化中华文明探源工程进行第三十九次集体学习。习近平在主持学习时强调，中华文明源远流长、博大精深，是中华民族独特的精神标识，是当代中国文化的根基，是维系全世界华人的精神纽带，也是中国文化创新的宝藏。在漫长的历史进程中，中华民族以自强不息的决心和意志，筚路蓝缕，跋山涉水，走过了不同于世界其他文明体的发展历程。要深入了解中华文明五千多年发展史，把中国文明历史研究引向深入，推动全党全社会增强历史自觉、坚定文化自信，坚定不移走中国特色社会主义道路，为全面建设社会主义现代化国家、实现中华民族伟大复兴而团结奋斗。

同日 南方电网建设的广东梅州、阳江两座百万千瓦级抽水蓄能电站同时投产发电。至此，粤港澳大湾区电网抽水蓄能总装机近 1000 万千瓦，高峰时段顶峰发供电能力大幅提高。粤港澳大湾区电网成为世界上抽水蓄能装机容量最大、清洁能源消纳比重最高的世界级湾区电网。

5 月 30 日 国务委员兼外长王毅同斐济总理兼外长姆拜尼马拉马在苏瓦共同主持第二次中国—太平洋岛国外长会。习近平发表书面致辞，强调，维护亚太和平稳定、促进各国发展繁荣是地区人民的共同愿望，也是地区国家的共同责任。中国愿同太平洋岛国一道，坚定共迎挑战的信心，凝聚共谋发展的共识，汇聚共创未来的合力，携手构建更加紧密的中国同太平洋岛国命运共同体。

同日 国务院办公厅转发国家发展改革委、国家能源局《关于促进新时代新能源高质量发展的实施方案》，提出 7 方面 21 项具体政策举措，旨在锚定到 2030 年我国风电、太阳能发电总装机容量达到 12 亿千瓦以上的目标，加快构建清洁低碳、安全高效的能源体系。

5 月 31 日 习近平致信祝贺中国宋庆龄基金会成立 40 周年。中国宋庆龄基金会兼具群众团体和公益慈善机构双重属性，以继承和发扬宋庆龄毕生致力的增进国际友好，维护世界和平；开展两岸交流，促进祖国统一；关注民族未来，发展少儿事业为宗旨。

同日 国务院印发《扎实稳住经济的一揽子政策措施》，包括 6 个方面 33 项措施：（1）财政政策。进一步加大增值税留抵退税政策力度，预计新增留抵退税 1420 亿元，加快财政支出进度，加快地方政府专项债券发行使用并扩大支持范围，2022 年新增国家融资担保基金再担保合作业务规模 1 万亿元以上，加大稳岗支持和政府采购支持中小企业力度，扩大实施社保费缓缴政策。（2）货币金融政策。鼓励对中小微企业和个体工商户、货车司机贷款及受疫情影响的个人住房与消费贷款等实施延期还本付息，加大普惠小微贷款支持力度，继续推动实际贷款利率稳中有降，提高资本市场融资效率，加大金融机构对基础设施建设和重大项目的支持力度。（3）稳投资促消费等政策。加快推进一批论证成熟的水利工程项目，加快推动交通基础设施投资，继续推进城市地下综合管廊建设，稳定和扩大民间投资，促进平台经济规范健康发展，稳定增加汽车、家电等大宗消费。（4）保粮食能源安全政策。健全完善粮食收益保障等政策，在确保安全清洁高效利用的前提下有序释放煤炭优质产能，抓紧推动实施一批能源项目，提高煤炭、原油等能源资源储备能力。（5）保产业链供应链稳定政策。降低市场主体用水用电用网等成本，推动阶段性减免市场主体房屋租金，加大对民航等受疫情影响较大行业企业的纾困支持力度，优化企业复工达产政策，完善交通物流保通保畅政策，统筹加大对物流枢纽和物流企业的支持力度，加快推进重大外资项目积极吸引外商投资。（6）保基本民生政策。实施住房公积金阶段性支持政策，完善农业转移人口和农村劳动力就业创业支持政策，完善社会民生兜底保障措施。

6月1日　李克强主持召开国务院常务会议，部署加快稳经济一揽子政策措施落地生效，让市场主体和人民群众应知尽知、应享尽享；安排进一步加大困难群众救助帮扶力度，兜牢基本民生底线。

同日　工信部印发《优质中小企业梯度培育管理暂行办法》，明确创新型中小企业、专精特新中小企业、专精特新“小巨人”企业等优质中小企业的评价或认定标准。

6月2日　人社部、工信部、国务院国资委联合印发《制造业技能根基工程实施方案》，指导各地加快培养制造业高质量发展急需的高素质技能人才。该方案提出，2022 年至 2025 年，聚焦制造业重点领域，建立国家技能根基工程培训基地，加大急需紧缺职业工种政府补贴培训支持力度，推进技能人才培养评价工作，优化使用发展环境和激励机制配套支撑，打造数量充足、结构合理、素质优良、充满活力的制造业技能人才队伍。

6月5日　2022 年六五环境日国家主场活动在辽宁省沈阳市举行。习近平致贺信，强调努力建设人与自然和谐共生的美丽中国，为共建清洁美丽世界作出更大贡献。

同日 “神舟十四号”载人飞船发射取得圆满成功，航天员陈冬、刘洋、蔡旭哲顺利进驻天和核心舱。

6 月 7 日 位于四川省凉山彝族自治州德昌县的腊巴山风电项目正式开工建设。这是国家首批大型风电光伏基地项目，也是雅砻江流域水风光互补绿色清洁可再生能源示范基地标志性项目。

6 月 8 日 李克强主持召开国务院常务会议，听取稳增长稳市场主体保就业专项督查情况汇报，要求打通堵点、完善配套，充分发挥政策效应；部署进一步稳外贸稳外资举措，提升对外开放水平。

6 月 8—9 日 习近平在四川考察，先后来到眉山、宜宾等地，深入农村、文物保护单位、学校、企业等进行调研。习近平强调，要坚决贯彻党中央决策部署，弘扬伟大建党精神，坚持稳中求进工作总基调，完整、准确、全面贯彻新发展理念，主动服务和融入新发展格局，统筹疫情防控和经济社会发展，保持经济稳定发展，保持社会大局稳定，推动治蜀兴川再上新台阶，在全面建设社会主义现代化国家新征程上奋力谱写四川发展新篇章。

6 月 10 日 国务院办公厅近日印发《城市燃气管道等老化更新改造实施方案（2022—2025 年）》，明确，按照聚焦重点、安全第一，摸清底数、系统治理，因地制宜、统筹施策，建管并重、长效管理的原则，在全面摸清城市燃气、供水、排水、供热等管道老化更新改造底数的基础上，马上规划部署，抓紧健全适应更新改造需要的政策体系和工作机制，加快开展城市燃气管道等老化更新改造工作，彻底消除安全隐患。2022 年抓紧启动实施一批老化更新改造项目。2025 年底前，基本完成城市燃气管道等老化更新改造任务。

6 月 13 日 国务院办公厅印发《关于进一步推进省以下财政体制改革工作的指导意见》，部署进一步推进省以下财政体制改革的任务举措，明确了 5 个方面重点改革措施：（1）清晰界定省以下财政事权和支出责任；（2）理顺省以下政府间收入关系；（3）完善省以下转移支付制度；（4）建立健全省以下财政体制调整机制；（5）规范省以下财政管理。

同日 中共中央发布施行《中国共产党政治协商工作条例》，包括总则、组织领导和职责、政治协商对象和内容、政治协商活动筹备、政治协商活动开展、政治协商成果运用和反馈、政治协商保障机制、附则等8章30条内容。这是中共中央专门规范政治协商工作的第一部党内法规。

6月14日 国务院印发《广州南沙深化面向世界的粤港澳全面合作总体方案》，明确到2025年，南沙粤港澳联合科技创新体制机制更加完善，产业合作不断深化，区域创新和产业转化体系初步构建；青年创业就业合作水平进一步提升，教育、医疗等优质公共资源加速集聚，成为港澳青年安居乐业的新家园；市场化法治化国际化营商环境基本形成，携手参与"一带一路"建设取得明显成效；绿色智慧节能低碳的园区建设运营模式基本确立，先行启动区建设取得重大进展。到2035年，南沙区域创新和产业转化体系更趋成熟，国际科技成果转移转化能力明显提升；生产生活环境日臻完善，公共服务达到世界先进水平，区域内港澳居民数量显著提升；国际一流的营商环境进一步完善，在粤港澳大湾区参与国际合作竞争中发挥引领作用，携手港澳建成高水平对外开放门户，成为粤港澳全面合作的重要平台。

6月15日 习近平同俄罗斯总统普京通电话。习近平指出，面对全球性动荡变革，中俄关系保持良好发展势头。两国经贸合作稳步推进，黑河—布拉戈维申斯克公路桥实现通车，打通一条两国互联互通的新通道。中方愿同俄方推动双边务实合作行稳致远。中方愿同俄方继续在涉及主权、安全等核心利益和重大关切问题上相互支持，密切两国战略协作，加强在联合国、金砖国家、上海合作组织等重要国际和地区组织的沟通协调，促进新兴市场国家和发展中国家团结合作，推动国际秩序和全球治理朝着更加公正合理的方向发展。普京表示，俄中务实合作稳步发展。俄方支持中方提出的全球安全倡议，反对任何势力借口所谓新疆、香港、台湾等问题干涉中国内政，愿同中方加强多边协作，为推动世界多极化和建立更加公正合理的国际秩序作出建设性努力。两国元首就乌克兰问题交换意见。习近平强调，中方始终从乌克兰问题的历史经纬和是非曲直出发，独立自主作出判断，积极促进世界和平，促进全球经济秩序稳定。各方应该以负责任方式推动乌克兰危机得到妥善解决。中方愿继续为此发挥应有作用。

同日　李克强主持召开国务院常务会议，部署支持民间投资和推进一举多得项目的措施，更好扩大有效投资、带动消费和就业；确定阶段性缓缴中小微企业职工医保单位缴费，加力支持纾困和稳岗；决定开展涉企违规收费专项整治，部署缓缴行政事业性收费。

6 月 16 日　和若铁路（新疆维吾尔自治区和田市至若羌县）正式通车运营。和若铁路开通后，与南疆铁路、格库铁路相连，全长 2712 公里，形成世界首个沙漠铁路环线。

同日　人民银行印发《关于支持外贸新业态跨境人民币结算的通知》，支持银行和支付机构更好服务外贸新业态发展。主要内容包括：（1）加大对外贸新业态的支持力度，完善跨境电商等外贸新业态跨境人民币业务相关政策；（2）将支付机构跨境业务办理范围由货物贸易、服务贸易拓宽至经常项下；（3）明确银行、支付机构等相关业务主体展业和备案要求。（4）明确业务真实性审核、反洗钱、反恐怖融资、反逃税以及数据报送等要求，压实银行与支付机构展业责任，防控业务风险。

6 月 17 日　中共中央政治局召开会议，审议《关于十九届中央第八轮巡视金融单位整改进展情况的报告》。习近平主持会议。会议强调，要坚持以习近平新时代中国特色社会主义思想为指导，不断增强“四个意识”、坚定“四个自信”、做到“两个维护”，提高政治判断力、政治领悟力、政治执行力，深刻把握金融工作规律，深化对金融工作政治性和人民性的认识，坚定不移走中国特色金融发展之路。要坚持和加强党对金融工作的领导，防范化解金融风险，深化改革创新，以动真碰硬的狠劲、一抓到底的韧劲，持续压实整改主体责任和监督责任，从政治上、思想上、组织上、作风上、纪律上全面强化严的氛围，推动金融单位党委（党组）全面抓好整改落实，建立常态化长效化机制，把巡视整改融入日常工作、融入深化改革、融入全面从严治党、融入班子队伍建设，为金融业健康发展提供坚强政治保障。

同日　十九届中央政治局就一体推进不敢腐、不能腐、不想腐进行第四十次集体学习。习近平在主持学习时强调，反腐败斗争关系民心这个最大的政治，是一场输不起也决不能输的重大政治斗争。要加深对新形势下党风廉政建设和反腐败斗争的认识，提高一体推进不敢腐、不能腐、不想腐能力和水平，全面打赢反腐败斗争攻坚战、持久战。

同日 第二十五届圣彼得堡国际经济论坛全会在俄罗斯圣彼得堡以线上线下结合方式举行。俄罗斯总统普京、埃及总统塞西、哈萨克斯坦总统托卡耶夫等出席。习近平应邀以视频方式出席论坛全会并致辞。习近平指出，中国经济韧性强、潜力足、长期向好的基本面没有改变，我们对中国经济发展充满信心。中国将继续推动高质量发展，坚定不移扩大高水平开放，推进高质量共建“一带一路”。中国愿同包括俄罗斯在内的世界各国一道，共创发展前景，共享增长机遇，为深化全球发展合作、推动构建人类命运共同体作出新的贡献。

同日 我国第三艘航空母舰下水命名仪式在中国船舶集团有限公司江南造船厂举行。经中央军委批准，第三艘航空母舰命名为“中国人民解放军海军福建舰”，舷号为“18”。“福建”舰是我国完全自主设计建造的首艘弹射型航空母舰，采用平直通长飞行甲板，配置电磁弹射和阻拦装置，满载排水量8万余吨。

6月19日 中共中央办公厅印发《领导干部配偶、子女及其配偶经商办企业管理规定》，要求，领导干部每年报告个人有关事项时，应当如实填报配偶、子女及其配偶经商办企业情况，年度集中报告后新产生的经商办企业情况要及时报告。对领导干部报告情况要进行随机抽查和重点查核，发现有关经商办企业违反禁业规定的，责令领导干部作出说明，由其配偶、子女及其配偶退出经商办企业，或者由领导干部本人退出现职、接受职务调整，并视情况给予领导干部相应处理处分。其中，对拟提拔或进一步使用的领导干部，结合干部选拔任用“凡提四必”进行查核，不符合拟任岗位禁业规定的，应退出经商办企业，不同意退出的不予任用。对领导干部不如实报告配偶、子女及其配偶经商办企业情况，配偶、子女及其配偶违反禁业规定经商办企业和以委托代持、隐名投资等形式虚假退出，以及利用职权为配偶、子女及其配偶经商办企业提供便利、谋取私利等行为，依规依纪依法进行严肃处理，对管理不力造成严重后果或不良影响的责任单位和责任人员进行严肃问责。

6 月 20 日 经过四年的改扩建，百年老站北京丰台站以全新面貌正式开通运营。改建后的北京丰台站是目前亚洲最大铁路枢纽客站。

6 月 22 日 习近平主持召开中央全面深化改革委员会第二十六次会议。会议审议通过《关于构建数据基础制度更好发挥数据要素作用的意见》《关于加强和改进行政区划工作的意见》《关于开展科技人才评价改革试点的工作方案》《强化大型支付平台企业监管促进支付和金融科技规范健康发展工作方案》。习近平在会上强调，数据基础制度建设事关国家发展和安全大局，要维护国家数据安全，保护个人信息和商业秘密，促进数据高效流通使用、赋能实体经济，统筹推进数据产权、流通交易、收益分配、安全治理，加快构建数据基础制度体系。要加强党中央对行政区划工作的集中统一领导，做好统筹规划，避免盲目无序。要遵循科技创新规律和人才成长规律，以激发科技人才创新活力为目标，按照创新活动类型，构建以创新价值、能力、贡献为导向的科技人才评价体系，引导人尽其才、才尽其用、用有所成。要推动大型支付和金融科技平台企业回归本源，健全监管规则，补齐制度短板，保障支付和金融基础设施安全，防范化解系统性金融风险隐患，支持平台企业在服务实体经济和畅通国内国际双循环等方面发挥更大作用。

同日 2022 年金砖国家工商论坛在北京以线上线下结合方式举行。南非总统拉马福萨、巴西总统博索纳罗、俄罗斯总统普京、印度总理莫迪出席论坛开幕式并致辞。金砖国家经贸部长、驻华使节及工商界代表等共约 1000 人出席。习近平以视频方式出席论坛开幕式并发表《把握时代潮流 缔造光明未来》的主旨演讲。习近平强调，面对复杂严峻的国内外发展环境，中国坚持统筹疫情防控和经济社会发展，坚持人民至上、生命至上，最大程度保护人民生命健康，也最大程度稳住了经济社会发展基本盘。中国将加大宏观政策调节力度，采取更加有效的举措，努力实现全年经济社会发展目标。下半年，我们将召开中国共产党第二十次全国代表大会，描绘下一个阶段中国发展蓝图。中国将立足新发展阶段，贯彻新发展理念，积极构建新发展格局，努力实现高质量发展。中国将继续提高对外开放水平，建设更高水平开放型经济新体制，持续打造市场化、法治化、国际化营商环境。热忱欢迎大家在中国投资兴业，加强经贸合作，共享发展机遇。

同日 李克强主持召开国务院常务会议，部署继续做好防汛救灾工作，切实保障人民群众生命财产安全；听取稳定粮食生产工作汇报，进一步部署确保全年粮食丰收的举措；确定加大汽车消费支持的政策；决定完善自然科学基金资助体系的措施。

同日 国家广电总局、文旅部联合印发《网络主播行为规范》，从正反两个方面规定了网络主播在提供网络表演和视听节目服务过程中应当遵守的行为规范和要求。

6月23日 国务院印发《关于加强数字政府建设的指导意见》，明确数字政府建设的7方面重点任务，提出两阶段工作目标，到2025年，与政府治理能力现代化相适应的数字政府顶层设计更加完善、统筹协调机制更加健全，政府履职数字化、智能化水平显著提升，政府决策科学化、社会治理精准化、公共服务高效化取得重要进展，数字政府建设在服务党和国家重大战略、促进经济社会高质量发展、建设人民满意的服务型政府等方面发挥重要作用。到2035年，与国家治理体系和治理能力现代化相适应的数字政府体系框架更加成熟完备，整体协同、敏捷高效、智能精准、开放透明、公平普惠的数字政府基本建成，为基本实现社会主义现代化提供有力支撑。

6月23—24日 金砖国家领导人第十四次会晤以视频方式举行。23日，习近平在北京主持会晤，并发表《构建高质量伙伴关系 开启金砖合作新征程》的重要讲话。南非总统拉马福萨、巴西总统博索纳罗、俄罗斯总统普京、印度总理莫迪出席会晤。五国领导人围绕“构建高质量伙伴关系，共创全球发展新时代”的主题，就金砖国家各领域合作和共同关心的重大问题深入交换意见，达成许多重要共识。一致认为，要坚持多边主义，推动全球治理民主化，维护公平正义，为动荡不安的国际局势注入稳定性和正能量。要共同防控疫情，发挥好金砖国家疫苗研发中心等机制作用，促进疫苗公平合理分配，共同提升应对公共卫生危机的能力。要深化经济务实合作，坚定维护多边贸易体制，推动构建开放型世界经济，反对单边制裁和“长臂管辖”，加强数字经济、科技创新、产业链供应链、粮食和能源安全等领域合作，合力推动世界经济复苏。要促进全球共同发展，着眼发展中国家最紧迫的需求，消除贫困与饥饿，携手应对气候变化挑战，加强航天、大数据等技术在发展领域的应用，加快落实联合国 2030 年可持续发展议程，为共创全球发展新时代作出金砖贡献。要加强人文交流互鉴，在智库、政党、媒体、体育等领域打造更多品牌项目。五国领导人同意，在更多层级、更广领域、更大范围开展“金砖 +”合作，积极推进金砖扩员进程，推动金砖机制与时俱进、提质增效，不断走深走实走远。

6 月 24 日 十三届全国人大常委会第三十五次会议在京闭幕。会议通过《中华人民共和国黑土地保护法》，通过修订后的《中华人民共和国体育法》，通过《关于修改〈中华人民共和国反垄断法〉的决定》《关于修改〈中华人民共和国全国人民代表大会常务委员会议事规则〉的决定》。

同日 习近平在北京以视频方式主持全球发展高层对话会，并发表《构建高质量伙伴关系 共创全球发展新时代》的重要讲话。各国领导人围绕“构建新时代全球发展伙伴关系，携手落实 2030 年可持续发展议程”的主题，就加强国际发展合作、加快落实联合国 2030 年可持续发展议程等重大问题深入交换意见，共商发展合作大计，达成广泛重要共识。

6 月 27 日 习近平回信勉励种粮大户带动广大小农户多种粮种好粮，一起为国家粮食安全贡献力量。

同日 李克强到民政部、人社部考察，并主持召开座谈会，强调以发展促就业，以就业保民生，推动经济社会持续健康发展。

6 月 28 日 习近平在湖北武汉考察，深入武汉的企业、社区调研。习近平强调，科技自立自强是国家强盛之基、安全之要。必须完整、准确、全面贯彻新发展理念，深入实施创新驱动发展战略，把科技的命脉牢牢掌握在自己手中，在科技自立自强上取得更大进展，不断提升我国发展独立性、自主性、安全性，催生更多新技术新产业，开辟经济发展的新领域新赛道，形成国际竞争新优势。

6 月 29 日 李克强主持召开国务院常务会议，确定政策性、开发性金融工具支持重大项目建设的举措，扩大有效投资、促进就业和消费；部署加大重点工程以工代赈力度，拓展就业岗位，带动农民工等增收；决定开展提升高水平医院临床研究和成果转化能力试点，促进提高医疗卫生服务水平。

同日 中广核内蒙古兴安盟300万千瓦风电项目一期100万千瓦并网发电，我国首个单体百万千瓦级陆上风电基地正式投产。

7月1日 庆祝香港回归祖国25周年大会暨香港特别行政区第六届政府就职典礼在香港会展中心隆重举行。习近平出席大会并发表讲话强调，25年来“一国两制”实践在香港取得举世公认的成功，“一国两制”在香港的丰富实践留下宝贵经验、深刻启示。“一国两制”是经过实践反复检验了的，符合国家、民族根本利益，符合香港、澳门根本利益，得到14亿多祖国人民鼎力支持，得到香港、澳门居民一致拥护，也得到国际社会普遍赞同。这样的好制度，没有任何理由改变，必须长期坚持。

7月2日 《习近平谈治国理政》第四卷中英文版面向海内外发行。该书收入习近平在2020年2月3日至2022年5月10日期间的讲话、谈话、演讲、致辞、指示、贺信等109篇，分为21个专题，是全面系统反映习近平新时代中国特色社会主义思想开辟新境界、实现新飞跃的权威著作，充分体现我们党对构建人类命运共同体、共建美好世界的最新贡献。

同日 经过七年建设，由中国三峡集团为主投资方投资建设，中巴经济走廊首个水电投资项目巴基斯坦卡洛特水电站全面投入商业运营。

7月4—5日 “全球发展：共同使命与行动价值”智库媒体高端论坛以线上线下相结合的方式在北京举行。与会嘉宾围绕全球发展的主题，分享对全球发展倡议的认识与理解，交流推动落实联合国2030年可持续发展议程的实践与经验，探讨如何为实现更加强劲、绿色、健康的全球发展提供智力支持。4日，习近平致贺信，强调，中国愿同世界各国一道，坚持以人民为中心，坚持普惠包容、创新驱动、人与自然和谐共生，推动将发展置于国际优先议程，加快落实联合国2030年可持续发展议程，推动实现更加强劲、绿色、健康的全球发展。

7月5日 商务部、国家发展改革委、工信部等17部门发布《关于搞活

汽车流通 扩大汽车消费的若干措施》，提出支持新能源汽车购买使用、加快活跃二手车市场、促进汽车更新消费、推动汽车平行进口持续健康发展、优化汽车使用环境、丰富汽车金融服务等六项措施，进一步搞活汽车流通，扩大汽车消费，助力稳定经济基本盘和保障改善民生。

7 月 6 日　李克强主持召开国务院常务会议，部署中央预算执行和其他财政收支审计查出问题整改工作；确定有序推进电子证照应用的举措，激发市场主体活力。

同日　中国网络文艺知识产权纠纷人民调解委员会在中国作家协会挂牌成立，该机构由中国作家协会设立，在司法部和北京市司法局的直接指导下，主要开展普法教育、法律咨询、版权调解、维权诉讼等工作。

同日　国内首座兆瓦级氢能综合利用示范站在安徽六安投运，标志着我国首次实现兆瓦级制氢—储氢—氢能发电的全链条技术贯通。

7 月 7 日　国家互联网信息办公室公布《数据出境安全评估办法》，规定了数据出境安全评估的范围、条件和程序，为数据出境安全评估工作提供了具体指引。

同日　工信部、国家发展改革委、生态环境部联合印发《工业领域碳达峰实施方案》，提出了工业领域碳达峰的总体目标、六大重点任务和两大重点行动。

同日　住建部、国家发展改革委发布《“十四五”全国城市基础设施建设规划》，提出“十四五”时期城市基础设施建设的主要目标、重点任务、重大行动和保障措施，以指导各地城市基础设施健康有序发展。

7 月 8 日　文旅部、公安部、自然资源部等十部门联合印发《关于促进乡村民宿高质量发展的指导意见》，明确了乡村民宿发展的指导思想、基本原则和主要目标，部署了完善规划布局、丰富文化内涵、引导规范发展、创新经营模式、加强宣传推广等五项重点任务，为乡村民宿提质升级提供了遵循。

7 月 12 日　世界互联网大会成立大会在北京举行。世界互联网大会国际组织总部设在中国北京，宗旨是搭建全球互联网共商共建共享平台，推动国际社会顺应数字化、网络化、智能化趋势，共迎安全挑战，共谋发展福祉，携手构建网络空间命运共同体。习近平致贺信，强调，中国愿同国际社会一道，以此为重要契机，推动构建更加公平合理、开放包容、安全稳定、富有生机活力的网络空间，让互联网更好造福世界各国人民。

7 月 12—15 日 习近平在新疆考察，先后到乌鲁木齐、石河子、吐鲁番等地，深入学校、国际陆港区、社区、博物馆、农村和新疆生产建设兵团等进行调研。

7 月 13 日 李克强主持召开国务院常务会议，部署加力稳岗拓岗的政策举措，确保就业大局稳定；要求多措并举扩消费，确定支持绿色智能家电消费的措施。

同日 “长征三号乙”运载火箭在西昌卫星发射中心升空，成功将“天链二号 03 星”送入预定轨道，我国第二代地球同步轨道数据中继卫星系统正式建成，天基测控与数据中继能力大大提升。

7 月 17 日 我国首个自主研发的浅水水下采油树系统开发项目在渤海海域锦州 31–1 气田点火成功。深埋于地下 2000 多米的天然气通过水下采油树系统稳定输送到平台火炬臂，单井试采气量达 31 万立方米 / 天，可供 1500 个家庭使用 1 年。

同日 亚洲第一个、世界第四个、国内唯一的专业货运枢纽机场——湖北鄂州花湖机场正式投运。

7 月 18 日 全球重要农业文化遗产大会以线上线下相结合的形式在浙江青田举行，主题为“保护共同农业遗产，促进全面乡村振兴”，探讨全球重要农业文化遗产与粮食系统韧性、乡村可持续发展、农民生计改善等重大议题。习近平致贺信，强调，中方愿同国际社会一道，共同加强农业文化遗产保护，进一步挖掘其经济、社会、文化、生态、科技等方面价值，助力落实联合国 2030 年可持续发展议程，推动构建人类命运共同体。

同日 国家卫生健康委、国家发展改革委、教育部等 11 部门联合印发《关于进一步推进医养结合发展的指导意见》，进一步完善政策措施，着力破解难点堵点问题，促进医养结合发展，不断满足老年人健康和养老服务需求，为推动医养结合高质量发展提供了重要指引。

7 月 19 日 李克强在人民大会堂出席世界经济论坛全球企业家视频特别对话会，发表致辞并同企业家代表互动交流。

7 月 20 日 财政部出台《关于进一步加强国有金融企业财务管理的通知》，进一步严肃财经纪律、整饬财经秩序、规范财务管理工作，引导金融企业规范有序健康平稳运行，促进金融业高质量发展。

7 月 21 日 李克强主持召开国务院常务会议，部署持续扩大有效需求的政策举措，增强经济恢复发展拉动力；确定进一步规范行政裁量权，决定取消和调整一批罚款事项。

同日 人民银行、文旅部联合印发《关于金融支持文化和旅游行业恢复发展的通知》，发挥金融管理部门、文化和旅游行政部门、金融机构各方合力，促进文化和旅游行业恢复发展。

7 月 21—23 日 世界青年发展论坛以线上线下相结合的方式在北京举行，本次论坛主题为“促进青年发展、塑造共同未来”，下设“就业创业”“气候变化和绿色发展”“数字经济”“包容和公平的优质教育”四个分议题。21 日，习近平致贺信，强调，各国青年要弘扬和平、发展、公平、正义、民主、自由的全人类共同价值，以实际行动推进全球发展倡议，助力落实联合国 2030 年可持续发展议程，共同谱写世界青年团结合作的时代新篇章。

7 月 22—24 日 2022 中国国际旅游交易会在云南昆明滇池国际会展中心举行，主题为“智慧创新·共启未来——服务旅游业高质量发展”。本次交易会展览总面积 8 万平方米，设 8 个展馆，海内外招展近 4200 个标准展位。共有 71 个国家和地区通过线上或线下方式参展、洽谈。

7 月 23—24 日 第五届数字中国建设峰会在福建福州召开，主题为“创新驱动新变革 数字引领新格局”，共吸引百位专家、百位数字产业领军人参加，千余家国内外企业、千余家国内外数字领域专业机构参会参展。这是一届创新互动的峰会，近 500 家展商现场展示数字科技新成果，首展率超 50%。

7 月 24 日 中国空间站首个科学实验舱问天实验舱发射任务取得圆满成功。

7 月 25 日 “神舟十四号”航天员乘组顺利进入问天实验舱，这是中国航天员首次在轨进入科学实验舱。

同日 第二届中非和平安全论坛部长会议以视频方式召开，主题为“加强团结协作，实现共同安全”，来自非盟和非洲的50个部长级领导和高级代表出席。习近平致贺信，强调，中国始终秉持正确义利观和真实亲诚理念发展对非关系，愿同非洲朋友一道，坚持共同、综合、合作、可持续的安全观，维护以联合国为核心的国际体系，维护国际公平正义，推动落实全球安全倡议，构建新时代中非命运共同体。

同日 中共中央在中南海召开党外人士座谈会，就当前经济形势和下半年经济工作听取各民主党派中央、全国工商联负责人和无党派人士代表的意见和建议。

同日 国家卫生健康委、国家发展改革委、中宣部等17部门联合印发《关于进一步完善和落实积极生育支持措施的指导意见》，将婚嫁、生育、养育、教育一体考虑，推出改善优生优育全程服务、提高儿童健康服务质量、加强生殖健康服务等20项具体措施落实生育支持政策，为推动实现适度生育水平、促进人口长期均衡发展提供有力支撑。

7月25—30日 第二届中国国际消费品博览会在海南海口举办，主题为“共享开放机遇、共创美好生活”。此次展会聚焦全球消费精品和首发首秀新品，汇聚全球头部品牌和专业采购商，打造推动高水平对外开放、促进内外市场相通、畅通国内国际双循环、促进消费升级和消费回流、引领全球消费时尚的重要平台。

7月26日 习近平在北京钓鱼台国宾馆同印度尼西亚总统佐科举行会谈。双方发表《中华人民共和国和印度尼西亚共和国两国元首会晤联合新闻声明》，并签署关于共同推进丝绸之路经济带和21世纪海上丝绸之路倡议与“全球海洋支点”构想有关合作的谅解备忘录以及疫苗、绿色发展、网络安全、海洋等领域合作文件。

7月26—27日 省部级主要领导干部“学习习近平总书记重要讲话精神，迎接党的二十大”专题研讨班在京举行。

7月27日 中央军委在北京八一大楼举行颁授“八一勋章”和荣誉称号

仪式。习近平向“八一勋章”获得者颁授勋章和证书，向获得荣誉称号的单位颁授荣誉奖旗。

同日 习近平参观中国人民革命军事博物馆“领航强军向复兴——新时代国防和军队建设成就展”，发表重要讲话强调，党的十八大以来，国防和军队建设取得历史性伟大成就，要贯彻新时代党的强军思想，贯彻新时代军事战略方针，再接再厉，锐意进取，埋头苦干，奋力实现建军一百年奋斗目标。

7 月 28 日 习近平主持中共中央政治局会议，分析研究当前经济形势，部署下半年经济工作。会议强调，做好下半年经济工作，要坚持稳中求进工作总基调，要高效统筹疫情防控和经济社会发展工作，宏观政策要在扩大需求上积极作为。会议还审议了《关于十九届中央第九轮巡视情况的综合报告》。

同日 习近平同美国总统拜登通电话，两国元首就中美关系以及双方关心的问题进行了坦率沟通和交流，习近平重点阐述了中方在台湾问题上的原则立场。

同日 商务部、国家发展改革委、工信部等 13 部门发布《关于促进绿色智能家电消费若干措施的通知》，对开展全国家电“以旧换新”活动、推进绿色智能家电下乡、鼓励基本装修交房和家电租赁等进行部署，以补齐家电市场短板弱项，打通家电消费堵点，满足人民群众对低碳、绿色、智能、时尚家电消费升级需求，拉动家电及上下游关联产业发展，助力稳定宏观经济大盘，更好服务构建新发展格局。

7 月 29 日 李克强主持召开国务院常务会议，部署进一步扩需求举措，推动有效投资和增加消费；部署毫不松懈抓好秋粮生产，确保实现全年粮食丰收；部署进一步做好防汛抗旱和应对自然灾害工作，切实保障群众生命财产安全。

同日 全球未来科技创新合作大会在北京举行，主题为“科技赋能未来创新引领发展”。李克强致贺信，表示我国同 160 多个国家和地区建立了科技合作关系，下一步将实施更加开放包容、互惠共享的国际科技合作战略，以更加开放的态度推动全球科技创新协作，积极融入全球创新网络，共同推进基础研究、技术创新、成果转化等方面的联合攻关，促进科研人员交流互访，同各国携手打造开放、公平、公正、非歧视的科技发展环境。中国还将继续加强知识产权保护，营造一流创新生态，为全球创新创业者提供广阔舞台，促进科技成果更好造福中国、惠及世界。

同日　东盟—中日韩（10+3）产业链供应链合作论坛暨东亚企业家太湖论坛以线上线下相结合的方式在江苏苏州举行，论坛主题为“畅通链接 共创繁荣”。来自“10+3”国家的嘉宾代表深入开展沟通交流，促进产业链供应链协作，推动东盟—中日韩（10+3）区域经济融合发展。

同日　住房和城乡建设部办公厅印发《关于推动“口袋公园”建设的通知》，提出推进今年全国建设不少于1000个城市“口袋公园”，促进解决群众身边公园绿化活动场地不足的问题。

同日　科技部、教育部、工信部等六部门联合发布《关于加快场景创新以人工智能高水平应用促进经济高质量发展的指导意见》，统筹推进人工智能场景创新，着力解决人工智能重大应用和产业化问题，全面提升人工智能发展质量和水平，更好支撑高质量发展。

7月29—30日　中央统战工作会议在京举行。习近平出席会议并发表讲话。

7月30日　国务院印发《关于取消和调整一批罚款事项的决定》，取消和调整了公安、交通运输、市场监管领域行政法规和部门规章设定的53个罚款事项，目的在于切实减轻企业和群众负担，让企业和群众感受到实实在在的好处。

同日　水利部印发《关于推动水利风景区高质量发展的指导意见》，提出两阶段发展目标，明确4个方面9项重点任务，充分发挥水利设施功能，维护河湖健康生命，推动新阶段水利风景区高质量发展。

同日　北斗三号短报文通信服务成果发布会展示了大众智能手机北斗短报文通信服务新功能，以及基于北斗三号短报文通信服务的星地融合解决方案和技术方案成果，在全球首次实现了大众智能手机卫星通信能力，标志着北斗三号短报文通信服务由行业应用迈入大众应用发展新阶段。

7 月 31 日 中华人民共和国国防部在人民大会堂举行盛大招待会，庆祝中国人民解放军建军 95 周年。

8 月 2 日 针对美国国会众议长佩洛西不顾中方强烈反对和严正交涉窜访中国台湾地区，中国外交部、全国人大常委会发言人、中共中央台办、全国政协外事委员会、国防部新闻发言人分别发表声明或谈话，强调中国政府和中国人民在台湾问题上的立场一以贯之，中方必将采取一切必要措施，坚决捍卫国家主权和领土完整，由此产生的一切后果必须由美方和“台独”分裂势力负责。2 日晚开始，中国人民解放军东部战区在台岛周边开展一系列联合军事行动。5 日，中国外交部宣布对佩洛西及其直系亲属进行制裁并对美方采取八项反制措施。16 日，中共中央台办发言人受权宣布对列入清单的一批“台独”顽固分子等人员实施制裁。

8 月 3 日 第二届中国新电商大会在吉林长春举办，主题为“推动新电商 促进新消费 助力新发展”，旨在发挥新电商联通线上线下、城市乡村、国内国际的优势，助力复工复产和经济社会平稳健康发展。大会发布了《网络直播主体信用评价指标体系》团体标准，其评价结果可应用于平台对直播主体开展分级管理，为主管部门、行业协会以及第三方机构对网络直播主体评价和分级分类监管提供参考。

同日 自然资源部、国家发展改革委、交通运输部等七部门发布《关于加强用地审批前期工作积极推进基础设施项目建设的通知》，全面加强基础设施建设，强化用地要素保障，做实做细做优交通、能源、水利等项目前期工作，提升用地审批质量和效率。

8 月 4 日 我国首颗陆地生态系统碳监测卫星“句芒号”在太原卫星发射中心由“长征四号乙”运载火箭成功发射。该卫星将在碳储量监测、生态资源详查、国家重大生态工程监测评价等方向提供遥感监测服务。

同日 中国各民主党派发表联合声明，对美国国会众议长佩洛西不顾中方严正交涉和坚决反对，执意窜访中国台湾地区表示强烈愤慨和严厉谴责。

8 月 5 日 科技部、财政部联合发布《企业技术创新能力提升行动方案（2022—2023 年）》，从推动惠企创新政策扎实落地、建立企业常态化参与国家科技创新决策的机制、引导企业加强关键核心技术攻关等十个方面进一步加强企业技术创新。

8月6日 全国首条双流制市域（郊）铁路——重庆江跳线正式开通运营，重庆江津区至中心城区实现30分钟可达。

8月9日 国内首条稀土永磁磁浮轨道交通工程试验线——“红轨”在江西兴国县正式竣工。

同日 新华社发布《美国在国内国际上实施强迫劳动的事实真相》报告，从历史和现实、国内和国际多个角度客观记录了美国在强迫劳动问题上的所作所为，以廓清事实、回击谎言，让世人认清什么是强迫劳动、是谁在搞强迫劳动。

8月10日 国务院台湾事务办公室、国务院新闻办公室发表《台湾问题与新时代中国统一事业》白皮书，进一步重申台湾是中国的一部分的事实和现状，展现中国共产党和中国人民追求祖国统一的坚定意志和坚强决心，阐述中国共产党和中国政府在新时代推进实现祖国统一的立场和政策。

8月11日 国家卫生健康委发布《食品安全标准与监测评估“十四五”规划》，对“十四五”时期我国食品安全标准、监测评估与国民营养工作的发展目标、保障措施等作出系统设计和具体部署。

8月12日 国际民间社会共同落实全球发展倡议交流大会以线上线下相结合的方式举行，主题为“携手构建全球发展共同体，助力落实2030年可持续发展议程”。习近平致贺信，指出，国际民间社会将为推进全球发展倡议落地落实构筑更加坚实的民意基础，提供更加有力的民心支撑。中方愿同各方携手努力，加速推进联合国2030年可持续发展议程，为共同构建人类命运共同体、共创繁荣发展新时代作出更大贡献。

8月15日 全球规模最大的50万吨/年煤基乙醇工业化项目在陕西榆林榆神工业园正式建成。9月正式投产，标志着乙醇生产迈入大规模工业化时代。该项目采用完全自主技术，一举破解“煤变酒精”的世界级难题，意味着我国率先拥有了设计和建设百万吨级大型煤基乙醇工厂的能力。

8月16日 李克强在深圳主持召开经济大省政府主要负责人座谈会，分析经济形势，对做好下一步经济工作提出要求。李克强强调，经济大省要在经济稳定恢复中承担应有责任，保市场主体，稳就业稳物价，保障基本民生。

同日 中共中央办公厅、国务院办公厅印发《“十四五”文化发展规划》，在新的历史起点上进一步推动社会主义文化繁荣兴盛，建设社会主义文化强国。

同日 科技部、中宣部、中国科协正式公布《“十四五”国家科学技术普及发展规划》，明确了“十四五”时期国家科学技术普及发展的指导思想、主要目标、重要任务和保障措施。

8 月 16—17 日 习近平在辽宁考察，先后来到锦州、沈阳等地，深入革命纪念馆、河湖治理工程、企业、社区等进行调研。

8 月 17 日 国务院办公厅发布《关于进一步规范行政裁量权基准制定和管理工作的意见》，就进一步规范行政裁量权基准制定和管理工作有关事项提出明确要求。

8 月 18 日 十九届中央反腐败协调小组总结党的十九大以来追逃追赃和跨境腐败治理工作取得的成效。党的十九大以来，到 2022 年 7 月，“天网行动”共追回外逃人员 6900 人，其中党员和国家工作人员 1962 人，追回赃款 327.86 亿元，“百名红通人员”已有 61 人归案。

同日 李克强主持召开国务院常务会议，部署推动降低企业融资成本和个人消费信贷成本的措施，加大金融支持实体经济力度；部署加大困难群众基本生活保障力度的举措，兜牢民生底线；确定支持养老托育服务业纾困的措施，帮扶渡过难关恢复发展；决定延续实施新能源汽车免征车购税等政策，促进大宗消费。

同日 根据《数字经济伙伴关系协定》（DEPA）联合委员会的决定，中国加入 DEPA 工作组正式成立，将全面推进中国加入 DEPA 的谈判。DEPA 由新西兰、新加坡、智利于 2019 年 5 月发起、2020 年 6 月签署，是全球首份数字经济区域协定。

8 月 19—20 日 首届世界职业技术教育发展大会在天津举办，主题为“后疫情时代职业技术教育发展：新变化、新方式、新技能”。大会主论坛和

14个平行论坛围绕当前全球关心的热点问题展开，分享经验做法，指出面向未来的职业教育发展方向。19日，习近平致贺信，指出，中国积极推动职业教育高质量发展，支持中外职业教育交流合作。中方愿同世界各国一道，加强互学互鉴、共建共享，携手落实全球发展倡议，为加快落实联合国2030年可持续发展议程贡献力量。

8月22日 中共中央办公厅、国务院办公厅印发《关于规范村级组织工作事务、机制牌子和证明事项的意见》。该意见提出，力争用两年左右时间，基本实现村级组织承担的工作事务权责明晰、设立的工作机制精简高效、加挂的牌子简约明了、出具的证明依规便民，进一步把村级组织和村干部从形式主义的束缚中解脱出来，不断提高农村基层治理水平，为全面推进乡村振兴提供更加坚实的组织保证。

8月22—24日 2022中国国际智能产业博览会采取线上线下相结合的形式在重庆举办，主题为“智慧城市”，重点围绕国家发展战略、产业发展趋势，聚焦数字产业化、产业数字化，创新谋划举办开幕式暨高峰会、展览、论坛、赛事、发布、招商签约等活动，集中展示大数据智能化发展成果，全面总结前四届智博会在推动经济社会发展方面取得的显著成效。

8月23日 国务院国资委发布《中央企业合规管理办法》，通过部门规章对中央企业进一步深化合规管理提出明确要求，深化法治央企建设，推动中央企业加强合规管理，切实防控风险，有力保障深化改革与高质量发展。

8月24日 习近平同韩国总统尹锡悦互致贺函，庆祝两国建交30周年。

同日 李克强主持召开国务院常务会议，部署稳经济一揽子政策的接续政策措施，加力巩固经济恢复发展基础；决定增加政策性开发性金融工具额度和依法用好专项债结存限额，再次增发农资补贴和支持发电企业发债融资；确定缓缴一批行政事业性收费和支持民营企业发展的举措，保市场主体保就业；决定向地方派出稳住经济大盘督导和服务工作组，促进政策加快落实；部署进一步做好抗旱救灾工作，强化财力物力支持。

同日 工信部、财政部、商务部、国务院国资委、市场监管总局联合印发《加快电力装备绿色低碳创新发展行动计划》，提出6大重点行动17项具体任务，推进能源生产清洁化、能源消费电气化，推动新型电力系统建设，加快电力装备绿色低碳创新发展。

8 月 24—26 日 2022 全国农业高新技术成果交易活动在江苏南京举办。本次交易活动聚焦现代种业、智慧农业和绿色低碳农业，打造农业科技成果对接市场的平台，通过成果展示、项目路演等形式促进农业科技成果现场交易。共有 80 多家企业、科研单位、金融机构参与，签约项目 600 多项，金额突破 120 亿元。

8 月 25 日 全国农业科技创新工作会议在江苏南京召开。李克强作出重要批示，强调把农业科技摆在突出重要位置，抓实抓好农业关键核心技术攻关、人才培养和成果转化。

同日 工信部、国家发展改革委、财政部等七部门联合发布《信息通信行业绿色低碳发展行动计划（2022—2025 年）》。该计划提出，到 2025 年，信息通信行业绿色低碳发展管理机制基本完善，节能减排取得重点突破，行业整体资源利用效率明显提升，助力经济社会绿色转型能力明显增强，单位信息流量综合能耗比“十三五”期末下降 20%，单位电信业务总量综合能耗比“十三五”期末下降 15%，遴选推广 30 个信息通信行业赋能全社会降碳的典型应用场景。

8 月 29 日 国务院召开第十次全国深化“放管服”改革电视电话会议。李克强发表讲话强调，持续深化“放管服”改革，不断打造市场化法治化国际化营商环境，培育和壮大市场主体，更大激发市场活力和社会创造力。

同日 我国首个百万吨级 CCUS（碳捕获、利用与封存技术）项目——中国石化“齐鲁石化—胜利油田百万吨级 CCUS 项目”正式注气投产运行，标志着我国 CCUS 产业开始进入成熟的商业化运营。该项目投产后，每年可减排二氧化碳 100 万吨，相当于植树近 900 万棵。

同日 国家发展改革委、教育部、科技部等 13 部门联合印发《养老托育服务业纾困扶持若干政策措施》，提出房租减免、税费减免、社会保险支持、金融支持、防疫支持及其他支持等措施，切实推动养老托育服务业渡过难关、恢复发展，更好满足人民群众日益增长的养老托育服务需求。

8月30日 中共中央政治局会议决定，中国共产党第十九届中央委员会第七次全体会议于2022年10月9日在北京召开。中共中央政治局将向党的十九届七中全会建议，中国共产党第二十次全国代表大会于2022年10月16日在北京召开。

同日 全国“人民满意的公务员”和“人民满意的公务员集体”表彰大会在京举行。习近平会见受表彰代表。这是首次以中共中央、国务院名义开展全国“人民满意的公务员”和“人民满意的公务员集体”表彰。

同日 中央纪委印发《纪检监察机关问题线索管理办法》，对问题线索管理的各方面、各环节进行明确和规范，对问题线索归口受理、集中管理等各项工作提出具体要求。

同日 水利部、国家发展改革委、财政部、国家乡村振兴局联合印发《关于加快推进农村规模化供水工程建设的通知》，通过优化区域工程布局，不断推进水源工程建设，加快建设农村规模化供水工程（包括城市供水管网延伸工程和千吨万人供水工程），提升农村供水保障水平，实现农村供水高质量发展。

同日 我国首条跨海高铁——新建福厦铁路全线铺轨贯通。福厦铁路建成通车后，福州、厦门两地将实现“一小时生活圈”，厦门、泉州、漳州闽南“金三角”将形成“半小时交通圈”。

同日 最高人民法院、最高人民检察院、公安部联合发布《关于办理信息网络犯罪案件适用刑事诉讼程序若干问题的意见》，进一步规范信息网络犯罪案件的管辖、取证、证据审查等问题，依法惩治信息网络犯罪，有效维护清朗网络空间。

8月31日 李克强主持召开国务院常务会议，听取稳住经济大盘督导和服务工作汇报，部署充分释放政策效能，加快扩大有效需求；确定进一步优化营商环境、降低制度性交易成本的措施，持续为市场主体减负激活力。

同日 中共中央在中南海召开党外人士座谈会，就中共二十大报告征求意见稿听取各民主党派中央、全国工商联负责人和无党派人士代表的意见和建议。

8 月 31 日—9 月 5 日　2022 年中国国际服务贸易交易会在北京举行，主题为“服务合作促发展 绿色创新迎未来”。本届服贸会紧扣当前数字经济发展新趋势，发布多项应用于全球服务贸易的新产品、新技术，丰富的应用场景涵盖了医疗健康、乡村振兴、电商、碳减排等多领域，举办论坛会议推介洽谈等 200 余场活动，会聚政产学研各领域精英，为服务贸易开放发展贡献智慧和力量。8 月 31 日，习近平致贺信，强调，中国愿同世界各国一道，坚持真正的多边主义，坚持普惠包容、合作共赢，携手共促开放共享的服务经济，为世界经济复苏发展注入动力。

9 月 1 日　中共中央、国务院、中央军委印发《关于加强和改进新时代全民国防教育工作的意见》，对加强和改进新时代全民国防教育工作作出具体安排、提出明确要求。

9 月 2 日　十三届全国人大常委会第三十六次会议在京闭幕。会议通过《中华人民共和国反电信网络诈骗法》，通过修订后的《中华人民共和国农产品质量安全法》。

同日　首届大国工匠论坛在湖南长沙举办，主题为“匠心逐梦·强国有我”，通过讲述全国 87 名“大国工匠”的奋斗故事，解读“工匠精神”的深刻内涵，为大国工匠和工匠人才展现风采、分享经验、切磋技艺、提升素质搭建平台。这是中国第一次为“工匠”举办全国性论坛。

同日　国务院发布《关于支持山东深化新旧动能转换推动绿色低碳高质量发展的意见》，支持山东在深化新旧动能转换基础上，着力探索转型发展之路，进一步增强区域发展活力动力，加快推动绿色低碳高质量发展。

9 月 4 日　中共中央办公厅、国务院办公厅印发《关于新时代进一步加强科学技术普及工作的意见》，聚焦当前科普发展面临的重要问题，进一步明确科普发展的战略任务和使命导向，标志着新时代推进科普工作的系统布局已经形成。

9 月 5 日　四川甘孜藏族自治州泸定县发生 6.8 级地震。习近平作出指示，要把抢救生命作为首要任务，全力救援受灾群众，最大限度减少人员伤亡。李克强作出批示。有关各方立即启动应急响应，组织力量第一时间赶赴现场，全力救援受灾群众。12日，应急救援阶段转入过渡安置及恢复重建阶段。

同日 我国首座公铁同层多塔斜拉桥——珠机城际金海特大桥成功合龙。

9月6日 习近平主持召开中央全面深化改革委员会第二十七次会议，审议通过《关于健全社会主义市场经济条件下关键核心技术攻关新型举国体制的意见》《关于深化院士制度改革的若干意见》《关于全面加强资源节约工作的意见》《关于深化农村集体经营性建设用地入市试点工作的指导意见》《关于进一步深化改革促进乡村医疗卫生体系健康发展的意见》。习近平强调，要发挥我国社会主义制度能够集中力量办大事的显著优势，强化党和国家对重大科技创新的领导，充分发挥市场机制作用，围绕国家战略需求，优化配置创新资源，强化国家战略科技力量，大幅提升科技攻关体系化能力，在若干重要领域形成竞争优势、赢得战略主动。要以完善制度、解决突出问题为重点，提高院士遴选质量，更好发挥院士作用，让院士称号进一步回归荣誉性、学术性。要完整、准确、全面贯彻新发展理念，坚持把节约资源贯穿于经济社会发展全过程、各领域，推进资源总量管理、科学配置、全面节约、循环利用，提高能源、水、粮食、土地、矿产、原材料等资源利用效率，加快资源利用方式根本转变。要深化农村集体经营性建设用地入市试点工作，严格条件、规范程序，探索解决改革中的深层次问题。要健全适应乡村特点、优质高效的乡村医疗卫生体系，让广大农民群众能够就近获得更加公平可及、系统连续的医疗卫生服务。

同日 商务部发布《关于2022年增补国家电子商务示范基地的通知》，新增河北金卓颐高电子商务产业园、江苏省无锡市梁溪区电商产业园等14家基地为国家电子商务示范基地，至此，国家电子商务示范基地总数达155家。

9月7日 李克强主持召开国务院常务会议，部署加力支持就业创业的政策，拓展就业空间，培育壮大市场主体和经济新动能；决定对部分领域设备更新改造贷款阶段性财政贴息和加大社会服务业信贷支持，促进消费发挥主拉动作用；部署阶段性支持企业创新的减税政策，激励企业增加投入提升创新能力；确定依法盘活地方专项债结存限额的举措，更好发挥有效投资一举多得作用。

同日 中央统战部、国家民委、国家发展改革委等七部门联合印发《关于实施各族群众互嵌式发展计划的意见》，决定实施各族群众互嵌式发展计划，创新推进各民族交往交流交融，不断铸牢中华民族共同体意识。

9 月 8 日 李克强主持召开国务院专题会议，听取国务院稳住经济大盘赴地方督导和服务工作汇报，强调上下联动充分发挥政策效能，多措并举稳增长稳就业稳物价。

同日 2022 全国专精特新中小企业发展大会在江苏南京开幕，主题为“专精特新 强基固链”。习近平致贺信，指出，中小企业联系千家万户，是推动创新、促进就业、改善民生的重要力量。希望专精特新中小企业聚焦主业，精耕细作，在提升产业链供应链稳定性、推动经济社会发展中发挥更加重要的作用。要求各级党委和政府要坚决贯彻落实党中央决策部署，为中小企业发展营造良好环境，加大对中小企业支持力度，坚定企业发展信心，着力在推动企业创新上下功夫，加强产权保护，激发涌现更多专精特新中小企业。

同日 中共中央办公厅发布《推进领导干部能上能下规定》，健全能上能下的选人用人机制，建设德才兼备、忠诚干净担当的高素质专业化干部队伍，完善从严管理干部队伍制度体系。

同日 生态环境部、国家发展改革委、最高人民法院等 17 部门和单位联合印发《深入打好长江保护修复攻坚战行动方案》，聚焦持续深化水环境综合治理、深入推进水生态系统修复、着力提升水资源保障程度、加快形成绿色发展管控格局 4 大攻坚任务，提出 28 项具体工作，从生态系统整体性和流域系统性出发，坚持生态优先、绿色发展，坚持综合治理、系统治理、源头治理，坚持精准、科学、依法治污，以高水平保护推动高质量发展，进一步夯实共抓大保护工作基础，努力建设人与自然和谐共生的绿色发展示范带。

9 月 9 日 习近平主持召开中共中央政治局会议，听取十九届中央委员会向中国共产党第二十次全国代表大会的报告稿在党内外一定范围征求意见的情况报告、《中国共产党章程（修正案）》在党内一定范围征求意见的情况报告、十九届中央纪律检查委员会向中国共产党第二十次全国代表大会的工作报告稿征求意见的情况报告。会议同意 2022 年 10 月 7 日召开中国共产党第十九届中央纪律检查委员会第七次全体会议，决定根据这次会议讨论的意见修改后将以上三份文件稿提请党的十九届七中全会讨论。会议审议了《十九届中央政治局贯彻执行中央八项规定情况报告》《关于党的十九大以来整治形式主义为基层减负工作情况的报告》。

同日　国家航天局、国家原子能机构联合宣布，中国科学家首次在月球上发现新矿物，并命名为“嫦娥石”。这是人类在月球上发现的第六种新矿物，也是“嫦娥五号”月球样品研究取得的又一重大科学成果。我国成为世界上第三个在月球发现新矿物的国家。

9 月 13 日　李克强主持召开国务院常务会议，决定进一步延长制造业缓税补缴期限，加力助企纾困；确定专项再贷款与财政贴息配套支持部分领域设备更新改造，扩市场需求、增发展后劲；部署进一步稳外贸稳外资举措，助力经济巩固恢复基础；确定优化电子电器行业管理措施，降低制度性交易成本，更大激发市场活力；决定核准福建漳州二期和广东廉江一期核电项目，要求确保绝对安全。

同日　工信部印发《促进中小企业特色产业集群发展暂行办法》，明确中小企业特色产业集群的培育方向和认定标准，提出，“十四五”期间，在全国范围认定 200 个左右集群，引导和支持地方培育一批省级集群。

9 月 14—16 日　习近平出席在乌兹别克斯坦撒马尔罕举行的上海合作组织成员国元首理事会第二十二次会议，并对哈萨克斯坦、乌兹别克斯坦进行国事访问。15 日，习近平会见白俄罗斯总统卢卡申科，两国元首一致决定将中白关系提升为全天候全面战略伙伴关系。16 日，习近平在上海合作组织成员国元首理事会第二十二次会议上发表《把握时代潮流，加强团结合作，共创美好未来》的讲话，强调秉持“上海精神”，加强团结合作，推动构建更加紧密的上海合作组织命运共同体。

9 月 15 日　李克强出席 2022 年全国大众创业万众创新活动周启动仪式，宣布活动周启动，并发表重要讲话，强调持续推进大众创业万众创新，聚众智汇众力发展市场主体，壮大经济新动能。

同日 国务院办公厅发布《关于进一步优化营商环境降低市场主体制度性交易成本的意见》，从“进一步破除隐性门槛，推动降低市场主体准入成本”“进一步规范涉企收费，推动减轻市场主体经营负担”“进一步优化涉企服务，推动降低市场主体办事成本”“进一步加强公正监管，切实保护市场主体合法权益”“进一步规范行政权力，切实稳定市场主体政策预期”5 个方面部署了 23 项重点任务。

同日 中国网络文学作品首次被收录至世界最大的学术图书馆之一——大英图书馆的中文馆藏书目之中，这些网络文学作品共计 16 本，涉及科幻、历史、现实、奇幻等多种题材。

9 月 16—19 日 以“共享 RCEP 新机遇，助推中国—东盟自由贸易区 3.0 版”为主题的第十九届中国—东盟博览会、中国—东盟商务与投资峰会在广西南宁举办。本届东博会共举办 88 场线上线下经贸活动，共促成 3500 多对贸易配对和项目撮合，框架下共举办 21 个高层论坛；启动或落地中国—东盟传媒港、中国—东盟统计学院、中国—东盟技术转移联盟等一批合作机制和机构；共签订国际、国内合作项目 267 个，总投资额超 4000 亿元，较上届增长 37%。

9 月 19 日 国家能源集团榆林化工 5 万吨 / 年聚乙醇酸可降解材料示范项目建成投产，标志着世界首套煤制聚乙醇酸可降解材料示范项目实现工业化生产。该项目采用国家能源集团自主知识产权技术，关键设备全部国产化，不仅是世界首个，也是煤炭清洁高效利用的一大创新。

9 月 19—20 日 产业链供应链韧性与稳定国际论坛在浙江杭州举办，主题为“同舟共济，共克时艰，务实推动构建富有韧性的全球产业链供应链”。

9 月 19—23 日 第七届中国—亚欧博览会在新疆乌鲁木齐开幕，主题为“共商、共建、共享，合作向未来”，设置有投资合作、国际和商品贸易三大展区，展览题材包括数字化及高新技术装备、文化旅游体育产业、能源产业、农产品食品和纺织品服装等，还有图书展，吸引数十家世界及中国 500 强企业和跨国企业。

9月21日　李克强主持召开国务院常务会议，听取国务院第九次大督查情况汇报，要求狠抓政策落实、推动经济回稳向上；确定深入推进“一件事一次办”改革举措，为企业和群众增便利；确定强化交通物流保通保畅和支持相关市场主体纾困的政策，支撑经济平稳运行；通过《中华人民共和国行政复议法（修订草案）》。

同日　国防和军队改革研讨会在北京召开，习近平作出重要指示，强调认真总结运用改革成功经验，奋力开创改革强军新局面。

9月22日　李克强同日本经济界代表举行高级别视频对话会。日本经团联、日中经济协会、日中投资促进机构负责人以及日本经济界代表出席。李克强同他们就中日关系以及经贸合作、应对全球经济金融挑战、气候变化、老龄化等广泛议题对话交流。

9月23日　国务院办公厅发布《关于深化电子电器行业管理制度改革的意见》，部署改革举措，进一步优化电子电器行业管理制度，促进电子电器行业高质量发展。

9月25日　中共二十大代表选举工作顺利完成，共选举产生2296名代表出席中共二十大。

9月26日　李克强主持召开国务院常务会议，决定对部分行政事业性收费和保证金实行阶段性缓缴，进一步帮助市场主体减负纾困；部署推进政务服务“跨省通办”扩面增效举措，激发市场活力，便利群众生活；部署抓好秋粮收获和加强农业农村基础设施建设的措施，确保秋收入库，提升农业生产能力；确定对政策支持、商业化运营的个人养老金予以税收优惠，满足多样化需求；通过《促进个体工商户发展条例（草案）》。

9月27日　习近平参观北京展览馆“奋进新时代”主题成就展。习近平强调，党的十八大以来，党中央团结带领全党全国各族人民，攻克了许多长期没有解决的难题，办成了许多事关长远的大事要事，经受住了来自政治、经济、意识形态、自然界等方面的风险挑战考验，党和国家事业取得历史性成就、发生历史性变革，为实现中华民族伟大复兴提供了更为完善的制度保证、更为坚实的物质基础、更为主动的精神力量。要激励全党全国各族人民坚定历史自信、增强历史主动，踔厉奋发、勇毅前行、团结奋斗，谱写全面建设社会主义现代化国家新篇章，夺取中国特色社会主义新胜利。

同日 商务部印发《支持外贸稳定发展若干政策措施》，提出支持外贸稳定发展，为外贸企业纾困、解难、助力。主要包括保生产保履约，支持优势产品开拓国际市场；积极支持企业参加各类展会抓订单；办好第 132 届中国进出口商品交易会（广交会）线上展；发挥外贸创新平台作用；进一步发挥跨境电商稳外贸的作用；进一步促进贸易畅通。

9 月 28 日 李克强主持召开会议，对稳经济大盘四季度工作再部署、推进再落实。强调围绕重点工作狠抓政策落实，促进经济回稳向上确保运行在合理区间。

同日 商务部、国家发展改革委、财政部等七部门联合印发《关于加快推进市场采购贸易方式试点工作的函》，新设 8 个市场采购贸易方式试点，分别是：天津王兰庄国际商贸城、河北唐山国际商贸交易中心、吉林珲春东北亚国际商品城、黑龙江绥芬河市青云市场、江西景德镇陶瓷交易市场、重庆市大足龙水五金市场、新疆阿拉山口亚欧商品城、新疆乌鲁木齐边疆宾馆商贸市场。

9 月 29 日 国务院办公厅转发财政部、国家林草局（国家公园局）《关于推进国家公园建设若干财政政策意见》，进一步发挥财政职能作用，支持国家公园建设，推动构建以国家公园为主体的自然保护地体系。

9 月 30 日 习近平等党和国家领导人同各界代表一起出席烈士纪念日向人民英雄敬献花篮仪式。

同日 习近平在北京人民大会堂会见 C919 大型客机项目团队代表并参观项目成果展览，强调充分发挥新型举国体制优势，一以贯之善始善终久久为功，努力实现我国高端装备制造更多重大突破。

10 月 3 日 国务院办公厅发布《关于加快推进“一件事一次办”打造政务服务升级版的指导意见》，明确要优化“一件事一次办”服务模式，要加强“一件事一次办”支撑能力建设，提出，2022 年底前，各地区要建立部门协同、整体联动的工作机制，完成企业和个人政务服务“一件事一次办”事项基础清单中的任务，并结合各地实际拓展本地区“一件事一次办”事项范围。2025年底前，各地区“一件事一次办”事项范围进一步扩大，服务领域进一步拓展，企业和个人全生命周期重要阶段涉及的更多政务服务事项实现“一件事一次办”，打造政务服务升级版，更好满足企业和群众办事需求。

10月5日 国务院办公厅印发《关于扩大政务服务“跨省通办”范围进一步提升服务效能的意见》，确定了三方面政策措施，包括扩大“跨省通办”事项范围、提升“跨省通办”服务效能、加强“跨省通办”服务支撑，更好满足企业和群众异地办事需求。

10月7日 中共中央办公厅、国务院办公厅印发《关于加强新时代高技能人才队伍建设的意见》，提出到“十四五”时期末，高技能人才制度政策更加健全、培养体系更加完善、岗位使用更加合理、评价机制更加科学、激励保障更加有力，尊重技能尊重劳动的社会氛围更加浓厚，技能人才规模不断壮大、素质稳步提升、结构持续优化、收入稳定增加，技能人才占就业人员的比例达到30%以上，高技能人才占技能人才的比例达到1/3，东部省份高技能人才占技能人才的比例达到35%。力争到2035年，技能人才规模持续壮大、素质大幅提高，高技能人才数量、结构与基本实现社会主义现代化的要求相适应。

10月9—12日 中共十九届七中全会在京举行。全会听取和讨论了习近平受中央政治局委托作的工作报告。全会充分肯定党的十九届六中全会以来中央政治局的工作。一致认为，一年来，面对复杂严峻的国际环境和艰巨繁重的国内改革发展稳定任务，中央政治局全面贯彻习近平新时代中国特色社会主义思想，团结带领全党全军全国各族人民，弘扬伟大建党精神，坚持稳中求进工作总基调，落实疫情要防住、经济要稳住、发展要安全的要求，统筹新冠肺炎疫情防控和经济社会发展，统筹发展和安全，毫不放松抓好常态化疫情防控，推动高质量发展，深化改革开放，发展全过程人民民主，加强宣传思想文化工作，突出保障和改善民生，推进生态文明建设，加快国防和军队现代化步伐，积极开展中国特色大国外交，推进全面从严治党，成功举办北京冬奥会、冬残奥会，隆重庆祝香港回归祖国25周年，坚决开展反分裂、反干涉重大斗争，妥善应对乌克兰危机带来的风险挑战，着力保持平稳健康的经济环境、国泰民安的社会环境、风清气正的政治环境，推动党和国家各项事业取得新的重大成就，为召开党的第二十次全国代表大会创造了良好条件。全会讨论并通过党的十九届中央委员会向中国共产党第二十次全国代表大会的报告、党的十九届中央纪律检查委员会向中国共产党第二十次全国代表大会的工作报告、《中国共产党章程（修正案）》，决定将这三份文件提请中国共产党第二十次全国代表大会审查和审议。习近平就党的十九届中央委员会向中国共产党第二十次全国代表大会的报告讨论稿向全会作了说明，王沪宁就《中国共产党章程（修正案）》讨论稿向全会作了说明。

10 月 10 日　我国首个万吨级 48K 大丝束碳纤维生产线在上海石化碳纤维产业基地投料开车，产出合格产品，标志着被喻为“新材料之王”的大丝束碳纤维在我国成功实现规模化生产和关键装备国产化。

10 月 14 日　中国国际可持续交通创新和知识中心在北京揭牌。习近平致贺信，指出建立中国国际可持续交通创新和知识中心是支持落实联合国 2030 年可持续发展议程的重要举措。中方愿同各国一道，充分利用中国国际可持续交通创新和知识中心平台促进全球交通合作，为推进全球发展倡议、落实联合国 2030 年可持续发展议程、推动构建人类命运共同体作出贡献。

10 月 16—22 日　中国共产党第二十次全国代表大会在北京举行。大会通过了十九届中央委员会的报告。大会主题是：高举中国特色社会主义伟大旗帜，全面贯彻新时代中国特色社会主义思想，弘扬伟大建党精神，自信自强、守正创新，踔厉奋发、勇毅前行，为全面建设社会主义现代化国家、全面推进中华民族伟大复兴而团结奋斗。大会报告共分 15 个部分：（1）过去五年的工作和新时代十年的伟大变革；（2）开辟马克思主义中国化时代化新境界；（3）新时代新征程中国共产党的使命任务；（4）加快构建新发展格局，着力推动高质量发展；（5）实施科教兴国战略，强化现代化建设人才支撑；（6）发展全过程人民民主，保障人民当家作主；（7）坚持全面依法治国，推进法治中国建设；（8）推进文化自信自强，铸就社会主义文化新辉煌；（9）增进民生福祉，提高人民生活品质；（10）推动绿色发展，促进人与自然和谐共生；（11）推进国家安全体系和能力现代化，坚决维护国家安全和社会稳定；（12）实现建军一百年奋斗目标，开创国防和军队现代化新局面；（13）坚持和完善“一国两制”，推进祖国统一；（14）促进世界和平与发展，推动构建人类命运共同体；（15）坚定不移全面从严治党，深入推进新时代党的建设新的伟大工程。报告回顾总结了过去五年的工作和新时代十年的伟大变革，阐述了开辟马克思主义中国化时代化新境界、中国式现代化的中国特色和本质要求等重大问题，对全面建设社会主义现代化国家、全面推进中华民族伟大复兴进行了战略谋划，是党和人民智慧的结晶，是党团结带领全国各族人民夺取中国特色社会主义新胜利的政治宣言和行动纲领，是马克思主义的纲领性文献。大会还通过《中国共产党第二十次全国代表大会关于十九届中央委员会报告的决议》、《中国共产党第二十次全国代表大会关于十九届中央纪律检查委员会工作报告的决议》、关于《中国共产党章程（修正案）》的决议，选举产生了新一届中央委员会和中央纪律检查委员会，其中，二十届中央委员会由205名委员、171名候补委员组成，二十届中央纪律检查委员会由133名委员组成。22日上午，中国共产党第二十次全国代表大会圆满完成各项议程和崇高使命，胜利闭幕。

10月23日　中国共产党第二十届全国代表大会召开第一次中央委员会全体会议。会上，习近平同志当选中共中央总书记、担任中央军委主席；李强、赵乐际、王沪宁、蔡奇、丁薛祥、李希当选中央政治局常委。